国家社会科学基金项目(批准号：17BFX052)

"强制执行中不动产上租赁负担处理实证研究" 最终成果

强制执行中不动产上
租赁负担处理
实证研究

卢正敏

——著

厦门大学出版社
XIAMEN UNIVERSITY PRESS

国家一级出版社
全国百佳图书出版单位

图书在版编目（CIP）数据

强制执行中不动产上租赁负担处理实证研究／卢正
敏著. -- 厦门：厦门大学出版社，2024.2
ISBN 978-7-5615-9177-2

Ⅰ. ①强… Ⅱ. ①卢… Ⅲ. ①不动产-租赁-负担-
处理-研究-中国 Ⅳ. ①D923.24

中国国家版本馆CIP数据核字(2023)第221486号

责任编辑　甘世恒

美术编辑　蒋卓群

技术编辑　许克华

出版发行　厦门大学出版社

社　　址　厦门市软件园二期望海路39号

邮政编码　361008

总　　机　0592-2181111　0592-2181406(传真)

营销中心　0592-2184458　0592-2181365

网　　址　http://www.xmupress.com

邮　　箱　xmup@xmupress.com

印　　刷　厦门市明亮彩印有限公司

开本　720 mm×1 020 mm　1/16

印张　17.25

字数　300 千字

版次　2024 年 2 月第 1 版

印次　2024 年 2 月第 1 次印刷

定价　65.00 元

厦门大学出版社
微信二维码　　厦门大学出版社
微博二维码

目 录

绪　论

一、研究的问题与视角

在现代社会，不动产的价值虽然未必均高于动产，但因其固定性、社会重视等原因，往往成为强制执行程序中债权人实现金钱债权的主要执行标的。尤其在我国房价高昂的今天，能否顺利地对债务人的不动产予以执行，对债权人实现金钱债权更具有显著意义。不过，不动产上除存在所有权之外，常常还附有其他权利，权利义务关系较为复杂。如何处理各种关系，合理协调不同主体之间的利益，是法学理论界与实务界面临的重要课题。

在不动产执行过程中，执行标的物上存在租赁负担，是执行中的常态。据笔者对实务部门所作的不完全调查，法官们普遍反映，"涉不动产的执行案件中，80%以上涉及租赁负担"。实践中，申请执行的债权人、抵押权人或者买受人为实现自己的权利而与承租人之间发生纠纷的情形屡见不鲜。承租人以保护租赁权为由提起的执行异议案件，据不完全统计，甚至占到了所有执行异议案件的2/3左右。虽然我国《合同法》、《物权法》，最新颁布施行的《民法典》及最高人民法院的有关司法解释就不动产上租赁负担的处理作出了一些规定，基本解决了法院处理此类纠纷时无法可依的困境，但是，这些规定过于宏观，犹如"雾里看花"，在具体适用中存在诸多问题，并且，部分法规之间还存在明显的冲突，导致执行实务中乱象丛生。此外，在当前经济面临下行压力的背景下，不动产执行实务中还出现了一些新情况、新问题，如债务人与案外人串通设立虚假租约干扰执行、承租人随意阻止执行、要求巨额赔偿甚至尖锐对抗执行等，成为当前"执行难"的典型表现之一，严重阻碍了执行程序的顺利进行，影响了债权的有效实现，甚至牵涉金融安全和社会稳定。如何合理处理强制执行中不动产上的租赁负担，成为执行实务中备感头疼的一大难题。

鉴于不动产执行对金钱债权实现的重要性，各国学者一直关注不动产上的租赁关系问题，相关的研究文献较多，研究成果较为丰硕，已经形成了相应的比较成熟的理论体系，并推动立法对此作出了相对明确的规定。只不过,基于各国的具体国情不同,相关理论与立法作出了不同的选择,如瑞士原则上采承受主义,租赁负担基本上由买受人继受,而日本原则上采涂销主义,租赁负担大多于拍卖后归于消灭。随着时代的变化,各国学者针对执行实务中不断出现的新情况、新问题,不断发展出相应的理论学说,以改良和补充立法,努力解决实务中的难题。例如,在德国,依据其固有法,不动产租赁因登记而有对抗力,但两次世界大战以后,德国承受了战争破坏,加上大量难民涌入,造成住房供需上的严重失衡,为保护住房承租人,德国法学理论与立法作出了相应的调整,承认不动产租赁即使未登记但已经交付的,即具有对抗效力,甚至允许特定情形下不动产未经交付也具有对抗效力。在日本,为了保护不动产承租人的利益,立法曾规定了短期租赁特别保护制度,但该制度事实上为债务人滥用短期租赁以损害抵押权人利益提供了可乘之机,尤其在日本泡沫经济崩溃后,该制度更成为不良债权处理的障碍。因此,在很长一段时间内,日本学界一直在争执如何解决滥用短期租赁权阻扰执行的问题。随着废止该制度的呼声日渐高涨,日本立法废除了该制度,改为缓期交付制度,并增设了抵押权人同意制度等,以协调抵押权人与承租人之间的利益冲突。整体上,从各国学者的研究成果来看,关于强制执行中不动产上租赁负担的处理,各国学者针对各国的具体情况已经形成了各自比较成熟的理论体系,目前相关理论的研究已经脱离了宏大叙事式的基本原理论证,随着时代的变化,主要围绕司法实践中不断出现的新情况、新问题进行较为精细化的理论与实证研究。

域外的理论与立法并不能照搬到我国适用。立足于我国国情,聚焦我国问题,构建我国理论,是学术界的主流共识。在我国,不动产上的租赁关系一直是民法理论研究的热点问题,不少著名的民法学者包括王利明教授、崔建远教授等对此问题均有相关的著述,部分硕士论文、博士论文也以此问题作为研究对象,很大程度上推动和深化了相关研究。在我国《物权法》颁布实施以前,相关的研究成果主要聚焦于不动产上租赁负担处理的基本理论体系的构建,如论证不动产上租赁权的性质,有债权说、物权说、债权物权化说之争,目前,债权物权化说成为主流观点;争执不动产租赁登记的效力问题,有生效要件说与对抗要件说;就不动产上租赁权与抵押权的冲突问题,研究二者的优先顺序,确立“买卖不破租赁”规则,分析承租人是否享有优先购买权等。在《物权法》颁布实施之后,因《物权法》已确立了不动产上租赁负担处理的一般规则,相关研究则主要围绕着立法规定的理解与适用问题展开,如常鹏翱教授的《先抵押后租赁的法律规制》、程啸教授的《论抵押财产出租时抵押权与租赁权的关系》等，在遵循《物权法》原则性规定的前提下，具体分析如何确定租赁权与抵押权设立的先后顺序、"买卖不破租赁"的限制性条件、如何看待租赁权对抵押权实现的影响、如何保障承租人的权益等问题。

撇开我国民法理论上的分歧不论，能否完全套用民法上的基本原理来处理强制执行中不动产上的租赁负担问题，不无疑问。因为，法院强制执行不动产的行为，系公法行为，而非普通的民事法律行为，基于执行程序自身的特殊性，必须考量多方面的因素，如如何顺利卖出不动产，如何权衡债权人、债务人、竞买人、拍定人、承租人之间的利益，如何提高强制拍卖的效率，如何维护拍卖效果的安定以及法院拍卖的公信力等。执行程序具有特殊性，决定了对强制执行中不动产上租赁负担处理进行专门研究的必要性。相对于民法领域相关理论研究的丰硕成果，从强制执行的角度来研究不动产上租赁关系的论述较为少见。针对执行实务中不动产上租赁负担处理的部分突出问题，一些执行法官从具体个案出发，进行了积极的富有价值的研究与探讨。但是，无论是理论研究的深入程度还是案例研析的广泛性，均存在明显的局限。

如何合理处理强制执行中不动产上的租赁负担，作为执行实务中的一大难题，需要相关的执行理论回应。尤其是对于执行实务中出现的急需解决的"虚假租赁""如何除去租赁权"等新情况、新问题，更需要专门的精细化研究。本书摒弃传统的纯理论研究或个案研析，而是另辟蹊径，从不动产执行实务出发，以实务中典型的不动产上租赁负担处理案例为视角展开广泛的实证研究，发现和筛选执行实务中的疑难问题，结合相关立法、理论与实务研究问题，探索相应的法律应对之策，以期对现实难题的解决有所助益。坚持以问题为导向，立足于解决执行实务中的现实问题，是本书研究的基本思路。

二、研究的数据来源

本书据以开展实证研究的数据来源于两个方面：

1. 网上公开的裁判文书

本书据以研究的网上公开的裁判文书主要采集自中国裁判文书网。笔者在中国裁判文书网上收集了 2009 年 1 月至 2021 年 8 月的相关裁判文书。① 检索条件设置有三:(1)案件类型"执行案件";(2)全文"执行异议";(3)关键字"租赁"。根据这些检索条件,在中国裁判文书网上共检索到30206篇裁判文书。从这些裁判文书中随机抽取了3000篇裁判文书,剔除执行标的非不动产的案件、非涉租赁争议案件以及由同一法院审理的类似的系列案件,余1515篇裁判文书作为本书描述相关执行实务的主要的"有效样本"。此1515篇裁判文书均为涉不动产租赁负担处理的执行异议、执行复议及执行异议之诉案件的裁判文书,包括执行裁定书、民事裁定书、民事判决书三种类型,涵盖最高人民法院、高级人民法院、中级人民法院和基层人民法院四个法院层级,涉及的地域扩及我国除港澳台地区以外的31个省、自治区和直辖市。应当指出,中国裁判文书网上的文书上传率与最高人民法院推进裁判文书公开工作的进展直接关联:《最高人民法院关于人民法院在互联网公布裁判文书的规定》(法释〔2016〕19号)施行以前,裁判文书上网数量较少,在此规定施行以后,裁判文书上网率大幅度增长,导致检索到的相关裁判文书主要是2016年以后的文书。

2. 实务调研数据

并非所有的相关执行裁判文书均可通过网上查询。囿于网上查询的局限性,为更好地较全面地观察分析相关执行实务现状,笔者在部分法院展开了执行实务调研。除发放部分调查问卷之外,调研的主要形式是对执行法官和律师的深度访谈。2017年8月至2020年10月,约有近百名执行法官和律师接受了访谈。对法官的访谈,重点在于了解法官对不动产上租赁负担处理的一般裁判逻辑和依据。对律师的访谈,则侧重于了解律师对不动产执行中租赁负担处理的总体评价、办案中遇到的主要问题。此外,鼓励法官和律师分享具体典型的个案细节。

上述网上文书和实务调研数据构成了据以研究的不动产执行中涉租赁负担处理案件的简要"数据库"。尽管实务表明,从网上获取的相关裁判文书,以及实务调研的数据,并不能完全反映出不动产执行中涉租赁负担处理案件的全貌,但我们依然可以管中窥豹。

---

① 最后检索日期:2021年8月26日。

第一章 不动产上租赁负担处理的一般规则

就如何处理不动产上的租赁负担，我国《合同法》《物权法》《担保法》等法律及最高人民法院的有关司法解释作出了一些规定，基本解决了执行法院在处理此类案件时无法可依的困境。但是，总体而言，这些规定过于宏观，犹如"雾里看花"，在适用中存在诸多问题，并且，部分法规之间还存在着一定的冲突，导致执行实务中无所适从。自2021年1月1日我国《民法典》施行以来，虽然《合同法》《物权法》《担保法》等法律及部分司法解释已经废止，《民法典》有关规定的具体内容有一定变化，部分司法解释亦经修正，但是，相关的原法律法规及司法解释的大部分内容仍为《民法典》及修正后的司法解释所沿用，适用中的诸多问题并没有得到彻底解决。鉴于此，这里结合域外立法、有关规范及学理见解等展开分析，探索有效处理不动产上租赁负担的一般规则。①

第一节 不动产上权利负担处理的立法政策与立法例

在现代社会，基于不动产的担保价值和使用价值，不动产所有权人利用担保价值设定担保物权、利用使用价值设定用益物权等权利负担的情形，极为常见。对设有各种权利负担的不动产进行执行以实现金钱债权，执行机构必然面临着如何处理这些权利负担的问题。租赁负担属于其中常见的权利负担之一。在研究不动产上租赁负担如何处理之前，这里先概要介绍不动产上权利负担处理的一般原则，以便后文更好地理解和把握租赁负担处理的具体规则。

一、三种立法政策

不动产执行过程中，就不动产上的权利负担，不能简单地套用民法原理，而须结合执行程序自身的特殊性予以处理，此为共识。正如台湾地区学者在分析不动产上各种负担因拍卖而引发的法律问题时所言，"法院拍

---

① 因本书系实证研究，须结合当时有效的法律法规分析实务案例，且《合同法》《物权法》《担保法》等法律及相关司法解释大部分内容为《民法典》及修订后的司法解释所沿用，故本书相关内容的阐述，依然要考虑原法律法规的适用。

卖,无论系因普通债权人,抑或因抵押权人之声请而进行,其拍卖目的系为顺利达成强制执行程序,俾以满足执行债权人之债权,此乃本于强制执行制度之要求而不得不然之制度。为达成清偿执行债权人之目的及执行制度之要求,因而不能不自强制执行之法律政策上,多方面在执行方法上及拍卖效果上,考虑如何始能顺利将抵押物为拍定,而且如何能公平调和各债权人间之利害关系,同时又须考虑执行程序之经济,债务人、债权人及拍定人三方面如何兼顾为保护之问题。此类法律政策上之考虑,决非单纯以民法之基本理论所能获得"。① 基于此,各国及地区大多在其民事诉讼法或者强制执行法中对不动产上权利负担的处理原则作出相应的明确规定。概言之,在强制执行程序中,关于不动产上权利负担的处理,存在以下三种立法政策:

(一)涂销主义

所谓涂销主义,是指不动产上优先于执行债权人的担保物权或者用益物权等负担,随着不动产的拍卖而消灭,买受人因此而取得没有任何负担的不动产。涂销主义的优点在于:不动产上的各种权利负担均因拍卖而全部消灭,拍卖后的不动产上不再残留各种复杂的法律关系,买受人获得较为安定的地位,从而可以提高竞买人的竞买意愿,增强强制拍卖的实际效果。涂销主义的缺点则是:因不动产上的权利负担全部消灭,担保物权人、用益物权人等被迫提前受到清偿或者补偿,从而丧失预期利益,并且,在拍卖价金不足时,担保债权人还面临着债权无法全部受偿的危险。此外,在涂销主义下,买受人因无须承受不动产上的负担,须支付不动产的全部价金,这将致使资力较低的人无法参加竞买,也会影响拍卖的效果。

(二)承受主义

所谓承受主义,是指不动产上优先于执行债权人的担保物权或者用益物权等负担,不因不动产的拍卖而消灭,而是由买受人承受。承受主义的优点在于:优先于执行债权人的担保物权、用益物权等权利不因拍卖而受影响,由此优先权人获得较为安定的地位,其权利得到较好的保护。并且,买受人因承受不动产上的负担而不必支付不动产的全部价金,从而使资力较低的人也可参与竞买,有利于不动产的卖出。然而,承受主义也有不足之处,主要表现为:因买受人必须承受不动产上的权利负担,买受的不动产上可能存在较为复杂的法律关系,买受人无法取得完整的所有权,拍卖

---

① 陈荣宗:《强制执行法》,台湾三民书局 1999 年版,第 523 页。

的效果难以安定,进而会影响竞买人的竞买意愿,有碍强制拍卖的效果,最终损害执行债权人的利益。

（三）剩余主义

因涂销主义与承受主义各有其优缺点,为弥补二者的不足,遂产生了剩余主义的立法政策。所谓剩余主义,是指处于后顺位的债权人或者普通债权人申请拍卖不动产时,必须是不动产拍卖的价金在清偿先顺位的不动产负担以及执行费用后,仍有剩余可能的,才能进行强制拍卖。剩余主义的优点在于:处于先顺位的权利人不因后顺位的债权人或者普通债权人的执行而受到侵害,且限制执行债权人在有可能受偿的情形下方可进行强制拍卖,可以避免发生无益执行从而损害执行效率的情形。不过,如何衡量不动产是否有剩余价值,在具体操作上存在一定的困难。

二、不同立法例

上述三种立法政策均有利有弊,因此,各国及地区在设计关于不动产上各种负担处理的具体政策和制度时,通常结合自身的社会经济状况,将两种或者三种立法政策合并使用,有的国家及地区甚至根据不动产上的权利负担的不同,而分别采用不同的立法政策。

（一）德国

德国《强制拍卖与强制管理法》第 44 条第 1 款规定:"在拍卖中仅允许作出使优先于债权人债权的权利及自拍卖价款中提取的用于拍卖程序的费用得以满足的应价。"在法院强制拍卖之前,法院必须确定保留价。所有优先于执行债权人的权利,包括担保物权、用益物权等权利负担,加上执行费用,均被酌定计入保留价。竞买人的出价必须达到保留价以上,方可拍定。这是剩余主义的体现。不动产一经拍定,已经酌定计入保留价的权利负担,如未通过偿付得以清偿,则继续存在,由买受人承受,此即采承受主义。而未酌定计入保留价的权利负担,则于拍卖后归于消灭,此即采涂销主义。①

（二）日本

日本《民事执行法》第 63 条规定了剩余主义原则,"不动产的最低买受价额不能满足程序费用与优先债权的预计额的总和时",执行裁判所应

---

① 德国《强制拍卖与强制管理法》第 52 条第 1 款。

当通知申请执行的债权人，债权人以不低于最低买受额的价额提出申请及担保，拍卖程序方可继续进行下去。如果债权人未提供相应的担保，执行裁判所可以撤销申请执行的债权人申请启动的强制拍卖程序。存在于不动产上的优先权、规定不得使用及收益的质权及抵押权，不能对抗因拍卖而消灭的优先权的不动产权利，对不动产实施的查封、假扣押以及不能对抗上述因拍卖而消灭的权利的假处分，因不动产拍卖而消灭，这是采取了涂销主义。① 不动产上的留置权以及未规定不得使用及收益的质权等，由买受人承受，则体现了承受主义。②

（三）韩国

对于不动产上的权利负担，韩国采取了剩余主义限制下以消灭主义为主、合理吸收承受主义的原则。根据韩国《民事执行法》，如果卖出不动产所得的价款在清偿优先于扣押债权的债权以及强制执行费用以后没有剩余可能的，则原则上不允许出售不动产。③ 这是剩余主义的体现。法院在认为没有剩余可能时，应当在实施拍卖前将此情况通知扣押债权人。在收到通知后一周内，扣押债权人确定清偿优先债权和强制执行费用之后有剩余可能的价格，且保证没有适合价格的买受人时自己买入，否则，法院将撤销拍卖程序。④ 就不动产上权利负担的处理，根据韩国《民事执行法》，不动产上的所有抵押权，不论是否优先于扣押债权，均因拍卖而消灭。地上权、地役权、传贯权等用益权，不能对抗抵押权、扣押债权及假扣押债权的，均因拍卖而消灭；其他的地上权、地役权、传贯权等用益权，由买受人承受。但传贯权已提出分配要求的，传贯权因拍卖而消灭。留置权作为担保物权，虽无须登记，但由买受人承受，买受人有责任向留置权人偿还因该留置权而担保的债权。⑤

（四）瑞士

瑞士执行法采取了剩余主义限制下的承受主义政策。根据瑞士《联邦债务执行与破产法》第126条、第127条的规定，变价财产的报价必须超过"先于申请执行的债权人受偿的全部担保债权额的条件下"，才能拍定成交。如果一开始就可以断定不可能符合此报价条件而拍卖成交的，执行官

---

① 日本《民事执行法》第59条第一项、第二项、第三项。
② 日本《民事执行法》第59条第四项。
③ 韩国《民事执行法》第91条第1款。
④ 韩国《民事执行法》第102条。
⑤ 韩国《民事执行法》第91条第2款、第3款、第4款。

员应依申请执行债权人的请求，不予实施财产变价，并签发执行无结果证明。这采取的明显是剩余主义的立法政策。根据该法第135条的规定，"拍卖条件规定地产及在其上设定的抵押权等负担（地役权、地租、抵押权及在地籍簿上登记备案的私权）一并拍卖，与此相关的个人债务转移于买主。债务人对已转移的抵押证书或债契之下的债务免于承担责任，除非债权人在拍卖后一年内通知债务人愿意继续保留其为债人。已到期的抵押担保之债不转让，而从变价收益中预先扣除"。可见，对于不动产上权利负担的处理，瑞士法在剩余主义下实行了较为彻底的承受主义。

（五）我国台湾地区

我国台湾地区"强制执行法"首先确立了剩余主义的立法政策。台湾地区"强制执行法"第80条第1款规定："不动产之拍卖最低价额不足清偿优先债权及强制执行之费用者，执行法院应将其事由通知债权人。债权人于受通知后七日内，得证明该不动产卖得价金有剩余可能或指定超过该项债权及费用总额之拍卖最低价额，并声明如未拍定愿负担其费用而声请拍卖。逾期未声请者，执行法院应撤销查封，将不动产返还债务人。"在不动产拍卖最低价额不足以清偿优先债权、强制执行费用时，原则上不允许进行无益拍卖，此即剩余主义的体现。不过，剩余主义并不绝对。如果债权人可以证明拍卖价金可能超过拍卖最低价额，并且表明愿意承担拍卖费用而申请拍卖时，不受剩余主义的限制。根据台湾地区"强制执行法"第98条第2款、第3款的规定，不动产上的抵押权、用益权，原则上分别适用涂销主义和承受主义。具体而言，存在于不动产上的抵押权及优先受偿权，因拍卖而消灭，但如果抵押权所担保的债权未定清偿或其清偿期尚未届至，在拍卖后，拍定人或承受人声明愿在抵押物价额范围内清偿债务人债务，并经抵押权人同意，则抵押负担由拍定人或承受人承受。对于不动产上原有的用益权，不因拍卖而消灭，于拍定人取得所有权后，随同转移给拍定人。但是，如果用益权发生在抵押权设定之后，对抵押权的实现有影响，执行法院将除去该用益权后拍卖。可见，对于抵押权，台湾地区"强制执行法"原则上采涂销主义，例外采承受主义。对于用益权，台湾地区"强制执行法"则原则上采承受主义，例外采涂销主义。[①]

我国目前是在采剩余主义立法政策的同时，对担保物权及其他优先受偿权适用涂销主义，对用益权则原则上采承受主义，例外采涂销主义。《最

---

① 张登科：《强制执行法》，台湾三民书局2012年版，第372～373页。

高人民法院关于人民法院民事执行中拍卖、变卖财产的规定》第6条规定，依据拍卖保留价计算，如果拍卖所得价款在清偿优先债权和强制执行费用后没有剩余可能的，法院应当在实施拍卖前通知申请执行人，申请执行人在收到通知后5日内申请继续拍卖的，法院应当准许，但应当重新确定保留价，重新确定的保留价应当大于该优先债权及强制执行费用的总额，如果流拍，拍卖费用则由申请执行人自行负担。[①] 这是贯彻了剩余主义。但是，作为例外，在依保留价计算没有剩余可能的情况下，赋予申请执行的债权人就是否继续拍卖程序的选择权。根据《最高人民法院关于人民法院民事执行中拍卖、变卖财产的规定》第28条[②] 的规定，不动产上原有的担保物权及其他优先受偿权适用涂销主义，因拍卖而消灭，但当事人另有约定的除外；不动产上原有的用益物权等原则上适用承受主义，不因拍卖而消灭，但如果这些权利继续存在会影响在先的担保物权或者其他优先受偿权的实现，法院将依法除去后进行拍卖。

第二节 不动产上租赁负担处理的立法例

在对不动产上权利负担处理的立法政策和立法例概览的基础上，这里围绕本书的主旨，着重考察涉及不动产上租赁负担处理的一些典型的域外立法例。

一、不同立法例

（一）德国

在德国，强制拍卖的不动产上有租赁负担的，有"买卖不破租赁"原则的适用。[③] 德国《民法典》第566条第1款规定："出租的住房在交付于承租人之后，由出租人出让于第一个第三人的，受让人取代出租人，加入到在自己所有权存续期间由租赁关系产生的权利和义务之中。"此即"买卖不破租赁"原则。"买卖不破租赁"原则的适用，扩展到出租人事后在租赁物上设定权利负担的情形，"出租的住房在交付于承租人之后，由出租人设定第

---

① 该司法解释于2020年修正，修正前该条文序号为第9条，修正后该条文序号调整为第6条，具体内容不变。

② 该司法解释于2020年修正，修正前该条文序号为第31条，修正后该条文序号调整为第28条，具体内容不变。

③ 德国《强制拍卖与强制管理法》第57条。

三人之权利的,在因行使此项权利而剥夺承租人之依约使用时"。① 此外,如果在出租的住房交付承租人之前,出租人已经将住房让与第三人,或者对其设定权利,而此项权利的行使会剥夺或者限制承租人依约使用的,"在受让人对由租赁关系产生的义务向出租人承担履行时",也可适用"买卖不破租赁"原则。②

根据德国《强制拍卖与强制管理法》第44条第1款的规定,如果承租人的使用租赁权或用益租赁权优先于申请执行的债权,则该权利将被计入保留价,拍卖后继续存在于不动产之上,由买受人承受。在启动不动产强制拍卖程序时,启动拍卖的裁定应当送达承租人。③ 对不动产享有使用租赁权利和用益租赁权利的承租人,被视为拍卖程序中的参与人,应积极向法院申报并应法院或者某参与人的要求证明其权利。④ 不过,如果承租人未按照法院要求积极申报租赁权并被考虑进保留价,即使按德国《民法典》有"买卖不破租赁"原则的适用,该权利在拍卖后也将消灭。

此外,即使是不符合德国《民法典》"买卖不破租赁"原则适用的法定条件而应消灭的租赁权,承租人作为拍卖程序的参与人,只要征得前顺位的参与人的同意,也可在拍卖当日应价前申请由买受人承受租赁负担。⑤

可见,在德国,对执行程序中不动产上的租赁负担,其处理规则可以概括为:适用"买卖不破租赁"原则而优先于执行债权的租赁负担,由买受人承受,但承租人未及时申报的除外;并不优先于执行债权的租赁负担,在承租人征得前顺位的参与人的同意的情况下(当事人之间的"约定"),也由买受人承受。

(二)日本

根据日本《民事执行法》的规定,对于拍卖不动产上的负担,原则上在剩余主义限制下适用涂销主义或者承受主义:不能对抗因拍卖而消灭的优先权的一切权利负担,适用涂销主义,因拍卖而消灭;而处于优先顺位的优先权,则适用承受主义。就不动产上的租赁负担而言,是涂销还是承受,则需判断不动产上的租赁负担是否优先于执行债权。不动产上的租赁负担是否优先于执行债权,取决于该租赁负担是否具有对抗要件。根据日

---

① 德国《民法典》第567条。
② 德国《民法典》第567a条。
③ 德国《强制拍卖与强制管理法》第57b条第1款。
④ 德国《强制拍卖与强制管理法》第9条。
⑤ 德国《强制拍卖与强制管理法》第59条。

本《民法典》的规定,"不动产的租赁一经登记,可以对抗就该不动产取得物权的人及其他第三人";依据《借地借家法》及其他法令的规定,"具备租赁对抗要件的情形,该不动产被让与时,该不动产的出租人的地位移转于受让人"。据此,在处理不动产上的租赁负担时,通常依登记的先后顺序(符合《借地借家法》及其他法令规定的除外)判断租赁权有无对抗力。

与德国法相类似,日本《民事执行法》允许利害关系人通过合意改变此规则,即利害关系人对拍卖不动产上的负担如何处理达成一致意见并向执行法院申报的,拍卖后各种权利负担的存废即依利害关系人的合意进行处理。也就是说,根据日本法,拍卖不动产上的租赁负担是适用涂销主义,还是适用承受主义,利害关系人可就此达成合意,若无合意,则需根据租赁权与执行债权之间的优先顺序来处理:如果租赁权优先的,适用承受主义,如果执行债权优先的,则适用涂销主义。

(三)韩国

在韩国,对于不动产上的租赁负担,依据能否对抗抵押权、扣押债权及假扣押债权,分别适用承受主义和涂销主义:能够对抗抵押权、扣押债权及假扣押债权的租赁权,适用承受主义,由买受人承受;不能对抗抵押权、扣押债权及假扣押债权的租赁权,则适用涂销主义,因拍卖而消灭。[1] 而能否对抗抵押权、扣押债权及假扣押债权的租赁权,依据韩国民事实体法来判断。

在执行过程中,韩国法律规定了特别拍卖条件。对于租赁负担,是涂销还是承受,利害关系人可以通过协议的方式变更上述法律规则,[2] 从而不再严格根据能否对抗的标准来处理。此外,韩国《民事执行法》还赋予法院依职权变更拍卖条件的权力。[3] 不过,法院事实上很少利用职权变更或者新设拍卖条件。[4]

(四)瑞士

对于不动产上的租赁负担,瑞士法原则上也如德国法一样采取承受主义,并且,不论租赁权的顺位是优先于执行债权还是劣后于执行债权,买受人均得承受该负担。从这个意义来论,这是一种更彻底的承受主义。如前

---

① 韩国《民事执行法》第91条第3款、第4款。
② 韩国《民事执行法》第110条。
③ 韩国《民事执行法》第111条。
④ 〔韩〕姜大成:《韩国民事执行法》,朴宗根译,法律出版社2010年版,第269页。

所述,绝对的承受主义可能影响强制拍卖的效果,损害执行债权人(包括优先于租赁权的担保物权人)的利益。

为了避免对担保物权人的利益造成损害,瑞士法创设了"双重报价"制度。根据该制度,如果不动产上的租赁负担是未经优先的抵押权人同意而设立的,则抵押权人可以在一定期间内要求对该不动产进行两次报价,一次是有租赁负担的报价,一次是无租赁负担的报价。如果两次报价均能满足抵押债权人的债权,租赁负担则继续由买受人承受。如果只有在不负担租赁的情况下报价才能满足抵押权人的债权,则租赁负担应予涂销而不能由买受人承受。[①]

概言之,依据瑞士法,无论租赁权是否优先于执行债权,对租赁负担均适用承受主义,但有例外,即:劣后于执行债权的租赁权会影响抵押债权实现的,则适用涂销主义。

(五)我国台湾地区

在我国台湾地区,根据其"强制执行法"第98条的规定,拍卖不动产的,不动产上原有的"租赁关系随同移转"。租赁负担随着拍卖移转给买受人,原则上由买受人承受。

台湾地区"民法"第425条对于不动产的承租人规定了特别保护:"出租人于租赁物交付后,承租人占有中,纵将其所有权让与第三人,其租赁契约,对于受让人仍继续存在(第一项)。前项规定,于未经公证之不动产租赁契约,其期限逾五年或未定期限者,不适用之(第二项)。"台湾地区学理上通常认为,根据"强制执行法"第98条所规定的租赁关系的移转,须受"民法"第425条的限制,即:仅在租赁物交付后承租人占有的前提下,租赁关系才可能由买受人承受;并且,租赁期限在五年以上或不定期租赁,还须经公证,才能由买受人承受。[②]

根据台湾地区"强制执行法"第98条但书的规定,对拍卖不动产上的租赁负担,原则上采承受主义,例外采涂销主义,"但发生于设定抵押权之后,并对抵押权有影响,经执行法院除去后拍卖者,不在此限"。据此规定,租赁权发生在抵押权之前的,适用承受主义,租赁负担不因拍卖而消灭,由买受人承受;租赁权发生在抵押权之后的,原则上也适用承受主义,但如果该租赁权对抵押权有影响的,则适用涂销主义,法院可以依法除去该租

---

①　瑞士《联邦债务执行与破产法》第142条。
②　赖来焜:《强制执行法各论》,元照出版公司2008年版,第379页。

赁权。

对于不动产于查封前后设定的租赁负担，根据台湾地区"强制执行法"第51条、第113条的规定，不动产上的租赁关系成立于查封之前的，采承受主义，对买受人继续存在；查封后成立的租赁关系，对执行债权人不发生效力，执行法院可依职权或申请予以排除，不适用承受主义。

二、简要评析

在强制执行程序中，为实现债权人的金钱债权，对不动产进行变价（或者强制拍卖或者变卖），从形式上看，类似于民法上的买卖行为，尤其在将执行行为视为私法行为的国家，更是将其视为民法上的一种特殊买卖，因此，对于不动产上的各种权利负担，通常适用民法上的一般原理予以处理。这是不可否认的事实。如上所述，在德国，买受人须承受优先于执行债权的使用租赁权或用益租赁权，而使用租赁权或用益租赁权是否优先于执行债权，则须按民法来判断是否适用"买卖不破租赁"原则。在日本，优先于执行债权的不动产租赁负担由买受人承受，而不动产上的租赁负担是否优先于执行债权，也须按民法规定来判断该租赁负担是否具有对抗要件。瑞士《联邦债务执行与破产法》之所以对不动产上的租赁负担采取较为彻底的承受主义，其实也是源于其民法规则。瑞士《债法典》第259条规定："租赁物的所有权在缔结租赁协议后转让的，或者因强制执行或者破产诉讼而失去的，承租人在第三人承担租赁义务时，可以要求第三人依合同履行。出租人仍应当承担履行协议的义务或者承担损害赔偿责任。租赁物为不动产的，第三人在合同不允许提前取消的限度内，允许承租人继续占有租赁物，直到合同依法终止时；第三人未能通知承租人的，应当视该第三人为已成为租赁协议的一方当事人。"在我国台湾地区，根据"强制执行法"第98条所规定的租赁负担的承受，也必须受其"民法"第425条的限制。

不动产强制拍卖抑或变卖，作为执行程序中的变价手段，其首要目的，是迅速将不动产变价，获得较高的价金，从而清偿债权人的债权。为了实现这个目的，执行程序的设置，"必须在执行方法以及拍卖效果上，多方面考虑如何顺利地将不动产卖出，如何协调和平衡优先债权人、普通债权人、债务人以及拍定人之间的利益，如何提高拍卖的效率和效益，如何最大限度地避免法律关系的复杂化，维持拍卖效果的安定以及法院拍卖的公信力，等等"。[①] 因此，各国及地区对强制执行中不动产上租赁负担的处理，除了遵循其民法的一般原理，通常还结合执行程序自身的这些特殊性，而作出一些调整或者特别规定。例如，在德国，即使按照民法规定，优先于执行债权的使用租赁权或用益租赁权，拍卖后继续存在于不动产上，由买受人承受，但是，其《强制拍卖与强制管理法》又规定了附加条件，承租人未按法院要求积极申报租赁权的，其租赁权仍于拍卖后消灭。此外，通过有关拍卖参与人的合意，也可以改变民法上的法定条件。日本《民事执行法》也赋予了利害关系人合意改变民法规则，协商确定是涂销还是承受租赁负担的权利。韩国《民事执行法》采取了同样的做法，不仅如此，立法上甚至还赋予法院依职权变更拍卖条件的权力。瑞士法对不动产上租赁负担的处理，也体现了这一点。瑞士《联邦债务执行与破产法》遵循《债法典》规定，对租赁负担以承受主义为原则，但又基于执行程序中担保物权人的权益保护的考虑，特别创设了"双重报价"制度，在劣后于执行债权的租赁权影响抵押债权实现的情况下，例外适用涂销主义。

强制执行程序是民事实体法与执行程序法交错适用的领域。在执行程序中，对不动产上租赁负担的处理，一方面，要遵循民法的一般原理，另一方面，又要兼顾执行程序自身的特殊性。这无须进一步赘言。尽管如此，不同立法例仍存在显著差异。事实上，对于不动产上的各种权利负担，是采取涂销主义还是承受主义，往往会考虑诸多因素，如不动产上权利负担的性质、能否对抗执行债权、执行效果是否安定、拍卖是否困难、一定时期社会的经济状况等等。[②] 各国及地区在处理不动产上的租赁负担时，也是如此。具体而言：（1）从租赁负担的性质来看，在不动产上设立租赁权的目的，在于对不动产进行使用、收益，重在支配不动产的使用价值。承租人要实际享有对不动产的租赁权益，必须占有不动产。如果在执行程序中对租赁负担一律适用涂销主义，不动产的租赁负担因强制执行而消灭，承租人的占有权也随之失去，更谈不上其对不动产的使用收益问题。为了实现申请执行的债权人的债权，完全罔顾承租人的权益保护，显然不公平。因此，尽管各国及地区在对不动产租赁负担的处理规则上存在差异，但显然没有一种立法例绝对地适用涂销主义。（2）从租赁负担能否对抗执行债权来看，如果租赁负担能够对抗执行债权，则具有优先性，通常适用承受主义，不因拍卖而消灭；如果租赁负担不能对抗执行债权，是否仍有保

① 江必新主编：《强制执行法理论与实务》，中国法制出版社2014年版，第600页。
② 江必新主编：《强制执行法理论与实务》，中国法制出版社2014年版，第605页。

护承租人租赁权的必要，值得探讨，从各国及地区立法例来看，这有明显差异。（3）从执行效果是否安定来看，理想的结果是适用涂销主义，在拍卖之后涂销不动产上的一切租赁负担，以尽量避免法律关系的复杂化。但是，如果对租赁负担作如此纯粹化的处理，显然又不符合租赁负担的性质。（4）从拍卖是否困难来看，无论涂销租赁负担抑或承受租赁负担，对拍卖的难易程度均有影响。如果涂销租赁负担，买受人将获得无租赁负担的不动产，法律关系较为简单，不影响自己对不动产的使用收益，因而有助于拍卖成交、拍出较高价金，但买受人须支付较高价金，会导致资力较低的人无法参与竞买。如果承受租赁负担，潜在的竞买人基于法律关系复杂、影响对不动产的使用收益等顾虑，可能不愿参与竞买，导致拍卖成交率低下、拍出价金较低。不过，如果承受租赁负担，也有可能吸引更多资力较低的竞买人。（5）从一定时期的社会经济状况来看，各国及地区会根据不同时期的社会经济状况，选择对租赁负担的不同处理原则。以日本的短期租赁为例，日本《民法典》在2003年修改以前，曾经特别规定了短期租赁保护制度，对已经登记的、未超过日本《民法典》第602条规定的租赁期间的短期租赁予以特别保护，即：即使租赁设立在抵押权之后，不超过民法规定期间的短期租赁，也能够对抗抵押权人。[①] 该制度设置的初衷是保护承租人的权益。[②] 但是，在实践中，短期租赁常常被滥用，成为"欺诈的租赁"，是"使抵押权人'受到损害'的租赁"。[③] 在日本泡沫经济崩溃后，日本的不动产执行案件急速增长。如何执行不动产，尤其是保障不动产担保权实现，对金融机构不良债权的回收具有非常重要的意义。针对利用短期欺诈性租赁妨碍执行的现状，日本于2003年《改正担保、执行法》中废除了短期租赁制度。据此，在抵押权设定之后成立的租赁权，原则上不能对抗抵押权人，从而保障抵押权人无障碍地行使抵押权。对于承租人的权益保护，日本《民法典》在2003年修订时转而设立了过渡期限的保护，即缓期交

[①] 胡文涛：《日本民事执行制度考察——以担保不动产顺利拍卖为中心》，《上海政法学院学报（法治论丛）》2012年第1期，第80页。日本《民法典》原395条规定了"短期租赁的保护"："不超过第602条所定期间的租赁，虽于抵押权登记后进行登记，亦可以之对抗抵押权人。但是，其租赁权害及抵押权人时，法院因抵押权人请求，可以命令解除该租赁。"

[②] 日本学理上认为，抵押权设立后发生的第三人用益，即使其已经登记，也不能对抗拍定人。因此，利用人的地位很不安定，抵押不动产的利用事实上受到很大制约。民法特别保护抵押权设立后缔结的短期租赁，规定可据此对抗拍定人，是以减轻此害处为目的的。参见［日］我妻荣：《新订担保物权法》，申政武、封涛、郑芙蓉译，中国法制出版社2008年版，第274页。

[③] ［日］近江幸治：《担保物权法》，祝娅、王卫军、房兆融译，法律出版社2000年版，第157页。

付制度。[①]

各国及地区在处理强制执行中不动产上的租赁负担时，往往基于上述多种因素来综合考虑相应的处理规则，各自的具体立法有一定差异。不过，通过不同立法例的比较与分析，可以发现，虽然各国及地区关于不动产上租赁负担处理的具体规则有异，但是，这些立法例之间的区别，主要在于对劣后于执行债权的租赁负担的处理规则上：对于劣后于执行债权的租赁权，德国法、日本法和韩国法适用较为严格的涂销主义，瑞士法和我国台湾地区有关规定原则上适用承受主义而例外采纳涂销主义。根据执行债权与租赁权的优先顺序，如果租赁权在先的，这些立法例之间存在一项共通规则，即均适用承受主义。例如，在德国法上，被计入保留价、由承受人承受的使用租赁权或用益租赁权，除当事人之间另有约定外，必须优先于申请执行的债权。在日本，除非利害关系人另行达成合意，能够对抗执行债权的租赁权，属于优先于执行债权的权利，适用承受主义。韩国法的规定亦然，如果租赁权能对抗抵押权、扣押债权及假扣押债权，则适用承受主义，除非利害关系人合意或者法院依职权变更拍卖条件。瑞士和我国台湾地区也无例外地体现了这一点。

对优先于执行债权的租赁负担原则上适用承受主义，从根源上讲，源于对承租人予以特别保护的必要性。为什么要对承租人予以特别保护？台湾地区学者王泽鉴先生对此这样解释："居住为人生之基本需要，物价高昂，购买不易，承租人多属于经济上弱者，实有特殊保护之必要。"[②] 承租人是否必然为经济上的弱者，实有疑问。在租赁实践中，出租人的经济状况比承租人弱势的情形，也大量存在。王利明教授认为，以经济上的弱者为由论证对承租人特别保护的必要，其理由并不充分。他认为，之所以需要对承租人予以特别保护，理由有三：一是不动产对承租人的生存利益（包括住宅承租人的居住利益，不动产商业承租人的商业维持利益）影响甚大，生存利益应优先保护；二是稳定租赁关系，保护交易安全；三是实现物尽

---

① 日本《民法典》第 395 条规定："以不能对抗抵押权人的租赁关系对抵押不动产标的建筑物进行使用或收益的人，凡属下列情况的人（于下项称抵押建筑物使用人），在该建筑物拍卖中的买受人买受时起经过六个月为止，无需将其建筑物交付与买受人：一、从拍卖程序开始前使用收益者；二、根据强制管理或担保不动产收益执行的管理人在拍卖程序开始之后约定的租赁而进行使用收益者。前项规定，在买受人买受之后使用同项建筑物时的对价，于买受人对抵押建筑物使用人确认相当的期限，以一个月以上的期间作出支付催告，而在相当的期间内没有履行时，不予适用。"

② 王泽鉴：《用益物权·占有》，中国政法大学出版社 2010 年版，第 177 页。

其用。① 也有学者认为对承租人进行特别保护的立法理由,在于社会经济政策的考量:租赁关系的稳定和延续对于承租人具有特殊重要的意义;承租人多属弱者,需要法律的特别保护。② 美国学理则从经济实力不对等、市场地位不对等、合同利益不对等三个方面来论述对住房承租人的利益予以适当倾斜性保护的必要性。③ 在理论上,关于租赁权的性质,也经历了"债权说"④、"物权说"⑤、"债权物权化说"⑥、"立法政策说"⑦的发展历程,逐渐深化对租赁权对抗效力的论证。尽管学理上对承租人予以特别保护的立法目的、租赁权的性质有诸如此类的争议,但是,无论如何,近现代以来,各国及地区在立法上均强化了对承租人的保护,租赁权呈现物权化的趋势,这是不争的事实。例如,德国《民法典》虽将租赁权纳入债权体系,租赁权无须登记,但将"买卖不破租赁"确立为例外制度,客观上突破了债的相对性原理;韩国《民法典》直接将租赁权规定为物权,经登记后可以对抗第三人;法国法区分普通租赁与长期租赁,法律赋予不动产长期租赁权以物权或者类物权效力,普通租赁权虽仍在债权的框架内,但仍有对抗效力。"买卖不破租赁"成为大陆法系现代民法上的一项重要制度。

与大陆法系相比,英美法系虽然具有不同的财产法结构,但在强化对承租人的保护上,发展趋向是一致的。在普通法上,租赁权被视为一种地产权,属于财产法调整的范畴。承租人在租赁期间有权对租赁物占有、使用,该占有权、使用权不仅可以对抗出租人,而且可以对抗任何第三人。例

① 王利明:《论"买卖不破租赁"》,《中州学刊》2013 年第 9 期,第 49 页。

② 周珺:《住房租赁法的立法宗旨与制度建构》,中国政法大学出版社 2013 年版,第 197～198 页。

③ 周珺:《美国住房租赁法的转型:从出租人优位到承租人优位》,中国法制出版社 2011 年版,第 26～35 页。

④ 债权说认为,租赁通常规定债法之中,体系上属于债权,承租人对租赁物的使用收益,不同于物权语境下支配权的行使方法。如此,租赁标的物所有权移转时,承租人不得以租赁权对抗新的所有权人。参见吴启宾:《租赁法论》,五南图书出版公司 1998 年版,第 12 页。

⑤ 物权说认为,承租人占有租赁物并对其进行使用收益,其实质是对租赁物的支配权。租赁权为"物之支配",也就是物权。参见孟勤国:《物权二元结构论——中国物权制度的理论重构》,人民法院出版社 2004 年版,第 159 页。

⑥ 债权物权化说认为,债权说不能解释承租人为什么可以直接使用收益租赁物,更无法解释租赁权为什么得以对抗买受人的所有权,而物权说本身又突破了物权法定的原则,因此主张,租赁权本质上为债权,但是具有物权化的趋向。租赁权之所以具有对抗买受人所有权的效力,是因其具有部分性的物权特征。参见[德]鲍尔、施蒂尔纳:《德国物权法》(上),张双根译,法律出版社 2004 年版,第 47 页。

⑦ 立法政策说认为,租赁权既可以作为物权,又可以作为债权,孰是孰非并不重要,关键在于立法政策衡量的选择。参见吴才毓:《"买卖不破租赁"中的权利建构——基于〈合同法〉第 229 条的重新解释》,《云南大学学报(法学版)》2014 年第 3 期,第 47 页。

如，英国从 1925 年的财产法改革开始发展登记制度，产权登记成为产权移转以及对抗第三人的凭证，但是，存在于不动产登记簿之外的法定的优先利益仍具有对世效力。根据 1925 年英国《土地登记法》，租期不超过 21 年的普通法租赁地产权，作为一种优先利益，无须登记即可对抗受让人。[①] 2002 年英国《土地登记法》则规定，7 年以下（包括 7 年）的租赁地产权即属于优先利益范畴。[②] 美国大部分地区实行地契（deed）登记制度。物上负担的公示，由地契中的产权约据完成。产权约据源自卖方对产权状况的保证，这种保证在交易完结时混入契据。登记具有对抗效力，但有很多无法登记的利益也可对抗善意买受人。[③] 就租赁而言，因短期租赁契据在美国许多州不能登记，故基于现实考虑，美国对短期租赁和长期租赁契据能否登记给予不同待遇：短期租赁无须登记即有对抗效力，而长期租赁必须登记才有对抗效力。[④] 当租赁权与抵押权等产权发生冲突时，则依据"时间优先，效力优先（first in time, first in right）"的普通法原则处理。换言之，如果租赁权成立于抵押权之前，则拍卖不影响租赁关系继续存在，即"买卖不破租赁"。如果租赁权成立于抵押权之后，则拍卖将导致租赁关系终止。值得注意的是，因"买卖不破租赁"规则在英美法上的适用条件过于苛刻，对保护承租人不利，故政府逐步制定新的法律，不断扩大"买卖不破租赁"的适用范围，甚至原则上无论抵押权、租赁权成立的先后顺序，均可适用该规则。[⑤]

---

① ［英］萨尔顿：《产权转让法》（第三版），法律出版社 2003 年影印版，第 40～41 页。

② 刘艳：《英美不动产登记法律制度研究》，2014 年山东大学博士学位论文，第 92 页。

③ 张淞纶：《论物上负担制度——财产法的对抗力革命》，法律出版社 2012 年版，第 164～170 页。

④ 刘艳：《英美不动产登记法律制度研究》，2014 年山东大学博士学位论文，第 102～103 页。

⑤ 周珔：《美国住房租赁法的转型：从出租人优位到承租人优位》，中国法制出版社 2011 年版，第 87～88 页。在美国，2007 年至 2009 年金融危机期间，抵押权的实现使众多承租人成为无辜的"被遗忘的受害者"。为应对此现实，从英国驱逐承租人通知期限的程序性规则，到强制抵押权实现过程中的买受人向承租人支付搬迁费用的地方性法律，再到要求买受人履行现有租赁合同而不考虑优先权的联邦法律，英美政府采取了多种多样的措施。2009 年美国《抵押权实现过程中承租人保护法》和 2010 年英国《抵押贷款收回（保护承租人）法》是其中的两项典型立法。根据美国《抵押权实现过程中承租人保护法》，即使承租人的租赁权并不具有优先性，多数情况下，承租人仍然可以继续占有租赁物，直至租期届满，只有拟将出租房屋作为主要居所的买受人才可以终止抵押权实现申请日期之前签订的租赁合同。并且，如果买受人要求承租人搬离租赁物，买受人至少应当提前 90 天向善意承租人发出迁出通知。虽然《抵押权实现过程中承租人保护法》于 2012 年 12 月 31 日失效，但美国各州正在采取更积极的措施，以保护承租人，也有不少社会组织、国会议员倡导该法在 2012 年以后永久适用。2010 年英国《抵押贷款收回（保护承租人）法》虽然未如美国那样规定买受人原则上承受并不具有优先性的租赁负担，但赋予承租人以 2 个月的宽限期。详见 Ryan K. Lighty, Landlord Mortgage Defaults and Statutory Tenant Protections in U.S. Foreclosure and U.K. Repossession Actions: A Comparative Analysis, 21 *Ind. Int'l & Comp. L. Rev.* 291 (2011).

第三节　我国不动产执行中租赁负担处理的一般规则

一、一般规定

为了保护承租人的权益，我国《合同法》第 229 条确立了"买卖不破租赁"规则，"租赁物在租赁期间发生所有权变动的，不影响租赁合同的效力"。自 2021 年 1 月 1 日起，《合同法》虽被废止，但最新颁布施行的《民法典》第 725 条依然延续了《合同法》第 229 条确立的"买卖不破租赁"规则，"租赁物在承租人按照租赁合同占有期限内发生所有权变动的，不影响租赁合同的效力"。理论上，"买卖不破租赁"涉及的"租赁物"的范围是否包括动产，存有争议。但显然毫无争议的是，不动产属于此类"租赁物"的范围。因此，不动产上设有租赁的，应当受该"买卖不破租赁"规则的限制。

根据《合同法》第 229 条、《民法典》第 725 条的规定，租赁物在租赁期间发生"所有权变动"的，应有"买卖不破租赁"规则的适用。通常认为，这里的"所有权变动"，并不限于买卖。正如王利明教授所言，"严格地讲，'买卖不破租赁'只是一种形象的说法，其立法意旨在于，任何租赁物所有权的变动都不得影响租赁合同的效力。例如，赠与、确权等都可能导致租赁物的所有权发生变动，都应当有'买卖不破租赁'规则的适用"。[①] 因为"买卖不破租赁"规则的适用并不仅限于买卖，所以，德国学者认为，"买卖不破租赁（Kauf bricht nicht Miete）"更好的说法其实是"让与不破租赁（Veräußerung bricht nicht Miete）"。[②] 在不动产执行过程中，买受人通过强制拍卖、变卖等取得租赁物的情形，也属于"所有权变动"的情形，也应有"买卖不破租赁"规则的适用。在我国，"买卖不破租赁"规则被明确贯彻到强制执行程序之中。《最高人民法院关于人民法院民事执行中拍卖、变卖财产的规定》第 28 条第 2 款明确规定，"拍卖财产上原有的租赁权及其他用益物权，不因拍卖而消灭……"，这样，在强制执行过程中，法院在拍卖执行标的物以实现金钱债权时，原则上不得去除标的物上原有的租赁权，买受人必须承受标的物上的租赁负担。可见，在我国，对不动产上租赁负担的处理，原则上有"买卖不破租赁"规则的适用，实行承受主义。

[①]　王利明：《论"买卖不破租赁"》，《中州学刊》2013 年第 9 期，第 51 页。

[②]　［德］鲍尔、施蒂尔纳：《德国物权法》（上），张双根译，法律出版社 2004 年版，第 671 页。

对于不动产上的租赁负担,适用"买卖不破租赁"规则,符合现代社会对承租人予以倾斜性保护的立法趋势。然而,如果将"买卖不破租赁"绝对化,也将产生对承租人保护过度、损害债权人及买受人合法权益的问题。事实上,各国及地区"买卖不破租赁"规则对承租人保护的程度是有差异的,毕竟,"买卖不破租赁"规则的立法目的,并不是纯粹地仅仅倾斜性保护承租人,而是在不同主体的利益冲突之中寻求一个相对公平的基点。①我国立法亦然。我国《物权法》《担保法》《民法典》及有关司法解释在适用"买卖不破租赁"规则的同时,对一些特殊情形作出了例外限制,以平衡承租人与债权人的利益。

在不动产执行过程中,普遍遇到的,是查封物上设有租赁、以抵押权为典型代表的优先受偿权与租赁权并存的情形。按照立法,这些情形并不必然一概适用"买卖不破租赁"规则。因此,下文就这两种情形下租赁负担的处理规则展开分析。

二、查封物上设有租赁的处理规则

就查封物上设有租赁的情形,我国最高人民法院的司法解释根据租赁与查封的先后顺序而设置了不同的处理规则。

(一)租赁在先查封在后的情形

《最高人民法院关于人民法院民事执行中查封、扣押、冻结财产的规定》第 13 条② 第 2 款规定:"对第三人为自己的利益依法占有的被执行人的财产,人民法院可以查封、扣押、冻结,第三人可以继续占有和使用该财产,但不得将其交付给被执行人。"执行债务人将自己的不动产出租的,对于承租人占有的债务人的财产,法院可以依法采取查封措施。

租赁设立于不动产查封之前的,适用"买卖不破租赁"规则。《最高人民法院关于人民法院办理执行异议和复议案件若干问题的规定》第 31 条第 1 款明确规定:"承租人请求在租赁期内阻止向受让人移交占有被执行的不动产,在人民法院查封之前已签订合法有效的书面租赁合同并占有使用该不动产的,人民法院应予支持。"据此,承租人只要在法院查封不动产之前以书面形式签订了租赁合同,并且占有使用该不动产的,承租人的租赁权就具有对抗买受人的法律效力,法院不得强制承租人在租赁期限内移

---

① 朱志峰:《"买卖不破租赁"原则释疑》,《河南社会科学》2013 年第 6 期。
② 该司法解释于 2020 年修正,修正前该条文序号为第 15 条,修正后该条文序号调整为第 13 条,具体内容不变。

交不动产。

当事人另有约定是"买卖不破租赁"的除外条件。"买卖不破租赁"是法律赋予承租人享有的法定权利。该权利是否行使，完全属于承租人自由处分的范围。"承租人愿意继续履行原租赁合同"，是"买卖不破租赁"规则的构成要件之一。[①] 因此，即使租赁在先查封在后，如果承租人与出租人约定，租赁物在租赁期间发生所有权变动时，承租人自愿放弃要求新的所有权人继续履行合同的权利，则应从其约定，不适用"买卖不破租赁"规则，承租人不能再以"买卖不破租赁"对抗新的所有权人。[②]

（二）查封在先租赁在后的情形

在执行程序中，被执行人能否处分查封物，包括出租查封物，曾有争议。这涉及对查封效力的认识问题。查封是执行机构为实现债权人的金钱债权，剥夺被执行人对特定财产的处分权，使其"拘束于国家支配之下，以阻止债务人为有害于换价及满足之行为"。[③] 因此，查封最主要的效力，在于禁止被执行人对查封物的处分。虽然被执行人在查封后仍保有查封物的所有权，但其处分权已经受到限制，因而被执行人在查封后所为的处分行为（包括出租查封物），应属无效。

这里的"无效"，存在绝对无效说与相对无效说之分。绝对无效说认为，作为一种强制执行措施，查封属于公法上的行为，标的物被查封后，被执行人即丧失对查封物的处分权，故被执行人处分查封物的行为绝对无效，对任何人均不产生法律效力。相对无效说则认为，被执行人对查封物的处分行为，仅仅是对申请执行的债权人而言不产生法律效力，但是，对于被执行人和处分行为相对的第三人而言，依然有效。通常认为，采纳相对无效说，既可保障执行债权人的权益，实现查封的目的，又能调和被执行人的处分权，兼顾交易安全，因而更为合理。[④]

在《最高人民法院关于人民法院民事执行中查封、扣押、冻结财产的规定》实施之前，我国立法虽然没有对被执行人处分被查封财产的行为的效力作出直接规定，但实践中对被执行人处分查封物的行为采取严格禁止态度，不承认被执行人处分查封物的行为在被执行人与第三人之间发生法律

[①] 王利明：《论"买卖不破租赁"》，《中州学刊》2013 年第 9 期。

[②] 最高人民法院民事审判第一庭编著：《最高人民法院关于审理城镇房屋租赁合同纠纷案件司法解释的理解与适用》，人民法院出版社 2016 年版，第 273～274 页。

[③] 张登科：《强制执行法》，台湾三民书局 2012 年版，第 262 页。

[④] 杨与龄编著：《强制执行法论》，中国政法大学出版社 2002 年版，第 337 页；张登科：《强制执行法》，台湾三民书局 2012 年版，第 263 页。

效力。[①]《最高人民法院关于人民法院民事执行中查封、扣押、冻结财产的规定》就查封的效力采纳了相对无效说。该规定第 24 条[②] 第 1 款明确:"被执行人就已经查封、扣押、冻结的财产所作的移转、设定权利负担或者其他有碍执行的行为,不得对抗申请执行人。"该条文虽然未明确表述为"对于申请执行人不生效力或无效",但是,通常认为,该条文表述的"不得对抗申请执行人",与"对于申请执行人不生效力或无效"并无实质差异,由此而确立了查封的相对效力。[③] 据此,在执行程序中,被执行人出租查封物的行为,并不当然无效,而仅限于"不得对抗申请执行人"。最高人民法院执行局于〔2009〕执他字第 7 号函中明确指出:"根据《最高人民法院关于人民法院民事执行中查封、扣押、冻结财产的规定》第二十六条(现第 24 条),被执行人擅自处分查封物,与第三人签订的租赁合同,并不当然无效,只是不得对抗申请执行人。第三人依据租赁合同占有查封物的,人民法院可以解除其占有,但不应当在裁定中直接宣布租赁合同无效或解除租赁合同,而仅应指出租赁合同不能对抗申请执行人。"

《最高人民法院关于审理城镇房屋租赁合同纠纷案件具体应用法律若干问题的解释》(2009 年)第 20 条进一步体现了查封之后设立的租赁权不得对抗申请执行的债权人的规则,规定:"租赁房屋在租赁期间发生所有权变动,承租人请求房屋受让人继续履行原租赁合同的,人民法院应予支持。但租赁房屋具有下列情形或者当事人另有约定的除外:……(二)房屋在出租前已被人民法院依法查封的。"2020 年最高人民法院在修正该司法解释时,仅将该条文的"租赁期间"修改为"承租人按照租赁合同占有期限内",并将此条文序号调整为第 14 条,其他内容不变,即依然明确了查封之后设立的租赁权不能对抗申请执行的债权人。

在"利害关系人大商集团股份有限公司申请复议案"的裁定书中,最高人民法院直接写明:"限制被执行人对外出租查封标的物是查封裁定当然具有的法律效力。即使协助执行通知书中没有明确限制被执行人对外租赁查封物,亦不妨碍在法律上存在该种限制效力。租赁查封物的合同在不影响申请执行人权益的情况下可以是有效的,但不得对抗申请执行人,申请执行人有权随时主张解除承租人对查封物的占有。""……因被解除

---

① 赵晋山:《论查封、扣押的效力——以动产、不动产的查封、扣押为中心》,《执行工作指导》2004 年第 1 辑。

② 该司法解释于 2020 年修正,修正前该条文序号为第 26 条,修正后该条文序号调整为第 24 条,具体内容不变。

③ 江必新、贺荣主编:《最高人民法院执行案例精选》,中国法制出版社 2014 年版,第 460 页。

占有、租赁合同不能继续履行而产生的损失，应另行依法追究出租方的违约责任。"①

关于查封之后设立的租赁不能对抗申请执行的债权人的理由，最高人民法院专家法官在相关执行著述中进一步解释认为，查封物出租的，虽然有利于促进查封物的充分利用，避免社会资源的浪费，但是，查封物上租赁关系的存在，势必会影响查封物的拍卖、变卖以及交接，降低不动产的交换价值，影响到强制执行的效果，故为切实保护债权人的利益，应原则上限制查封的出租，查封之后设立的租赁权不得对债权人产生对抗效力。②

值得注意的是，查封作为基于国家公权力对被执行人财产采取的强制执行措施，产生对世效力，必须具备公示要件，以保护善意第三人的利益。③对此，《最高人民法院关于人民法院民事执行中查封、扣押、冻结财产的规定》（2020 年）第 24 条（原第 26 条）第 3 款明确："人民法院的查封、扣押、冻结没有公示的，其效力不得对抗善意第三人。"换言之，即使查封在先，租赁在后，但如果查封没有公示的，仍然可以适用"买卖不破租赁"规则。

关于不动产查封的公示方法，《最高人民法院关于人民法院执行工作若干问题的规定（试行）》（1998 年）第 41 条第 2 款规定："对……不动产的查封，应当向有关管理机关发出协助执行通知书，要求其不得办理查封财产的转移过户手续，同时可以责令被执行人将有关财产权证照交人民法院保管。必要时也可以采取加贴封条或张贴公告的方法查封。"据此，我国不动产查封的方法有三：一是向有关管理机关发出协助执行通知书，要求作查封备案登记；二是收取被执行人有关财产权证照；三是加贴封条或张贴公告。其中，以向有关管理机关发出协助执行通知书为原则，以加贴封条或张贴公告为例外，而收取有关财产权证照则为辅助措施。④《最高人民法院关于人民法院民事执行中查封、扣押、冻结财产的规定》对查封方法

---

① 最高人民法院（2010）执复字第 4 号执行裁定书。
② 江必新主编：《民事执行新制度理解与适用》，人民法院出版社 2010 年版，第 381 页。
③ 这是查封的公示公信原则。查封之所以必须适用公示公信原则，其原理在于：查封作为公权力行使的一种方式，其行使必须具有正当性，而以一定的形式体现出来，是查封正当性的必要组成部分；并且，查封旨在限制被执行人以及其他利害关系人对查封标的物的处分，通过一定的形式将查封予以公示，可以起到明示的作用，进而保护善意第三人的利益。
④ 黄金龙：《〈关于人民法院执行工作若干问题的规定（试行）〉实用解析》，中国法制出版社 2000 年版，第 113 页。

的规定有所不同。根据该《规定》第7条，① 查封不动产的，"人民法院应当张贴封条或者公告，并可以提取保存有关财产权证照"，"应当通知有关登记机关办理登记手续"。据此规定，查封不动产，应当"张贴封条或公告 + 通知有关登记机关办理登记手续"，收取有关财产权证照系补充方法。《最高人民法院关于人民法院执行工作若干问题的规定（试行）》于 2020 年修正时，原第 41 条被删除，因此，查封不动产的，应当按《最高人民法院关于人民法院民事执行中查封、扣押、冻结财产的规定》执行。

收取有关财产权证照因不具有"公示"作用，无法产生公信力，故而仅是查封的辅助手段，并不构成独立的查封方法，这已无疑义。这里的问题主要有二：其一，仅仅张贴封条或公告而未通知有关机关办理查封登记，或者仅仅通知有关机关办理查封登记而未张贴封条或公告的，是否产生查封的效力？其二，通知有关登记机关办理查封登记但登记机关未办理查封登记的，是否产生查封的效力？

关于第一个问题。有观点认为，不动产的物权变动以登记为生效要件，仅仅在不动产上张贴封条或者公告而未通知有关登记机关办理查封登记的，无法阻止被执行人、买受人到登记机关办理转移登记手续，因此不应产生查封的效力；仅仅通知登记机关办理查封登记而未张贴封条或公告的，当然产生查封的效力。② 理论上，张贴封条有一定的公示作用，但是，因不动产的物权变动以登记为要件，仅仅张贴封条无法阻止不动产的移转。并且，如果被执行人故意撕毁封条，将不动产移转给善意第三人，将直接产生查封效力与交易秩序的冲突问题。因此，原则上不宜将张贴封条作为一种独立的不动产查封方法。张贴公告虽然也有一定的公示作用，但也存在局限性，其公示效用极为有限，也不宜独立作为不动产查封方法。③ 而不动产查封登记，既可以限制被执行人对不动产的处分，又可以公示不动产被法院查封的事实，是一种理想的公示方法，因而应当允许其独立适用。尤其在当前，为了提高执行效率、减少被执行人规避执行的行为，不少地方法院在努力推行"网上查封"（软查封），通过网络直接对不动产进行查封登记，通常不再继续对不动产张贴封条或公告。在此现实下，承认不

---

① 该司法解释于 2020 年修正，修正前该条文序号为第 9 条，修正后该条文序号调整为第 7 条，具体内容不变。

② 江必新主编：《强制执行法理论与实务》，中国法制出版社 2014 年版，第 595 页。

③ 田玉玺、刘文涛：《不动产查封公示问题研究》，《政法论坛》2001 年第 1 期，第 42～43 页。

动产查封登记的独立效力,显然是一种合理的选择。[①]诚然,在我国,事实上存在尚未进行权属登记的不动产,对这些不动产的查封,无法进行查封登记,故只能通过张贴封条或公告的方法予以查封。[②]

关于第二个问题。根据《最高人民法院关于人民法院民事执行中查封、扣押、冻结财产的规定》第 7 条规定,查封已登记的不动产,法院"应当通知有关登记机关办理登记手续"。据此,似乎意味着只要法院发出有关通知后,查封即可成立,产生查封的法律效力。那么,能否据此推论,法院向登记机关发出"通知"后,如果登记机关并未进行查封登记,是否也不影响查封的效力呢?有台湾地区学者认为,"查封不动产,于实施查封后,即生效力。通知登记机关登记其事由,并非查封之生效要件或查封效力之发生时期"。[③]然而,从查封的公示而言,法院仅发出有关通知而有关机关并未进行查封登记的,并没有起到"公示"效果,无法避免被执行人恶意处分查封标的物而将其所有权移转登记于第三人等阻碍执行的行为。因此,法院发出有关通知而登记机关未协助完成查封登记的,不能视为已经完成查封公示。只有在登记机关办理查封登记以后,不动产的查封行为才能因公示的完成而生效。

综上,查封物上租赁负担的处理规则可以概括为:租赁在先,查封在后的,适用"买卖不破租赁"规则,但当事人另有约定的除外;查封在先,租赁在后的,不适用"买卖不破租赁"规则,但查封必须公示。

三、抵押权与租赁权并存的处理规则

就抵押物上租赁负担的处理,我国《物权法》《担保法》及最高人民法

---

① 执行实务中,有承租人以法院查封房产未张贴封条或公告为由提出执行异议,法院通常以已进行查封登记为由驳回异议。例如,在"案外人肖某对张某申请执行某房地产开发有限公司、翟某民间借贷纠纷案执行标的提出异议一案"中,作为承租人的案外人肖某主张,法院虽然对涉案房产采取了查封措施,但没有证据证明已按照《最高人民法院关于人民法院民事执行中查封、扣押、冻结财产的规定》张贴封条或公告,或者采取其他足以对第三人起公示作用的相关措施,并据此认为其属善意第三人,其租赁权应受保护。对此,法院认为,"因本案执行标的系不动产,依据《中华人民共和国物权法》的相关规定,不动产以登记为准。本院在大连市房地产登记发证中心对执行标的进行了查封登记,系以登记这一物权公示方法对第三人起到公示作用,符合物权公示原则"(详见大庆市中级人民法院(2017)黑 06 执异 69 号执行裁定书)。不过,也有少数法院持不同见解,坚持将张贴封条或公告作为查封产生对抗善意第三人效力的必备要件之一,如辽宁省丹东市中级人民法院(2021)辽 06 执异 128 号执行裁定书。

② 《最高人民法院关于人民法院民事执行中查封、扣押、冻结财产的规定》第 8 条(2020 年修正前第 10 条)规定:"查封尚未进行权属登记的建筑物时,人民法院应当通知其管理人或者该建筑物的实际占有人,并在显著位置张贴公告。"

③ 杨与龄编著:《强制执行法论》,中国政法大学出版社 2002 年版,第 378 页。

院相关司法解释等采取了依抵押权、租赁权设立的先后顺序来区分处理的模式。我国《民法典》基本沿用了这些规定。因此，下文就抵押物上租赁负担的处理，分成两类情形展开分析：一是租赁在先抵押在后的情形，二是抵押在先租赁在后的情形。

（一）租赁在先抵押在后的情形

我国《物权法》《担保法》及有关司法解释对租赁在先抵押在后时租赁负担的处理作出了明确规定。《物权法》第190条规定："订立抵押合同前抵押财产已出租的，原租赁关系不受该抵押权的影响。"《担保法》第48条规定："抵押人将已出租的财产抵押的，应当书面告知承租人，原租赁合同继续有效。"《最高人民法院关于适用〈中华人民共和国担保法〉若干问题的解释》第65条规定："抵押人将已出租的财产抵押的，抵押权实现后，租赁合同在有效期内对抵押物的受让人继续有效。"根据这些法律规定，在已经出租的财产上设定的抵押权，不影响设立在先的租赁权，即"买卖不破租赁"。[①] 自2021年1月1日起，《物权法》《担保法》《最高人民法院关于适用〈中华人民共和国担保法〉若干问题的解释》虽被废止，但同时开始施行的《民法典》承继了这些规定，依然确立了设立在先的租赁权不受在后的抵押权影响的规则。《民法典》第405条规定："抵押权设立前，抵押财产已经出租并移转占有的，原租赁关系不受该抵押权的影响。"这与《民法典》第725条关于"买卖不破租赁"的规定相互衔接。[②]

在通过强制执行程序实现抵押权的过程中，就抵押物上在先的租赁负担的处理，也贯彻"买卖不破租赁"规则。根据《最高人民法院关于人民法院民事执行中拍卖、变卖财产的规定》第28条（原第31条）第2款规定："拍卖财产上原有的租赁权及其他用益物权，不因拍卖而消灭……"可见，抵押物上存在在先的租赁负担时，我国对租赁负担的处理，采取了与各国及地区一致的做法，即采承受主义，适用"买卖不破租赁"规则。

从法理上分析，各国及地区立法均确认"买卖不破租赁"规则适用于租赁在先抵押在后的情形，其原因在于：租赁权虽然属于债权，但在近现代民法中，为了强化对承租人的保护，租赁权被"物权化"，具有物权的对抗力。根据前物权优于后物权的原理，在先的租赁权优于在后的抵押权，便具有了对抗设立在后的抵押权的效力。因此，租赁在先抵押在后的，有

---

① 部分著述将这类抵押权与租赁权的关系称为"抵押不破租赁"。实质上，这是民法上"买卖不破租赁"规则在抵押物租赁关系中的运用，因此，这里仍适用"买卖不破租赁"这一术语。

② 崔建远：《中国民法典释评·物权编》（下卷），中国人民大学出版社2020年版，第376页。

"买卖不破租赁"规则的适用。

当然，租赁在先抵押在后的，有"买卖不破租赁"规则的适用，并不必然意味着一律适用"买卖不破租赁"规则。如前所述，主张"买卖不破租赁"是承租人享有的法定权利，承租人完全可以自由处分该权利。如果承租人与出租人特别约定，不适用"买卖不破租赁"规则的，也不会发生"买卖不破租赁"的法律效果。《最高人民法院关于审理城镇房屋租赁合同纠纷案件具体应用法律若干问题的解释》第14条规定的不适用"买卖不破租赁"规则的例外情形之一，即"当事人另有约定的除外"。

（二）抵押在先租赁在后的情形

在抵押在先租赁在后的情况下，如果租赁期限短于抵押期限，那么，除非出现抵押权人提前行使抵押权的情形，通常不会产生抵押权与租赁权的冲突问题。但是，在抵押权人诉请法院实现抵押权、处置抵押物时，如果租赁期尚未届满，则会发生抵押权与租赁权冲突的问题。

根据前物权优于后物权的原理，此时，在先的抵押权优于在后的租赁权。然而，如何理解这种"优先"效力，则是一大问题。如前所述，根据德国法和日本法，这种"优先"效力表现为较为彻底的涂销主义的适用，即在后的租赁权因拍卖而消灭。而根据瑞士法和我国台湾地区相关规定，这种"优先"效力则仅仅表现为：在租赁权对抵押权的实现有影响的情况下，法院方可适用涂销主义，依法除去该租赁权，否则，租赁权继续存在于拍卖物之上，由买受人承受。

我国《民法典》施行以前，《物权法》等民事立法以及最高人民法院的有关司法解释明确规定了在先的抵押权优于在后的租赁权的法律效力，但是，这些规定存在不少模糊之处，甚至有些规定之间还相互矛盾。司法实践中，如何理解和运用有关规则，存在各种各样的见解，导致了实务操作的混乱。

《物权法》第190条规定："抵押权设立后抵押财产出租的，该租赁关系不得对抗已登记的抵押权。"据此，在先的抵押权"优先"于在后的租赁权的效力体现为"租赁关系不得对抗已登记的抵押权"。然而，如何理解该条规定的"租赁关系不得对抗已登记的抵押权"，理论界存在分歧。有的学者认为，这是指抵押权实现时，抵押物上设立的租赁关系即当然失去效力，承租人不得要求继续承租该抵押物。[①] 有的学者则主张，这是指抵押权实

---

① 王利明：《物权法研究》（下卷），中国人民大学出版社 2013 年版，第 1242 页。

现时,因租赁关系的存在致使抵押物无人竞买,或者竞买人出价较低从而不足以清偿抵押债权,抵押权人有权要求抵押人与承租人解除租赁关系。[①]他们认为,在租赁权对抵押权人并无损害时,如果将设立在后的租赁权一律除去,将直接影响抵押物上的用益关系,对抵押人、承租人以及买受人的利益造成不当的影响。[②]如此解释,则意味着即使租赁权设立于抵押权之后,也可能不突破"买卖不破租赁"规则,即是说,在抵押权后设立的租赁权,并不必然被除去,只要租赁权的存在对抵押权的实现没有损害,该租赁权仍继续存在,由抵押物的买受人承受。

就后于抵押权设立的租赁权在抵押权实现时如何处理的问题,最高人民法院的司法解释之间也存在明显的冲突。《最高人民法院关于适用〈中华人民共和国担保法〉若干问题的解释》第66条第1款规定:"抵押人将已抵押的财产出租的,抵押权实现后,租赁合同对受让人不具有约束力。"据此规定,除非买受人自愿承受抵押之后设立的租赁权,否则,该租赁权一律被除去,对买受人不具有法律约束力。[③]这与上述第一种学术见解相吻合。《最高人民法院关于审理城镇房屋租赁合同纠纷案件具体应用法律若干问题的解释》(2009年)也采纳了同样的立场,其第20条规定:"租赁房屋在租赁期间发生所有权变动,承租人请求房屋受让人继续履行原租赁合同的,人民法院应予支持。但租赁房屋具有下列情形或者当事人另有约定的除外:(一)房屋在出租前已设立抵押权,因抵押权人实现抵押权发生所有权变动的;(二)房屋在出租前已被人民法院依法查封的。"据此,只要租赁权设立于抵押权之后,即便该租赁权的存在对抵押权的实现没有任何影响,租赁权仍被除去,买受人有权不承受原租赁关系。简言之,根据这两个

[①] 高圣平:《担保法论》,法律出版社2009年版,第357页;崔建远:《物权法》,中国人民大学出版社2011年版,第458页。

[②] 孙鹏、王勤劳、范雪飞:《担保物权法原理》,中国人民大学出版社2009年版,第210页。

[③] 该司法解释起草者对此规定的立法理由的解释是:"一是根据物权优先于债权的原则和承租人不得以租赁合同对抗抵押权人行使权利,租赁关系在抵押权人行使权利时应当归于消灭。二是即便不动产租赁具有物权化性质,也是后成立的用益物权,不得对抗因抵押权的实现而取得抵押物的买受人,根据前手权利优于后手权利的原则,先设定的抵押权可以对抗后成立的租赁权。承租人对抵押物不享有优先购买权,也不能对抵押物的买受人主张租赁权。⋯⋯抵押权设立在先,租赁权成立在后的情况下,抵押物设定租赁权时,承租人知道或者应当知道租赁物上存在抵押权的事实,并自愿接受和承担了因抵押权实现而使租赁权终止的风险,承租人不得以租赁合同对抗抵押权人行使权利。'买卖不破租赁'的原则,不能适用于抵押人在抵押后将抵押物出租后抵押权实现时的情况。"最高人民法院时任法官孔祥俊在其编著的《担保法及其司法解释的理解与适用》一书中,将此规定的立法理由解释为:在抵押权实现时,所有租赁关系都会影响抵押物的价格,因此作出了租赁关系对受让人绝对无效的规定。(参见孔祥俊:《担保法及其司法解释的理解与适用》,法律出版社2001年版,第247～248页。)

司法解释的规定,对于抵押物上的租赁负担,如果抵押在先租赁在后,适用绝对的涂销主义,租赁负担因拍卖而消灭。

《最高人民法院关于人民法院民事执行中拍卖、变卖财产的规定》(2004年)则有明显不同于上述两个司法解释的规定。该规定第31条明确:"拍卖财产上原有的租赁权及其他用益物权,不因拍卖而消灭,但该权利继续存在于拍卖财产上,对在先的担保物权或者其他优先受偿权的实现有影响的,人民法院应当依法将其除去后进行拍卖。"据此,后于抵押权设立的租赁权,依然可以继续存在,并不必然被除去,只有在该租赁权影响到抵押权的实现时,该租赁权方可被法院除去。[①] 可见,该规定与上述第二种学术见解基本一致。也就是说,该司法解释采纳了与瑞士法、我国台湾地区相关规定一致的做法,在抵押在先租赁在后的情形下,抵押物上的租赁负担依然原则上适用承受主义,只有在租赁权影响到抵押权实现的例外情形下,才适用涂销主义。

值得注意的是,自2021年1月1日起施行的《民法典》第405条删除了《物权法》第190条关于"抵押权设立后抵押财产出租的,该租赁关系不得对抗已登记的抵押权"的规定,《最高人民法院关于适用〈中华人民共和国担保法〉若干问题的解释》也同时失效,这是否意味着《民法典》对抵押在先租赁在后的情形没有规范了呢?是否意味着《物权法》第190条确立的先顺位的抵押权可以对抗后顺位的租赁权的规则被废弃?

根据《民法典》第209条第1款及第402条之规定,"不动产物权的设立、变更、转让和消灭,经依法登记,发生效力;未经登记,不发生效力,但是法律另有规定的除外",不动产抵押的,"应当办理抵押登记。抵押权自登记时设立"。不动产抵押权完成登记之后,产生对抗第三人的效力。这里的第三人,自然包括设立在后的租赁权人。因此,后于抵押权设立的租赁权,不可对抗在先的抵押权,无须赘言。《民法典》第405条之所以删除《物权法》第190条关于先抵后租情形的规定,是因为,"在民法典编纂过程中,一些意见提出,抵押权成立在先时,出于物权的公示效力,抵押权经登记

---

① 根据该司法解释起草者的说明,之所以作出如此规定,其理由在于:"租赁权和用益物权重在对标的物的使用价值,租赁权人和用益物权人要实际享有权利,必须现实地占有标的物,因此,《规定》对拍卖财产上存在的租赁权及用益物权的处理,原则上采取承受原则,即拍卖财产上原有的租赁权及用益物权,不因拍卖而消灭。作为例外,如果上述权利继续存在于拍卖的财产上,对在先设定的担保物权或其他优先受偿权的实现有影响的,应当依法将其除去后进行拍卖。"参见赵晋山:《〈关于人民法院民事执行中拍卖、变卖财产的规定〉的理解与适用》,《人民司法》2005年第2期,第31页。

当然优先于后设立的租赁关系，该租赁关系不能对抗抵押权"。①《民法典》第 405 条删除《物权法》的该规定，体现了法律条文的日益精练化，在立法逻辑上也更为合理。

目前，因《最高人民法院关于适用〈中华人民共和国担保法〉若干问题的解释》已经被废止，该解释第 66 条第 1 款也当然失效。不过，最高人民法院于 2020 年修订《最高人民法院关于审理城镇房屋租赁合同纠纷案件具体应用法律若干问题的解释》第 20 条时，依然坚持了原来的态度：对于后于抵押权设立的租赁权一律除去。② 但是，最高人民法院在修订《最高人民法院关于人民法院民事执行中拍卖、变卖财产的规定》时，对原第 31 条则予以完全保留，仅将其条文序号调整为第 28 条。据此，后于抵押权设立的租赁权，并不当然失效，仅在其影响到抵押权的实现时，方可除去该租赁权。由此可见，对于后于抵押权设立的租赁权的处置问题，司法解释之间的冲突依然存在。

四、简要小结

经由上述分析，可以发现，根据我国现行法律及有关司法解释，在不动产执行过程，对于查封物上的租赁负担和抵押物上的租赁负担，其处理规则大体上是一致的，关键在于租赁权设立的时间节点：租赁权设立在不动产查封或者抵押之前的，适用"买卖不破租赁"规则，不动产上的租赁负担由买受人承受，租赁关系在租赁期限内继续有效，但当事人另有约定的除外。租赁权设立在不动产查封或者抵押之后的，租赁权不具有对抗在先的查封、抵押权的效力，司法解释之间存在冲突，并不当然排除"买卖不破租赁"规则的适用。

鉴于不动产查封物上租赁负担和抵押物上租赁负担在处理规则上的一致性，后文主要对抵押物上的租赁负担的处理展开实证研究，不再专门研究查封物上租赁负担的处理问题。

---

① 石宏主编：《中华人民共和国民法典立法精解》（上），中国检察出版社 2020 年版，第 521 页。

② 2020 年最高人民法院对该条文的修改体现在两点：一是将该条文的"租赁期间"修改为"承租人按照租赁合同占有期限内"，二是将该条文序号调整为第 14 条，其他内容不变。据此，"房屋在出租前已设立抵押权，因抵押权人实现抵押权发生所有权变动的"，承租人请求受让人继续履行原租赁合同的，法院不予支持。

第二章 "买卖不破租赁"的适用

执行实践中,如果租赁设立于抵押(查封)之前,应有"买卖不破租赁"规则的适用。然而,"租赁权一直是个含混不清的权利形态,'买卖不破租赁'更是从文意到规则内容皆疑窦丛生"[①]。执行过程中,"买卖不破租赁"规则在哪些情况下应当适用,哪些情况下不能适用,更是困扰理论与实务多年的一大难题。本章拟从民法上"买卖不破租赁"规则的适用条件的分析出发,结合执行实践中的具体情况,研究"买卖不破租赁"在执行实践中的具体适用问题。

第一节 "买卖不破租赁"的适用条件

许多国家及地区民法上均规定了"买卖不破租赁"规则,作为对承租人特别保护的一项制度。纵观各国及地区民法上关于"买卖不破租赁"的具体规定,不仅在文字表达方面有所不同,而且在各自的适用条件、法律效果等方面也存在诸多差异。在我国,关于"买卖不破租赁"规则的法律规定主要体现在《合同法》第229条、《物权法》第190条、《担保法》第48条及有关司法解释之中。最新施行的《民法典》承继了部分规定,但同时作出了部分修改。理论上,就"买卖不破租赁"的适用条件,也存在诸多争议。

一、对"买卖不破租赁"适用条件的不同认识

(一)理论分歧

在我国台湾地区,关于"买卖不破租赁"的适用条件,主要有三要件说、四要件说、五要件说之分。王泽鉴先生主张三要件说,认为"买卖不破租赁"规则的适用条件包括:租赁关系存在、租赁物交付、出租人将租赁物所有权让与第三人。[②]史尚宽先生持四要件说,认为"买卖不破租赁"规则的适用条件为:租赁合同有效、租赁物让与有效、租赁物已交付承租人、出租

[①] 温世扬、武亦文:《论租赁权的非物权化进路》,《当代法学》2010年第3期,第101页。

[②] 王泽鉴:《民法学说与判例研究》(第六册),北京大学出版社2009年版,第147页。

人将租赁物让与第三人。[①] 黄立先生则主张五要件说,认为"买卖不破租赁"规则的适用条件为:租赁合同有效;出租人让与前已将租赁物交付给承租人;承租人对租赁物的占有不中止;出租人将租赁物的所有权让与第三人;限于不动产租赁且须未经公证的不动产契约,其期限逾五年或未定期限者。[②]

就"买卖不破租赁"规则的适用条件,大陆学者也有类似争议。有的学者从"买卖不破租赁"的适用范围和适用要件来分析"买卖不破租赁"规则的适用条件:就适用范围而言,"买卖不破租赁"规则不仅适用于不动产租赁,而且适用于动产租赁。就适用要件而言,"买卖不破租赁"规则的适用要件有二:租赁物已交付给承租人并由承租人占有,租赁期间租赁物的所有权发生了变动。[③] 有的学者认为,"买卖不破租赁"的"租赁物"应当限于不动产,具体的适用要件有三:租赁合同有效;租赁期间内发生所有权变动;承租人愿意继续履行原租赁合同。[④] 有的学者则认为,"买卖不破租赁"规则至少应当具备四个构成要件:一是承租人在所有权转移、抵押登记、法院采取查封等执行措施之前已签订合法有效的书面租赁合同;二是租赁期间所有权发生变动、办理抵押登记、被法院查封;三是承租人愿意继续履行原租赁合同;四是承租人在所有权转移、抵押登记、法院查封措施之前已合法有效占有租赁物。[⑤] 此外,还有学者主张,租赁登记备案也应成为"买卖不破租赁"规则的适用条件。[⑥]

在全国人大常委会法工委组织编写的《中华人民共和国合同法释义》中,则指明"买卖不破租赁"的适用条件有四:租赁合同已经成立并生效;租赁物已经交付承租人;租赁期间发生所有权变动;出租人或租赁物所有人将租赁物的所有权让与第三人。[⑦]

(二)评析与结论

我国台湾地区学者对"买卖不破租赁"规则适用条件的三要件说、四

① 史尚宽:《债法各论》,中国政法大学出版社 2001 年版,第 209~211 页。

② 黄立主编:《民法债编各论》(上),中国政法大学出版社 2003 年版,第 309 页。

③ 周珂:《住房租赁法的立法宗旨与制度建构》,中国政法大学出版社 2013 年版,第 198~205 页。

④ 王利明:《论"买卖不破租赁"》,《中州学刊》2013 年第 9 期,第 49~53 页。

⑤ 欧莉:《民事强制执行中"买卖不破租赁"若干问题的研究》,《太原城市职业技术学院学报》2018 年第 11 期,第 204 页。

⑥ 季金华:《买卖不破租赁原则限制适用的条件分析》,《政法论丛》2016 年第 4 期,第 77 页。

⑦ 全国人大常委会法工委编、胡康生主编:《中华人民共和国合同法释义》,法律出版社 2013 年版,第 372 页。

要件说、五要件说，都是源自对台湾地区"民法"第425条"买卖不破租赁"规则的文义解读。台湾地区"民法"第425条规定："出租人于租赁物交付后，承租人占有中，纵将其所有权让与第三人，其租赁契约，对于受让人仍继续存在。（第一项）前项规定，于未经公证之不动产租赁契约，其期限逾五年或未定期限者，不适用之。（第二项）"王泽鉴先生的三要件说和史尚宽先生的四要件说，都立足于对该条文第一项规定的解读，只不过后者的主张比前者的主张在形式上多了一个要件"租赁物让与有效"，其他三个要件均相同。而从文义来理解，"租赁物让与有效"，实质上可以涵括入"出租人将租赁物所有权让与第三人"这一要件之中。因此，三要件说与四要件说没有本质上的差异。而黄立先生的五要件说，是在三要件说和四要件说的基础上，一方面，从该条文的第一项出发，更强调租赁物交付承租人后承租人对租赁物的占有状态，另一方面，也考虑到了该条文第二项的规定。

从大陆的理论争议来看，关于"买卖不破租赁"规则适用条件的认识，显然分歧较大。例如，就该规则适用的客体范围而言，是仅限于不动产租赁，还是包括动产租赁，就存在明显争议。无论对此的理解认识如何，毫无疑问，不动产租赁显然应列入"买卖不破租赁"的适用范围。而本书探讨的是执行中"不动产租赁"的处理问题，故这里不进一步探讨动产租赁应否纳入"买卖不破租赁"适用范围的问题。

除了对"买卖不破租赁"适用的客体范围存有争议以外，大陆学者论及的"买卖不破租赁"规则的适用条件，主要包括：租赁合同有效、租赁物已交付承租人或由承租人占有、租赁期间发生租赁物所有权变动（或称所有权让与第三人）、租赁发生在抵押或查封之前、承租人愿意继续履行原租赁合同等。这些条件是否应为"买卖不破租赁"规则的适用条件，这里对此进行简要评述。

租赁合同有效，是适用"买卖不破租赁"规则的前提基础。如果没有合法有效的租赁关系，也就谈不上"买卖不破租赁"的适用问题。因此，租赁合同有效，应属"买卖不破租赁"规则的适用条件之一。这毋庸赘言。

租赁期间发生租赁物所有权变动，明显也属于"买卖不破租赁"规则的适用条件。"买卖不破租赁"规则最早见于1896年的德国《民法典》，是对传统的"买卖破除租赁"的突破，在租赁合同生效后，承租人可以根据法律的规定，向租赁物的买受人主张继续履行租赁合同的权利。当时的"买卖不破租赁"限于"买卖"。随着时代的发展,"买卖不破租赁"规则早已从原先的因买卖而产生的法律关系不能破除租赁关系,发展到因租赁物的所有权移转不能产生破除租赁关系的效果。因"买卖不破租赁"这一表述不够精确,故德国学者称,"买卖不破租赁(Kauf bricht nicht Miete)",更好的说法是"让与不破租赁(Veräußerung bricht nicht Miete)"。[①] 我国台湾地区学者也有类似论述,"构成租赁物所有权移转之原因行为,得为买卖、互易、赠与、遗赠,甚至合伙之出资。准此以言,所谓'买卖不破租赁',未臻精确,严格言之,宜称为'所有权之让与不破租赁'",[②]"买卖不破租赁"规则的适用"不限于因买卖而让与所有权之情形,尚包括例如因赠与、互易、公司或合伙之出资、遗赠等因素而为之让与。故严格而言,所谓'买卖不破租赁'是不周延的,正确之用语应为'让与不破租赁'"。[③] 按照全国人大常委会法工委的权威解释,"买卖不破租赁"并不限于出租人出卖租赁物的行为,"还应包括租赁物抵押、赠与以及遗赠、互易甚至将租赁物作为合伙投资等情况,上述情况都会涉及租赁物的所有权变动问题"。[④] 无论是我国《合同法》第229条还是我国最新颁布施行的《民法典》第725条,均明确规定的是"所有权变动"(并不限于买卖)不影响租赁合同的效力。考虑到长期以来理论与实务大多使用"买卖不破租赁"这一术语的惯例,这里仍然沿用了这一术语。

事实二,在现代社会,"买卖不破租赁"规则的适用,不仅不限于租赁物发生所有权变动的情形,还有扩大化适用的趋势。根据德国《民法典》规定,"买卖不破租赁"规则被准用到若干与之相类似的、在租赁物上法律关系发生变更的情形,如出租人在租赁物上设定负担、受让人再次出让或者设定负担的情形。[⑤] 此外,在用益权人出租、先位继承人出租、地上权人

---

① [德]鲍尔、施蒂尔纳:《德国物权法》(上),张双根译,法律出版社2004年版,第671页。

② 王泽鉴:《民法学说与判例研究》(第六册),北京大学出版社2009年版,第153页。

③ 黄立主编:《民法债编各论》(上),中国政法大学出版社2003年版,第314页。

④ 全国人大常委会法工委编、胡康生主编:《中华人民共和国合同法释义》,法律出版社2013年版,第372页。

⑤ 德国《民法典》第567条:"出租的住房在交付于承租人之后,由出租人设定第三人之权利的,在因行使此项权利而剥夺承租人之依约使用时,相应地适用第566条至第566e条。承租人因此项权利的行使而在依约使用上受到限制的,第三人对承租人负有不行使的义务,但以行使将会妨碍依约使用为限。"第567a条:"在出租的住房交付于承租人之前,出租人已经将住房让与于一个第三人,或者对其设定权利,而此项权利的行使将会剥夺或者限制承租人之依约使用的,在受让人对由租赁关系产生的义务向出租人承担履行时,适用与在第566条第1款和第567条之情形相同的规定。"第567b条:"出租的住房由受让人再行出让或者设定负担的,相应地适用第566条第1款和第566a条至第567a条。新的受让人不履行由租赁关系产生之义务的,出租人依第566条第2款,对承租人负责任。"

出租、强制拍卖的情形下，也有"买卖不破租赁"规则的适用。① 在魁北克《民法典》中，"买卖不破租赁"规则可以适用于出租人的资格因任何原因消灭的情形，包括自愿的、强制的以及其他情形。② 我国台湾地区"民法"第426条也规定："出租人就租赁物设定物权，致妨碍承租人之使用收益者，准用前条之规定。"我国《合同法》第229条规定："租赁物在租赁期间发生所有权变动的，不影响租赁合同的效力。"《合同法》似仅将"租赁期间发生所有权变动"作为适用"买卖不破租赁"规则的法定条件之一。不过，《担保法》第48条、《最高人民法院关于适用〈中华人民共和国担保法〉若干问题的解释》第65条、《物权法》第190条等规定对"买卖不破租赁"规则的适用予以扩大，扩及至在已出租的租赁物上设定抵押的情形。《民法典》基本沿袭了这些规定，根据其第405条和第725条，"买卖不破租赁"规则不仅适用于"发生所有权变动"的情形，而且适用于抵押财产已经出租的情形。《最高人民法院关于人民法院民事执行中拍卖、变卖财产的规定》第28条第1款也有同样的体现。因此，有学者认为，影响承租人占有使用租赁物的因素，除所有权变动以外，还有其他物权变动情形，故建议将"所有权变动"的准用范围，扩大到所有影响承租人占有使用租赁物的物权变动情形，以更周全地保护承租人的利益。③ 这已成民法上的共识。民法学者王轶教授、高圣平教授等在阐释《民法典》第725条时，就明确指出，"本条规定的所有权变动，并不局限于'买卖租赁物'这一种类型。无论是赠与、遗赠、互易、强制执行、破产拍卖或者将租赁物作为合伙事业或者法人的投资的，无论是基于法律行为还是基于法律规定的物权变动，只要可能影响到承租人在租赁期限内稳定地占有和利用租赁物的，都构成这里的'所有权变动'"。④

关于"租赁发生在抵押或查封之前"应否作为"买卖不破租赁"规则的适用条件的问题。《合同法》第229条、《民法典》第725条在规定"买卖不破租赁"规则时均未涉及此条件，而是规定于《物权法》第190条、《担保法》第48条、《民法典》第405条以及最高人民法院有关强制执行的司

---

① ［德］迪特尔·梅迪库斯：《德国债法分论》，杜景林、卢谌译，法律出版社2007年版，第193页。

② 魁北克《民法典》第1886条："自愿或强制转让租赁物的，或出租人的资格因任何其他原因消灭的，并不当然终止租赁。"

③ 黄文煌：《论租赁权的对抗效力——兼论〈合同法〉第229条的缺陷与修改》，《清华法学》2010年第2期，第75页。

④ 王轶、高圣平、石佳友等：《中国民法典释评——合同编·典型合同》（上卷），中国人民大学出版社2020年版，第468页。

法解释之口。因此，如果租赁物同时为抵押物或者执行标的物，则须符合"租赁发生在抵押或查封之前"这一条件，方可能有"买卖不破租赁"规则的适用。换言之，在这些情形下，"租赁发生在抵押或查封之前"就是"买卖不破租赁"规则的适用条件之一。而在其他场合，则无此适用条件的限制。本书研究的范围限于强制执行领域，因此，在论及"买卖不破租赁"规则的适用时，将"租赁发生在抵押或查封之前"作为其适用条件之一。

至于"承租人愿意继续履行租赁合同"应否为"买卖不破租赁"规则的适用条件之一，理论上有分歧。显然，从"买卖不破租赁"规则来看，该规则赋予承租人在租赁期间就已让与他人的租赁物选择继续承租的权利。根据私法自治的原理，出于自身利益的各种考虑，承租人可以选择继续承租，在租赁期间内对租赁物继续行使占有、使用和收益的权利，也可以选择放弃继续承租的权利，从而解除租赁合同。换言之，只要承租人明确表示放弃承租的权利，无论是与出租人事先达成协议，约定在租赁物让与时放弃租赁权，还是在租赁物实际让与时明确表示不继续承租，都会导致不适用"买卖不破租赁"规则的法律效果，买受人不再受"买卖不破租赁"规则的约束。此时，无论是出租人还是买受人，均不得以"买卖不破租赁"为由，要求承租人继续履行租赁合同。法国《民法典》第1744条就明确规定："如订立租赁契约时已约定出卖租赁场合之场合，财产取得人可以辞走承租人"。虽然我国《合同法》第229条、《民法典》第725条在规范"买卖不破租赁"时，没有明确涉及承租人愿意继续履行租赁合同的问题，但是，无论是司法解释还是法学理论，均毫无例外地承认：承租人不愿意继续履行租赁合同的，不适用"买卖不破租赁"规则。《最高人民法院关于审理城镇房屋租赁合同纠纷案件具体应用法律若干问题的解释》第14条明确将"当事人另有约定"作为"买卖不破租赁"规则的例外情形之一。[①] 由此可见，无论是将"承租人愿意继续履行租赁合同"列入"买卖不破租赁"规则的适用条件还是作为例外情形对待，最终的处理结果都是一致的，并没有实质性

---

① 《最高人民法院关于审理城镇房屋租赁合同纠纷案件具体应用法律若干问题的解释》（2020年修正）第14条："租赁房屋在承租人按照租赁合同占有期限内发生所有权变动，承租人请求房屋受让人继续履行原租赁合同的，人民法院应予支持。但租赁房屋具有下列情形或者当事人另有约定的除外：（一）房屋在出租前已设立抵押权，因抵押权人实现抵押权发生所有权变动的；（二）房屋在出租前已被人民法院依法查封的。"

的区别。①

在论及"买卖不破租赁"规则的适用条件时,争议最大的,是"租赁物已交付承租人或者由承租人占有"或者"租赁登记"应否纳入其适用条件的问题。因此,下文对这两个问题展开讨论。

二、承租人占有应否作为"买卖不破租赁"规则的适用条件

（一）理论分歧

关于承租人占有应否作为"买卖不破租赁"规则的适用条件,存在否定说与肯定说的截然对立。

1. 否定说

否定说的主要理由有二:其一,基于对《合同法》第229条"买卖不破租赁"规则的文义解读。持否定说者认为,《合同法》第229条仅笼统地规定了"租赁物在租赁期间发生所有权变动",既没有要求租赁物必须已经实际交付,也没有要求承租人必须占有租赁物,即租赁物的所有权在租赁期间内发生变动的,就可适用该规则。其二,更周全地保护承租人。在持否定说者看来,即使承租人没有占有租赁物,但可能也为此做了大量准备,可能短期内无法与他人订立新的租赁合同,在这样的情形下,如果不适用"买卖不破租赁",可能对承租人的生产、生活造成重大影响,因此,即使承租人没有占有租赁物,为了对承租人进行特殊保护,也应当适用"买卖不破租赁"规则。②

2. 肯定说

肯定说坚持将承租人占有作为"买卖不破租赁"的适用条件,其主要理由有三:

其一,租赁权具有物权化的特征,应当具备"占有"这一公示表征。"买卖不破租赁"规则须具备公示要件,未经公示的租赁关系,不得适用"买卖

---

① 从笔者收集到的裁判文书来看,涉及当事人自愿放弃租赁权保护的裁判文书有10多篇,如诸暨市人民法院(2015)绍诸执异字第81号执行裁定书、绍兴市越城区人民法院(2016)浙0602民初9742号民事判决书、金华市婺城区人民法院(2018)浙0702执异107号执行裁定书、诸暨市人民法院(2018)浙0681执异152号执行裁定书、杭州市下城区人民法院(2019)浙0103执异11号执行裁定书等。在这些案例中,承租人与出租人之间的租赁合同虽然签订在抵押登记之前,但是,在抵押权设立之时,承租人均自愿向抵押权人作出了承诺书或者声明,表明在抵押权人依法处置抵押物时,"同意无条件提前解除租赁合同",或者表明"租赁合同对抵押权人及抵押物的受让人不具有约束力,并无条件放弃因租赁合同产生的一切优先权和抗辩权"。
② 王利明:《论"买卖不破租赁"》,《中州学刊》2013年第9期,第53页。

不破租赁"规则。有台湾地区学者即认为,"让承租人之占有产生公示作用,以使第三人易得知其所受让之标的物上,目前存在租赁关系","在欠缺公示之情形,租赁关系不应对受让人继续存在,即无买卖不破租赁原则之适用,对受让人始称公平"。① 德国学者在解读德国《民法典》第 566 条规定的"买卖不破租赁"规则时,也特别指出:"第 566 条以使用租赁的土地在交付于承租人之后被出租人让与第三人为要件。在这里,事先交付于承租人这一要件是要保护受让人:使用租赁合同是不能够从土地簿册上被认识到的;因此,受让人至少应当通过承租人的(有形)占有而受到警告。"②

"买卖不破租赁"为什么必须具备公示要件,有学者解释道,租赁物的对抗力属物权效力,而物权的公示原则要求物权的存在及变动必须有相应的公示方法,并且,如果不对租赁权辅之以一定的公示要件,租赁物的继受人将承担相应的非预期损失,对继受人极不公平,因此,在承认租赁权的对抗力保护承租人权益的同时,为兼顾继受人的权益,法律必须提供公示机制,以解决双方之间的利益冲突。③ 也有学者这样论证租赁权占有公示的必要性:租赁权作为债权,本身不具备物权的效力,但基于占有产生的请求权(如返还请求权、停止侵害请求权等)产生了超出债务关系范围的可对抗第三人的效力,因此,承租人占有租赁的不动产,是承租人对抗第三人的前提。④ 甚至有观点认为,在租赁期间内承租人中止占有的,也不能适用"买卖不破租赁"规则。⑤

其二,从比较法的角度论证承租人占有应为"买卖不破租赁"规则的适用条件。部分国家和地区将承租人取得对租赁物的占有作为适用"买卖不破租赁"规则的条件之一。例如,德国《民法典》第 566 条规定,出租的住房适用"买卖不破租赁"的,以"在交付于承租人之后"(占有的转移)为要件。《欧洲民法典草案》第 4.2-7:101 条规定,租赁物所有权移转至新的所有权人时,如果承租人已占有租赁物,则"买卖不破租赁"规则生效,新的所有权人替代原出租人成为租赁合同的当事人。⑥ 俄罗斯《民法典》第

---

① 黄立主编:《民法债编各论》(上),中国政法大学出版社 2003 年版,第 310 页。

② [德]迪特尔·梅迪库斯:《德国债法分论》,杜景林、卢谌译,法律出版社 2007 年版,第 191 页。

③ 张华:《我国租赁权对抗力制度的不足与完善》,《法学评论》2007 年第 2 期,第 47 页。

④ 黄文煌:《论租赁权的对抗效力——兼论〈合同法〉第 229 条的缺陷与修改》,《清华法学》2010 年第 2 期,第 70~71 页。

⑤ 韩世远:《合同法学》,高等教育出版社 2010 年版,第 457 页。

⑥ Christian Von Bar and Eric Clive, *Principles, Definitions and Model Rules of European Private Law*, Volume Ⅲ, European Law Publishers, 2009, p.1588.

675 条规定:"根据租赁合同而占据的租赁住房的所有权的移转并不引起住房租赁合同的变更或解除。"我国台湾地区"民法"第 425 条也明确:"出租人于租赁物交付后,承租人占有中,纵将其所有权让与第三人,其租赁契约,对于受让人仍继续存在。"

其三,交付或占有是租赁权存在的应有之义。有学者认为,"买卖不破租赁"的正当性建立在承租人的占有基础上。如果承租人并未实际占有或者使用,租赁作为债权便没有优先于包括所有权、抵押权在内的物权的合理性。承租人未实际取得不动产的占有,其租赁权就不能成立。在租赁物交付之前,如果出租人又与第三人签订租赁合同,并且将租赁物交付给第三人的,承租人不能依据租赁合同而请求交付租赁物,仅能依据租赁合同要求出租人承担不履行租赁合同的违约责任。因此,出租人将租赁物交付给承租人占有,应属"买卖不破租赁"规则的适用条件。①

3. 简要评析

仅从我国《合同法》第 229 条来看,确如否定说所言,该条文并未要求"买卖不破租赁"以承租人占有租赁物为要件。②

在我国民法理论上,租赁合同在性质上为诺成合同,在当事人就租赁关系的建立意思表示一致时成立,原则上无须租赁物的交付。③而租赁权作为产生于租赁合同的一项主要权利,是指承租人对租赁物占有、使用、收益的权利,是一种物权化的债权。④租赁合同成立生效,租赁权即成立。⑤若无法律特别规定,交付或占有显然并非租赁权的成立要件。

从"买卖不破租赁"规则的历史发展进程及相应的立法政策来看,将占有视为租赁权的"应有之义",确有一定的依据。在罗马法中,传统上实

---

① 张广兴:《债法》,社会科学文献出版社 2009 年版,第 235 页。

② 有实务人士据此认为,在合同法规则下,租赁关系的认定应当以当事人签订合同的真实意思为判断标准。详见睢晓鹏:《买卖不破租赁规则中租赁关系的司法判定》,《人民司法·案例》2013 年第 22 期,第 22 页。

③ 杨立新主编:《最高人民法院审理城镇房屋租赁合同纠纷案件司法解释理解与运用》,中国法制出版社 2009 年版,第 4 页。

④ 少数论述认为租赁权为一种用益物权,但在大陆法系多数国家的民法典中,以及理论上的通说,仍认为租赁权属债权范畴。虽然租赁权有物权化趋势,但是,"物权化"仅仅是使租赁权具有物权的某些特征,并不等同于真正的物权。

⑤ 有观点认为,租赁权与租赁合同不同,租赁权具有一定的物权属性,租赁权的获得,在租赁合同之外更需要具备一定的事实行为才能实现,以实现物权的公示性,因此,只有完成特定公示方法的,才能被认为获得了租赁权(详见杨立新主编:《最高人民法院审理城镇房屋租赁合同纠纷案件司法解释理解与运用》,中国法制出版社 2009 年版,第 58 页)。对此,笔者认为,除非法律特别规定,公示不属于权利能否成立的构成要件,二者不能混为一谈。

行的是"买卖破除租赁"规则,租赁合同在性质上属于债权合同,根据债的相对性原理,仅在合同当事人之间发生法律效力。承租人只能基于租赁合同对出租人主张租赁权,而不得对租赁关系以外的第三人主张。因此,在租赁物被出卖的情况下,虽然出租人与承租人之间的租赁关系并不据此解除,但是,该租赁关系不能对抗新的所有权人,当承租人被新的所有权人驱逐时,承租人只能对出租人或其继承人行使诉权。[①] 这样,承租人常常因租赁物所有权的变动而面临被驱逐的境地。而土地的承租人往往为无地者,其承租土地系维持生计,房屋的承租者往往也是弱势群体,如果不改变承租人时常被驱逐的不利境地,将不利于社会的稳定。基于这样的考虑,罗马国家试图对租赁关系予以积极干预,"买卖破除租赁"规则的适用受到了一定限制,为处于弱势地位的承租人提供了一些特别保护。一般认为,"买卖不破租赁"规则最早确立于近代大陆法系民法之中。德国《民法典》第一草案采纳的也是"买卖破除租赁"规则,其立法理由是:"基于租赁合同产生的承租人权利是一种债权,而非物权,因此出租人的受让人不应受租赁合同的约束,在任何时候他都可以依据其物权请求承租人返还租赁物。"[②] 此立法理由受到广泛批评。德国学者基尔克就认为,承租人不得不屈从于出租人的专断已经成为一个严重的社会问题,在此背景下,如果仍然坚持"买卖破除租赁"规则,在出现住房短缺的情况下,承租人的生存可能将得不到保障,因而主张强化对承租人的特别保护。[③] 德国《民法典》第二草案改采"买卖不破租赁"规则,[④] 使之成为保护住房承租人的有力工具。尤其在第二次世界大战以后,德国因受战争破坏,加上大量难民的涌入,住房奇缺,为了保护住房承租人的生存利益,不断强化租赁权的对抗效力。[⑤] 从这样的立法背景来看,"买卖不破租赁"规则侧重保护住房承租人对租赁物的持续占有,即通过适用"买卖不破租赁"规则,使承租人在租赁物所有权变动的情况下依然可以对租赁物予以占有使用。正如德国学者所言,"买卖不破租赁"规则的设立目的,主要是为"土地和房屋的使用承租人和

---

① [意]彼德罗·彭梵得:《罗马法教科书》,黄风译,中国政法大学出版社 2005 年版,第 289 页。

② Motiv zum Entwurfe eines Bürgerlichen Gesetzbuches für das Deutsche Reich, Bd. 1, *Berlin und Leipzig*,1888, s. 381.

③ Gierke, Der Entwurf eines bürgerlichen Gesetzbuchs und das deutsche Recht,1889, ss.241f.

④ 德国《民法典》原第 571 条,现为 566 条。

⑤ [德]卡尔·拉伦茨:《德国民法通论》(上册),王晓晔等译,法律出版社 2003 年版,第 75 页。

用益承租人的存续利益提供保障"。[①] 可见,为了保护土地和房屋的承租人不被随意驱逐,才有"买卖不破租赁"规则的确立。如果承租人本来没有占有土地和房屋,自然就不存在保护其"存续利益"的问题。如此,将占有视为租赁权的应有之义,确有其积极意义。

租赁权是指承租人对租赁物所享有的占有、使用、收益的权利。占有确实属于租赁权的权能之一。但是,权能是权利的作用方式,权利与权能的关系是本质与形式的关系,占有虽然是租赁权的权能之一,但并不是租赁权的取得条件。[②] 况且,占有并非租赁权的唯一权能,除了占有权能,租赁权还有使用、收益权能,租赁权的让与、转租即为例证。一些国家在规定"买卖不破租赁"规则时,并不强制要求租赁物为承租人占有。例如,法国《民法典》第 1743 条规定:"如出租人出卖租赁物时,买受人不得辞退经公证做成或有确定期限的租赁契约的房屋或土地承租人;但于租赁契约中保留此项权利者,不在此限。"根据该规定,只要是有确定期限的定期租赁,即可直接适用"买卖不破租赁"规则。再如,瑞士《债法典》第 260 条规定:"房屋租赁合同可以办理土地登记。登记具有使各后手之房屋所有人允许承租人依照租赁合同对上述房屋继续使用收益的效力。"据此,只要办理了登记手续,租赁房屋的承租人即可享有"买卖不破租赁"的权利。事实上,即使在德国法上,尽管原则上规定所出租的住房交付给承租人占有为"买卖不破租赁"规则的适用条件之一,但是,也规定了在特殊情形下,租赁物即使未经交付,也可适用"买卖不破租赁"规则。[③] 由此可见,承租人占有租赁物,并不必然是租赁权的成立要件,非"应有之义"。

关于租赁权是否须具备"公示"表征的问题。曾有观点认为,"买卖不破租赁"规则的法律要件不包括公示。[④] 在大陆法系大多数民法典之中,租赁权在性质上仍然属于债权。我国亦然,租赁合同属于合同法上典型的有名合同之一。根据债的相对性原理,租赁合同在出租人与承租人之间发生效力,承租人向出租人支付租金,向出租人主张对租赁物的占有权、使用

---

① Wilhelm, Sacherecht, Aufl.2, 2002, Rn. 55; Wieacher, *Privatrechtsgeschicht der Neuzeit*, unter besonderer Berücksichtigung der deutschen Entwicklung, Aulf.2, 1967, s.480.

② 戚兆岳:《不动产租赁法律制度研究》,法律出版社 2009 年版,第 170 页。

③ 德国《民法典》第 567a 条规定:"在出租的住房交付于承租人之前,出租人已经将住房让与于一个第三人,或者对其设定权利,而此项权利的行使将会剥夺或者限制承租人之依约使用的,在受让人对由租赁关系产生的义务向出租人承担履行时,适用与在第 566 条第 1 款和第 567 条之情形相同的规定。"

④ 杨立新主编:《最高人民法院审理城镇房屋租赁合同纠纷案件司法解释理解与运用》,中国法制出版社 2009 年版,第 140 页。

权、收益权。租赁权本身不具有物权的对世效力。然而，根据"买卖不破租赁"规则，租赁权的效力超出了租赁合同当事人的范围，扩张及于第三人，具有了普通债权所不具备的类似于物权的对抗第三人的效力，此即"债权的物权效力"。[①] 租赁权要产生对抗第三人的效力，就应当经过公示，否则，将损害第三人的合法权益，不利于交易安全与社会关系的稳定。"买卖不破租赁"规则不应适用于未经公示的租赁关系。"如果租赁没有经过公示，出租人又不能举证证明买受人知悉租赁权的存在，则推定该买受人对租赁权的存在不知情，对其也不产生对抗力，买受人自然也不受该租赁契约设定的租赁权的约束。"[②] 在租赁已经公示的情况下，第三人根据公示的信息去推定租赁关系的存在，在此基础上作出自己的理性选择，此后即使适用"买卖不破租赁"规则，也不会产生第三人权利保障不足的问题。许多国家及地区在适用"买卖不破租赁"规则时，都要求租赁权具备相应的公示性措施。遗憾的是，我国《合同法》第229条在确立"买卖不破租赁"规则的同时，没有设立租赁权的公示性要求，实乃立法的一大缺漏。

租赁权公示的方式是多样的，占有并非唯一的公示方式。如前所述，德国《民法典》第566条规定占有为"买卖不破租赁"的公示要件，俄罗斯也采取了同样的公示方式。瑞士法则将登记作为租赁权的公示方式。在法国，除定期租赁以外，经公证的租赁合同方有"买卖不破租赁"规则的适用。在我国台湾地区，除了采用占有这一公示方式，对于租赁期限在5年以上的租赁合同，还需经过公证，才能适用"买卖不破租赁"规则。由此可见，在理论上，"买卖不破租赁"规则的适用，尽管应有租赁权公示的必要，但是，这并不意味着必然选择占有的公示方式。并且，占有并非公示效果最佳的方式。[③] 以租赁权需公示为由，论证占有为"买卖不破租赁"规则的适用条件，理论依据尚不够充分。

（二）《民法典》施行前的司法认定

在《民法典》施行以前，因《合同法》没有规定"买卖不破租赁"的公示要件，故在司法实践中，"买卖不破租赁"规则常常被滥用，成为债务人规避强制执行的重要工具。对此，各个法院努力在个案裁判和司法文件中，对"买卖不破租赁"规则的适用条件进行了各种司法续造。其中，一种最主要、最常见的司法续造，即是将承租人的占有作为适用"买卖不破租赁"

---

① 金可可：《基于债务关系之支配权》，《法学研究》2009年第2期，第19～36页。
② 季金华：《买卖不破租赁原则限制适用的条件分析》，《政法论丛》2016年第4期，第76页。
③ 根据我国的具体国情，应选择何种租赁公示方式，将在下一章中予以详细探讨。

规则的条件之一。尽管《合同法》第 229 条没有明确规定，但是，不少法官在个案裁判中有意无意地对该条文予以限缩性解释，将承租人占有租赁物作为适用"买卖不破租赁"的一个前提条件。[①]

从主张将承租人占有作为判断适用"买卖不破租赁"规则的裁判文书来看，不少裁判文书并没有明确论证为什么要将承租人占有作为适用"买卖不破租赁"规则的条件之一，而是简单地引用《最高人民法院关于人民法院办理执行异议和复议案件若干问题的规定》第 31 条，或者直接简单地将占有作为裁判的理由写入裁判文书之中。部分裁判文书论证了将承租人占有作为"买卖不破租赁"规则适用条件的具体理由。其所论及的理由，大致可以归纳为以下四类：

第一类，审理法院认为租赁权必须具备占有这一公示性表征。就租赁权为什么必须具备占有这一公示性表征，不同法院的解释有细微差异。部分法院从租赁权产生物权化的对抗效力角度，来论证占有公示的必要性。例如，在中国农业银行苏州高新技术产业开发区支行等与苏州鑫澳钢铁贸易有限公司等金融借款合同纠纷执行裁定书中，审理法院认为，"租赁权是一种对租赁物进行占有、使用和收益的权利。租赁权必须具备'占有'这一公示性表征，方能产生'物权化'与特殊保护的问题，才是真正意义上的租赁权。'买卖不破租赁'为租赁权对抗效力的生动说明，而适用该原则的必要条件是租赁物的实际交付，并由承租人占有"[②]。在中国工商银行合肥滨湖支行、安徽快乐大本营科技发展有限公司金融借款合同纠纷执行异议案中，审理法院也指出："租赁合同其本质是债权，因其对抗性不能对抗第三人。案外人提出的'买卖不破租赁'，是因为承租人对租赁物的直接占有控制，而将租赁权物权化，赋予一定的对抗性。但因案外人并未实际占有使用涉案房产，故不能排除执行。"[③] 在江苏银行连云港分行与钱某、马某等金融借款合同纠纷执行过程中，审理法院在驳回案外人执行异议的理由中写明："即使租赁合同成立并有效，案外人的租赁权也不能成立，因为租赁合同的成立，承租人仅享有租赁物的交付请求权，如欲享有物权的对

---

① 陈鸣：《"买卖不破租赁"的司法续造及其局限性——兼论〈民法典·合同编〉中租赁合同对抗力规则的重构》，《西部法学评论》2017 年第 1 期，第 22 页。

② 苏州市虎丘区人民法院（2015）虎执异字第 00005 号执行裁定书。类似裁判文书：绍兴市越城区人民法院（2014）绍越执异初字第 7 号民事判决书等。

③ 合肥市中级人民法院（2018）皖 01 执异 15 号执行裁定书。

世效力,按照物权的公示原则,还应当以占有方式对外公示。"① 有的法院从保护交易安全、保护受让人的角度展开分析。如在宿迁市明俊物业管理有限公司与江苏银行泗洪支行二审民事裁定书中,就某公司提供的租赁合同、租金收据等证据不能对抗银行享有的抵押权、不能排斥法院的强制执行的理由,审理法院就提到:"以租赁物的交付作为租赁关系的公示方法,不如抵押权的登记作为公示方法明确,受让人为保障其权益仅能从租赁物已被他人占有去推知租赁关系存在的可能性,故立法上要求占有租赁物为必要,而占有又以现实占有或直接占有最具彰显权利的外部表征,亦最具公示性。"② 有的法院从租赁权与普通债权的区别的角度来论证"占有"的公示表征。例如,在王某、中国农业银行绍兴某支行等申请执行人执行异议之诉中,审理法院即认为:"租赁权作为一项物权化的债权,应当区别于普通债权的效力予以认定。普通债权适用债权的相对性及平等原则,而执行异议之诉案件中,因涉及第三方利益,故对租赁权应通过'占有'这一可公示性的表征来认定。"③

第二类,审理法院将租赁权作为一种用益物权对待,而物权的设立必须公示。例如,在湖北省某资产管理公司与黄冈市某有限公司金融借款纠纷引起的执行异议案中,审理法院就认为:"当事人签订租赁合同后,在租赁物未交付承租人前,承租人可以依合同请求出租人交付租赁物,承租人请求交付为合同债权请求权,而抵押权为物权,根据物权优于债权原则,承租人的债权请求权不能对抗抵押权人行使抵押权。在租赁物交付承租人后,承租人依合同合法占有、使用租赁物,承租人享有对租赁物的用益物权,当用益物权与担保物权发生冲突时,在先的物权可以对抗在后的物权。故承租人主张租赁关系排除执行的,以承租人在抵押登记前占有租赁物为必要条件。"④

第三类,审理法院将占有作为租赁权的成立要件。例如,在中国信达资产管理股份有限公司浙江省分公司、浙江某针织有限公司金融借款合同纠纷案中,针对洪某提出的执行异议,审理法院认为:"虽然从形式上看,上述《房屋租赁合同》签订于信达浙江分公司对涉案房产所享有的抵押权

① 连云港市海州区人民法院(2016)苏 0706 执异 98 号执行裁定书。类似裁判文书:绍兴市中级人民法院(2015)浙绍执终字第 19 号民事判决书、建德市人民法院(2015)杭建执异字第 28 号执行裁定书等。
② 宿迁市中级人民法院(2018)苏 13 民终 53 号民事裁定书。
③ 绍兴市中级人民法院(2014)浙绍执异终字第 33 号民事判决书。
④ 黄冈市中级人民法院(2018)鄂 11 执异 360 号执行裁定书。

设立之前,但由于:一、洪某未提供任何其他证据,以佐证《房屋租赁合同》具有真实性,或者证明其在信达浙江分公司对涉案房产所享有的抵押权设立之前,已占有使用租赁房屋(租赁权的成立,应以承租人实际占有租赁物为判断标准);⋯⋯"[1] 在浙越资产管理有限公司、永大控股有限公司金融借款合同纠纷案中,该法院进一步明确:"《物权法》第一百九十条规定:'订立抵押合同前抵押财产已出租的,原租赁关系不受该抵押权的影响。抵押权设立后抵押财产出租的,该租赁关系不得对抗已登记的抵押权。'此规定中'抵押财产已出租',不仅指承租人已与出租人就抵押财产发生租赁合同关系,而且指承租人已实际占有抵押财产;换言之,承租人所主张之租赁权成立与否,应以其是否占有租赁物为判断标准。"[2]

第四类,审理法院从"买卖不破租赁"的立法目的来论证占有为该规则的适用条件。例如,在常州柏泰置业有限公司与常州斯瑞弗纺机有限公司执行案件中,审理法院认为,"执行中对于租赁权的特殊保护主要表现为买卖不破租赁及承租人优先购买权制度。但买卖不破租赁的目的在于避免因出租人处分租赁物导致承租人搬离租赁物,从而危及承租人的基本生存权、居住权或经营权。但在承租人并未实际占有租赁物时,承租人对于租赁物的依赖尚未建立,不会影响承租人的上述权利""因斯瑞弗公司并未实际占有租赁物,其不得向执行法院主张买卖不破租赁"。[3]

最高人民法院法官也发表了类似的见解。有最高人民法院执行法官认为,"只有占有租赁物后会产生'物权化'与特殊保护的问题,才是真正意义上的租赁权",因而应当将占有作为认定租赁权成立的标准。[4] 从事民商事审判工作的部分法官在论及"买卖不破租赁"的适用条件时,也认为,"在司法实践中处理租赁房屋的受让人与承租人之间因租期内租赁物所有权变动而引发的纠纷时,应将出租人未交付租赁物以及承租人未占有租赁物的情况排除在《合同法》第 229 条的适用范围之外,以尽可能地保障交易安全"。[5] 在个案裁判中,最高人民法院也确立了承租人依占有对抗强制执行的裁判规则。例如,在"谢辉能、王福江再审审查与审判监督民事裁定书"中,最高人民法院即认为,"本案中,谢辉能、王福江虽提供了与讼争房产有关的租赁协议,但未能证明该房产在人民法院查封之前已被其占有使

① 诸暨市人民法院(2018)浙 0681 执异 151 号执行裁定书。
② 诸暨市人民法院(2018)浙 0681 执异 166 号执行裁定书。
③ 江苏省高级人民法院(2014)苏执复字第 0020 号执行裁定书。
④ 刘贵祥:《执行程序中租赁权的认定与处理》,《人民法院报》2014 年 5 月 28 日,第 8 版。
⑤ 杨心忠编著:《最高人民法院民事裁判规则详解》,人民法院出版社 2015 年版,第 519 页。

用,因此其无权请求阻止向买受人金达昌公司移交占有讼争房产"。①

（三）《民法典》施行前的司法文件

针对"买卖不破租赁"规则在司法实践中被滥用的难题,一些地方法院和最高人民法院除了通过具体的个案裁判来弥补立法的漏洞以外,还通过出台指导性意见、办案问题解读、司法解释等司法文件来实现"法的续造",明确将占有作为"买卖不破租赁"规则的适用条件。

1. 部分地方法院出台的相关司法文件（见表 2-1-1）

表 2-1-1　部分地方法院出台的相关司法文件

法院	文件名称	相关条款
上海市高级人民法院	《关于在执行程序中审查和处理房屋租赁权有关问题的解答（试行）》（2015年）	第7点: 案外人所提出的对房屋享有租赁权且可以对抗申请执行人的异议成立的,需要具备哪些条件? 答:依据《查封规定》第二十六条第一款的规定,被执行人就已经查封的房屋所作的设定权利负担的行为,不得对抗申请执行人。因此,案外人异议成立的,需要同时具备以下条件: （一）出租人与案外人之间的租赁关系真实有效。出租人与案外人之间租赁合同的签订时间或者口头约定（租赁期限在六个月以下或者不定期租赁）时间须发生在执行法院查封房屋之前。案外人系次承租人的,其承租房屋须取得出租人的同意,且出租人同意转租的时间和转租合同的签订时间或者口头约定（租赁期限在六个月以下或者不定期租赁）时间须发生在执行法院查封房屋之前。 （二）案外人占有房屋的时间须发生在执行法院查封房屋之前。
浙江省高级人民法院	《关于执行非住宅房屋时案外人主张租赁权的若干问题解答》（2014年）	第1点: 人民法院执行被执行人的房屋时,案外人以其在案涉房屋设定抵押或者被人民法院查封之前（以下简称抵押、查封前）已与被执行人签订租赁合同且租期期限未满为由,主张拍卖不破租赁,执行机构应如何审查? 答:执行机构可根据案外人及当事人提供的证据,重点围绕租赁合同的真实性、租赁合同签订的时间节点、案外人是否占有案涉房屋等问题进行审查。如果租赁合同真实、合同签订于案涉房屋抵押、查封前且案外人在抵押、查封前已依据合同合法占有案涉房屋至今的,执行中应当保护案外人的租赁权。

---

① 最高人民法院（2017）最高法民申 259 号民事裁定书。

续表

法院	文件名称	相关条款
江苏省高级人民法院	《执行异议及执行异议之诉案件审理指南（二）》（2019年）	第8条： 金钱债权执行中，执行法院对登记在被执行人名下的不动产采取强制执行措施，案外人以其享有物权期待权为由提出执行异议及执行异议之诉的，应依照《查扣冻规定》第十七条或者《异议复议规定》第二十八条规定的条件进行审查，具有下列情形的，应予支持：……（2）案外人在案涉不动产查封之前已经实际占有该不动产。案外人提供了案涉不动产被查封之前实际形成的物业服务合同、交房证明、水电费及物业费缴纳凭证，或者案外人与他人签订的有效租赁合同、租金收取凭证，以及其他足以证明其已经过交接实际接收或占有该房屋的证据的，可认定其在查封之前已经合法占有该不动产。……
江苏省高级人民法院	《执行异议及执行异议之诉案件审理指南（三）》（2019年）	第2条： ……（1）承租人在租赁物被查封之前已与被执行人签订了合法有效的租赁合同，并已按约支付租金，且实际占有使用租赁物的，对承租人要求阻止交付的诉讼请求应予以支持，对其要求停止对执行标的处置的诉讼请求不予支持。 （2）承租人在租赁物被抵押之前已与被执行人签订了合法有效的租赁合同，并已按约支付租金，且实际占有使用租赁物，抵押权人或首查封法院的申请执行人申请拍卖该租赁物，承租人要求阻止交付的，应予以支持，对其要求停止对执行标的处置的诉讼请求不予支持。……
江苏省无锡市中级人民法院	《关于执行不动产时涉租赁权处理的指导意见》（2017年）	第2点：对租赁权的审查 ……承租人申报租赁权并请求带租拍卖的，在该不动产设立抵押权、法院查封之前已经签订合法有效的书面租赁合同、支付合理租金并实际占有使用该不动产，或虽在该不动产设立抵押权、法院查封之后才签订合法有效的书面租赁合同或实际占有使用该不动产，但申请执行人书面同意带租拍卖的，应裁定在租赁期内带租拍卖。

2.最高人民法院的相关司法解释

2015年施行的《最高人民法院关于人民法院办理执行异议和复议案件若干问题的规定》第31条规定了对承租人执行异议的审查标准。根据该条文，"承租人请求在租赁期内阻止向受让人移交占有被执行的不动产，在人民法院查封之前已签订合法有效的书面租赁合同并占有使用该不动产的，人民法院应予支持。承租人与被执行人恶意串通，以明显不合理的低价承租被执行的不动产或者伪造交付租金证据的，对其提出的阻止移交占有的请求，人民法院不予支持"。

对此规定，最高人民法院作出这样的权威解释：根据我国《合同法》《担保法》及《物权法》的有关规定，"租赁合同成立时租赁权同时成立"，严格遵循该规则，实践中"容易产生被执行人与案外人通谋通过倒签时间伪造租赁合同以干扰执行的问题"，"买卖不破租赁"规则的适用还需要有公示要件，因此，该条文"进一步完善了我国现行立法中不动产租赁权保护制度"，"在租赁权成立的标准上，区分了租赁关系中的债权行为与物权（学界也称为物权化债权）行为。亦即，租赁合同成立，仅具有债权效力，承租人仅享有租赁物的交付请求权，如欲享有物权的对世效力，按照物权的公示原则，应以占有的方式对外公示"。① 由此，最高人民法院通过司法解释的形式，突破了《合同法》、《担保法》及《物权法》等民事实体法的规定，明确将占有作为"买卖不破租赁"规则适用的必备条件之一，基本完成了对"买卖不破租赁"规则的规范续造。

从司法实践来看，根据承租人是否占有租赁物来判断其租赁权应否受到保护的案例，主要也是 2015 年以后才大量涌现的。具体的裁判依据，大多引用《最高人民法院关于人民法院办理执行异议和复议案件若干问题的规定》第 31 条的规定。可见，与最高人民法院的司法解释相一致，司法实践中逐步确立了承租人依"占有"对抗第三人的模式。

应当看到，尽管各地法院司法实践、最高人民法院的司法解释基本确立了将承租人占有作为"买卖不破租赁"适用条件的规范续造，但是，地方法院的指导性意见主要是针对个案裁判难题的反馈，其"应急功能大于规范功能"。② 而最高人民法院《关于人民法院办理执行异议和复议案件若干问题的规定》针对的是执行工作，是为了应对执行工作中的难题而作出的具体规定，并不是对《合同法》第 229 条 "买卖不破租赁" 规则的直接性的司法解释。因此，执行法官在处理执行标的物上的租赁负担时，往往会援引该规定第 31 条作为裁判依据，而民商事审判法官则未必会知悉该条文进而援引该条文作为诉讼裁判依据。当然，即使民商事审判法官援引该条文作为裁判依据，但应否将关于执行工作的司法解释作为诉讼裁判依据，也存在法律适用的正当性问题。毕竟，"买卖不破租赁"规则不仅适用于执行阶段，也广泛适用于执行外的其他诸多场合。在不同场合下，"买卖不

① 江必新、刘贵祥主编：《最高人民法院关于人民法院办理执行异议和复议案件若干问题规定理解与适用》，人民法院出版社 2015 年版，第 443～447 页。
② 陈鸣：《"买卖不破租赁"的司法续造及其局限性——兼论〈民法典·合同编〉中租赁合同对抗力规则的重构》，《西部法学评论》2017 年第 1 期，第 24 页。

破租赁"规则有不同的适用条件,显然不合理。可见,执行工作中就"买卖不破租赁"规则的规范续造,尚不足以弥补《合同法》第229条留下的法律漏洞。

（四）《民法典》的规定

2021年1月1日起施行的《民法典》第725条在承继《合同法》第229条规定的"买卖不破租赁"规则时,对《合同法》第229条作了实质性修改:将《合同法》第229条规定的"在租赁期间"修改为"在承租人按照租赁合同占有期限内"。换言之,根据《合同法》第229条,租赁物在租赁期间发生所有权变动的,无论承租人此时是否占有租赁物,均不影响租赁合同的效力。根据《民法典》第725条,只有在承租人"占有"期限内租赁物发生所有权变动,租赁合同的效力才不受租赁物所有权变动的影响。可见,《民法典》沿袭了《最高人民法院关于人民法院办理执行异议和复议案件若干问题的规定》第31条规定的精神,将"占有"规定为承租人主张租赁权对抗效力的要件。据此,"承租人占有租赁物"被明确列为"买卖不破租赁"的法定条件之一,"承租人对租赁物的占有使用可以对抗第三人,即使是该租赁物所有权人或享有其他物权的人也不例外"。[1]

按立法者的权威解释,《民法典》第725条将"承租人占有租赁物"作为"买卖不破租赁"规则的新增要件,是对司法实践问题的一个回应。因为实践中倒签租赁合同的情形大量存在,租赁合同的真实签订时间难以确定,根据《合同法》第229条规定以租赁合同签订时间来确认承租人是否享有优先于所有权人的权利,"存在极大的道德风险,引发司法实践中的诸多问题"。《民法典》将"占有"作为"买卖不破租赁"规则的法定要件,其核心在于使"买卖不破租赁"规定中的租赁时间点"显形化",以避免这一问题。[2]

三、租赁登记对"买卖不破租赁"规则的影响

（一）理论分歧

应否将租赁登记备案作为"买卖不破租赁"规则的适用条件之一,理论上也存在肯定说与否定说之间的争执。

---

① 黄薇主编:《中华人民共和国民法典合同编解读》(下册),中国法制出版社2020年版,第835页。
② 石宏主编:《中华人民共和国民法典立法精解》,中国检察出版社2020年版,第929页。

1.肯定说

理论上，主张租赁登记备案应为"买卖不破租赁"规则适用条件的理由，主要包括：第一，"买卖不破租赁"原则上不适用于未经公示的租赁关系，如果以交付租赁物和承租人继续占有作为租赁权的公示方法，对买受人的保护力度较弱，占有公示并不能防止买受人因不知道租赁关系的存在而遭受不测损害，而登记备案作为租赁权的公示方法，公示程度更高，对买受人的保护更为周全。[①] 第二，租赁权本身属于债权，租赁权要产生物权化的效力以对抗第三人，则必须经过登记备案。租赁合同未登记备案的，不发生对抗第三人的效力。[②] 第三，我国《城市房地产管理法》规定房屋租赁合同应当向管理部门登记备案，部分地方性法规、规章也明确了租赁合同对抗第三人的登记备案要件。[③] 因此，登记应当成为"买卖不破租赁"规则适用的一个前提条件。[④]

2.否定说

部分学者明确反对将租赁登记备案列入"买卖不破租赁"规则的适用条件，其依据的主要理由是：第一，在我国，租赁登记备案在性质上是一种行政管理措施，并不是房屋租赁合同的生效要件，也不能将其作为租赁合同产生对抗效力的条件。第二，《合同法》第229条并没有将租赁合同登记备案规定为其产生对抗效力的条件。据此，没有办理租赁登记备案手续的租赁合同，也可适用"买卖不破租赁"规则。[⑤] 第三，从比较法的角度看，不少国家和地区也未将登记备案作为"买卖不破租赁"规则的适用条件。例如，德国《民法典》第566条规定"买卖不破租赁"规则时，并未要求登记；根据法国《民法典》第1743条的规定，定期租赁可以直接适用"买卖不破租赁"规则，不以登记为要件；日本《民法典》第605条虽然要求不动产租赁需登记才能产生对抗力，但是，该规定被后来的特别法予以修改，建筑物的租赁即使没有登记，但已经交付的，对其后取得该建筑物物权的人也产

① 陈王婷：《租赁权对抗制度应以租赁登记为必要》，《法制博览（中旬刊）》2013年第7期，第76页。
② 刘智、宋庆海：《房屋租赁合同登记与"买卖不破租赁"原则》，《法制与社会》2008年第12期，第83页。
③ 如《上海市房屋租赁条例》（1999年制定、2010年修正）第15条规定："房屋租赁合同及其变更合同由租赁当事人到房屋所在地的区、县房地产登记机构办理登记备案手续。房屋租赁合同未经登记备案的，不得对抗第三人。"《天津市房屋租赁管理规定》（2002年发布、2004年修订）第13条第3款明确："未经登记备案的房屋租赁合同，不得对抗第三人。"
④ 季金华：《买卖不破租赁原则限制适用的条件分析》，《政法论丛》2016年第4期，第77页。
⑤ 王利明：《论"买卖不破租赁"》，《中州学刊》第2013年第9期，第52页。

生法律效力。①

（二）司法认定

在司法实践中，部分法院将租赁合同是否登记备案作为裁判的重要基础，以租赁合同未登记备案为重要理由，驳回了承租人的租赁权保护请求。在笔者收集到的 1515 篇裁判文书中，据粗略统计，有 42 篇裁判文书采纳了类似的做法。在这 42 篇裁判文书中，关于租赁合同未登记备案对承租人租赁权保护主张的影响，不同法院在具体表述上稍微有所差异。

在大部分裁判文书中，审理法院认为，租赁合同未登记备案，是无法认定租赁合同真实的重要因素。例如，在闫某、李某金融借款合同纠纷执行一案中，审理法院认为，案外人王某主张租赁权的主要证据是书面租赁合同和银行转账凭条，但房租每年 2.5 万元、20 年租金 50 万元一次性付清，且所涉租赁合同未登记备案，故对案外人王某与被执行人张某、闫某之间租赁关系的真实性存疑。② 在深圳泛华小额贷款有限公司、吴某其他案由执行审查类执行裁定书中，审理法院更是直接指出，"对租赁合同依法进行备案登记，不仅有利于降低合同风险，亦是法院认定租赁合同真实性的重要依据"。③

在部分裁判文书中，审理法院则认为，未登记备案的租赁权不具有对抗第三人的效力。例如，在广州从化柳银村镇银行与广州市狮峰五金有限公司、何某等金融借款合同纠纷执行一案中，审理法院就认为，罗某与被执行人卢某签订的房屋租赁合同，并无证据证实双方将该合同依法进行登记，而租赁权属于物权，必须依法经过职能部门的登记才具有对抗第三人的效力，故罗某主张的租赁权存疑待定。④

在少量裁判文书中，审理法院援引了《城市房地产管理法》、住房和城乡建设部制定的《商品房屋租赁管理办法》，甚至是地方《房屋租赁管理办法》中关于租赁合同应登记备案的规定。例如，在杨某、张某与平顶山市大团结汽车销售服务有限公司金融借款合同纠纷执行过程中，对于高某提出的执行异议，审理法院认为，《城市房地产管理法》第 54 条规定房屋租赁合同应向房产管理部门登记备案，而本案中高某并未提供其租赁协议在

---

① ［日］我妻荣：《债权各论》（中卷一），徐进、李又又译，中国法制出版社 2008 年版，第 275 页。

② 东营经济技术开发区人民法院（2018）鲁 0591 执异 1 号执行裁定书。

③ 深圳市中级人民法院（2019）粤 03 执异 9 号执行裁定书。

④ 广州市中级人民法院（2018）粤 01 执复 232 号执行裁定书。

房产管理部门登记备案的相关手续,故其异议理由不能成立。[①] 在李某、刘某与王某、王某某民间借贷纠纷执行一案中,审理法院直接援引了住房和城乡建设部的《商品房屋租赁管理办法》关于房屋租赁登记备案的第14条和第19条作为裁判依据,因案外人未提交该租赁合同的备案手续,故不支持其异议请求。[②] 而在王某与马某执行异议之诉中,审理法院则援引了《河南房屋租赁管理办法》第16条的规定,以案涉房屋的《房屋租赁合同》未登记备案为由而对该租赁合同的真实性不予认定。[③]

(三)评析与结论

理论上,关于租赁登记备案的效力,实质上存在两个层面的争议:第一,登记备案是否会影响租赁合同的生效?第二,如果承认未登记备案的租赁合同有效,那么,登记备案是否会影响租赁合同的对抗效力?

1.关于登记备案是否影响租赁合同生效的问题

对于该问题,理论界与实务界曾经争议很大,观点截然对立。

一种观点认为,履行登记备案手续是不动产租赁合同生效的形式要件,未满足这种形式要件的,如果出租人在合同履行期间和诉讼期间内完善了形式要件的,可以认定合同有效,否则,应当认定租赁合同没有法律效力。[④] 该观点的主要依据,即是《城市房地产管理法》第54条和《商品房屋租赁管理办法》第14条关于房屋租赁合同应当办理登记备案的规定。

另一种观点认为,登记备案对租赁合同的效力并无影响。这是理论界的主流观点。通常认为,租赁合同为诺成性合同,只要当事人双方就租赁合同的主要条款达成合意,内容不违法,无需交付租赁物或者办理租赁登记备案,租赁合同即成立有效。司法实践中,部分法院明确表示,是否登记备案,不影响租赁合同的效力。例如,在申请执行人兴业银行天津分行与被执行人天津恒松国际贸易有限公司等借款合同纠纷执行异议一案中,对于刘某提出的保护合法承租权的异议主张,申请执行人抗辩称,根据《物权法》及《天津市房屋租赁管理规定》的有关规定,刘某与金亿隆公司签署的《房屋租赁合同》未办理登记手续,不发生法律效力,不能对抗善意第三人。

---

① 鲁山县人民法院(2018)豫0423执异49号执行裁定书。
② 兰考县人民法院(2017)豫0225执异8号执行裁定书。
③ 郑州市金水区人民法院(2017)豫0105民初12278号民事判决书。
④ 杨立:《对确认房屋租赁合同效力的思考》,《中国房地产》2001年第7期,第60~61页;李朝辉:《论房屋租赁合同登记备案制度的立法价值目标》,《广西社会科学》2008年第2期,第101页。

审理法院认为，刘某"在法院对诉争房屋查封前已经与金亿隆公司签署《房屋租赁合同》且已占有使用，双方虽未到房管部门进行备案登记，但该条件并非房屋租赁合同的生效要件"，因而对申请执行人的抗辩不予支持。①

无论从房屋租赁合同登记备案制度来考察，还是从合同的效力来分析，租赁合同登记备案与否，均不应影响租赁合同的生效。具体而言：

（1）关于房屋租赁合同登记备案制度的立法目的

我国房屋租赁合同登记备案制度由来已久。早在 1983 年国务院颁布的《城市私有房屋管理条例》中，就有房屋租赁合同登记备案的规定。该条例第 15 条规定："租赁城市私有房屋，须由出租人和承租人签订租赁合同，明确双方的权利和义务，并报房屋所在地房管机关备案。"1995 年起施行的《城市房地产管理法》第 53 条规定："房屋租赁，出租人和承租人应当签订书面租赁合同，约定租赁期限、租赁用途、租赁价格、修缮责任等条款，以及双方的其他权利和义务，并向房产管理部门登记备案。"2007 年该法修改时，该条文被完全保留，仅在条文序号上改为第 54 条。2019 年该法第三次修改时，该条文依旧原文保留。根据 1995 年建设部《城市房屋租赁管理办法》，房屋租赁登记备案申请经政府房地产管理部门审查合格后，颁发《房屋租赁证》，该证是租赁行为合法有效的凭证。② 虽然《城市房屋租赁管理办法》自 2011 年 2 月 1 日起被住房和城乡建设部废止，替之以《商品房屋租赁管理办法》，但是，《商品房屋租赁管理办法》依然承继了房屋租赁登记备案制度。根据该办法，房屋租赁合同订立后 30 日内，当事人应当到有关主管部门办理房屋租赁登记备案；登记备案的内容发生变化、续租或者租赁终止的，当事人应当在 30 日内到原登记备案部门办理相应的变更、延续或者注销手续。违反规定的，主管部门责令限期改正，逾期不改正的，对有关个人或单位处以相应的罚款。③ 许多省市在其颁布的地方性法规或者规章之中，也规定了房屋租赁登记备案制度。

房屋租赁登记备案制度是随着我国商品经济的发展、房地产业的进步而逐渐建立起来的。最初，立法者建立房屋租赁登记备案制度，是为了解决房地产租赁市场中出现的问题，如混乱的群租、滥租、违法出租等，以规范房屋租赁市场秩序，意图通过登记备案，对房屋租赁实行监督管理，打击

① 天津市第二中级人民法院（2015）二中执异字第 0051 号执行裁定书。
② 《城市房屋租赁管理办法》第 16 条、第 17 条。
③ 《商品房屋租赁管理办法》第 14 条、第 16 条、第 19 条、第 23 条。

租赁市场的违法现象。①

此后，越来越多的城市通过地方性法规、规章的形式明确房屋租赁合同须登记备案，除了加强对房屋租赁市场的监督管理之外，还附加了两个重要目的：一是征收相关税费，增加财政收入；二是加强城市流动人口管理。其中，加强城市流动人口管理更是其主要目的所在。出租房是绝大多数流动人口的栖身之所，各地政府力图通过房屋租赁合同登记备案和出租房流动人口登记为突破口，加强对流动人口的管理。②

概言之，房屋租赁合同登记备案制度的立法目的，可简要概括为：加强房屋租赁市场管理、防止房屋租赁市场税费流失、加强城市流动人口管理。房屋租赁合同登记备案是国家对房屋租赁实施管理与控制的手段，其功能主要体现在行政管理方面。关于房屋租赁合同登记备案的法律法规并没有规定登记备案系房屋租赁合同生效的要件。虽然《城市房屋租赁管理办法》（已废止）第17条曾指出，"《房屋租赁证》是租赁行为合法有效的凭证"，但是，这也仅仅是"凭证"，并不直接涉及租赁行为是否合法有效的问题。可见，该制度本身与租赁合同的效力无关。

（2）关于合同的效力

《合同法》第44条规定："依法成立的合同，自成立时生效。法律、行政法规规定应当办理批准、登记等手续生效的，依照其规定。"通常情况下，依法成立的合同，只要当事人具有相应的民事行为能力，意思表示真实，内容不违反法律、行政法规的强制性规定，即生效。这是合同生效的一般规则。

根据《合同法》第44条，法律、行政法规规定办理批准、登记等手续后生效的，属于合同生效的例外情形。何谓法律、行政法规规定办理批准、登记等手续才生效？《最高人民法院关于适用〈中华人民共和国合同法〉若干问题的解释（一）》第9条对此作了较为宽松的解释："法律、行政法规规定合同应当办理批准手续，或者办理批准、登记等手续才生效，在一审法庭辩论终结前当事人仍未办理批准手续的，或者仍未办理批准、登记等手续的，人民法院应当认定该合同未生效；法律、行政法规规定合同应当办理登记手续，但未规定登记后生效的，当事人未办理登记手续不影响合同的

---

① 江女南、徐步明：《论登记备案制度对房屋租赁合同效力的影响》，《安徽纺织职业技术学院学报》2003年第1期，第49页。

② 李朝晖：《论房屋租赁合同登记备案制度的立法价值目标》，《广西社会科学》2008年第2期，第103～104页。

效力，合同标的物所有权及其他物权不能转移。"此外，《最高人民法院关于适用〈中华人民共和国合同法〉若干问题的解释（一）》第4条强调："合同法实施以后，人民法院确认合同无效，应当以全国人大及其常委会制定的法律和国务院制定的行政法规为依据，不得以地方性法规、行政规章为依据。"从房屋租赁登记备案制度的有关法律规范来看，《城市房地产管理法》虽属"法律"的范畴，但是，其第54条并没有将办理登记备案手续规定为房屋租赁合同生效的要件。《商品房屋租赁管理办法》则属于国务院部门发布的行政规章，不能作为确认租赁合同效力的依据。其他的关于房屋租赁登记备案的地方性法规、行政规章亦然。

根据《合同法》第52条规定，"违反法律、行政法规的强制性规定"的，合同无效。主张未经登记备案的房屋租赁合同无效的见解，大多援引《城市房地产管理法》第54条作为论证的法律依据，将该条文视为法律的"强制性规定"。理论上，我国学者通常将法律规范区分为任意性规范和强制性规范两大类。任意性规范是指允许当事人依意思自治原则选择适用、变更或者排除适用的规范。而强制性规范是指必须依照法律适用、不允许当事人予以变更或排除适用的规范。强制性规范一般以法律条文中是否存在"禁止""不得""应当""必须"等措辞为标准。《城市房地产管理法》第54条规定房屋租赁合同"应当"向房产管理部门登记备案，《商品房屋租赁管理办法》还规定了不按规定登记备案的，主管部门可以责令限期改正，逾期不改正的，可以处以罚款。如此，表面看来，房屋租赁登记备案规则似属强制性规定。然而，对强制性规范作如此简单化的理解，将导致实践中大量合同无效，严重影响交易安全。

强制性规范存在层次性的划分，并不是所有违反强制性规范的民事行为都是无效的，这已成共识。仅就强制性规范对合同效力的影响而言，学理上常将强制性规范进一步区分为效力性强制性规范和管理性强制性规范。当私法行为违反了效力性强制性规范时，当事人所期待在私法上的法律效果将大打折扣，或者无效，或者效力待定，或者被撤销。当私法行为违反了管理性强制性规范，当事人所期待的法律效果并不像违反效力性强制性规范那样，在私法上对当事人的行为产生消极影响，即不会受到私法上的制裁，但可能会受到行政上或者刑事上的制裁。[①]《最高人民法院关于适用〈中华人民共和国合同法〉若干问题的解释（二）》第14条采纳了这种分

---

① 崔建远：《合同法总论》，中国人民大学出版社2011年版，第330页。

类法,将《合同法》第 52 条规定的"强制性规定"限于"效力性强制性规定"。

至于效力性强制性规范与管理性强制性规范的区分标准,理论界与实务界的见解存在一定差异。在王利明教授看来,法律法规明确规定违反该规定将导致合同无效或者不成立的,属于当然的效力性强制性规范;法律法规没有明确规定违反该规定将导致合同无效或者不成立,但是,违反该规定使合同继续有效,将损害国家利益和社会公共利益的,也属于效力性强制性规范;法律法规没有明确规定违反该规定将导致合同无效或者不成立,违反该规定使合同继续有效,不会损害国家利益和社会公共利益,而只是损害当事人利益的,则属管理性强制性规范。^① 有最高人民法院法官认为,可以从正反两方面识别效力性规定:正面来看,与王利明教授的观点一致,根据强制性规范是否明确规定违反该规定的后果是合同无效或者合同继续有效会否损害国家利益和社会公共利益,来判断强制性规范是否属于效力性强制性规范。反面来看,根据强制性规范的立法目的判断,如果该规定的立法目的是实现管理的需要,而不是直接针对行为内容本身,则不属于效力性强制性规范。此外,还可结合调整对象等其他因素加以判断。尽管理论界与实务界在如何识别效力性强制性规范的标准上有一定的认识分歧,但无论如何,就房屋租赁登记备案作出规定的《城市房地产管理法》第 54 条而言,通常一致认可该规定属于管理性强制性规范,而非效力性强制性规范。^② 如此,房屋租赁合同未登记备案的,也不属于《合同法》第 52 条规定的"违反法律、行政法规的强制性规定"的无效情形。

《民法总则》第 153 条第 1 款延续了《合同法》第 52 条和《最高人民法院关于适用〈中华人民共和国合同法〉若干问题的解释(二)》第 14 条的基本思路,在明确"违反法律、行政法规的强制性规定的民事法律行为无效"的一般规则的基础上,例外规定"该强制性规定不导致该民事法律行为无效的除外"。该例外虽然没有使用《最高人民法院关于适用〈中华人民共和国合同法〉若干问题的解释(二)》第 14 条中涉及的"效力性强制性规定"的概念,但据此可得出结论:违反强制性规定的民事法律行为,并非绝对无效。《民法典》第 153 条完全继受了《民法总则》第 153 条的规定。虽然《最高人民法院关于适用〈中华人民共和国合同法〉若干问题的解释(一)》《最高人民法院关于适用〈中华人民共和国合同法〉若干问题的解释(二)》

---

① 王利明:《合同法新问题研究》,中国社会科学出版社 2003 年版,第 320~322 页。
② 最高人民法院民事审判第一庭编著:《最高人民法院关于审理城镇房屋租赁合同纠纷案件司法解释的理解与适用》,人民法院出版社 2016 年版,第 50 页。

随着《民法典》的生效而被废止,《民法典》第 153 条关于违反强制性规定的民事法律行为的效力规则属于概括性条款,但是,从这些法律规范、司法解释不难看出,总体上,违反强制性规定的合同并不必然无效,并且,影响合同效力的强制性规定呈现不断限缩的态势。[①]

关于登记备案对租赁合同效力的影响问题,《最高人民法院关于审理城镇房屋租赁合同纠纷案件具体应用法律若干问题的解释》(2009 年)中第 4 条确认了登记备案并非租赁合同的生效要件。该条文第 1 款明确:"当事人以房屋租赁合同未按照法律、行政法规规定办理登记备案手续为由,请求确认合同无效的,人民法院不予支持。"同时,第 2 款也贯彻了私法自治的原则,"当事人约定以办理登记备案手续为房屋租赁合同生效条件的,从其约定"。并且,还规定了一种例外情形,"当事人一方已经履行主要义务,对方接受的除外",即:即使当事人双方明确约定登记备案后房屋租赁合同才能生效,但当事人实际上并未履行该约定,只要一方已经履行了主要义务,对方接受的,即视为变更了以办理登记备案手续为房屋租赁合同生效条件的合同约定。此时,登记备案不再是房屋租赁合同生效的条件,未登记备案的房屋租赁合同依然有效。2020 年最高人民法院修订该司法解释时,该条文虽被删除,但删除的原因,在于《民法典》第 706 条已经作出了与之一致的规定:"当事人未依照法律、行政法规规定办理租赁合同登记备案手续的,不影响合同的效力。"

从租赁实践来看,大量的房屋租赁合同没有登记备案,如果将登记备案作为房屋租赁合同的生效要件,可能会导致大量的房屋租赁合同被宣告无效,这将严重影响交易安全和市场效率。[②] 由此,认定登记备案对租赁合同的效力并无影响,也是符合我国国情的理性选择。

事实上,在上文论及的 42 篇裁判文书中,审理法院基本上也没有直接声明未登记备案的房屋租赁合同无效,而大多谓:租赁合同未登记备案,租赁合同的真实性存疑或者无法认定租赁关系的真实性。然而,租赁合同的真实性与租赁合同的生效不是同一概念。对合同真实性的判断,也与合同效力的判断有别。对合同真实性的判断,可以从签约的过程、合同的条款、是否实际履行等因素来综合考虑。是否登记备案,可以作为认定租赁合同真实性的一个重要证明,但是,不能据此作出这样的不合理推论:未

---

① 茆荣华主编:《〈民法典〉适用与司法实务》,法律出版社 2020 年版,第 46 页。
② 杨宏云、孙春雷:《我国房屋租赁登记制度探析》,《苏州大学学报(哲学社会科学版)》2010 年第 1 期,第 29 页。

登记备案的租赁合同即非真实的租赁合同。浙江省高级人民法院《关于执行非住宅房屋时案外人主张租赁权的若干问题解答》（2014年）对此作了很好的解读，就"执行机构审查租赁合同是否签订于案涉房屋抵押、查封前，如何把握标准"的问题，浙江省高级人民法院解答道："如果在抵押、查封前，租赁合同的当事人已经根据《中华人民共和国城市房地产管理法》第五十四条、住房和城乡建设部制定的《商品房屋租赁管理办法》第十四条、第十九条的规定办理了租赁登记备案手续的，执行机构应当认定租赁合同签订于抵押、查封前。经审查发现有下列情形之一的，一般也可认定租赁合同签订于抵押、查封前：1、租赁合同的当事人在抵押、查封前已就相应租赁关系提起诉讼或仲裁的；2、租赁合同的当事人在抵押、查封前已办理租赁合同公证的；3、有其他确切证据证明租赁合同签订于抵押、查封前的，如租赁合同当事人已在抵押、查封前缴纳相应租金税、在案涉房屋所在物业公司办理租赁登记、向抵押权人声明过租赁情况等。"据此，租赁合同经登记备案的，可用以证明租赁合同的真实性，法院原则上应当认定租赁合同真实有效；但是，即使租赁合同未登记备案，但有其他证据证明的，也应当认定租赁合同真实有效。

2.关于登记备案是否影响租赁合同的对抗效力的问题

租赁合同登记备案与否，并不影响租赁合同的生效。那么，能否据此推论：租赁合同未登记备案，也可有"买卖不破租赁"规则的适用？《民法典》第725条虽然将"承租人占有租赁物"作为承租人对抗第三人的要件，但是，如果承租人办理了租赁合同的备案登记，但没有占有或者没有充分的证据证明其占有租赁物，是否有"买卖不破租赁"规则的适用？

严格来说，合同的效力，根据其系发生于当事人之间的效力还是对第三人的效力，可区分为合同的内部效力与外部效力。上文探讨登记备案是否会影响租赁合同生效的问题，实际上仅限于考察登记备案对租赁合同在当事人双方之间的"内部效力"的影响问题。基于合同的相对性原理，"合同效力主要体现为其内部效力，即合同仅能约束其当事人的效力，这是合同效力的法律约束力属性的体现，也就是罗马法中所称的'法锁'"。[①] 这里探讨登记备案是否影响租赁合同的对抗效力，是突破了合同的相对性原理，研究登记备案是否会影响租赁合同对当事人双方以外的第三人的"外

---

① 最高人民法院民事审判第一庭编著：《最高人民法院关于审理城镇房屋租赁合同纠纷案件司法解释的理解与适用》，人民法院出版社2016年版，第53页。

部效力"问题。

如前所述,理论上,就登记备案是否影响租赁合同的对抗效力,是否应成为"买卖不破租赁"规则的适用条件的问题,有肯定说与否定说的明显对立。而在司法实践中,部分法院认为未经登记备案的租赁合同没有对抗第三人的效力。我国部分地区甚至出台了相关规范性文件,明确规定未经登记备案的租赁合同不得对抗第三人。

从法律适用与裁判规则的角度来考虑,我国相关立法并未明确确立"未登记的租赁合同不具有对抗第三人的效力"的规则。其一,《合同法》第229条、《民法典》第725条在规范"买卖不破租赁"规则时,没有将登记备案作为租赁合同产生对抗效力、适用"买卖不破租赁"规则的条件之一。其二,《城市房地产管理法》第54条虽规定租赁合同当事人应向房产管理部门登记备案,但并未同时规定未经登记的租赁合同不得对抗第三人。其三,如前所述,明确规定未经登记的租赁合同不得对抗第三人的规则,仅散见于部分地区出台的有关规范性文件之中。但是,这些规定毕竟是地方性法规规章,仅在该地域范围内有效,且其位阶与效力均低于法律。在司法实践中,法官能否援引这些规范作为裁判依据,也存在正当性的质疑。例如,《上海市高级人民法院关于处理房屋租赁纠纷若干法律适用问题的解答》(2005年)曾明确指出,"租赁合同登记与否,不影响租赁合同效力。但未经登记的租赁合同,不得对抗第三人"。但是,该解答于2010年修订时,将该条文中关于未经登记的租赁合同不具有对抗效力的规定删除。将登记备案作为租赁合同产生对抗效力的前提要件,目前确有超越立法的嫌疑,这促使法官们不得不采取较为审慎的态度。从笔者收集到的裁判文书来看,直接明确表述"未经登记备案的租赁合同不具有对抗第三人的效力"(或类似表述)的文书并不多见,正是明显的例证。

如前所述,部分法院主张未经登记备案的租赁合同不具有对抗第三人的效力,其重要依据之一,是认为"租赁权属于物权"。[1]根据不动产物权的公示原则,不动产租赁须经登记,才能产生物权法上的对抗第三人的效力。此观点的立论基础显然无法成立。关于租赁权的性质,虽然存在债权说、物权说、债权物权化说、立法政策说等理论争议,但是,在我国,通说认为,租赁权本身仍然是债权,虽然会产生"物权化"效力,但并不是物权。因此,以不动产物权公示方法为登记为由,推导出租赁合同须登记备案才

---

[1] 如广州市中级人民法院(2018)粤01执复232号执行裁定书。

能产生对抗第三人的效力,其论证逻辑并不周全。

部分学者、法官主张将登记作为租赁合同产生对抗效力的一个重要理由,是从保护交易安全的角度出发,认为租赁权要产生对抗效力,必须具有公示表征,将登记备案作为租赁权的公示方法,其公示程度较高,更有利于保护买受人。理论上,此理由确有很强的说服力,甚至可以考虑作为未来立法完善的建议之一,[①] 但是,在现行法的语境下,法官尚不宜将此作为裁判的理由。

第二节 租赁关系的认定

存在合法有效的租赁关系,是适用"买卖不破租赁"规则的前提条件。没有合法有效的租赁关系,承租人就不享有租赁权,也就谈不上依租赁权对抗第三人,更谈不上依"买卖不破租赁"规则主张租赁权保护的问题。如果租赁关系尚未形成,租赁合同无效、被撤销或者被解除,均不得适用"买卖不破租赁"规则。

一、租赁关系认定的一般规则

(一)判断标准

一般情况下,租赁关系是基于租赁合同而产生的法律关系。作为一种合同关系,租赁合同的成立与生效,应当根据民事合同成立生效的法律法规来判断。根据民法的规定,合同的成立与生效,需具备相应的要件。合同的成立要件即当事人双方就合同的主要内容达成合意,完成要约和承诺的过程。合同的生效要件即当事人具有相应的民事行为能力、当事人意思表示真实、合同内容不违反法律或者社会公共利益。如果法律、行政法规对某些合同有特殊的形式上的要求,则该形式要件也成为合同生效的要件之一。就租赁合同而言,因法律、行政法规对其形式要件并无特别要求,故租赁合同的成立与生效,适用关于合同的一般规定。[②] 据此,当事人之间是否存在租赁关系,应当根据合同的成立要件与生效要件予以判断,主要

---

① 下一章将对此展开详细论述。

② 《合同法》第 215 条规定:"租赁期限六个月以上的,应当采用书面形式。当事人未采用书面形式的,视为不定期租赁。"该规定似对租赁合同的形式(书面形式)做了特别规定。但是,该规定仅针对的是租赁期限在 6 个月以上的租赁合同,要求采书面形式,并且,即便未采书面形式,也仅被视为不定期租赁而已,并不影响租赁合同的生效问题。《民法典》第 707 条全部继受了此条文。

审查：其一，签订租赁合同的主体是否具有相应的民事行为能力（即主体是否适格）；其二，当事人之间是否存在缔结租赁关系的真实意思；其三，租赁合同是否违反法律或者社会公共利益（主要涉及租赁物是否为法律法规禁止出租的物）。

从司法实践来看，呈现在法官面前的，往往是当事人提交的书面的租赁合同。从形式上看，签订合同的当事人主体适格，具有相应的民事行为能力，租赁合同的内容通常也不违法。实践中关于租赁关系的判断，主要难在判断当事人之间是否具有缔结租赁关系的真实意思。通常认为，对于租赁关系的认定，"司法上应采用广义的解释，而不能仅限于审查当事人之间是否存在明确订立的租赁合同"。[①] 判断当事人之间是否存在租赁关系，当事人之间是否存在"租赁合同"之名并不重要，关键在于当事人之间是否存在订立租赁契约的真实意思。实务中，常出现以下两种情形：

1. 名为租赁实为其他合同

尽管当事人之间签订了所谓的"租赁合同"，但是，如果没有真实的租赁意思，也不能认定租赁关系的存在。例如，在案外人年某与申请执行人北京国际信托有限公司、被执行人云南金冠源房地产开发有限公司等执行异议案中，案外人虽然提交了《汽车停车位租赁合同》，但是，审理法院认为，该合同并无签订日期及租赁起止时间，且案外人称案涉车位是被执行人云南金冠源房地产开发有限公司无偿提供其使用，因而认定该合同不具备租赁合同的性质。[②] 我国《合同法》第212条、《民法典》第703条规定："租赁合同是出租人将租赁物交付承租人使用、收益，承租人支付租金的合同。" 租赁合同是当事人一方约定由相对方使用收益一定物，相对方约定支付租金而生效的双务合同。承租人负担着支付对价（租金）的义务，租赁是有偿的。对他人之物的无偿使用，不构成租赁关系。[③] 此案中，案涉车位系案外人无偿使用，故法院认定当事人之间不存在订立租赁契约的合意。

又如，在衢州市浙西油脂有限公司与浙江秦鹏生物科技有限公司、中国工商银行衢州南区支行房屋租赁合同纠纷案中，浙西公司诉称承租了秦

[①] 杨立新主编：《最高人民法院审理城镇房屋租赁合同纠纷案件司法解释理解与运用》，中国法制出版社2009年版，第139页。

[②] 昆明市中级人民法院（2015）昆执异字第196号执行裁定书。

[③] 通常认为，在无偿借用的场合，适用"买卖破除借用"规则不会导致借用人的利益受损，并且，在无偿情形下，限制并未取得利益的出借人的处分权并无充分理由。详见王利明：《论"买卖不破租赁"》，《中州学刊》2013年第9期，第51页。

鹏公司的办公楼及场地,租期15年,每年租金60万元,其以现金和银行转账方式支付了租金,并提供了书面的租赁合同及部分付款凭证。但是,该租赁合同约定15年租金共计900万元一次性付清,且没有约定具体支付时间,有悖于一般租赁合同的约定;而浙西公司2007年1月至9月期间的付款凭证,均未明确款项性质为租金,金额也不足租赁合同约定的900万元;且浙西公司在原审法院执行案件调查时,也承认除用于堆放机器设备占用了部分场地外,其余均没有实际使用。秦鹏公司法定代表人承认,租赁合同系秦鹏公司向浙西公司借钱后,应浙西公司要求补签的,其从未向浙西公司收过租金,也未将房产交付浙西公司使用。租赁合同系事后补签,浙西公司支付的款项为借款,而非租金。并且,浙西公司也自认根据秦鹏公司还款情况对租赁合同的租期和租金进行了调整。据此,审理法院认定,双方租赁合同的真实意思并非房屋租赁的目的,而是对借款进行担保,浙西公司与秦鹏公司并未建立真正的租赁关系。①

实践中还存在一些名为租赁但实为买卖的合同。例如,王某与被告签订了《安置(租赁)定金协议》,约定被告将某房屋租赁给王某,租赁总价为66万元,定金5万元,还约定了总价款、付款方式、付款时间、交付使用条件及日期等内容。协议签订后,王某向被告支付定金5万元、首付款10万元。此协议虽然名为租赁协议,但是,从该协议的内容来看,该协议还约定了总价款、付款方式、付款时间、交付使用条件等内容,并且,王某按约定支付了定金、首付款,这不符合房屋租赁合同的基本特征,而系房屋买卖合同。因此,该协议应当认定为房屋买卖合同的定金协议。②

2.名为其他合同实为租赁

实践中常见的一种房地产开发模式是:当事人双方签订合作开发房地产合同,约定一方提供土地使用权,另一方提供开发资金,就房地产项目进行合作开发,提供资金的一方当事人不承担开发经营房地产的风险,而仅在房屋建成后使用一定的房屋。这种情况下,当事人双方的真实意思,是将一方当事人提供的资金作为其有偿使用房屋的对价。故此类合同属

---

① 浙江省高级人民法院(2010)浙民终字第17号民事判决书。
② 邹永明:《名为房屋租赁实为房屋买卖的效力认定》,《人民法院报》2015年7月2日,第7版。

于房屋租赁合同。[①]《最高人民法院关于审理涉及国有土地使用权合同纠纷案件适用法律问题的解释》第 24 条[②] 明确规定："合作开发房地产合同约定提供资金的当事人不承担经营风险,只以租赁或者其他形式使用房屋的,应当认定为房屋租赁合同。"

(二)租赁关系的表现形式

对于租赁关系的认定,主要判断当事人之间是否有租赁的真实合意,并不拘泥于是否存在"租赁合同"之名,也不拘泥于相关的合同文句。名为租赁合同的,未必成立租赁关系,名为其他合同的,未必不能成立租赁关系。实践中,租赁关系的具体表现形式存在多种样态。

例如,在实务调研中,一位执行法官就向笔者讲述了这样一则案例:甲公司与乙公司各有一栋房产,甲公司的房产面积大于乙公司的房产面积,约多 500 平方米。乙公司与甲公司签订了一份《交换使用房产协议》,约定:甲公司使用乙公司的房产,乙公司使用甲公司的房产,双方均无需向对方支付房产使用费。对于甲公司名下房产超过乙公司名下房产的面积,甲公司与乙公司另签一补充协议:乙公司就此部分房产支付租金。甲公司、乙公司已分别实际使用对方房产。现乙公司名下的房产因债务纠纷而被法院查封、拟将拍卖,甲公司以自己为承租人为由主张适用"买卖不破租赁"规则。在此案中,债权人与甲公司争执的焦点在于:对于乙公司名下的房产,甲公司与乙公司之间是否存在租赁关系?从此案来看,表面上,二者间并不存在形式上的"租赁合同":甲公司与乙公司之间签订的是《交换使用房产协议》,不涉及租金支付等问题;而且,甲公司与乙公司之间签署的补充协议,虽明确系租赁协议,但该协议针对的仅仅是甲公司名下房产超乙公司名下房产的面积的租赁问题,而非针对乙公司名下的房产。

---

① 关于此类合同的性质,实践中曾有三种不同看法:一是认为此类合同为联合建房合同;二是认为此类合同属于房屋租赁合同;三是主张此类合同应定性为联合建房、房屋租赁混合合同。最高人民法院法官认为,合同性质的认定,应当探求合同当事人的意思表示和缔约目的。从此类合同的约定内容来看,出资方的真实意思,不是与土地使用权人就合作进行利益分配,而是在一定期限内租赁建成后的房屋,其缔约目的最终落实在对所建房屋的租赁上,其投资建设行为,是租赁建成后房屋的对价。而提供土地使用权的一方,其真实意思是通过预先收取租金,以完成房屋的建设并将房屋出租获取收益,其缔约目的落实在通过租赁房屋获取租金收益上。提前收取承租人的租金并由承租人进行房屋建设,是其完成房屋建设的一种手段,或者说是其融资建设房屋的一种方式。因此,此类合同应当认定为租赁合同。详见关丽:《投资建设他人划拨土地上立项的房屋并承租建成后房屋的合同性质和效力——解放军某部队与张某房屋租赁合同纠纷上诉案》,《民事审判指导与参考》第 37 辑,第 128~132 页。

② 该司法解释于 2020 年修正,修正前该条文序号为第 27 条,修正后该条文序号调整为第 24 条,具体内容不变。

然而,从《交换使用房产协议》和补充协议来看,甲公司与乙公司之间订立租赁合同的真意非常明显:甲公司租用乙公司名下的房产,乙公司租用甲公司名下的相等面积的房产,在此相等面积内,双方虽均未向对方支付租金,但实质是"约定租金相互抵销"。并且,就甲公司房产超过乙公司房产的部分,甲公司与乙公司还特别通过补充协议,约定乙公司就此部分向甲公司支付租金。可见,甲公司与乙公司之间交换使用房产的真实意思,是"互为租赁"对方房产。就乙公司名下的房产,甲公司与乙公司之间成立租赁关系。

通常认为,对于当事人之间是否存在合法有效的租赁合同,应当采用广义的解释予以从宽认定,在具体的场景中,探求当事人之间是否具有租赁的真实意思。就司法实践中如何从宽认定租赁关系,台湾地区学者王泽鉴先生曾经作出一些实例归纳,可供法院参考:(1)租赁合同的意思实现。如甲租赁乙的房屋,房屋因不可归责于当事人双方的事由而灭失后,甲重新建筑房屋,而乙并未反对,且受领地租多年,故甲乙之间有租用土地建筑房屋的意思实现而认定租赁关系继续存在。(2)探求当事人的真意。如甲向乙借款,约定甲将自己的土地交于乙使用,双方互不支付利息及地租,此时,甲乙之间成立土地租赁合同和借款合同的混合合同,当甲将房屋所有权让与第三人时,乙可基于租赁关系对抗买受人。(3)推断或拟制当事人之间的真意而认定成立租赁关系。如土地及土地上的房屋同属一人,该所有人仅仅将土地使用权或者房屋所有权让与第三人时,推定受让人与让与人之间就房屋或土地使用权存在租赁关系。(4)认定互为租赁关系。如甲所有的 A 地与乙所有的 B 地相邻,为建屋方便,甲乙双方约定同意对方越界建筑房屋(未办理转移登记手续),对此土地交付使用关系,在性质上为互为租赁关系。(5)共有地分管部分出租的,认定租赁关系存在。[①]

二、以租抵债

在不动产执行实践中,常常出现债务人名下的不动产被设定以租抵债的情形。在以租抵债的情形下,该租赁是否与一般的租赁关系一样,有适用"买卖不破租赁"规则的可能,存在较大争议。

(一)以租抵债概述

所谓以租抵债,是指作为被执行人的债务人与除申请执行人以外的其

---

① 王泽鉴:《民法学说与判例研究》(第六册),北京大学出版社 2009 年版,第 148~150 页。

他债权人签订不动产租赁合同，以该不动产的长期租金收益抵偿其所欠债务，或者将该不动产交由该债权人长期使用以抵偿其所欠债务。以租抵债包括两种情形：

其一，以不动产的长期租金收益抵偿债务，简称以租金抵债。在下列执行异议之诉中，即系以租金收益抵债的情形：被告马某于 2011 年 9 月、11 月将自己名下的房屋分别租给徐某、周某，租赁期限分别为 2012 年 2 月 18 日至 2021 年 2 月 17 日、2012 年 2 月 1 日至 2018 年 1 月 31 日。2014 年 12 月，被告马某与原告纪某签订一份《房屋租赁合同》，约定：因马某欠纪某债务 400 万元，现马某无力偿还，双方约定马某名下的房屋（即徐某、周某承租的房屋）出租给纪某使用，以房屋租金的形式偿还纪某债务，租期 20 年，自 2015 年 1 月 1 日起至 2034 年 12 月 30 日止，租金每年 20 万元，共计租金 400 万元，租赁期间，纪某不再向马某支付任何费用。当日，马某向纪某出具了一份收到 400 万元租金的收条。同日，纪某作为出租方与周某等签订房屋租赁合同。至诉讼时，纪某一直直接从实际承租人处收取租金。在此案中，纪某虽然与马某签订了房屋租赁合同，但因该房屋此前一直为徐某、周某租赁并持续使用，可见，纪某与马某的房屋租赁合同为一份不能实际履行的合同。结合该合同的内容、租金收条、纪某与周某等签订的租赁合同、租金的收取等情况，可以看出，纪某与马某签订的房屋租赁合同的真实意思，是马某以该房屋的租金收益来抵偿其所欠纪某的 400 万元债务，纪某享有收取房屋租金的权利。[①]

其二，直接以不动产的长期使用权抵债，此可谓狭义的以租抵债。例如，在河南省二七担保有限公司申请执行被执行人河南省鑫宇生物科技有限公司、许某、张某、许某某合同纠纷一案中，案外人徐某提出执行异议，因许某欠异议人借款 424 万元，无力偿还。异议人与许某签订《租赁协议》，约定将许某名下的房屋租赁给异议人使用，租期 20 年，以借款抵偿房屋租金。[②] 在此案中，案外人徐某主张的即是以不动产的长期使用权抵债。以不动产的长期使用权抵偿债务的以租抵债，其成立必须具备以下三个条件：第一，以租抵债的当事人之间存在其他债务。存在此"债"是以租抵债的前提。当事人之间签订以租抵债的协议，其目的是抵偿该债务。如果该债务根本不存在，如未成立、被撤销、无效、已被清偿，则以租抵债均不可能成立。第二，当事人之间达成了以租抵债的合意。当事人之间达成一致

---

① 黄石市黄石港区人民法院（2017）鄂 0202 民初 606 号民事判决书。
② 郑州市二七区人民法院（2018）豫 0103 执异 41 号执行裁定书。

意见,约定债务人以出租不动产的方式来偿还债务。第三,债权人长期使用债务人名下的不动产,无需另行支付租金。租赁合同履行完毕,当事人之间的原债务即因受偿而消灭。

就以租金收益抵债的情形而言,债权人通过与债务人签订所谓租赁合同的形式,取得了对债务人名下不动产的租金收益权利,通过租金的收取以使自己对债务人的债权得以清偿,债权人并不占有、使用不动产,故债权人并非不动产的真正意义上的承租人。因此,通常认为,以租金收益抵债的"租赁合同",虽然名为租赁合同,但并不产生真正的租赁关系,也就不存在"买卖不破租赁"规则的适用问题。[①] 以不动产长期使用权抵债的以租抵债,是否产生租赁关系,则争议较大。故下文仅就此类以租抵债情形展开探讨。

(二)司法认定

在司法实践中,就以租抵债合同的效力,法院内部有不同的认识。如在陈某与义乌市星联电子有限公司房屋租赁合同纠纷案中,陈某诉称,陈某与义乌星联公司签订了《房屋租赁协议》,约定义乌星联公司名下的店面20间出租给陈某,租期5年,租金100万元,签订协议时一次性付清。合同签订后陈某一直使用这些房屋。因义乌星联公司毁约不愿继续履行合同,故陈某起诉请求法院确认该租赁协议有效,并要求义乌星联公司继续履行该协议。被告辩称,义乌星联公司无力偿还之前向陈某的借款,故在该房屋租赁协议中约定以租金抵偿该债务。审理法院认为,陈某与义乌星联公司之间签订的《房屋租赁协议》系双方真实意思表示,并不违反法律规定,故应确认有效;现租赁期未满,被告应当继续履行该租赁协议。后法院再审认为,陈某与义乌星联公司之间的房屋租赁协议存在诸多可疑之处,其真实性不应予以认定;即使真实,也有失公允,依法亦应认定无效。[②]

必须指出,以租抵债合同,并非无效合同。构成无效合同的情形,民法上有明确规定。只有在合同内容违反法律、行政法规的强制性规定,损害国家利益或者社会公共利益等情形下,合同才能被认定无效。合同法总的立法精神是鼓励交易,故法院不宜轻易认定合同无效,只要合同没有违反法律法规的禁止性规定等,就应当充分尊重当事人的意思自治,承认合同的效力。从以租抵债合同本身来看,债务人以自己的不动产的长期使用权

---

① 否认以租金收益抵债的租赁合同效力的相关裁判文书如:江西省高级人民法院(2019)赣民申1571号民事裁定书、安阳市北关区人民法院(2019)豫0503民初654号民事判决书等。

② 浙江省金华市中级人民法院(2010)浙金民再终字第12号民事裁定书。

抵偿其所欠债权人的债务，不存在违反法律、行政法规的强制性规定，损害国家利益或者社会公共利益等情形，因而不构成无效合同。

实务中，绝大多数法院、法官并不将以租抵债合同归入无效合同的范畴。但是，以租抵债合同能否产生租赁合同的效力，从而适用"买卖不破租赁"规则以对抗第三人，则有不同见解与做法。

在笔者收集到的裁判文书中，据粗略统计，有146篇涉及以租抵债的问题，其中，4篇是关于以租金收益抵偿债务的情形，其余142篇牵涉不动产长期使用权抵债的情形。在此142篇裁判文书中，明确肯定以租抵债合同产生租赁效力的，有23篇；否定以租抵债的债权人的租赁权保护主张的，有115篇；余下4篇对以租抵债是否产生租赁效力未明确表明法院态度。

1.肯定态度

肯定以租抵债合同产生租赁效力的裁判文书，其裁判理由大体相同，即：认为房屋租赁合同系当事人双方的真实意思表示，不违反法律法规的强制性规定，就应当认定为有效。例如，在彭某与韩某租赁合同纠纷一案中，审理法院认为，"按双方租赁合同的意思，周某将房屋交付给彭某用于出租，彭某之前借于周某的借款转为房屋租金，则双方之间原来的借款关系于此时转变为租赁关系。无论是借款，还是租赁，均是双方当事人的真实意思表示，且不违反法律的强制性规定，应为有效"。[1] 有的法院在裁判文书中进一步明确，以租抵债"只是对租金缴纳方式的变更，并不影响合同性质"。[2]

2.否定态度

在142篇相关裁判文书中，当事人持以租抵债协议主张租赁权保护，但法院并未支持当事人的租赁权保护主张的，有115篇。从这115篇裁判文书来看，不同法院不支持租赁权保护主张的理由，不尽一致。通过仔细整理与归纳，审理法院驳回其租赁权保护主张的理由，大致可概括为以下几类：

---

[1] 苏州市中级人民法院（2017）苏05民终8719号民事判决书。类似裁判文书：大连市甘井子区人民法院（2019）辽0211民初10393号民事判决书、山东省淄博市中级人民法院（2020）鲁03民终1985号民事判决书、新乐市人民法院（2019）冀0184执异2号执行裁定书、昆明市五华区人民法院（2018）云0102执异80号执行裁定书、宜兴市人民法院（2018）苏0282执异97号执行裁定书、新干县人民法院（2016）赣0824民初1252号民事判决书、鄂尔多斯市中级人民法院（2017）内06民初125号民事判决书等。
[2] 山东省滨州市中级人民法院（2020）鲁16民终2673号民事判决书。

（1）无充分证据证明以租抵债的"债"存在

例如，在魏某等与石某等公证债权文书执行过程中，案外人刘某提出异议，主张其向被执行人石某承租了某房屋，并以石某所欠刘某的借款抵偿房屋租金。对此，刘某提交了其与石某签订的房屋租赁协议，但未能提供相关证据证明其与石某之间的借款事实。审理法院据此为由驳回了刘某的执行异议。①

在王某、安某民间借贷纠纷执行过程中，审理法院的裁判理由也是如此：在此案中，案外人马某主张其与被执行人安某签订了房屋租赁协议，双方在协议中确认安某向马某借款以购买案涉房屋，安某将该房屋出租给马某，以租金抵付借款的部分本金及利息。但是，马某未提交其与安某借贷关系成立的相关证据，不能证实以租抵债的真实性。②

（2）无充分证据证明当事人之间以租抵债合同的真实性

例如，在杭州春尧绿化工程有限公司、娄某等案外人执行异议之诉中，原告春尧公司作为承租方主张其与出租方杭州嘉利时公司存在 10 年期的房屋租赁关系，系以租抵债。对此，嘉利时公司表示否认，并表示原告提供的厂房租赁合同系在 5 年期租赁合同的基础上更改形成。审理法院认为，结合相关司法鉴定意见书，该租赁合同的真实性存疑。并且，原告主张的租赁合同形成时间在 2012 年 5 月 30 日，而据此抵债的债务形成时间在 2012 年 7 月至 10 月期间，显不合理。故认定春尧公司并不享有租赁权。③

在上海浦东发展银行杭州建德支行、建德市庆源竹木制品有限公司金融借款合同纠纷执行过程中，法院也以租赁协议不真实为由支持了申请执行人不带租拍卖的请求。在此案中，申请执行人建德支行对法院拟带租拍卖的裁定提出异议，审理法院经审查认为，第三人自认以房产使用权抵偿借款，其交付的租金实为冲抵的借款，但是，第三人为被执行人庆源公司的股东，庆源公司在签订最高额抵押合同时声明涉案房产无出租等权利瑕疵，因此，第三人与被执行人庆源公司签订的房产租用协议的真实性不予认可。④

---

① 北京市海淀区人民法院（2014）海执异字第 015 号执行裁定书。
② 昆明市西山区人民法院（2018）云 0112 执异 50 号执行裁定书。类似裁判文书：广州市中级人民法院（2019）粤 01 执复 507 号执行裁定书、贵阳市中级人民法院（2019）黔 01 执异 342 号执行裁定书、吉林省长春市中级人民法院（2020）吉 01 民再 77 号民事判决书、浙江省江山市人民法院（2020）浙 0881 民初 1661 号民事判决书等。
③ 绍兴市越城区人民法院（2014）绍越执异初字第 1 号民事判决书。
④ 建德市人民法院（2017）浙 0182 执异 35 号执行裁定书。

（3）以租抵债形成的法律关系并非真正的租赁关系

不少法院认为，以租抵债协议不同于出租人与承租人之间签订的租赁合同，其形成的债权债务关系，也非真正的租赁关系，因此不应适用"买卖不破租赁"规则。在否定以租抵债的债权人的租赁权保护主张的115篇裁判文书中，以此为由否定债权人租赁权保护主张的裁判文书，多达74篇。

为什么主张以租抵债形成的法律关系不是真正的租赁关系呢？一些法院对此作出了进一步的解释。例如，在长春市汇达小额贷款有限公司与吉林天景食品有限公司、曲某、刘某公证债权文书执行一案中，案外人蒋某主张以租抵债进而请求保护租赁权，对此，审理法院认为，蒋某与吉林天景食品有限公司之间形成的基础法律关系并非真正的租赁关系，而是金钱债权债务关系，以租抵债的目的也仅仅是消灭债务，故不属于法律应予保护的情形。[①] 在此案中，法院根据以租抵债的目的——抵销债务，认定以租抵债产生的法律关系并非真正的租赁关系。

在王某与沈阳市天祥典当有限责任公司等申请执行人执行异议之诉中，审理法院认为，"买卖不破租赁"的理论原理是基于保护承租人的租赁利益，保证居者有其屋，但是，在此案中，王某与王某某之间的《房屋租赁合同》系以租抵债协议，无惯常的租赁合同属性。故认定案涉《房屋租赁合同》设立的是债权债务合同关系而非房屋租赁关系。[②]

还有的法院从保护其他债权人利益的角度来论证以租抵债形成的法律关系并非租赁关系。如浙江海博小额贷款股份有限公司、诸暨市大唐久旺水果种植场小额借款合同纠纷执行过程中，对于案外人陈某的租赁权保护主张，审理法院认为，即使陈某主张的租赁情况属实，其与玛迪尔公司之间的法律关系为房屋使用权抵债关系（即以租抵债），并非真实的租赁关系；如果法院对此类所谓的租赁关系予以保护，无异于变相认可陈某可就涉案房产部分房屋的使用权优先受偿，这将严重损害其他债权人的利益，故驳回了陈某的异议。[③]

主张以租抵债形成的法律关系并非真正的租赁关系最典型的案例，当属最高人民法院审理的"英联视动漫文化发展（北京）有限公司与北京恒

[①] 长春市中级人民法院（2018）吉01执异89号执行裁定书。

[②] 沈阳市中级人民法院（2017）辽01民终6600号民事判决书。

[③] 诸暨市人民法院（2018）浙0681执异186号执行裁定书。类似裁判文书：苏州市中级人民法院（2019）苏05民终1946号民事判决书、苏州工业园区人民法院（2018）苏0591民初5617号民事判决书、河南省方城县人民法院（2020）豫1322民初2533号民事判决书、上海市浦东新区人民法院（2021）沪0115执异17号执行裁定书等。

华嘉辉科技有限公司与豪力投资有限责任公司其他合同纠纷申请再审"案。实务界人士一般认为,通过此案例,最高人民法院确立了以租抵债不适用"买卖不破租赁"的裁判规则。^① 该案的基本案情如下:

2002 年 11 月 14 日,北京锦天文化传播有限公司(以下简称锦天公司)与豪力房地产开发有限责任公司(后更名为豪力投资有限责任公司,以下简称豪力公司)签订借款合同,约定豪力公司向锦天公司借款 300 万元,借款期限为 1 年。2004 年 3 月 22 日,锦天公司与豪力公司签订《房屋使用权抵债合同》,约定豪力公司提供豪力大厦研发楼第五层全部房产共计964.47 平方米的房屋使用权,以偿还其所欠锦天公司的 300 万元债务,锦天公司享有上述房产的使用权 18 年,期限自 2004 年 3 月 22 日起至 2022年 3 月 21 日止。2004 年 5 月 30 日,锦天公司与豪力公司签订《委托转租协议》,委托豪力公司或豪力公司委托的第三方以豪力公司的名义代锦天公司对外签订出租豪力大厦研发楼第五层房屋协议和收取租金。2005 年至 2008 年期间,锦天公司陆续更名,后更名为英联视公司。2012 年 11 月,恒华嘉辉公司通过法院拍卖的方式取得豪力大厦所有权。英联视公司提起执行异议,被执行法院驳回。英联视公司遂向北京市中级人民法院提起案外人执行异议之诉,法院认为,英联视公司与豪力公司签订的《房屋使用权抵债合同》是以豪力公司在一定期限内让渡其对豪力大厦研发楼第五层使用权为代价作为其偿还所欠英联视公司 300 万元债务的条件,该合同关系具有相对性,仅在英联视公司与豪力公司之间发生效力,英联视公司只能向豪力公司主张权利,故该合同性质是规范双方债权债务之间的合同之债。恒华嘉辉公司通过拍卖的方式取得了豪力大厦的所有权即物权,债权不得对抗物权,故驳回了英联视公司的诉讼请求。英联视公司不服此判决而提起上诉,北京市高级人民法院维持了原判。^② 英联视公司遂向最高人民法院申请再审。

关于本案中《房屋使用权抵债合同》的性质问题,最高人民法院认为,"房屋租赁合同是指房屋出租人将房屋提供给承租人使用,承租人定期支付租金,并于合同终止时将房屋归还给出租人的协议。故承租人缔约的目的是取得房屋的使用权,出租人则是为了收取租金。而本案中,……从该合同内容看,英联视公司为了使自己的债权得到清偿,同意豪力公司以让渡豪力大厦 18 年的房屋使用权的方式抵顶 300 万元的借款。可见,《房屋

---

① 为了后文考察此典型案例的裁判依据,这里对此案予以较详细的介绍。
② 北京市高级人民法院(2013)高民终字第 3123 号民事判决书。

使用权抵债合同》是债务人以其房屋使用权抵偿欠款的合同之债，不同于出租人与承租人之间签订的房屋租赁合同"。因此，本案不适用合同法规定的"买卖不破租赁"规则。关于英联视公司对涉案房屋所享有的权利能否对抗恒华嘉辉公司的物权问题，最高人民法院认为，"根据合同的相对性原则，英联视公司与豪力公司之间签订的《房屋使用权抵债合同》仅对签约双方有法律约束力，不能对抗合同之外的第三人。而涉案豪力大厦的所有权已被恒华嘉辉公司通过拍卖方式取得，即恒华嘉辉公司已依法取得对豪力大厦占有、使用、收益、处分的物权权利。排他性是物权的基本属性，即使英联视公司基于债权取得豪力大厦的使用权，由于没有进行他项权利登记，亦不能对抗恒华嘉辉公司对豪力大厦所享有的物权"。依据上述两点理由，最高人民法院驳回了英联视公司的再审申请。①

否认以租抵债关系为租赁关系的裁判观点，已经出现在部分高级法院出台的司法指导性文件之中。例如，浙江省高级人民法院《关于执行非住宅房屋时案外人主张租赁权的若干问题解答》（2014 年）第 2 条规定："执行机构审查租赁合同的真实性，如何把握标准？答：执行机构一般作形式审查，经审查发现当事人自认或者有其他明确的证据证明租赁合同为虚假，或者名为租赁实为借贷担保、房屋使用权抵债等关系的，对租赁合同的真实性不予认可。"

（4）无充分证据证明已合法占有使用不动产

部分法院认为，债务人与债权人之间虽然签订了以租抵债协议，但是，如果债权人没有占有案涉不动产，其租赁权保护的主张则不能成立。例如，在申请执行人中国农业银行葫芦岛分行与被执行人辽宁维远塑材制造集团有限责任公司、郭某借款合同纠纷执行过程中，案外人韩某提出异议，主张其与被执行人辽宁维远公司之间存在《综合楼租赁合同》，约定辽宁维远公司将其所有的案涉房屋出租给韩某，租期 20 年，租金 1000 万元，以韩某之前借给辽宁维远公司的借款抵顶租金。对此，审理法院认为，虽然案外人韩某在银行取得案涉房屋的抵押权及法院查封该案涉房屋之前已经签订合法有效的书面租赁合同，但是，其提供的证据不足以证实韩某已合法占有使用案涉房屋并足额支付租金，故驳回了韩某的异议。② 在兴业银行宜春分行、熊某金融借款纠纷执行一案中，对于案外人与熊某等签订的房屋租赁合同及债权转租带租协议能否排除执行标的的转让与交付的问

---

① 最高人民法院（2014）民申字第 215 号民事裁定书。
② 葫芦岛市中级人民法院（2018）辽 14 执异 79 号执行裁定书。

题,审理法院也这样认为,虽然案外人在法院查封之前与被执行人签订了书面租赁合同,租赁合同同时具有抵债合同的性质,但是,该不动产的实际占有和使用经历过多人之手,而案外人自签订合同以来自始至终没有对该不动产进行占有和使用,因此其异议理由不能成立。①

（5）以租抵债设立于查封或者抵押之后

部分法院虽然承认以租抵债协议合法有效,但以该协议设立于法院查封之后或者抵押之后为由,认定以租抵债行为不能对抗申请执行人。例如,在卫某与南京优德尔蓄电池有限公司合作协议纠纷一案中,审理法院认为,被执行人与蔡某之间达成的以租抵债合同和执行和解协议均在法院查封案涉房产之后,尽管该租赁合同并不当然无效,法院无权在执行异议裁定中宣布该租赁合同无效或者解除租赁合同,但是,此以租抵债的行为不能对抗申请执行人卫某。② 在鞠某与林某、符某、三亚环球智力开发有限公司民间借贷合同纠纷执行裁定书中,对于异议人鞠某的主张,审理法院认为,鞠某与被执行人之间先从借贷关系转为房屋租赁关系,以租金抵偿借款,异议人租赁房产发生在申请执行人抵押登记之后,故其租赁权不得对抗抵押权人对房产的处置。③

从上述不同法院否定当事人基于以租抵债提出的租赁权保护主张的裁判理由来看,第一种理由是无充分证据证明以租抵债的"债"存在,第二种理由是无充分证据证明当事人之间以租抵债合同的真实性。在这两种情况下,如前所述,其本身并不具备以租抵债成立的基本条件,以租抵债尚未成立,因此,在此意义上,并未涉及以租抵债协议本身是否产生租赁合同效力的问题。至于第四种理由和第五种理由,涉及的是"买卖不破租赁"规则的其他适用条件,并不是确认以租抵债协议非租赁合同的问题。相反,在持这两种理由的法院看来,以租抵债协议本身是合法有效的租赁合同,债务人与债权人之间由此产生的法律关系具有租赁关系的性质,只不过因不具备"买卖不破租赁"下租赁权保护的其他条件,故而未支持债权人的租赁权保护主张。在以租抵债成立的前提下,真正意义上直接否认以租抵债产生租赁效力的理由,是第三种理由,即主张以租抵债形成的法律关系并非真正的租赁关系。

① 宜春市袁州区人民法院（2017）赣 0902 执异 55 号执行裁定书。
② 淮安市清浦区人民法院（2016）苏 0811 执异 4 号执行裁定书。
③ 三亚市中级人民法院（2016）琼 02 执异 47 号执行裁定书。

3.未明确表态

从笔者收集的涉及以租抵债协议的裁判文书来看，仅有 4 篇对以租抵债协议的效力未作明确的肯定或者否定评价。例如，在申请执行人姚某与被执行人河北汇田房地产开发有限公司借款合同纠纷一案中，审理法院认为，异议人刘某基于《以物抵债协议》，对汇田公司所有、登记在案外人王某名下的某房产，享有的是商铺出租权抵顶工程款的权利，该权利不能阻却上述房产所有权变动，其主张在租赁期内阻止向受让人移交上述房产的请求，该事实并未发生，故法院不予支持。[①] 在此案中，审理法院并未评判以租抵债协议的效力，仅以以租抵债的权利不能阻却不动产所有权变动为由驳回异议。在韩某、江苏金恒泽欣环保材料有限公司执行审查类执行裁定书中，对于江苏高院在执行复议程序中就韩某与科技公司以租抵债并非真实有效的租赁关系的认定，最高人民法院认为，江苏高院"超越了执行程序中对相关实体权益应进行形式审查的范畴，亦有不当"，[②] 也未正面回应以租抵债是否形成真实有效的租赁关系的问题。

（三）理论分歧

关于不动产执行过程中以租抵债合同效力的理论研究，目前为数不多。从这些文献资料来看，在不动产执行过程中，就以租抵债协议能否适用"买卖不破租赁"规则的问题，如同司法实践中法院的态度一样，存在不同的观点。

1.肯定说

肯定说认为，以租抵债合同虽然是对旧债务的一种清偿方法，但这并不意味着其本身不可以参照适用租赁关系。当以租抵债成立后，根据《合同法》第 124 条，[③] 应当参照适用租赁合同的规定，承认原债权人在以租抵债合同中享有承租人地位。在原债务人出卖租赁物时，原债权人在租赁期限内的租赁关系具有一定的对抗效力，可适用"买卖不破租赁"规则。[④]

有论者还从"买卖不破租赁"规则的立法目的、物权保护的公示方式等方面对肯定说展开论证。他认为，"买卖不破租赁"并不在于保护出租人

[①] 邢台市中级人民法院（2018）冀 05 执复 84 号执行裁定书。

[②] 最高人民法院（2020）最高法执监 171 号执行裁定书。

[③] 《合同法》第 124 条："本法分则或者其他法律没有明文规定的合同，适用本法总则的规定，并可以参照本法分则或者其他法律最相类似的规定。"《民法典》第 467 条第 1 款作出了基本一致的规定："本法或者其他法律没有明文规定的合同，适用本编通则的规定，并可以参照适用本编或者其他法律最相类似合同的规定。"

[④] 房绍坤、纪力玮：《论以租抵债》，《山东警察学院学报》2018 年第 1 期，第 39 页。

收取租金的权利，而是保护承租人占有使用租赁物的权利；作为普通债权的承租人之所以能受到物权般的保护，是基于承租人具有占有使用租赁物这样的公示方式；而以租抵债取得的承租权符合物权取得的一般规则——"有效的民事行为（以租抵债合同）+承租人的占有"，故通过以租抵债取得的承租权可以对抗在后的所有权。[①]

2. 否定说

否定说主张，以租抵债是债务人以尚未发生的不动产的未来的长期租金收益抵偿其他债权人的债权的行为，这直接损害了执行案件中经生效法律文书确定的债权人的合法债权，故不得对抗法院对被执行人财产的强制执行。被执行人将其名下的不动产交付给其他债权人长期使用，以租抵债的，就法院查封之前已经抵偿的部分，可以认定为已经履行完毕。但是，法院查封之后，该讼争不动产的租金收益应当被视为自动冻结，其他债权人的抵债主张不得对抗法院的查封执行。如果主张以租抵债的债权人，在法院查封之前未实际占有讼争不动产的，应视为租赁合同尚未成立，自始即不发生租赁的效力，更不得对抗法院的强制执行。[②]

3. 折中说

还有观点认为，一方面，以租抵债的合同，在不违背法律，或者串通损害第三人利益的情况下，不能当然地否定其合同效力，另一方面，债务人以租抵债的行为，实质上是债务人擅自处分被执行不动产的未来租金收益以提前抵偿其他债权的行为，可能损害执行案件中已经生效法律文书确定的债权人的债权，因此，应将以租抵债行为作为一种可撤销的行为。在未被撤销之前，租赁合同仍有效，如果该合同在抵押设立前、被查封之前签署且在被执行不动产抵押设立前、被查封前已被承租人（包括合法次承租人）占有使用的，应当认定租赁权可以对抗法院的强制执行。[③]

（四）评析与结论

以租抵债究竟会不会产生租赁合同的效力？执行程序中，在以租抵债情形下，是否有"买卖不破租赁"规则的适用空间呢？如前所述，实务操作

[①] 汪兴平：《买卖不破租赁再解读——以租抵债仍应适用买卖不破租赁》，微信号"民事法律参考"2017年7月7日。

[②] 赖华平：《虚假租约审查标准之三："以租抵债"的效力认定》，微信号"法律天使"2016年1月7日。

[③] 蒋莉：《执行程序中租赁权认定相关问题》，http://www.cqlsw.net/lite/word/2019061132518.html，下载日期：2019年10月18日。

不一，理论分歧也较大。笔者认为，以租抵债成立后，以租抵债合同是合法有效的租赁合同，同时符合"买卖不破租赁"规则的其他适用条件的，应有"买卖不破租赁"规则的适用空间。

1.以租抵债协议是合法有效的租赁合同

根据民法的规定，合同成立后，是否生效，还必须具备生效要件。符合成立要件的合同，根据其发生的效力不同，可以分为三类：一是合法有效的合同，二是无效的合同，三是可撤销的合同。

首先，如前所述，无效的合同限于合同内容严重违法的情形，通常情况下，以租抵债协议并非无效的合同，这已成为理论界与实务界的主流观点。司法实务中即使主张以租抵债协议并非租赁合同者，通常也肯定以租抵债协议并非当然无效的合同，故这里不再赘述。

其次，以租抵债协议显然也不属于可撤销的合同。民法上，可撤销的合同是指欠缺一定的生效要件的合同，其有效与否，取决于享有撤销权的一方当事人是否行使撤销权。在享有撤销权的一方当事人行使撤销权之前，合同对于当事人双方来说都是有效的。合同被撤销之后，自始没有法律约束力，基于该合同取得的财产，应当返还；不能返还或没有必要返还的，应当折价补偿。根据《合同法》第54条、《民法典》第147条至第151条的规定，可撤销的合同，主要系当事人意思表示不真实的合同。[1] 所谓当事人意思表示不真实，是指存在欺诈、胁迫、乘人之危、显失公平等情形，致使当事人一方表示出来的意思与其内心的真实意思不一致。从实务中的以租抵债协议来看，一般情况下，当事人就以租抵债达成的合意，是真实的，通常不存在可撤销的事由。

最后，在以租抵债情形下，也不存在其他债权人行使撤销权的可能。债权人的撤销权，是指对于债务人实施的危害债权实现的行为，债权人可

---

① 《合同法》第54条："下列合同，当事人一方有权请求人民法院或者仲裁机构变更或者撤销：（一）因重大误解订立的；（二）在订立合同时显失公平的。一方以欺诈、胁迫的手段或者乘人之危，使对方在违背真实意思的情况下订立的合同，受损害方有权请求人民法院或者仲裁机构变更或者撤销。当事人请求变更的，人民法院或者仲裁机构不得撤销。"《民法典》第147条："基于重大误解实施的民事法律行为，行为人有权请求人民法院或者仲裁机构予以撤销。"《民法典》第148条："一方以欺诈手段，使对方在违背真实意思的情况下实施的民事法律行为，受欺诈方有权请求人民法院或者仲裁机构予以撤销。"《民法典》第149条："第三人实施欺诈行为，使一方在违背真实意思的情况下实施的民事法律行为，对方知道或者应当知道该欺诈行为的，受欺诈方有权请求人民法院或者仲裁机构予以撤销。"《民法典》第150条："一方或者第三人以胁迫手段，使对方在违背真实意思的情况下实施的民事法律行为，受胁迫方有权请求人民法院或者仲裁机构予以撤销。"《民法典》第151条："一方利用对方处于危困状态、缺乏判断能力等情形，致使民事法律行为成立时显失公平的，受损害方有权请求人民法院或者仲裁机构予以撤销。"

以依法请求法院撤销该行为的权利。作为债的保全制度,撤销权是保障合同债务履行、保护债权人利益的一项重要措施。根据《合同法》第 74 条第 1 款的规定,债权人可行使撤销权的情形,限于:(1)债务人放弃到期债权,对债权人造成损害的;(2)债务人无偿转让财产,对债权人造成损害的;(3)债务人以明显不合理的低价转让财产,对债权人造成损害,且受让人知道的。《民法典》第 538 条、第 539 条根据债务人的行为是否有偿,将债权人可行使撤销权的情形区分为两种:一是针对债务人无偿处分财产的行为,"债务人以放弃其债权、放弃债权担保、无偿转让财产等方式无偿处分财产权益,或者恶意延长其到期债权的履行期限,影响债权人的债权实现的"(第 538 条);二是针对债务人的有偿处分行为,"债务人以明显不合理的低价转让财产、以明显不合理的高价受让他人财产或者为他人的债务提供担保,影响债权人的债权实现,债务人的相对人知道或者应当知道该情形的"(第 539 条)。显然,在以租抵债情形下,不存在债务人放弃到期债权、无偿转让财产等无偿处分行为,也不存在以明显不合理的低价转让财产或者以明显不合理的高价受让他人财产等有偿处分行为,也就谈不上其他债权人以此为据行使撤销权、请求撤销以租抵债协议的可能。

2. 否定以租抵债协议系租赁合同的理由难谓充分

整理上述持否定态度的司法裁判理由和理论依据,可以发现,其否定的理由可以归纳为以下几点:(1)以租抵债的目的,系抵偿债务、消灭债务,债权人未支付租金,而非如一般的租赁合同,其目的是一方当事人取得对租赁物的占有使用,另一方当事人则取得租金。(2)"买卖不破租赁"规则的法理基础是保护承租人对租赁物的占有使用,而以租抵债中的"承租人"(债权人),本意是使自己的债权得到清偿,对租赁物的占有使用并非其主要目的。(3)以租抵债系债务人擅自处分不动产的未来的长期租金收益,将损害执行案件中经生效法律文书确定的其他债权人的合法权益。这些理由均似是而非,并不能成为支持以租抵债协议非租赁合同的有效的理论支撑。

就第一点理由而言,以租抵债以清偿债务为目的,是当事人双方通过履行租赁合同的方式来消灭原有的债务,并且,以租抵债在外观上表现出一种"无偿性的特征",[①] 债权人无需另行支付租金,而是以其享有的债权予以抵付,从这一点来看,以租抵债协议的确与纯粹的租赁合同不同。但

---

① 房绍坤、纪力玮:《论以租抵债》,《山东警察学院学报》2018 年第 1 期,第 35 页。

是，应当看到，在以租抵债情形下，事实上存在两种民事法律关系，一是债务人与债权人之间事先存在的债权债务关系，二是债务人与债权人之间的租赁合同关系，这两种法律关系本身具有各自的独立性。不过，二者又存在一定的牵连，当事人通过租赁合同的履行，来抵销原有的债务。这也是以租抵债协议与一般意义上的租赁合同的主要差异所在。这种牵连性，实际上无法掩盖以租抵债协议的租赁合同属性：租赁合同是"出租人将租赁物交付承租人使用、收益，承租人支付租金的合同"。[①] 租赁合同是双务合同、有偿合同。根据以租抵债协议，债务人将其自身的不动产租赁给债权人的意思表示是真实的，债权人实际占有使用租赁物，[②] 并且，实质上同时支付了租金，只不过支付租金的形式表现为债权人以其债权抵销，债权人决非"无偿"占有使用债务人的财产。可见，这完全符合租赁合同的特征。

就第二点理由而言，从"买卖不破租赁"规则的发展历程来看，近代民法确立"买卖不破租赁"规则，其最初的立法目的，确为保护承租人对租赁物的占有使用，保护承租人的生存利益（居住利益），而在以租抵债情形下，债权人作为承租人，对租赁物的占有使用，并非在于其生存利益，这似乎与一般的租赁关系有所差异。但是，应当看到，没有生存利益保护的必要，并不意味着就不能适用"买卖不破租赁"规则。在现代民法上，"买卖不破租赁"规则对承租人的保护，早已超出了保护其生存利益的范围。因此，以以租抵债下债权人无生存利益保护的必要为由，否认债权人租赁权保护的必要性，其依据并不充分。

第三点理由或许是实务界和理论界反对将以租抵债协议作为租赁合同对待的最重要的理由。在以租抵债情形下，债务人在自己所有的不动产上设立租赁负担，以不动产未来的长期租金收益抵债，该处分行为属于债务人私法自治的范畴，通常情况下，债权人不得随意干涉。以担保债权人为例，假设：甲借款给乙，乙以名下房产作抵押担保，无论是在抵押登记之前，还是在抵押登记之后，乙均有权将该房产出租给他人。除非甲乙之间另有约定，甲作为抵押权人，不得干预乙的出租行为，乙与第三人之间的租赁合同，只要符合合同的生效要件，即发生相应的法律效力。如果该租赁关系发生在抵押登记之前，则有"买卖不破租赁"规则的适用空间；如果

---

① 《合同法》第 212 条、《民法典》第 703 条。

② 如前所述，如果债权人（以承租人身份）未占有使用租赁物，即不符合"买卖不破租赁"规则的适用条件，这种情况下，尽管租赁合同成立有效，但租赁权并不产生对抗第三人（如其他债权人、买受人）的效力。

该租赁关系发生在抵押登记之后，则该租赁关系不得对抗抵押权人。普通债权人亦然，也不得随意干涉债务人的出租行为。可见，债务人出租自己的不动产，是行使自己的处分权，无需征得债权人同意，自然就不构成"擅自处分"的问题。只不过，在以租抵债情形下，债务人出租不动产的对象，系其债权人（非第三人），该债权人与债务人之间事先存在债权债务关系而已。仅从租赁关系的对方当事人的特定身份，就否定租赁关系的法律效力，显然没有足够的说服力。

至于以租抵债是否会"损害执行案件中经生效法律文书确定的其他债权人的合法权益"的问题，如果认为以租抵债协议生效后，原债权完全消灭，则该债权人的债权事实上将优先于其他债权（无论是优先债权还是普通债权）而得到清偿，这对于其他债权人而言，确实是不公平的。此时，如果贯彻"买卖不破租赁"规则，在执行过程中租赁物难以处置的现象将不可避免，或者无法拍定，或者成交价极低，这对于其他债权人尤其是优先债权人而言，确实构成对其合法权益的损害。从这个意义上来说，否定说有其合理之处。但是，以此为据，完全否认以租抵债协议的租赁性质，其依据仍然不够充分。

应当看到，租赁物难以处置是客观上大量存在的现象，并不仅限于以租抵债的情形。假设债务人将其名下的不动产出租给债权人以外的第三人，且租期较长，只要该租赁关系设立于法院查封或者抵押之前，满足了租赁权的公示表征，那么，即有"买卖不破租赁"规则的适用。这种情况下，同样会出现租赁物难以处置的情形。这不能简单地说是损害了其他债权人的利益。

所谓以租抵债会损害其他债权人的合法权益，针对的是以租抵债使原债权消灭，因该协议处分了租赁物未来的长期收益而给其他债权人带来了实际损害。但是，这并不妨碍将以租抵债协议定性为租赁合同，通过以租"抵债"范围的限制，即可解决该问题。具体而言：（1）以租抵债成立后至租赁物被查封之前，通过以租抵债已经抵偿的债务部分，完全有效。这样处理，一方面，完全承认以租抵债协议的合同效力，充分尊重了债务人在私法自治范围内的处分权，另一方面，也未侵害其他债权人的合法权益。（2）从法院查封租赁物开始，以租抵债协议的租赁关系依然合法有效，但是，不再产生"抵债"的法律效果。法院查封租赁物之后，债务人对租赁物的租金收益权就将受到限制甚至丧失，也无法产生"抵债"的法律效果。在法院查封租赁物之后至租赁物被处置之前，因查封的效力所及，债务人对租赁物的处分权受到限制，依法无权自由处分租金收益。以抵押权的实现为例：根据《物权法》第 197 条，"债务人不履行到期债务或者发生当事人约定的实现抵押权的情形，致使抵押财产被人民法院依法扣押的，自扣押之日起抵押权人有权收取该抵押财产的天然孳息或者法定孳息，但抵押权人未通知应当清偿法定孳息的义务人的除外。前款规定的孳息应当先充抵收取孳息的费用"。《担保法》第 47 条也作出了类似规定："履行期届满，债务人不履行债务致使抵押物被人民法院依法扣押的，自扣押之日起抵押权人有权收取由抵押物分离的天然孳息以及抵押人就抵押物可以收取的法定孳息。抵押权人未将扣押抵押物的事实通知应当清偿法定孳息的义务人的，抵押权的效力不及于该孳息。"《民法典》第 412 条基本复制了《物权法》第 197 条的规定。[①]租金属于抵押物的法定孳息，当有该规则的适用。租赁物被法院处置之后，租赁物的所有权已经由债务人移转至买受人，自所有权转移之日起，债务人与债权人之间的以租抵债行为即构成了无权处分，债务人也丧失了对租赁物未来的租金收益权，该租金收益权应当归买受人享有，因此，也无法再发生"抵债"的法律效果。如此处理，将大大减少执行过程中竞买人的顾虑，降低租赁物处置的难度，从而维护其他债权人的合法权益。

其实，从以租抵债协议本身的双重法律效力，也可推导出这样的结论：一方面，以租抵债协议产生租赁效力，债务人将自己名下的不动产出租给债权人占有使用；另一方面，以租抵债协议产生了抵债效力，租赁合同的履行，将导致原有债务的清偿。就租赁效力而言，只要符合租赁权的公示表征等条件，将对第三人产生对抗效力，具体表现为"买卖不破租赁"规则的适用、债权人（承租人）享有优先购买权等等，这也就是所谓的租赁权的物权化特征。而抵债效力，仅仅存在于债务人与债权人之间，并无对抗第三人的效力。因此，租赁物被查封之后，对其他债权人、买受人而言，以租抵债协议也不应当发生"抵债"的法律效果。

3. 最高人民法院在"英联视动漫文化发展（北京）有限公司与北京恒华嘉辉科技有限公司与豪力投资有限责任公司其他合同纠纷申请再审案"中的裁判理由值得商榷

在此案中，最高人民法院否定以租抵债产生租赁效力的裁判理由，可

---

① 《民法典》第 412 条："债务人不履行到期债务或者发生当事人约定的实现抵押权的情形，致使抵押财产被人民法院依法扣押的，自扣押之日起，抵押权人有权收取该抵押财产的天然孳息或者法定孳息，但是抵押权人未通知应当清偿法定孳息义务人的除外。前款规定的孳息应当先充抵收取孳息的费用。"与《物权法》第 197 条相比，仅在标点符号和个别文字表达上有细微差异。

分解为三方面：其一，在租赁合同中，承租人的缔约目的是取得房屋的使用权，出租人的缔约目的则是收取租金，而在以租抵债协议中，当事人的缔约目的是以其房屋使用权抵偿欠款，这不同于租赁合同的缔约目的。其二，根据合同的相对性原理，以租抵债协议仅对签约的债务人与债权人有法律约束力，不能对抗合同之外的第三人。其三，债权人基于以租抵债协议取得的对租赁物的占有使用权，没有进行他项权利登记，不能对抗买受人所享有的物权。

对于第一项理由的批判，上文已经予以详细阐述，这里不再赘述。

最高人民法院在该案中所持的第二项理由明显不能成立。就合同的效力而言，原则上应当贯彻相对性原理，合同原则上仅在合同当事人之间产生法律效力，这毫无疑义。但是，合同相对性原理也有适用的例外情形，在某些情况下，合同除了在合同当事人之间产生法律效力，其效力也会及于第三人。"买卖不破租赁"规则即为典型的例证：租赁合同不仅在合同当事人双方之间产生法律效力，而且对当事人双方以外的第三人（买受人）产生法律效力，买受人必须继续承受物上的租赁负担。因此，仅仅根据合同的相对性原理，推导出以租抵债协议不得对抗第三人，其论证逻辑并不周延。

最高人民法院在该案中所持的第三项理由也没有说服力。该理由谓，以租抵债中的租赁，未进行他项权利登记，故不能对抗买受人的物权。《合同法》第229条以及《民法典》第725条均没有要求"买卖不破租赁"以租赁进行他项权利登记为要件。如此，自然也不能以未进行他项权利登记为由，来否认以租抵债中租赁的对抗效力。

综上，关于以租抵债是否产生租赁效力，进而能否适用"买卖不破租赁"规则的问题，这里作出如此结论：只要以租抵债协议符合合同的成立和生效要件，该协议即是合法有效的合同。该合同虽然包含了抵债的目的，但是，仍完全具备租赁合同的属性，因而产生"租赁"的效力。在符合"买卖不破租赁"规则适用条件的情况下，即可适用"买卖不破租赁"规则。但是，以租抵债能否产生"抵债"的效力，则应视具体情形而定：租赁物被查封之前，通过以租抵债已经抵偿的债务部分完全有效；租赁物被查封之后，以租抵债协议不能产生"抵债"的效力，债权人作为承租人依然须支付约定的租金。

事实上，尽管现行法律法规尚未明确以租抵债的租赁效力，但是，已有地方法院在有关司法指导性文件中对此予以确认。例如，上海市高级人民法院《关于在执行程序中审查和处理房屋租赁权有关问题的解答（试行）》（2015 年）第 14 条中即指出："案外人主张出租人以租金抵偿其所欠案外人的债务的，应当对案外人与出租人之间的基础债权债务关系和案外人或者出租人主张债务抵销的行为进行审查。经审查认为基础债权债务关系和债务抵销的行为确实存在，且基础债权债务关系和抵销行为发生在执行法院向案外人送达冻结租金的裁定书和协助执行通知书之前的，执行法院应予支持。仅有基础债权债务关系确认书或者欠条等而无其他证据加以证明的，或者抵销的金额在人民币五万元以上但没有第三方书面证据或者证人证言加以证明的，对于出租人和案外人之间以租金抵销债务的主张不予支持。"

三、转租

在不动产执行实践中，常常存在债务人名下的不动产出租后被转租的情形。在转租的情况下，是否与一般的租赁关系一样，有适用"买卖不破租赁"规则的可能？如果允许适用该规则，是转租人（承租人）可主张"买卖不破租赁"，还是次承租人可主张"买卖不破租赁"，抑或二者均可主张"买卖不破租赁"呢？

（一）转租概述

转租，是指在租赁期限内承租人将租赁物出租给第三方（次承租人）的行为。转租后，承租人与次承租人之间形成一个新的租赁合同关系，但出租人与次承租人之间并未建立新的租赁关系，出租人与承租人之间的原租赁关系继续存在，"承租人不退出租赁关系，而将租赁物转租给次承租人使用收益"。[①] 在转租的情形下，出租人、承租人、次承租人三方当事人之间形成相互关联的两个合同关系——原租赁合同关系和转租合同关系，转租合同关系受到原租赁合同关系的影响。我国《合同法》第 224 条规定了转租："承租人经出租人同意，可以将租赁物转租给第三人。承租人转租的，承租人与出租人之间的租赁合同继续有效，第三人对租赁物造成损失的，承租人应当赔偿损失。承租人未经出租人同意转租的，出租人可以解除合同。"《民法典》第 716 条完全承继了《合同法》第 224 条的规定。

理论上，转租通常被区分为两种：合法转租与不合法转租。所谓合法转租，是指承租人在取得出租人同意情形下的转租。出租人可以在承租人

---

① 李国光主编：《合同法释解与适用》，新华出版社 1999 年版，第 1077 页。

实施转租行为前,以概括授权的方式或个别认可的方式表示同意,也可在事后予以追认。① 在合法转租下,出租人与承租人之间的租赁关系不因转租而受影响,承租人应就因可归责于次承租人的事由所产生的损害向出租人承担赔偿责任。所谓不合法转租,又称为擅自转租,是指未经出租人同意,承租人擅自进行的转租。根据《合同法》第224条、《民法典》第716条的规定,不合法转租的,出租人有权解除合同,次承租人的租赁权不能对抗出租人。

(二)转租下承租人能否主张"买卖不破租赁"

1.理论分歧

在不动产转租后,承租人能否主张适用"买卖不破租赁"规则,现行法律法规尚无明确规范,理论界存在不同的观点。

(1)否定说

部分学者认为,租赁物由承租人占有,作为"买卖不破租赁"规则的适用条件之一,应当严格解释为承租人现实占有。② 其理由是,只有在这样的情况下,才能够让第三人从外观上判断租赁关系的存在,从而达到租赁公示的目的。③ 如此,在转租下,因承租人已经丧失对租赁物的现实占有,故承租人不得主张"买卖不破租赁"。有观点进一步认为,转租表明租赁物对承租人的生产生活不再有决定性的影响,法律也无再对承租人予以特别保护的必要,故对承租人不应适用"买卖不破租赁"规则。④

(2)肯定说

部分学者认为,承租人转租的,虽然由次承租人直接占有租赁物,但承租人居于间接占有的地位,其占有仍继续存在,⑤ 并不构成中止占有。⑥ 如

---

① 《最高人民法院关于审理城镇房屋租赁合同纠纷案件具体应用法律若干问题的解释》(2009)第16条规定:"出租人知道或者应当知道承租人转租,但在六个月内未提出异议,其以承租人未经同意为由请求解除合同或者认定转租合同无效的,人民法院不予支持。"该条文虽于2020年修正时被删除,但相关内容被《民法典》第718条所吸收,该条规定:"出租人知道或者应当知道承租人转租,但是在六个月内未提出异议的,视为出租人同意转租。"

② 史尚宽:《债法各论》,中国政法大学出版社2000年版,第210页。

③ 周珺:《住房租赁法的立法宗旨与制度建构》,中国政法大学出版社2013年版,第204页。

④ 邹洁:《房屋转租中次承租人权益保护研究》,2014年西南政法大学硕士学位论文,第13页;欧莉:《民事强制执行中"买卖不破租赁"若干问题的研究》,《太原城市职业技术学院学报》2018年第11期,第204页。

⑤ 王泽鉴:《买卖不破租赁:第425条规定之适用、准用及类推适用》,载《民法学说与判例研究》(第六册),北京大学出版社2009年版,第153页;黄立主编:《民法债编各论》(上),中国政法大学出版社2003年版,第311页。

⑥ 易军、宁红丽:《合同法分则制度研究》,人民法院出版社2003年版,第216页。

此,在转租情形下,也符合"买卖不破租赁"规则中"承租人占有"的适用条件。只要具备"买卖不破租赁"规则的其他适用条件,转租与普通的租赁关系相同,承租人也可以主张"买卖不破租赁"规则的适用。

2. 司法认定

在笔者收集到的裁判文书中,据粗略统计,约有 40 篇裁判文书涉及转租情形下承租人或次承租人主张租赁权保护的问题。其中,涉及转租下承租人租赁权保护的裁判文书有 18 篇。从这 18 篇裁判文书来看,7 篇裁判文书否定了承租人"买卖不破租赁"的权利主张,11 篇裁判文书则持相反的肯定态度。

(1)否定态度

部分法院认为,在执行中判断租赁是否有效应以承租人是否实际占有使用为原则,如果承租人转租房屋,但并未实际占有使用房屋的,在拍卖该房屋时,不应保护其租赁权益,而应将该租赁权在拍卖时予以涤除。例如,在云南海格蒙经贸有限公司与温岭市光明横泾塑胶日用编织厂企业借贷纠纷执行过程中,对于案外人温岭市万昌塑胶有限公司请求保护租赁权的执行异议,审理法院即认为,"转租是发生在原承租人与转租承租人之间的一个新的租赁合同关系,转租承租人可以按合同约定继承原租赁关系涉及的合同权利义务,转租合同成立后,原承租人不再占有使用租赁物",故对案外人请求撤销法院涤除其租赁权裁定的请求不予支持。[①] 在中国工商银行象山支行、浙江凯玛服饰有限公司金融借款合同纠纷执行审查类执行裁定书中,对于案外人周某带租拍卖的请求,审理法院直接谓,"案外人及其负责的公司现已未占有使用案涉房屋,而是转租给其他人占有使用,与'租而不用'并无实质上的区别,故法院再保护案外人的租赁权已无必要"。[②]

在宿迁市明俊物业管理有限公司与江苏银行泗洪支行二审民事裁定书中,审理法院更是直接写道:"立法上要求占有租赁物为必要,而占有又以现实占有或直接占有最具彰显权利的外部表征,亦最具公示性。因此,租赁物交付应严格解释为现实、直接占有,方能平衡承租人与受让人的利益。"此案中,承租人在承租后转租的,由他人现实占有案涉不动产,承租

---

① 温岭市人民法院(2017)浙 1081 执异 31 号执行裁定书。
② 浙江省象山县人民法院(2018)浙 0225 执异 15 号执行裁定书。

人仅仅系间接占有涉案房屋，故不得适用"买卖不破租赁"规则。①

在郑某与中国农业银行临海市支行案外人执行异议之诉中，二审法院明确主张，"除登记之外，占有就是最为直观的对外宣告明示权利的手段，而能够实现权利公示作用的占有应当也只能理解为直接占有，间接占有无法起到对外宣示权利的效果。因此，在执行程序中，承租人若要主张不动产上的租赁关系对司法拍卖的买受人继续发生效力，不仅要证明租赁关系形成于抵押、查封之前，实际交付了租金，还应当举证证明自己基于租赁合同保持对不动产的直接占有"。②

（2）肯定态度

在一些法院看来，在转租情形下，其租赁关系与普通的租赁关系没有区别，只要租赁关系合法有效，符合"买卖不破租赁"规则的适用条件，就仍应适用该规则。例如，天津市中级人民法院在郭某、周某的二审民事判决书中就认为，周某与第三人之间在法院查封前签订的房屋租赁合同客观存在，有关证据证明周某将房屋转租，在此情形下，周某"实际控制"了诉争房屋，故认可周某对涉诉房屋享有承租权。③

民事审判实践中有一个典型案例，虽非执行案例，却明显体现了不同法院在对待转租效力问题上的认识分歧。此案的基本案情如下：

2011 年 5 月，北京金悦物业管理有限责任公司（以下简称金悦公司）起诉至北京市海淀区人民法院称，其与北京置地商贸有限责任公司（以下简称置地公司）签订了《写字楼租赁合同》，租赁置地公司名下的金洲大厦一至三层，租赁期自 2003 年 10 月 10 日至 2023 年 10 月 9 日，租金共计 5900 万元。合同签订后，金悦公司出资装修，并将该一至三层分别租赁给其他公司。2004 年 7 月 30 日，置地公司以金洲大厦第一至三层为其他公司向建行西单支行借款提供担保。2008 年，经法院裁定，诉争房产过户给建行西单支行抵债。2010 年 6 月，建行北京分行委托拍卖公司就该房产

---

① 宿迁市中级人民法院（2018）苏 13 民终 53 号民事裁定书。类似裁判文书：郑州高新技术产业开发区人民法院（2019）豫 0191 执异 166 号执行裁定书、浙江省金华市中级人民法院（2020）浙 07 民终 523 号民事判决书等。

② 台州市中级人民法院（2017）浙 10 民终 823 号民事判决书。

③ 天津市第二中级人民法院（2017）津 02 民终 3522 号民事判决书。类似裁判文书：苏州市吴江区人民法院（2018）苏 0509 执异 3 号执行裁定书、高安市人民法院（2017）赣 0983 执异 17 号执行裁定书、南京市中级人民法院（2016）苏 01 执复 112 号执行裁定书、山东省淄博市中级人民法院（2020）鲁 03 民终 1985 号民事判决书、河南省郑州市中级人民法院（2020）豫 01 民初 1135 号民事判决书、湖南省长沙市中级人民法院（2020）湘 01 民终 4514 号民事判决书、重庆市第五中级人民法院（2019）渝 05 执异 11 号执行裁定书、湖南省高级人民法院（2021）湘民申 186 号民事裁定书、浙江省诸暨市人民法院（2021）浙 0681 执异 18 号执行裁定书等。

进行拍卖。长信公司通过拍卖取得该房产,并占有金洲大厦第三层。2011年5月,长信公司向承租商户发出通知,要求各租户限期腾退使用的房屋。金悦公司诉至法院,根据"买卖不破租赁"规则,请求法院判令长信公司继续履行金悦公司与置地公司于2003年签订的《写字楼租赁合同》,判令长信公司将强占的诉争房产第三层腾空交还;判令长信公司赔偿强占第三层导致的经济损失。长信公司反诉请求确认该租赁合同无效,并判令金悦公司将诉争房产第一、二层腾空交还。

海淀区人民法院认为,金悦公司与置地公司之间签订的《写字楼租赁合同》合法有效,租赁合同效力不应因产权变更而受影响,故支持了金悦公司的诉讼请求。

长信公司不服一审判决,上诉至北京市第一中级人民法院。北京市第一中级人民法院认为,"租赁合同的效力不因租赁物所有权变动而受到影响,承租人依据合同享有的使用、收益权利不因租赁物所有权的变动而变动,金悦公司自2003年10月10日起已享有租赁权,并对租赁物进行使用、收益,长信公司应保证金悦公司在合同期内行使承租权",故判决驳回上诉,维持原判。

长信公司向北京市高级人民法院申请再审。北京市高级人民法院再审认为,"法律规定的承租人是为自己的生产、生活或工作需要,实际占有、使用租赁物,'买卖不破租赁'是为了保护承租人自身的生产、生活不因租赁物产权变化而受影响。金悦公司与置地公司签订的租赁期为20年的《写字楼租赁合同》的目的,并非金悦公司为自身生产经营而占有使用租赁物,而是对外开展出租业务,金悦公司并就诉争房产对外签订了相应的租赁合同,故金悦公司与置地公司签订《写字楼租赁合同》名为租赁合同,实际上是一般商业承包合同,不应受'买卖不破租赁'法律规定的保护"。

金悦公司向检察机关申诉。最高人民检察院抗诉认为:(1)北京市高级人民法院判决认定《写字楼租赁合同》是一般商业承包合同,缺乏法律依据,系对合同性质认定有误。《合同法》第212条规定,租赁合同是出租人将租赁物交付承租人使用、收益,承租人支付租金的合同。第224条规定,承租人经出租人同意,可以将租赁物转租给第三人。承租人转租的,承租人与出租人之间的租赁合同继续有效。本案中,《写字楼租赁合同》标的物是金洲大厦,转让的是房屋的使用权和收益权,而且有明确的租金约定,符合法律规定的租赁合同的要件和特征。金悦公司将租赁物转租给他人,根据法律规定,《写字楼租赁合同》继续有效,也不影响租赁合同的性质。

该合同不涉及经营权和经营权让渡,显然不属于商业承包合同。判决认为"法律规定的承租人是为自己的生产、生活或工作需要,实际占有、使用承租物"是对租赁合同限缩性解释,这种解释不但没有法律依据,而且与可以转租的法律规定相悖,也与实践中大量通过转租而收益的现实不符。(2)北京市高级人民法院判决认为法律规定"买卖不破租赁"是为了保护承租人自身的生产或生活不因租赁物产权人变化而受影响,从而认为金悦公司不应受"买卖不破租赁"法律规定的保护,属适用法律错误。《合同法》第229条规定,租赁物在租赁期间发生所有权变动的,不影响租赁合同的效力。这一条款确认了"买卖不破租赁"的规则,法律并没有要求承租人必须在满足自身生产生活的情况下,才适用这一规则。因此,本案符合"买卖不破租赁"规则的适用条件,金悦公司应当享有该规则的保护。判决认为本案金悦公司不应受"买卖不破租赁"法律规定的保护,解除《写字楼租赁合同》第一至三层的部分,属适用法律错误。[①]

本案一审法院、二审法院以及最高人民检察院均认为,金悦公司作为承租人,符合"买卖不破租赁"规则的适用条件,应当受该规则保护。而北京市高级人民法院则持截然相反的观点,认为,受"买卖不破租赁"规则保护的承租人,须是"为自己的生产、生活或工作需要,实际占有、使用租赁物",本案中金悦公司不是为自身生产经营而占有使用租赁物,而是对外开展出租业务,故不受"买卖不破租赁"规则的保护。从最高人民法院最终作出的判决来看,最高人民法院认定诉争房产所有权由置地公司转移到建行西单支行时,该《写字楼租赁合同》并不存在,金悦公司系根据置地公司委托以自己名义办理对外出租事项,从而否定了金悦公司"承租人"的身份。如此,金悦公司自无权以承租人身份主张"买卖不破租赁"规则。[②]在最高人民法院看来,本案中不存在转租的情形,金悦公司也不是转租下的承租人。因此,仅从此案来看,尚无法确定最高人民法院对待转租效力的态度。

3.评析与结论

整理归纳上述理论争议与司法裁判观点,不难发现,就转租下承租人能否主张适用"买卖不破租赁"规则的问题,否定说与肯定说之间争执的焦点,不外乎有二:其一,作为"买卖不破租赁"规则的适用条件之一,承租人占有是仅指承租人对租赁物的现实的直接占有,还是包括对租赁物的

---

① "北京金悦物业管理有限责任公司诉北京长信汇金投资咨询有限公司、北京置地商贸有限责任公司租赁合同纠纷抗诉案",详见《中华人民共和国最高人民检察院公报》2015年第3期。

② 最高人民法院(2014)民抗字第23号民事判决书。

间接占有？其二，在转租情形下，承租人已经丧失了对租赁物的直接占有，其租赁不再是满足自己生产生活所需，而属"租而不用"，此时，法律有无必要再对承租人予以特别保护进而适用"买卖不破租赁"规则？

在转租情形下，承认承租人有"买卖不破租赁"规则的适用，在法律层面、理论层面和实践层面上均更具合理性。具体而言：

（1）从《合同法》《民法典》相关法律条文的文义来看，转租合同与普通的租赁合同无异。根据《合同法》第 212 条、《民法典》第 703 条规定，"租赁合同是出租人将租赁物交付承租人使用、收益，承租人支付租金的合同"。法律允许承租人转租，《合同法》第 224 条、《民法典》第 716 条均规定，"承租人经出租人同意，可以将租赁物转租给第三人。承租人转租的，承租人与出租人之间的租赁合同继续有效"。承租人将自己占有的出租人的租赁物"出租"（转租）给他人，这与普通的租赁关系中的出租人将租赁物出租给他人，在本质上没有差异。转租合同属于租赁合同的范畴，应无疑义。《合同法》《民法典》均将规范转租的法律条文同列于"租赁合同"条目之下，显然也表明了此不言而喻的见解。《合同法》在第 212 条和第 224 条之后的第 229 条规定了"买卖不破租赁"规则。同样，《民法典》在第 703 条和第 716 条之后的第 725 条规定"买卖不破租赁"规则。可见，《合同法》《民法典》不仅没有排除转租下租赁合同的效力，而且，也没有转租下承租人不得适用"买卖不破租赁"规则的限制。

（2）从转租法律关系来看，转租不同于租赁让与，二者分属不同的法律关系。所谓租赁让与，是指承租人退出租赁合同关系，将其在租赁合同剩余期间内的权利义务全部转让给租赁合同当事人以外的第三人的行为。租赁让与，在合同法上属于债权债务的概括转让。租赁让与通常需满足以下要件：一是租赁合同关系合法有效；二是承租人与第三人达成转让租赁权的协议；三是经过出租人同意。从表面看，这些要件与转租似乎并无二致。但是，实质上，租赁让与与转租在法律性质上有本质区别：在租赁让与之后，原租赁合同的承租人即退出租赁合同关系，不再是租赁合同的当事人，第三人加入租赁合同，与出租人之间形成租赁合同关系；而在转租法律关系中，承租人是在租赁合同的有效期内将租赁物出租给次承租人占有使用，承租人与第三人之间形成了新的租赁合同关系，与此同时，承租人自身并没有脱离租赁合同关系，其与出租人之间的原租赁合同依然有效，只是因转租建立在承租人的租赁权基础之上，次承租人享有的租赁权以承租人的租赁权为前提而成立，故次承租人对租赁物的使用收益受到承租人租赁权能范围的限制,如转租合同约定的租赁期限不得超过承租人的剩余租赁期限,超出承租人剩余租赁期限的转租期间对出租人不具有法律约束力。正是因为转租与租赁让与的这一本质区别,转租下的承租人并未退出租赁合同关系,其承租人享有的权利义务与普通租赁合同上承租人的权利义务内容并无差异,据此,也应考虑转租下承租人适用"买卖不破租赁"规则的可能性。

（3）从占有的含义来看,近现代民法上的占有含义除直接占有外,尚包括间接占有。所谓占有,是指对于物事实上的管领力,[①] 占有的标志是"事实的对物支配"。"何时存在这样的事实的对物支配,则依生活观念而定"。而这种生活观念又要兼顾不同的因素:一是要有一定的对物的空间关系存在(这种空间关系的强烈程度,在具体个案中也极不一样);二是这种对物的关系,在时间上要有一定的持续。[②] 这是占有的固有概念,即占有为直接占有。随着社会生活的发展,民法上的占有概念有一定程度的扩大,[③] "虽无事实上的管领力,仍可成立占有",[④] 如间接占有。在现代社会,通常认为,间接占有属于占有的应有内涵之一。在转租情形下,承租人虽然未对租赁物享有"事实上的管领力",未直接占有租赁物,但是,承租人仍然对租赁物享有间接占有的地位。即使根据我国《民法典》,将占有作为"买卖不破租赁"规则的适用条件之一,但也从未将占有概念限缩为直接占有。如果仅仅以转租下承租人未直接占有租赁物为由否认承租人主张"买卖不破租赁"的权利,也没有法律依据。

（4）从"买卖不破租赁"规则的发展历程来看,在现代社会,对承租人的特别保护,也不仅基于承租人自身对租赁物使用收益的考虑。不可否认,如前所述,在"买卖不破租赁"规则确立之初,该规则确实是为保护承租人的生存利益,保护作为弱者的承租人对租赁物的占有、使用及收益。但是,随着社会的发展,学者们也逐渐意识到,需对承租人予以特别保护的理由,不限于承租人的生存利益,还包括了保护交易安全、实现物尽其用等立法理由。将"买卖不破租赁"规则的适用范围限缩在"承租人满足自己

---

① 如《德国民法典》第 854 条第 1 款规定:"物之占有,因取得对物事实上的管领力而取得。"我国台湾地区"民法"第 940 条规定:"对于物有事实上管领之力者,为占有人。"

② [德]鲍尔、施蒂尔纳:《德国物权法》(上),张双根译,法律出版社 2004 年版,第 113～114 页。

③ 在民法上,一方面,存在占有概念扩大的情形,另一方面,也存在占有概念限缩的情形,如占有辅助关系。

④ 王泽鉴:《用益物权·占有》,中国政法大学出版社 2001 年版,第 164 页。

生产生活所需"（生存利益）的情形，也背离了"买卖不破租赁"规则的发展趋势。并且，从租赁权的具体权能来看，除了占有、使用、收益权能，处分权能也应包括在内。在现代社会，"随着出租人的提供使用收益的债务逐渐变为消极的容忍义务，承租人的使用收益逐渐定型化，对于出租人，如果租金的取得得到保障，承租人是谁未必有什么影响"，因此，"租赁权的处分性得到了承认"。[①] 转租正是承租人行使处分权的一大体现。倘若因承租人行使了其处分权能，即不得适用"买卖不破租赁"规则，难谓是对承租人租赁权的合理限制。

（5）从社会生活实践来看，转租在现实生活中广泛存在，如不少写字楼、店铺、商场均以转租的形式予以使用。允许承租人转租租赁物，除了保障承租人租赁权的处分权能，毫无疑问，也可促进对租赁物的最充分利用。转租广泛存在的客观现实，也表明了社会对转租行为的需求与认可。如果仅因承租人的转租行为，就否认了承租人主张"买卖不破租赁"的权利，那么，将不利于保护转租关系各方当事人的利益，也不利于促进交易、提高资源的利用效率。

基于租赁公示的目的，以转租下承租人对租赁物的间接占有不具有公示效果为由否定承租人主张"买卖不破租赁"的权利，其依据也站不住脚。因为，在转租下，虽然承租人对租赁物为间接占有，没有事实上的支配力，但是，承租人对租赁物的间接占有以次承租人的直接占有为基础，通过次承租人的直接占有而实现了租赁权公示的效果。《民法典》颁布之后，著名民法学者王轶教授、高圣平教授等在对《民法典》第725条评释时，即指出："本条新规定的'买卖不破租赁'规则之所以强调'占有外观'，主要是希望让买受人（第三人）在出租人（通常是所有人）不占有租赁物时谨慎交易，特别是要求买受人进一步了解拟买受物的真实权属或者负担状况。在这个意义上，承租人将租赁物交由他人占有或者说自己间接占有的，当然构成本条规定的'占有'。"[②]

（三）转租下次承租人能否主张"买卖不破租赁"

1. 理论分歧

在转租情形下，次承租人能否以"买卖不破租赁"为由主张租赁权保

① ［日］我妻荣：《债权各论》（中卷一），徐进、李又又译，中国法制出版社2008年版，第191页。

② 王轶、高圣平、石佳友、朱虎、熊丙万、王叶刚：《中国民法典释评——合同编·典型合同》（上卷），中国人民大学出版社2020年版，第465页。

护,民法理论上存在争议。

(1) 否定说

大陆法系传统民法理论认为,租赁权本质上属于债权。债权为相对权,物权为绝对权,当同一物上的物权与债权共存时,即使债权设定在先,也不能对抗物权,这是自罗马法以来民法中奉行的原则。[①] 按照此理论,在转租情形下,次承租人的租赁权因缺乏充分的权源支持,不能对抗出租人的所有权,也不能主张 "买卖不破租赁" 规则的适用。[②] 在德国,根据其判例,在转租的情况下,次承租人仅对原来与自己签订租赁合同的中间出租人保留自己的请求权,并不准用 "买卖不破租赁" 规则,[③] 即是这种传统理念的体现。

不过,以租赁权为债权、债权不得对抗物权为由,否定次承租人主张 "买卖不破租赁" 的权利,其立论依据明显不足。民法上 "买卖不破租赁" 规则即是突破债权不得对抗物权限制的一大典型例证。尤其在现代租赁权物权化的趋势下,次承租人的租赁权对抗出租人的所有权,在理论上更无障碍。

因此,持否定说者更多的是依据合同的相对性原理来论证。持否定说者认为,次承租人与出租人之间并无直接的租赁合同关系,根据合同的相对性原理,出租人对租赁物的处置行为不受转租合同的约束,次承租人依据转租合同主张 "买卖不破租赁",于法无据,也有违公平。[④]

(2) 肯定说

在肯定说下,转租合同被视为租赁合同的一种,次承租人作为转租合同下的承租人,其租赁权理应受到法律的平等保护。如此,租赁物在租赁期间发生所有权变动时,次承租人可以主张 "买卖不破租赁",其享有的租赁权可以对抗买受人。[⑤]

在原则上肯定次承租人可主张 "买卖不破租赁" 以对抗买受人的前提下,就擅自转租的情形,次承租人是否仍可主张 "买卖不破租赁",理论上也存在不同认识。有的学者认为,在擅自转租的情形下,转租合同属于效

---

① 彭万林:《民法学》,中国政法大学出版社 1994 年版,第 572 页。

② 苏号朋:《转租的法律结构分析——兼评〈合同法〉第 224 条之不足》,《浙江社会科学》2007 年第 2 期,第 66 页。

③ [德] 迪特尔·梅迪库斯:《德国债法分论》,杜景林译,法律出版社 2007 年版,第 193 页。

④ 侯蓓:《房屋转租合同三方权益保护问题研究》,2019 年广西大学硕士学位论文,第 31 页。

⑤ 王利明:《合同法分则研究》(下卷),中国人民大学出版社 2013 年版,第 128 页;苏号朋:《转租的法律结构分析——兼评〈合同法〉第 224 条之不足》,《浙江社会科学》2007 年第 2 期,第 68 页。

力待定合同,租赁物在租赁期间发生所有权变动时,仍可适用"买卖不破租赁"规则。① 有的学者则认为,擅自转租作为效力待定行为,如果没有得到出租人的追认,则转租合同无效,次承租人不得主张"买卖不破租赁"以对抗买受人;如果得到了出租人的追认,则次承租人可以主张"买卖不破租赁"以对抗买受人。② 还有学者认为,擅自转租属于违法行为,"买卖不破租赁"规则不适用于未经出租人同意的转租关系,次承租人不能凭借转租合同对抗租赁物的买受人。③

2.司法认定

从笔者收集到的涉及转租的 40 篇相关裁判文书来看,涉及次承租人租赁权保护的裁判文书有 22 篇。其中,否认次承租人"买卖不破租赁"权利保护主张的文书有 17 篇,肯定次承租人享有主张"买卖不破租赁"权利的文书有 5 篇。

（1）否定态度

从否认次承租人"买卖不破租赁"权利保护主张的 17 篇裁判文书来看,相关法院所依据的裁判理由,大致可归纳为五类:

第一类裁判理由为:承租人与被执行人之间的租赁合同已经解除。例如,在严某与北京市农工商开发贸易公司案外人执行异议之诉二审民事判决书中,审理法院以租赁合同已经解除为由否定次承租人的权利主张。审理法院指出,因出租人与承租人之前签订的租赁合同及后续补充协议已经被依法解除,次承租人与承租人之间的租赁合同实际上已经无法继续履行,故不能主张适用"买卖不破租赁"规则保护其租赁权。④

第二类裁判理由为:申请执行人的抵押权登记在先,被执行人与承租人之间的租赁合同在后,因承租人的租赁权不得对抗申请执行人在先的抵押权,次承租人基于其与承租人之间的转租关系也不得对抗申请执行人在先的抵押权。例如,在浙江众立建设集团有限公司与被执行人浙江高立建筑安装工程有限公司等债权转让合同纠纷案件执行过程中,对于案外人傅某（次承租人）要求带租约拍卖的执行异议请求,审理法院即认为,租赁合同和转租合同"因抵押登记在先,租赁合同在后,不应妨碍申请执行人抵押

---

① 邓基联主编:《房屋租赁合同纠纷》,法律出版社 2010 年版,第 126 页。
② 王利明:《论"买卖不破租赁"》,《中州学刊》2013 年第 9 期,第 52 页。
③ 季金华:《买卖不破租赁原则限制适用的条件分析》,《政法论丛》2016 年第 4 期,第 82 页。
④ 北京市高级人民法院（2017）京民终 363 号民事判决书。

权的实现"。①

第三类裁判理由为：次承租人不是提出执行异议的适格主体。部分法院认为，《最高人民法院关于人民法院办理执行异议和复议案件若干问题的规定》第 31 条规定，"承租人请求在租赁期内阻止向受让人移交占有被执行的不动产，在人民法院查封之前已签订合法有效的书面租赁合同并占有使用该不动产的，人民法院应予支持。承租人与被执行人恶意串通，以明显不合理的低价承租被执行的不动产或者伪造交付租金证据的，对其提出的阻止移交占有的请求，人民法院不予支持"，据此，可提出租赁权保护请求的执行异议主体，应是与被执行人签订租赁合同的承租人，而次承租人未与被执行人（出租人）直接签订租赁合同，因而不是提起执行异议的适格主体。如此，次承租人依据"买卖不破租赁"提起的执行异议自然也无法得到法院支持。例如，在深圳市口岸管理服务中心有限公司与被执行人深圳市汉王实业有限公司、深圳市东金泰家具有限公司房屋租赁合同纠纷执行一案中，审理法院即认为，《最高人民法院关于人民法院办理执行异议和复议案件若干问题的规定》第 31 条关于租赁权排除强制执行的规定，其适格主体应为涉案不动产的承租人，而本案中的五个执行异议人均是涉案房产的次承租人，其以转租合同为依据，不能代替承租人的法律地位，因而不是提出租赁阻却执行的适格主体。②

第四类裁判理由为：未经出租人同意擅自转租或追认。例如，在绍兴市中奇餐饮管理有限公司与绍兴市商业银行用益物权确认纠纷一案中，审理法院即在裁判理由中提到，擅自转租下的次承租人的租赁权不得对抗生效裁判文书的执行。③

第五类裁判理由为：转租期限超过承租人的承租期限。例如，在姜某与北京启明恒业经贸有限责任公司等执行异议之诉二审民事判决书中，审理法院否定次承租人租赁权保护主张的理由，即"承租人经出租人同意将租赁房屋转租给第三人时，转租期限超过承租人剩余租赁期限的，人民法

---

① 绍兴市越城区人民法院（2014）绍越执异字第 31 号执行裁定书。

② 深圳市龙岗区人民法院（2018）粤 0307 执异 217-221 号执行裁定书。类似裁判文书：昆明市中级人民法院（2017）云 01 执异 531 号执行裁定书、昆明市西山区人民法院（2019）云 0112 执异 134 号执行裁定书、上海市第二中级人民法院（2017）沪 02 执复 103 号执行裁定书等。

③ 绍兴市中级人民法院（2009）浙绍民初字第 30 号民事判决书。类似裁判文书：泰州市中级人民法院（2019）苏 12 民终 184 号民事判决书等。

院应当认定超过部分的约定无效"。①

（2）肯定态度

部分法院认为，次承租人经出租人同意取得的租赁权是承租人租赁权的延续和体现，对出租人而言，并未设立新的租赁关系，承租人的转租行为并不构成对租赁物的处分。因此，次承租人有权主张"买卖不破租赁"。例如，在徐某与浙商银行杭州分行、杭州富新反光材料有限公司案外人执行异议之诉中，二审法院就认为，出租人赵某等就涉案房屋享有的租赁权在抵押权设立之前即已形成，徐某与赵某等人之间就涉案房屋已成立转租关系，该转租赁关系在赵某等人的租赁权保护期限内存在并予以保护，对抵押权人的利益并未产生实质性的影响，故徐某与赵某等人之间的租赁关系可以对抗抵押权。②

3.评析与结论

（1）关于合法转租下的次承租人可否主张"买卖不破租赁"的问题

综观上述裁判观点，可以发现，以承租人与被执行人之间的租赁合同已经解除、承租人的租赁权不得对抗申请执行人的抵押权或者转租期限超过承租人承租期限为由，否定次承租人"买卖不破租赁"权利主张的裁判观点，其合理性显然。因为，转租建立在承租人的租赁权基础之上，次承租人取得的租赁权以承租人依法享有的租赁权为限，如果承租人与被执行人之间的租赁合同已经解除，或者承租人的承租期限已经届满，承租人不再对租赁物享有租赁权，那么，次承租人自然不得基于"买卖不破租赁"规则主张租赁权保护。同理，在承租人的租赁权尚且不得对抗申请执行的债权人的情况下，次承租人自然也不得主张"买卖不破租赁"以对抗申请执行的债权人。

以次承租人并非提出执行异议的适格主体为由否定次承租人租赁权保护主张的裁判观点，形式上看，是将《最高人民法院关于人民法院办理执行异议和复议案件若干问题的规定》第31条规定的"承租人"在字面上作了限缩性解释，认为不包括"次承租人"。如前所述，转租合同与普通的租赁合同并无实质差异。即使是从文义来理解，转租关系中的次承租人也属于承租人范畴。所以，简单地将该条文作限缩性解释，并以此为据排除次

---

① 北京市第一中级人民法院（2019）京01民终10923号民事判决书。类似裁判文书：北京市海淀区人民法院（2019）京0108民初8674号民事判决书、郑州市中原区人民法院（2019）豫0102民初5973号民事判决书等。

② 杭州市中级人民法院（2017）浙01民终5128号民事判决书。

承租人"买卖不破租赁"的权利主张,其论证逻辑存在过于牵强之嫌。

实质上,无论是此类裁判观点,还是否定说理论,其最主要的立论依据,是合同的相对性原理,即认为:次承租人与出租人之间未建立直接的租赁合同关系,根据合同相对性原理,次承租人是承租人的承租人,并非出租人的承租人,依此理论,次承租人从承租人处取得的租赁权即不得对抗出租人,即使租赁物在租赁期间发生所有权变动,也不得基于"买卖不破租赁"规则对抗买受人。

从转租法律关系来看,转租法律关系中存在两个租赁合同关系,一是出租人与承租人之间的租赁合同关系,二是承租人与次承租人之间的转租合同关系。在转租法律关系中,出租人与次承租人之间不存在直接的租赁合同关系。基于合同的相对性原理,出租人只能对承租人(而非次承租人)主张收取租金、要求承租人承担违约责任等。然而,这两个租赁合同关系并非截然分离,反而有着紧密的联系:作为一种特殊的租赁关系,转租合同关系是在出租人与承租人之间的原租赁合同关系基础上形成的,次承租人的租赁权以承租人的租赁权为前提而成立。[①] 正基于此,次承租人对租赁物的使用收益权能受限于承租人对租赁物享有的使用收益权能范围,转租合同所约定的租赁期限不得超过原租赁合同的剩余租赁期限,超出承租人剩余租赁期限的,除非出租人与承租人另有约定,否则对出租人不具有法律约束力,出租人可基于所有权向次承租人请求返还租赁物。为了合理衡平转租法律关系中出租人、承租人、次承租人之间的利益关系,各国及地区民法或多或少地突破了合同相对性原理的限制。例如,对转租采限制主义立法模式的德国,其《民法典》第 565 条第 1 款也突破了合同相对性原理的限制,规定了营利事业性转租的例外情形。[②] 并且,该条第 2 款进一步明确,在营利事业性转租的情形下,相应地适用"买卖不破租赁"规则。我国《最高人民法院关于审理城镇房屋租赁合同纠纷案件具体应用法律若干问题的解释》(2009 年)中也有类似的体现,其第 17 条规定:"因承租人拖欠租金产生的纠纷,次承租人请求代承租人支付拖欠的租金和违约金以抗辩出租人合同解除权的,人民法院应予支持,但转租合同无效的除外。次承租人代为支付的租金和违约金超出其应支付的租金数额,可以折抵租

---

① 史尚宽:《债法各论》,中国政法大学出版社 2000 年版,第 183 页。

② 《德国民法典》第 565 条第 1 款:"承租人依租赁合同,应当将所承租的住房为营利事业之目的,再行出租给第三人以供居住的,出租人在租赁关系终结时,加入到由承租人与第三人之间之租赁关系产生的权利和义务之中。出租人为营利事业上再行出租的目的,而重新订立租赁合同的,承租人取代原合同当事人,加入到与第三人之租赁关系产生的权利和义务之中。"

金或者向承租人追偿。"如果严格恪守合同相对性原理,次承租人与出租人之间并无租赁合同关系,次承租人并不承担向出租人支付租金的义务。该条文明确赋予次承租人对出租人的代位清偿权、合同解除抗辩权,显然无法用合同相对性原理来阐释。虽然最高人民法院于 2020 年修正该司法解释时删除了该条文,但关于次承租人代为清偿请求权的规定却明确见于《民法典》第 719 条之中。[①] 通常认为,承认次承租人享有这样的权利,既可以维护次承租人承租利益的稳定,对出租人和承租人没有不利影响,又符合民法保护承租人利益的价值取向,还可以防止出租人与承租人之间的恶意串通。[②] 因此,不宜简单地基于合同相对性原理来排除次承租人适用"买卖不破租赁"规则的可能。

在转租情形下,承认次承租人可适用"买卖不破租赁"规则,与"买卖不破租赁"规则的制度初衷更吻合。如前所述,最早确立"买卖不破租赁"规则的德国《民法典》第一草案采取的是"买卖破除租赁"规则,而第二草案才改采"买卖不破租赁"规则,并最终得以确立,其主要目的,是通过保障承租人对租赁物的持续占有,为"土地和房屋的使用承租人和用益承租人的存续利益提供保障"。[③] 为了保护土地和房屋的承租人不被随意驱逐,才有"买卖不破租赁"规则的确立。如果承租人本来没有占有土地和房屋,自然就不存在保护其"存续利益"的问题。这也正是不少学者将占有视为租赁权应有之义的主要依据之一。"买卖不破租赁"规则发展至今,虽然其立法政策已不仅限于承租人基本的生存利益,[④] 但是,"买卖不破租赁"规则仍然是通过保护承租人的占有利益,进而达到实现相应的立法政策的目的。依此,在转租法律关系中,次承租人是租赁物实际的直接占有者,而承租人成为间接占有者,对其占有利益的保护,显然更符合"买卖不破租赁"规则的法益保护要求。

---

① 《民法典》第 719 条:"承租人拖欠租金的,次承租人可以代承租人支付其欠付的租金和违约金,但是转租合同对出租人不具有法律约束力的除外。次承租人代为支付的租金和违约金,可以充抵次承租人应当向承租人支付的租金;超出其应付的租金数额的,可以向承租人追偿。"

② 王秋良、蔡东辉:《合法转租之次承租人利益保护的若干问题》,《政治与法律》2003 年第 6 期,第 142 页。

③ Wilhelm, Sacherecht, Aufl.2,2002, Rn. 55; Wieacher, Privatrechtsgeschicht der Neuzeit, unter besonderer Berücksichtigung der deutschen Entwicklung, Aufl.2, 1967, s.480.

④ 比如,有的学者认为租赁物"不仅是承租人的栖身之地、生活的中心场所、家庭之所在,而且与承租人的自治、自尊、自由、隐私等人格利益密切联系"。([德]海因·克茨:《欧洲合同法》(上卷),周忠海等译,法律出版社 2001 年版,第 184 页。)有的学者认为,"买卖不破租赁"的立法政策还包括稳定租赁关系、保护交易安全、实现物尽其用等(王利明:《论"买卖不破租赁"》,《中州学刊》2013 年第 9 期,第 49 页)。

退一步而论,承认次承租人可主张"买卖不破租赁"规则以对抗出租人的所有权,并不会对出租人的权利造成实质性损害。毕竟,次承租人的租赁权建立在承租人对出租人的租赁权基础之上,受承租人的租赁权的使用收益权能限制。对承租人而言,承认次承租人可主张"买卖不破租赁"规则,也不存在遭受不利的问题。与之相反,倘若否认次出租人适用"买卖不破租赁"规则的可能,不仅不利于转租赁关系的稳定,甚至可能使转租各方当事人的法律关系更为繁复,增加不必要的法律纠纷。尤其在转租广泛存在的社会现实下,加强对次承租人合法占有利益的保护,更具有现实意义。

(2)关于擅自转租下的次承租人可否主张"买卖不破租赁"的问题

从司法实践来看,审理法院通常认为,擅自转租下的次承租人的租赁权不得对抗生效裁判文书的执行,从而也不支持次承租人"买卖不破租赁"的权利主张。擅自转租下的次承租人是否有主张"买卖不破租赁"的权利,如前所述,理论上也存在较大分歧:或者肯定,或者否定,或者主张区分情况对待。那么,在不动产执行过程中,承租人未经出租人同意,擅自转租不动产的,次承租人可否主张"买卖不破租赁"以寻求租赁权保护呢?

从各国及地区的民事立法来看,转租应否取得出租人的同意,有限制主义、自由主义及区别主义的立法模式之分。[①] 我国《合同法》第224条、《民法典》第716条均规定,"承租人未经出租人同意转租的,出租人可以解除合同"。从该规定来看,我国对转租采取的是限制主义的立法模式。对于该立法模式的合理性,理论上存在较多争议,如有的主张采用自由主义的转租模式,[②] 有的则建议采用区别主义的转租模式。[③] 因这里关注的是不动产执行过程中,遇承租人、次承租人主张"买卖不破租赁"时应当如何处理的问题,故不再深入讨论《合同法》《民法典》限制转租规定的合理与否,而是仅在现行法的框架下,探讨擅自转租下次承租人有无适用"买卖不破

---

① 在限制主义立法模式下,法律明确规定,转租须征得出租人同意,未经同意不得转租。如德国《民法典》第540条第1款规定:"非经出租人许可,承租人无权将租赁物交给第三人使用,尤其无权将租赁物转租。"在自由主义立法模式下,除出租人与承租人之间对转租存在特别约定外,承租人可以自由转租。如法国《民法典》第1717条规定:"承租人有转租的权利,甚至有将其租约让与他人的权利,但如在租约中禁止此种权利时,不在此限。"区分主义则区别不同情况,或放任或限制转租,如《瑞士债法典》第264条规定:"承租人在不损害出租人利益的前提下,有权转租全部或部分租赁物于第三人或者将租赁权转让给第三人。对于用益租赁,承租人非经出租人同意不得转租于他人,也不得将用益租赁权让与他人。"

② 宁桂君:《论不动产转租制度的完善——以修正的"租赁权物权说"为视角》,《研究生法学》2011年第2期,第75页。

③ 冯兴俊:《我国租约转让与租赁物转租制度的完善》,《法学评论》2015年第5期,第170~178页。

租赁"规则的空间。

从前述关于擅自转租下次承租人可否主张"买卖不破租赁"的不同见解来看，学者们的分析与论证基本上围绕着对擅自转租下转租合同效力的认识而展开。对于擅自转租下转租合同的效力，存在不同的观点：一是合同无效说。最高人民法院民事第一审判庭负责人在"《最高人民法院关于审理城镇房屋租赁合同纠纷案件具体应用法律若干问题的解释》答记者问"中指出，该解释将"未经出租人同意的转租合同认定无效"。[①] 二是效力待定说。此观点认为，承租人未经出租人同意而将租赁物转租给他人，构成无权处分，而无权处分属于效力待定的行为，故未经出租人同意的转租合同的效力处于不确定状态。[②] 三是合同有效说。该观点认为，转租是一种合同行为，无论从社会发展需要还是法理解读，都应当承认擅自转租下转租合同的效力。[③] 如果按合同无效说，擅自转租下的所谓次承租人本身无法取得承租人的地位，自然也无权主张"买卖不破租赁"。如果按效力待定说，擅自转租下的次承租人的地位取决于出租人是否行使追认权，从而区分情况适用"买卖不破租赁"规则。如果按合同有效说，次承租人主张"买卖不破租赁"即有了合理性。

《合同法》第 224 条、《民法典》第 716 条仅明确擅自转租下"出租人可以解除合同"，并没有规定此时转租合同的效力如何。那么擅自转租下转租合同的效力究竟如何呢？

擅自转租下的转租合同不属于无效合同。根据《合同法》第 52 条，"违反法律、行政法规的强制性规定"的，合同无效。《民法典》第 153 条规定："违反法律、行政法规的强制性规定的民事法律行为无效。但是，该强制性规定不导致该民事法律行为无效的除外。违背公序良俗的民事法律行为无效。"而《合同法》第 224 条、《民法典》第 716 条仅明确，经出租人同意，承租人"可以"将租赁物转租给第三人；承租人未经出租人同意转租的，出租人"可以"解除合同。该规定虽然表明了法律对未经出租人同意的转租行为的消极态度，但该规定并未涉及对该行为效力的评价；[④] 该规定仅仅

---

① 详见《人民法院报》2009 年 9 月 1 日，第 4 版。

② 王利明：《合同法新问题研究》，中国社会科学出版社 2003 年版，第 272 页。

③ 侯蓓：《未经房屋出租人同意的转租合同效力探讨》，《法制与经济》2019 年第 2 期，第 75-76 页。

④ 苏号朋：《转租的法律结构分析——兼评〈合同法〉第 224 条之不足》，《浙江社会科学》2007 年第 2 期，第 66 页；茆荣华主编：《〈民法典〉适用与司法实务》，法律出版社 2020 年版，第 519 页。

是为顾虑当事人的利益关系而立，不涉及公序良俗，因而不属于强制性规定。① 由此可见，《合同法》《民法典》并没有将未经出租人同意的擅自转租合同作为无效合同认定。

擅自转租下的转租合同也不宜视为效力待定合同。根据《合同法》第51条，"无处分权的人处分他人财产，经权利人追认或者无处分权的人订立合同后取得处分权的，该合同有效"。就无权处分行为，权利人追认的，该行为有效，权利人未追认的，该行为自始归于无效。按擅自转租合同为效力待定合同的观点，在未经出租人同意的情况下，承租人将其对租赁物的占有、使用、收益权能转让给第三人，构成非法处分出租人财产所有权能的行为，与无权处分行为相类似，故擅自转租合同属于效力待定合同。该观点的立论基础，是将擅自转租行为视为广义的无权处分行为，认为承租人非法处分了出租人作为所有权人所享有的处分权能。这是对租赁权能的一种误解。如前所述，在现代社会，承租人享有的租赁权的具体权能，除了包括占有、使用、收益权能，还应包括处分权能。转租、租赁让与都是承租人行使其处分权能的典型表现。将承租人擅自转租的行为视为承租人非法处分了所有权人的处分权能，显然忽略了承租人基于租赁权享有的处分权能，依此，能否将承租人擅自转租的行为归入民法上的无权处分行为范畴，似有疑义。退一步而言，即便承认承租人擅自转租属无权处分行为，擅自转租合同属效力待定合同，倘若照此理解，承租人的转租行为事后没有得到出租人追认的，擅自转租合同应当归于无效，此时，次承租人就不能基于转租合同向出租人主张"买卖不破租赁"，也不能追究承租人的违约责任，而仅可追究承租人的缔约过失责任。对次承租人而言，其通过缔约过失责任获得的救济显然远远不如违约责任救济有力，② 将遭受更大的损害，严重损害交易安全。事实上，即使是和我国一样对转租采限制主义立法模式的日本，③ 其民法理论上虽然通常也将擅自转租行为视为广义上的无权处分行为，但仍然认为转租合同是有效的合同。如此，当承租人违约时，次承租人也可基于违约责任寻求救济。④ 需要特别提及的是，《合同法》第51条关于无权处分框架下合同效力待定的规则并未被《民法典》承继。在《民法典》施行之后，也不宜再依据《合同法》第51条作为论证擅自转租的合

---

① 易军、宁红丽：《合同法分则制度研究》，人民法院出版社2003年版，第252页。

② 刁其怀、肖仕卫：《论转租中对第三人的保护》，《房地产法律》2013年第18期，第75页。

③ 日本《民法典》第612条第1项："承租人非有出租人的承诺，不得将其权利转让，或将租赁物转租。"

④ 刁其怀、肖仕卫：《论转租中对第三人的保护》，《房地产法律》2013年第18期，第74页。

同为效力待定合同的法律依据。

擅自转租合同应属有效。首先,从合同的生效要件来看。《民法典》第143条规定:"具备下列条件的民事法律行为有效:(一)行为人具有相应的民事行为能力;(二)意思表示真实;(三)不违反法律、行政法规的强制性规定,不违背公序良俗。"就擅自转租行为而言,通常情况下,承租人和次承租人具备相应的民事行为能力,承租人与次承租人在转租合同中的意思表示真实,转租合同也不违反法律、行政法规的强制性规定,不违背公序良俗。擅自转租合同一般均符合民事法律行为的生效要件,应属有效。其次,从《合同法》第224条、《民法典》第716条来看。该法律条文明确,承租人未经出租人同意擅自转租的,出租人"可以解除合同"。从严格意义上讲,解除合同是法律赋予权利人消灭合同关系的一种权利。权利人行使解除权的前提,是合同合法有效。权利人行使解除权之后,合同关系才消灭。从这个意义而言,擅自转租合同通常也应属有效合同。最后,从比较法的角度来考察。对转租采自由主义立法模式的国家,擅自转租合同属有效合同,自不待言。不过,即使是对转租采限制主义立法模式的德国、日本,或者采区别主义立法模式的意大利、我国台湾地区,无论出租人是否同意转租,承租人与次承租人之间的转租合同均被认定为有效合同,承租人违约的,次承租人均可追究其违约责任。[1]我国《民法典》颁布之后,民法学者在评释《民法典》第716条时,也明确指出:"未经出租人同意的转租合同在承租人与次承租人之间应当是有效的,次承租人可以请求承租人履行合同或者在不能履行时承担违约责任。"[2]

然而,通常的擅自转租合同合法有效,并不能顺势推导出擅自转租下的次承租人均可依据"买卖不破租赁"规则主张租赁权保护的结论。否则,无论出租人是否同意,次承租人享有的租赁权即具有对抗出租人的绝对效力,这将使法律关于转租应经承租人同意的限制条件形同虚设,有违法律对转租采限制主义的立法初衷。事实上,对转租采限制主义立法模式的德国、日本,对于未经出租人同意的擅自转租合同效力的认可,也仅限于对转租合同"内部"效力的认可,即承认转租合同在承租人与次承租人之间有效,当承租人违约时(包括因出租人不同意转租而影响转租合同实际无法履行的情形),次承租人基于有效的转租合同可向承租人主张违约责任。

---

① 刁其怀、肖仕卫:《论转租中对第三人的保护》,《房地产法律》2013年第18期,第74页。
② 王轶、高圣平、石佳友、朱虎、熊丙万、王叶刚:《中国民法典释评——合同编·典型合同》(上卷),中国人民大学出版社2020年版,第436页。

但是,在出租人不同意转租的情况下,转租合同不能产生对抗出租人的"外部"效力。"租赁权的物权化,在涉及出租人时,仅限于出租人同意的场合"。[①]《合同法》第 224 条、《民法典》第 716 条也明确规定,擅自转租的,出租人有权解除合同。可见,擅自转租合同虽然在承租人与次承租人之间有效,但是,次承租人对承租人的债权仅仅是相对于承租人而言,对出租人并没有约束力,[②] 次承租人的租赁权不得对抗出租人。[③]

擅自转租合同,事后经出租人追认的,即产生对抗出租人的外部效力,次承租人即有主张"买卖不破租赁"权利的可能。事后出租人的追认,包括明示的追认和默示的追认。《最高人民法院关于审理城镇房屋租赁合同纠纷案件具体应用法律若干问题的解释》(2009 年)第 16 条规定了视为默示追认的条件:"出租人知道或者应当知道承租人转租,但在六个月内未提出异议,其以承租人未经同意为由请求解除合同或者认定转租合同无效的,人民法院不予支持。"最高人民法院于 2020 年修正该司法解释时虽然删除了该条文,但《民法典》第 718 条吸收了该条文的内容,仅在措辞上稍微有所变化:"出租人知道或者应当知道承租人转租,但是在六个月内未提出异议的,视为出租人同意转租。"

第三节　租赁权、抵押权设立先后顺序的认定

在不动产执行过程中,根据我国法律的规定,对抵押物上的租赁负担的处理,其处理规则大体上是这样的:租赁权设立在不动产抵押之前,适用"买卖不破租赁"规则,不动产上的租赁负担由买受人承受,当事人另有约定的除外;租赁权设立在不动产抵押之后的,租赁权不具有对抗在先的抵押权的效力,并不当然适用"买卖不破租赁规则"。由此可见,在处理不动产上的租赁负担时,抵押物上的租赁权、抵押权设立的先后顺序,至关重要。

一、租赁权设立时间的认定

判断不动产上的租赁权是否先于抵押权设立,首先得判明租赁权设立

---

① 陈传法:《论转租——以次承租人租赁权的物权化为中心》,《中国社会科学院研究生院学报》2017 年第 3 期,第 120 页。

② 王轶、高圣平、石佳友、朱虎、熊丙万、王叶刚:《中国民法典释评——合同编·典型合同》(上卷),中国人民大学出版社 2020 年版,第 436 页。

③ 杨立新主编:《最高人民法院审理城镇房屋租赁合同纠纷案件司法解释理解与运用》,中国法制出版社 2009 年版,第 19~20 页。

的时间节点。在司法实践中，租赁权的设立时间常常成为当事人之间争执的焦点。

（一）司法认定

关于租赁权的设立时间，司法实务中有几种不同的判定标准。适用不同的判定标准，就租赁权是否先于抵押权设立的问题，可能就会有不同的答案。

1. 租赁合同成立日

部分法院认为，租赁合同成立生效，租赁权即成立，如此，在判断租赁权是否先于抵押权的时间节点时，应以租赁合同成立日为准。通常情况下，除非当事人另有特别约定，租赁合同一经签订即成立生效，此时，合同签订日即为租赁权的设立时间。在陈某保证合同纠纷执行一案中，审理法院就认为，案涉争议房地产办理抵押登记手续的时间为 2010 年 10 月 22 日，而租赁合同签订的时间为 2010 年 9 月 15 日，故判断案涉房产租赁在前，抵押在后。[①]

2. 租期起算日

部分法院认为，如果租赁合同的签订时间与租赁期间的起算日不一致，承租人自租赁期间起算日方享有租赁权。在中国农业银行杭州保俶支行、杭州龙禧鼎泰电子科技有限公司金融借款合同纠纷执行案中，案涉房屋办理抵押登记的时间为 2012 年 6 月 28 日，案外人提供的房屋租赁合同签订日为 2012 年 6 月 15 日，但是，该合同约定的租赁期限自 2012 年 8 月 1 日起算。对此，审理法院认为，自 2012 年 8 月 1 日起，案涉房屋才由案外人占有、使用，享有租赁权，因该时间晚于抵押登记日，故不得对抗抵押权。[②]

3. 租赁合同登记日

少数法院认为，判断租赁权是否先于抵押权设立，在准据时点上，应以租赁登记时间为准。在锦州市古塔区本荣小额贷款有限责任公司、辽宁德宏实业集团有限公司、北镇市德宏房地产开发有限公司、鄢某、康某执行异议一案中，审理法院即认为，案外人张某未能提供证据证明租赁合同在案涉房屋抵押权设立之前已经办理了租赁登记备案手续等，故对张某主张租

---

① 绍兴市越城区人民法院（2014）绍越执异字第 55 号执行裁定书。类似裁判文书：瑞安市人民法院（2014）温瑞执异字第 13 号执行裁定书、（2015）温瑞执异字第 17 号执行裁定书等。
② 杭州市西湖区人民法院（2017）浙 0106 执异 76 号执行裁定书。类似裁判文书：射阳县人民法院（2018）苏 0924 执异 38 号执行裁定书等。

赁合同先于抵押权设立的事实,法院不予认定。[①]

4.承租人占有日

部分法院认为,执行程序中应以占有作为认定租赁权设立与否的标准,在租赁合同订立时间与承租人占有租赁不动产的时间不一致的情况下,租赁权设立的准据时点应当以占有时间为准。在中国农业银行苏州高新技术产业开发区支行等与苏州鑫澳钢铁贸易有限公司等金融借款合同纠纷执行过程中,审理法院就认为,"租赁权是一种对租赁物进行占有、使用和收益的权利。租赁权必须具备'占有'这一公示性表征,方能产生'物权化'与特殊保护的问题,才是真正意义上的租赁权。'买卖不破租赁'为租赁权对抗效力的生动说明,而适用该原则的必要条件是租赁物的实际交付,并由承租人占有"。在此案中,因异议人自认占有案涉房产的时间在抵押权设立之后,故认定异议人的租赁权不得对抗申请执行的抵押权人。[②]

附带一提的是,有的法院将租赁物的交付日作为租赁权设立的准据时点。在最高人民法院编著的一则典型案例中,即体现了这种裁判观点。该案的基本案情是:2010年6月,某贸易公司以名下商厦向银行抵押借款5000万元并办理登记。同年7月,贸易公司依2010年5月与实业公司所签租赁合同,依约将商厦腾空后交付给实业公司经营。2012年,因贸易公司逾期未偿还贷款,银行诉请实现抵押权。实业公司随即刊登声明,称其租赁在先,同时请求法院保护其继续履行合同的权利。法院认为:虽然租赁合同签订在先,但房产交付在抵押登记之后,故应认定抵押在先出租在后,实业公司不得要求继续履行租赁合同。贸易公司因其自身原因导致租赁合同无法继续履行,系属债务不履行之违约行为,实业公司可另行向贸易公司主张违约责任,故对实业公司请求不予支持。[③] 在此案中,虽然法院主张以交付为租赁权设立的准据时点,但是,租赁物交付后即由承租人占有,故以交付为租赁权设立准据时点的裁判观点与以承租人占有为租赁权设立准据时点的裁判观点并没有实质性差异。

部分地方法院在有关的规范性文件中,就如何审查案外人提出的租赁权异议是否成立的具体标准上,明确了租赁权设立的时间节点。从这些相

① 锦州市中级人民法院(2017)辽07执异56号执行裁定书。
② 苏州市虎丘区人民法院(2015)虎执异字第00005号执行裁定书。类似文书:绍兴市中级人民法院(2015)浙绍执异终字第10号民事判决书、宿迁市中级人民法院(2015)宿中执异字第0086号执行裁定书等。
③ 刘高:《论物权法第一百九十条中"抵押财产出租"的准据时点——兼论"买卖不破租赁"的理解与适用》,《民事审判指导与参考·物权专题》2014年第1辑,第112页。

关规定来看,基本上是持"租赁合同签订日+承租人占有日"或"承租人占有日"等观点(详见表 2-3-1)。因租赁合同的签订日(即合同成立日)通常会早于承租人占有日(或同时),故"租赁合同签订日+承租人占有日"这样的表述,在大多数情况下,与采用"承租人占有日"这样的见解没有质的区别。

表 2-3-1　部分地方法院关于租赁权设立时间的相关意见

法院	文件名称	相关条款	租赁权设立的时间节点
上海市高级人民法院	《关于在执行程序中审查和处理房屋租赁权有关问题的解答(试行)》(2015 年)	7、案外人所提出的对房屋享有租赁权且可以对抗申请执行人的异议成立的,需要具备哪些条件? 答:依据《查封规定》第二十六条第一款的规定,被执行人就已经查封的房屋所作的设定权利负担的行为,不得对抗申请执行人。因此,案外人异议成立的,需要同时具备以下条件:(一)出租人与案外人之间的租赁关系真实有效。出租人与案外人之间租赁合同的签订时间或者口头约定(租赁期限在六个月以下或者不定期租赁)时间须发生在执行法院查封房屋之前。案外人系次承租人的,其承租房屋须取得出租人的同意,且出租人同意转租的时间和转租合同的签订时间或者口头约定(租赁期限在六个月以下或者不定期租赁)时间须发生在执行法院查封房屋之前。(二)案外人占有房屋的时间须发生在执行法院查封房屋之前。…… 9、案外人主张对房屋所享有的租赁权发生在担保物权或者其他优先受偿权设立之前的,执行法院应当如何处理案外人异议? 答:执行法院可以根据不同情形分别作出处理: (一)经审查认为,签订租赁协议和占有房屋均发生在担保物权或者其他优先受偿权设立之前的,执行法院应当裁定案外人异议成立,中止对房屋不负担租赁权予以变现。 (二)经审查认为,签订租赁协议和占有房屋均发生执行法院查封之前但签订租赁协议或者占有房屋发生在担保物权或者其他优先受偿权设立之后的,执行法院应当裁定驳回案外人异议,依据《拍卖规定》第三十一条第二款的规定对房屋予以变现。 (三)经审查认为,案外人对房屋所主张的租赁权依法不能成立,或者签订租赁协议或者占有房屋发生在执行法院查封之后的,执行法院应当裁定驳回案外人异议。	租赁合同签订日+承租人占有日

续表

法院	文件名称	相关条款	租赁权设立的时间节点
浙江省高级人民法院	《关于执行非住宅房屋时案外人主张租赁权的若干问题解答》（2014年）	一、人民法院执行被执行人的房屋时，案外人以其在案涉房屋设定抵押或者被人民法院查封之前（以下简称抵押、查封前）已与被执行人签订租赁合同且租赁期限未满为由，主张拍卖不破除租赁，执行机构应如何审查？答：执行机构可根据案外人及当事人提供的证据，重点围绕租赁合同的真实性、租赁合同签订的时间节点、案外人是否占有案涉房屋等问题进行审查。如果租赁合同真实、合同签订于案涉房屋抵押、查封前且案外人在抵押、查封前已依据合同合法占有案涉房屋至今的，执行中应当保护案外人的租赁权。	租赁合同签订日＋承租人占有日
江苏省高级人民法院	《关于执行不动产时承租人主张租赁权的若干问题解答》（2015年）	二、承租人在申请执行人设立抵押权、法院查封之后占有使用该不动产的，执行法院如何处置？这种情形下，无论被执行人与承租人订立的租赁合同在申请执行人设立抵押权、法院查封之前或之后，只要承租人在申请执行人设立抵押权、法院查封之后占有使用该不动产的，法院根据申请执行人的申请或依职权裁定去除租赁关系后拍卖该不动产。	承租人占有日

（二）评析与结论

从我国《合同法》的相关规定来看，租赁合同的有效成立一般应当具备三个要件：当事人双方具有相应的民事行为能力；当事人的意思表示真实；合同内容不违背法律和社会公共利益。除此之外，《合同法》并未明确要求租赁合同有效成立需具备其他的公示要件。如此，只要租赁合同有效成立，租赁权便有效设立。换言之，根据《合同法》的规定，租赁合同的成立日即为租赁权的设立日。租赁合同成立之后，租赁合同是否经登记、承租人是否占有租赁物，均不影响租赁合同对租赁关系当事人双方的法律约束力。新颁布的《民法典》第143条就民事法律行为有效的条件作了基本一致的规定，并没有在合同编中对租赁合同的成立生效要件作出特别规定。

尽管我国《城市房地产管理法》、住房和城乡建设部《商品房屋租赁管理办法》以及关于房屋租赁管理的一些地方性法规规定了城市房屋租赁登记备案制度，公安部门也规定出租人出租房屋必须到公安部门进行房屋出租登记，但是，并没有明确登记会产生何种法律效力。而我国目前房屋租赁登记备案制度的目的，也不在于明确登记对租赁合同的效力如何，而主要在于行政管理和治安管理的需要。因此，无论是司法实践还是学理分析，均认为登记与否并不影响租赁合同在当事人之间的法律效力。《民法典》第706条也重申了这一点，"当事人未依照法律、行政法规规定办理租赁合同登记备案手续的，不影响合同的效力"。

基于以上分析，是否可以顺势作出推论：应以租赁合同成立日作为判断租赁权是否先于抵押权设立的时间标准？答案是否定的。

首先，应当区分租赁权的设立时间与租赁权产生对抗效力的时间。根据《合同法》《民法典》的规定，租赁合同的成立日，即为租赁权的设立日。但是，租赁权的设立日，并不必然等同于租赁权产生对抗效力的时点。我们通常所说的租赁权产生对抗效力，是指租赁权对租赁合同当事人双方以外的第三人产生的法律效力。租赁权属于债权之一种，基于债权的相对性，租赁权本来不应对租赁合同当事人以外的第三人产生法律效力。但是，近现代各国及地区民事立法为保护经济上处于劣势的不动产承租人，以及谋求社会安定，将原本债权性质的租赁权予以物权化，多倾向于采取较为保护承租人的措施，如实行"买卖不破租赁"、赋予承租人优先购买权等等。不过，为了避免租赁权被滥用，各国及地区在将租赁权物权化的同时，多要求租赁权需具备一定的公示性措施，或者登记，或者交付，或者占有，或者公证，方能对抗第三人。如果不具备相应的公示要件，租赁权即使设立，也不产生对抗第三人的法律效力。从这可以看出，租赁权的设立，并不直接意味着租赁权即产生对抗第三人的法律效力。而我们这里探讨的租赁权是否先于抵押权设立，重在分析租赁权对抗抵押权人的法律效力，也即对抗第三人（抵押权人）的效力。因此，这里强调的租赁权的设立时间，并非理论上的租赁权的设立时间，而是指租赁权产生对抗第三人（抵押权人）的法律效力的时间。

在明确判断租赁权是否先于抵押权设立的时间标准应为租赁权产生对抗效力的时间的前提下，反过来思考，就很容易得出这样的结论：租赁合同成立日不宜作为判断租赁权是否先于抵押权设立的时间标准。这是因为，根据《合同法》《民法典》的规定，租赁合同的成立无需任何公示性措施，如果租赁合同一经成立，即认为租赁权会产生对抗效力，那么，将导致租赁权对抗效力的绝对性扩张，会带来一系列不良后果。即使以租期起算日为租赁权准据时点的裁判观点，也会产生同样的问题。

就租赁权公示措施的有效性而言，相对于其他公示性措施，登记的公示程度最高。如果以登记作为租赁权的对抗要件,无疑是最理想的办法。我国不少学者就建议将登记作为租赁权的对抗要件。若此,租赁合同登记日即为租赁权产生对抗效力的时点。判断租赁权是否先于抵押权设立,即应以租赁合同的登记日为准。采用此标准,在实务操作上简便易行,不会产生争议。然而,如前所述,在我国,尽管《城市房地产管理法》、住房和城乡建设部《商品房屋租赁管理办法》以及关于房屋租赁管理的一些地方性法规规定了城市房屋租赁登记备案制度,但并未明确登记备案会产生何种法律效力。虽然我国少数地方性法规、规章明确将房屋租赁登记作为租赁权产生对抗效力的公示要件,如 1999 年《上海市房屋租赁条例》第 15 条规定 "房屋租赁合同未经登记备案的,不得对抗第三人",2004 年《天津市房屋租赁管理规定》第 13 条规定 "未经登记备案的房屋租赁合同,不得对抗第三人",但是,这些规定毕竟是地方性法规、规章,仅在该地域范围内有效,且其位阶与效力均低于法律,在司法实践中能否有效适用,也是一个问题。从实践来看,租赁登记并不是交易的常态。在租赁登记并不具有普遍性的客观现实下,以租赁合同登记日作为判断租赁权是否先于抵押权设立的时间标准,也不合理。

考虑到我国当前的具体国情,以承租人占有租赁物的时点作为判断租赁权是否先于抵押权设立的时间标准,较为适宜。从租赁权物权化的立法目的来看,对租赁权的强化保护着重在于通过保障承租人的占有来保障租赁关系稳定以及交易安全。如果承租人并未占有或者使用租赁物,租赁权作为债权便没有优先于包括抵押权、所有权在内的物权的合理性。正如有最高人民法院法官所言,"只有占有租赁物后会产生'物权化'与特殊保护的问题,才是真正意义上的租赁权"。[1] 这也是部分学者认为占有应为租赁权存在的应有之义的依据所在。[2]《最高人民法院关于审理城镇房屋租赁合同纠纷案件具体应用法律若干问题的解释》(2009 年)第 6 条在处理多个租赁关系竞合的问题时,便确立了占有时点为承租人对抗其他人的首要标准。[3] 在 2013 年的 "青岛利群投资有限公司等申请监督案执行裁定书"

---

① 刘贵祥:《执行程序中租赁权的认定与处理》,《人民法院报》2014 年 5 月 28 日,第 8 版。

② 张广兴:《债法》,社会科学文献出版社 2009 年版,第 235 页。

③ 《最高人民法院关于审理城镇房屋租赁合同纠纷案件具体应用法律若干问题的解释》(2009)第 6 条:"出租人就同一房屋订立数份租赁合同,在合同均有效的情况下,承租人均主张履行合同的,人民法院按照下列顺序确定履行合同的承租人:(一)已经合法占有租赁房屋的;(二)已经办理登记备案手续的;(三)合同成立在先的。不能取得租赁房屋的承租人请求解除合同、赔偿损失的,依照合同法的有关规定处理。" 2020 年最高人民法院在修正该司法解释时,该条文的内容基本得以保留,仅将条文中的"合同法"修改为"民法典",且该条文序号调整为第 5 条。

中，最高人民法院即明确支持了以承租人占有日作为判断租赁权是否先于抵押权设立的准据节点。在此案中，最高人民法院认为，"租赁权作为物权化的债权，应以租赁人对租赁物实际占有、使用作为设立的时间"。[①]《最高人民法院关于人民法院办理执行异议和复议案件若干问题的规定》第31条规定承租人有权阻止移交占有被执行的不动产的情形是，"在人民法院查封之前已签订合法有效的书面租赁合同并占有使用该不动产的"。根据该规定，在查封之前成立的租赁合同，如果承租人实际未占有使用租赁物，也不得对抗买受人。可见，占有是承租人可以对抗买受人的关键标准。虽然该条款针对的是强制拍卖标的物被查封的情形，但是，在拍卖标的物为抵押物的情况下，该标准应可援用。《民法典》第725条进一步在法律层面将承租人占有租赁物作为"买卖不破租赁"的适用条件之一；并且，在第405条规范"抵押权与租赁权的关系"时，更是明确："抵押权设立前，抵押财产已经出租并转移占有的，原租赁关系不受该抵押权的影响。"据此，如果租赁合同在抵押之前签订但承租人在抵押后才占有使用的，不应认定租赁权先于抵押权设立。

诚然，占有作为租赁权的对抗要件，其公示程度较低，须进一步地查证，必然会带来实务操作上的难题。况且，占有有直接占有与间接占有、一次占有与持续占有之分，如何认定占有，也存在需要进一步解释的问题。因此，最理想的方式，仍然是建立租赁权登记对抗制度，在此前提下，以登记时点作为判断租赁权是否先于抵押权设立的标准。不过，在我国目前的国情下，暂时只能以承租人占有抵押物的时点为判断标准。如果未来建立了租赁权登记对抗制度，则应以登记时间为判断标准。

这里需补充说明的是，从执行实践和地方法院的相关指导性文件来看，不少法院在将承租人占有日作为判定租赁权产生对抗效力的时点的同时，还加上了"租赁合同签订日"这一标准，要求租赁合同的签订和承租人占有租赁物均先于抵押权时，才能认定租赁在先抵押在后。从执行实践来看，在绝大多数情况下，案外人与出租人往往是先签订租赁合同，而后承租人占有租赁物，若此，在"承租人占有日"上附加"租赁合同签订日"这一准据时点标准，并无实际意义。不过，也存在案外人基于其他权源占有标的物在先，而后与出租人签订租赁合同的情形。在此种情形下，特别强调租赁合同的签订日须早于抵押权设立时间，仍具有一定的积极意义。因

---

① 最高人民法院（2013）执监字第67号执行裁定书。

为,如果租赁合同尚未签订,租赁关系并未建立,案外人没有取得租赁权,此时,以占有外观作为判断案外人取得租赁权甚至产生对抗抵押权人的效力,显不合理。不过,因这种情形较为少见,在判断租赁权与抵押权设立的先后顺序时,特别强调租赁合同签订日,其实践意义似乎并不大。

(三)续租情形下租赁权设立时间的特殊认定

在执行实务中,关于租赁权的设立时间是否先于抵押权从而可对抗抵押权的判断,还涉及一类续租案件,即:租赁权设立在抵押权之前,但租期届满于抵押权设定之后,在抵押权设立后抵押人与承租人协议延长租赁期限以"续租"。这种情况下,应当如何判断租赁权是否先于抵押权设立呢?

1. 司法认定

从司法实务来看,续租是否适用"买卖不破租赁"的问题,不同法院存在不同的态度。

(1)肯定态度

部分法院认为,续租是原租赁关系的延续,故只要租赁权设立于抵押权之前,即有"买卖不破租赁"规则的适用。在张某与贺某等房屋租赁合同纠纷一案中,审理法院即持该见解。在该案中,原告之丈夫黄某与第三人朱某就某铺面签订了《房屋租赁合同》,租赁期限为2002年10月23日起至2007年10月22日止。后双方协商续约,租期从2007年10月23日起至2012年(共五年)。2009年11月23日,第三人朱某与黄某签订《补充协议》,约定从2010年4月23日起调整租金。2011年3月29日,朱某、黄某再签协议,约定租期届满后再续租5年。2016年10月10日,朱某与原告张某就该铺面签订《房屋租赁合同》,约定租赁期限自2016年10月10日起至2023年10月23日,共七年。该铺面于2009年4月23日被第三人抵押给被告王某,并进行了相应的抵押登记;2015年1月28日抵押给被告贺某,并进行了抵押登记。2016年12月,因实现抵押权,该铺面被以以物抵债方式抵偿给被告。2018年9月30日,被告强制给该铺面上锁,并实际占有铺面至今,导致原告无法正常使用该铺面,故原告提起该诉讼。审理法院认为,案外人黄某与原告系夫妻关系,其与第三人自2002年10月10日起即就该铺面建立了租赁关系,双方租赁合同明确约定租赁为五年,一直续约,并办理了工商登记、获得营业执照,该铺面一直由原告和案外人黄某共同管理和经营。如此,"原告自2002年起至2018年9月30日前(被告强制上锁时)一直持续占有、使用该铺面,在时间上具有连续性,故原告与第三人于 2016 年 10 月 10 日签订的租赁合同是此前所签的租赁合同的延续","被告设立的抵押权最早出现在 2009 年,明显晚于原告与第三人租赁关系的建立",故认定该案有"买卖不破租赁"规则的适用。[①]

从支持续租可适用"买卖不破租赁"规则的司法裁判理由来看,除了赞成续租是原租赁关系的延续这一理由之外,法院似乎还有其他的考虑。在上海市普陀区人民法院办理的王某申请执行孙某公证债权文书一案中,案外人姜某与孙某于 2005 年 1 月就案涉商铺签订租赁合同并实际经营该商铺,租赁合同于 2009 年 12 月到期后,双方签订续租合同,租期至 2014 年 12 月,后双方再次续签租约,租期至 2019 年 12 月。该商铺于 2013 年 7 月被申请执行人设定抵押,2014 年 2 月被法院查封。案外人姜某在执行过程中提出异议,主张该商铺带租约拍卖。审理法院支持了姜某的异议,其主要原因有二:其一,异议人对该商铺的占有租赁系长期连续的过程,承租已有十余年,租赁期间按约及时足额支付租金,租金数额、租金支付方式符合交易习惯,解除该租赁关系会破坏租赁的稳定性;其二,商铺具有特殊性,新的买受人购买商铺的目的也是为了出租,该租赁合同的存在对新买受人有益,符合司法解释的精神。[②]

(2)否定态度

部分法院认为,虽然原租赁权设立于抵押权之前,但抵押权设立之后续租的,成立新的租赁关系,不能对抗抵押权。在赵某、寿某民间借贷纠纷执行一案中,徐某于 2012 年 4 月 1 日起租赁案涉房屋,该租赁关系虽发生在赵某对该房屋设立抵押权(2012 年 10 月 10 日)之前,但是,该租赁关系于 2013 年 3 月 30 日已因租期届满而终止。此后,徐某仍租赁该房屋,其租赁关系建立在重新签订的租赁合同之上。故法院认定,当前徐某对房屋的租赁权实际发生在 2012 年 10 月 10 日之后,不得对抗赵某的抵押权。[③]

有的法院进一步从续租对抵押权人的不利影响角度来论证续租不适用"买卖不破租赁"的合理性。在中国信达资产管理股份有限公司浙江省分公司与浙江东维合纤工业有限公司、冯某等金融借款合同纠纷执行案中,审理法院指出,案外人与被执行人冯某签订的租赁合同虽在抵押之前

[①] 南宁市西乡塘区人民法院(2018)桂 0107 民初 10012 号民事判决书。

[②] 任承樑:《典型不动产的执行程序中负担租赁权问题的处理》,2017 年华东政法大学硕士学位论文,第 17~18 页。

[③] 诸暨市人民法院(2018)浙 0681 执异 192 号执行裁定书。类似裁判文书:嘉兴市中级人民法院(2013)浙嘉民终字第 481 号民事判决书、杭州市西湖区人民法院(2017)浙 0106 执异 85 号执行裁定书等。

且至今占有案涉房屋,但是,案涉房产在设定抵押后,"未经抵押权人同意,案外人与被执行人对租赁合同予以补充修改,将房屋的租赁期限延长,将延长租赁期限的租金,用于充抵购房款,抵押后修改的补充协议因涉及本案债权人及其他债权人的利益,并对本案债权人造成实质损害",故法院认定案外人不能以修改后的租赁合同对抗抵押权人。[①]

2. 理论分歧

在续租情形下,应否认定租赁权的设立时间仍先于抵押权的设立时间从而有"买卖不破租赁"规则的适用,理论上也存在两种不同的观点。

（1）肯定说

有学者认为,对于续租的情形,应视情况区别对待。如果续租系另换新约,基于新约的租赁权即设立于抵押权之后,应可除去;如果并非另换新约,而仅是约定将原租约延长一定期限,则仍属于原租赁,如此,租赁权仍早于抵押权,仍有"买卖不破租赁"规则的适用。之所以作此区分,在于前者为契约的更新,后者为期限的更新,二者明显不同。[②]

（2）否定说

有学者认为,对于租赁合同当事人双方而言,续租保持了债的同一性,但是,这仅仅是租赁合同双方当事人意思自治的产物,只能约束租赁合同的双方当事人,而对于抵押权人而言,续租无异于新的租赁关系,故应视为设立于抵押权之后,不适用"买卖不破租赁"规则。[③]

3. 评析与结论

租赁权设立在抵押权之前,但租期届满于抵押权设定之后,在抵押权设立后抵押人与承租人协议延长租赁期限以"续租"的情形,究竟如何认定租赁权的设立时间,从而考虑有无"买卖不破租赁"规则的适用呢? 在找寻答案的过程中,有必要分析一下司法实践中续租的具体情形。

从司法实践来看,租赁权设立在抵押权之前,但租期届满于抵押权设定之后,在抵押权设立后抵押人与承租人协议延长租赁期限以"续租"的情形,可以概括为两大类:一类是抵押人与承租人协议,更改了原租赁合同的主要条款,如租金数额、支付方式、支付对象等条款的情形;另一类是抵押人与承租人协议,原租赁合同主要条款的内容不变,而仅延长租赁期

---

① 绍兴县人民法院（2015）绍柯执异字第 21 号执行裁定书。
② 吴光陆:《强制执行法学说与判解研究》,台湾 1995 年自版,第 171 页。
③ 常鹏翱:《先抵押后租赁的法律规制》,《清华法学》2015 年第 2 期,第 47 页。

限的情形。

就第一类续租情形而言，因抵押人与承租人已经变更了原租赁合同的主要条款，此时，所谓续租的合同，显然属于新的租赁合同。在这类情形下，应当认定租赁权设立于抵押权之后，该租赁权不得对抗抵押权，应无疑问。[①]

值得探讨的是第二类续租的情形。这种情形也正是理论界与实务界的分歧所在：或者主张此时的续租系原租赁关系的延续，租赁权可继续对抗抵押权，或者主张此时的续租系建立新的租赁关系，租赁权不可对抗抵押权。

从民法理论来看，就第二类续租的情形来看，民法上一般认为，在租赁合同其他内容不变的情况下，续租仅仅是延展了租赁期限，这属于租赁期限的更新，原租赁关系不失其同一性。[②]据此理论，似乎可以得出这样的推论：于抵押权设立后仅仅延展租赁期限的续租关系中的租赁权早于抵押权设立，可以对抗抵押权。

固然，对于抵押人与承租人而言，此类续租可视为原租赁关系的延续，租赁关系仍保持同一性。但是，对于抵押权人而言，如果仍作出如此认定，则存在明显不公的问题。这是因为，在抵押权人设定抵押之时，原租赁合同租赁期限的长短往往是其重要的考虑因素，租赁期限会影响抵押权人的设计方案。如果原租赁合同租赁期限届满时，抵押人与承租人可任意延展租赁期限，极可能导致抵押权人的预期落空，影响抵押权的实现。正如部分裁判文书所表述的，对抵押权人造成"实质损害"。因此，除非事先征得抵押权人的同意，否则，仅是延展租赁期限的续租，对抵押权人而言，也应当认定成立新的租赁关系，此时，承租人的租赁权后于抵押权设立，从而不得对抗抵押权。

从前文述及的司法裁判来看，支持续租可适用"买卖不破租赁"规则的司法裁判理由，除了认为续租是原租赁关系的延续这一理由之外，法院还有其他的理由，包括：不适用"买卖不破租赁"规则会破坏租赁的稳定性；租赁物为商铺，适用"买卖不破租赁"规则对新买受人有益等。仔细分析，这些理由似是而非，说服力并不足。首先，不可否认，只要承认续租下

---

① 实践中，对于抵押人与承租人已实质变更了租金金额等合同条款的情形，个别法院仍认为租赁合同未变更、租赁关系未中断（如浙江省海宁市人民法院（2021）浙0481执异17号执行裁定书），这在理论上难以自洽。

② 韩世远：《合同法学》，高等教育出版社2010年版，第449页；黄立主编：《民法债编各论》（上册），中国政法大学出版社2003年版，第200页、第328页。

租赁权不可对抗抵押权,确会破坏租赁关系的稳定性。然而,只要承租人的租赁权(不仅限于这里的续租情形)不能适用"买卖不破租赁"规则予以保护,对租赁关系而言,都存在所谓的破坏租赁关系稳定性的问题。反向思考,对于任何情况下的租赁权,在租赁物发生所有权让与的情况下,只有无任何限制地允许承租人主张"买卖不破租赁",才能彻底地维护租赁关系的稳定性。在民法上,租赁权并非绝对权,适用"买卖不破租赁"需符合特定的限制条件,仅从租赁关系稳定性角度论证续租下能否适用"买卖不破租赁"规则,显不合理。其次,从租赁物(如商铺)的特殊性考虑,认为续租情形下承认租赁合同的存在对新买受人有益从而允许适用"买卖不破租赁"规则的理由,也值得商榷。因为,即使就商铺这样的租赁物而言,新买受人赈买租赁物的目的,并不仅限于出租获利,也存在自己使用的可能。并且,即使新的买受人购买租赁物的目的仍然是出租获利,但是,是否允许承租人主张"买卖不破租赁",对买受人而言,也存在直接的法律上的利益受影响的情形。如果此时有"买卖不破租赁"规则的适用,则买受人只能承受原来的租赁关系,受原租赁合同约定的约束。如果此时不承认承租人"买卖不破租赁"规则的主张,则买受人并不受原租赁合同的效力约束,可以自主选择如何将租赁物租与他人,包括收取更高的租金等。可见,简单地认定租赁合同的存在对新买受人有益从而支持承租人"买卖不破租赁"的主张,存在片面、武断之嫌。诚然,在我国现行法语境下,即使否认续租情形下租赁权对抗抵押权的效力,也并不必然导致租赁权被除去,而应视情况而定。不过,这已经不属于这里探讨的如何判定续租情形下租赁权的设立时间是否先于抵押权设立时间的问题。

附带说明的是,如果抵押权设立后抵押权人同意续租的,这表明抵押权人自愿承担续租所带来的风险,从尊重私权自治的角度考虑,此时,应当允许承租人主张"买卖不破租赁"的适用。

（四）转租情形下次承租人租赁权设立时间的特殊认定

在承认次承租人可主张"买卖不破租赁"规则以对抗出租人的所有权的前提下,实务中出现了这样的一个问题:承租人的租赁权先于抵押权设立,但转租后于抵押权设立,此时,次承租人能否主张"买卖不破租赁"?

1. 司法认定

在承租人的租赁权先于抵押权设立,而转租后于抵押权设立的情况下,次承租人能否主张"买卖不破租赁"以对抗抵押权人,司法实务中出现截然不同的两种裁判见解。

有的法院认为，次承租人享有的租赁权是承租人租赁权的延续和体现，只要在承租人的承租期限内，次承租人即依法享有承租人享有的对抗抵押权人的权利。在徐某与浙商银行杭州分行、杭州富新反光材料有限公司案外人执行异议之诉二审裁判中，审理法院即认为："赵某等人就案涉房屋享有的实体权利在抵押权设立之前即已形成，徐某对案涉房屋享有的承租权具有合法依据，徐某与赵某等人之间应视为就案涉房屋已成立转租赁关系，该转租赁关系在赵某等人的租赁权保护期限内存在并予以保护……"①

与之相反，有的法院则认为，转租关系是一种新的租赁关系，并非原租赁合同权利义务的承继，因此，次承租人的租赁权能否对抗抵押权人，应当取决于次承租人的租赁权是否先于抵押权设立。例如，在祁某与邹某某民事执行一案中，审理法院即指出，"在刘某某、王某某租赁涉案房屋后，案外人又与王某某签订转租赁合同，系新的民事法律关系。这种新形成的民事法律关系，能否对抗申请执行人某某泰州分行享有的抵押权，应当根据物权法前述规定，按照抵押权设立时间与转租赁的时间先后进行认定。案外人于2017年6月23日与王某某签订转租赁合同，明显在涉案房屋设立抵押权之后。因此，案外人与王某某之间的转租赁关系不得对抗某某泰州分行已登记的抵押权"。②在申请执行人瀚华融资担保股份有限公司江苏分公司与被执行人无锡市龙天市政绿化工程有限公司等追偿纠纷一案执行过程中，对于次承租人的请求，审理法院也认为，"转租协议签订的时间晚于抵押权设立时间，其租赁关系不得对抗已登记的抵押权"。③

2. 评析与结论

一般而言，转租成立时，次承租人的租赁权才设立，转租成立的时间即为次承租人租赁权的设立时间。另外，按照上文结论，次承租人的租赁权要产生对抗第三人的效力，还需满足"占有"公示要件。如此推理，如果转租后于抵押权设立，毫无疑问，次承租人的租赁权的设立时间，必然晚于抵押权的设立时间。如果简单按照抵押物上租赁负担处理的一般规则来处理，在这种情形下，必然得出次承租人不得主张"买卖不破租赁"以对抗先于其设立的抵押权的结论。

① 杭州市中级人民法院（2017）浙01民终5128号民事判决书。
② 泰州市海陵区人民法院（2019）苏1202执异13号执行裁定书。
③ 南京市中级人民法院（2019）苏01执复261号执行裁定书。

如果将次承租人与承租人之间的转租合同视为一个纯粹的独立的租赁合同，得出上述结论似无疑义。然而，转租法律关系具有特殊性。在转租法律关系中，与出租人和承租人之间的租赁合同关系相比，次承租人与承租人之间的转租合同关系虽然具有独立性，但是，这两个租赁合同关系并不能截然分离，反而有着紧密的联系：转租合同关系是以出租人与承租人的原租赁合同关系为基础而形成的一种特殊的租赁关系，次承租人的新租赁权以承租人的租赁权为前提而成立。基于"买卖不破租赁"规则，当出租人将不动产所有权移转于第三人之后，其租赁关系对于买受人继续存在，买受人全面承继原租赁关系，承租人的租赁权因法律的直接规定而不发生任何变化。如前所述，在转租情形下，承租人也应受"买卖不破租赁"规则的保护。建立在承租人租赁权之上的次承租人的租赁权，除非转租合同另有特别约定，也不应发生变化。如此，在转租情形下，只要承租人的租赁权可以对抗抵押权，次承租人的租赁权也应具有对抗抵押权的效力。换言之，只要承租人的租赁权可以对抗抵押权，在承租人的租赁期限内，次承租人的租赁权即享有对抗抵押权的效力。如果仅以转租设立于抵押之后为由，忽视租赁设立于抵押之前的基础事实，否定次承租人"买卖不破租赁"的权益主张，无异于否定承租人享有的"买卖不破租赁"的权利，显非合理。退一步而论，承认此种情形下次承租人享有主张"买卖不破租赁"的权利，与否认次承租人该权利从而迫使次承租人不得不促使承租人主张"买卖不破租赁"的权利救济路径相比，其实质效果并无不同。对于抵押权人而言，承认此种情形下次承租人可主张"买卖不破租赁"，并不会对抵押权人的权利造成实质性的额外损害。在当今社会转租广泛存在的现实下，承认此种情形下次承租人主张"买卖不破租赁"的权利，也有利于转租赁关系的稳定，减少不必要的法律纠纷。

二、抵押权设立时间的认定

在涉及租赁权、抵押权"谁先谁后"设立时，自然也需明确抵押权设立的时间。从司法实践来看，关于抵押权设立时间的争执，虽不像租赁权设立时间问题那样引发较多争议，但也存在争执的情形。这里对此一并稍加分析。

（一）抵押权设立时间的判断标准

在判断租赁权与抵押权设立的先后时间时，抵押权设立的时间，是指抵押权登记的时间,还是指抵押合同成立的时间?

从《担保法》第 48 条、《最高人民法院关于适用〈中华人民共和国担保法〉若干问题的解释》第 65 条和《物权法》第 190 条来看,这些法律条文在规定抵押人将已出租的财产抵押的法律效力时,并没有直接明确区分登记的抵押权与未登记的抵押权。《民法典》第 405 条在吸收这些条文部分内容的基础上,就抵押权与租赁权的关系,也只是强调"抵押权设立前",抵押财产已经出租并移转占有的,原租赁关系不受该抵押权的影响。这是否意味着可作出这样的推论:只要抵押合同成立有效,无论是否登记,抵押权即设立呢?

根据《担保法》第 41 条、第 42 条、第 43 条,以不动产、部分特殊动产抵押的,当事人应当办理抵押登记,"抵押合同自登记之日起生效";以其他财产抵押的,当事人可以自愿办理抵押登记,"抵押合同自签订之日起生效"。按《担保法》规定,登记是不动产抵押合同的生效要件,不动产抵押未经登记,不产生优先受偿的效力,抵押合同也不生效。如此,不动产抵押登记的时间,即为抵押合同生效的时间。

通常认为,将登记作为抵押合同的生效要件并不合理。因为,在物债两分的民法体系下,抵押合同是否成立生效,主要应依债法规则判断;抵押权是否设立,则应受物权法上的物权变动规则的约束。将登记作为抵押合同的生效要件,不仅损害担保交易的效率,而且危及当事人的行为自由。[①] 因此,《物权法》修改了《担保法》的上述规则,在第 9 条明确登记为不动产物权变动生效要件的一般规则之后,又在第 187 条规定不动产抵押权自登记时设立,同时,基于第 15 条物权变动原因和结果相区分的规则,合同仅为物权变动的基础关系,与登记并不发生必然联系,登记作为物权变动的公示方法,其效力仅及于物权变动。[②] 根据《物权法》的这些规定,登记是不动产抵押权的设立要件,未经登记的不动产抵押权不产生物权效力,但是,登记与否,并不影响不动产抵押合同的效力,不动产抵押合同自成立时生效。据此,不动产抵押登记的时间,成为不动产抵押权的设立时间,与不动产抵押合同的成立时间明显相分离。不动产抵押未登记时,抵

---

① 高圣平:《未登记不动产抵押权的法律后果——基于裁判分歧的展开与分析》,《政法论坛》2019 年第 6 期,第 158 页。

② 全国人大常委会法制工作委员会民法室:《〈中华人民共和国物权法〉条文说明、立法理由及相关规定》,北京大学出版社 2017 年版,第 316 页。

押合同依然成立生效，抵押人应承担相应的违约责任。① 《民法典》承继了《物权法》合同效力与物权变动区分的规则，其第 215 条规定："当事人之间订立有关设立、变更、转让和消灭不动产物权的合同，除法律另有规定或者当事人另有约定外，自合同成立时生效；未办理物权登记的，不影响合同效力。"《最高人民法院关于适用〈中华人民共和国民法典〉有关担保制度的解释》第 46 条明确了不动产抵押人不办理抵押登记的违约责任，"抵押财产因不可归责于抵押人自身的原因灭失或者被征收等导致不能办理抵押登记，债权人请求抵押人在约定的担保范围内承担责任的，人民法院不予支持；但是抵押人已经获得保险金、赔偿金或者补偿金等，债权人请求抵押人在其所获金额范围内承担赔偿责任的，人民法院依法予以支持"（第 46 条第 2 款）；"因抵押人转让抵押财产或者其他可归责于抵押人自身的原因导致不能办理抵押登记，债权人请求抵押人在约定的担保范围内承担责任的，人民法院依法予以支持，但是不得超过抵押权能够设立时抵押人应当承担的责任范围"（第 46 条第 3 款）。如果抵押人拒绝办理抵押登记，则抵押权人可以依据抵押合同约定追究抵押人的违约责任。这进一步表明，不动产抵押未登记，并不影响抵押合同生效。

不过，无论未登记的抵押合同产生何种法律效力，根据《担保法》第 43 条和《物权法》第 188 条、第 189 条的规定，不动产、特殊动产抵押的，未经登记，抵押权不能设立；一般动产抵押的，未经登记，抵押权不得对抗善意第三人。尤其是《物权法》第 190 条明确规定，抵押权设立之后抵押财产出租的，该租赁关系不得对抗的是"已登记的抵押权"。② 因此，在判断租赁权、抵押权设立的先后顺序时，应当是判断租赁权是否先于"已登记的抵押权"设立。

《民法典》再次确认了上述规则，根据其第 402 条、第 403 条的规定，

---

① 高圣平：《未登记不动产抵押权的法律后果——基于裁判分歧的展开与分析》，《政法论坛》2019 年第 6 期，第 164 页。

关于不动产抵押未经登记时抵押人会承担何种责任的问题，理论与实务存在分歧，有"缔约过失责任说""担保责任说""违约责任说"之分。"违约责任说"更切合《物权法》的立法主旨，2019 年最高人民法院《全国法院民商事审判工作会议纪要》也采取了"违约责任说"，其第 60 条规定："[未办理登记的不动产抵押合同的效力] 不动产抵押合同依法成立，但未办理抵押登记手续，债权人请求抵押人办理抵押登记手续的，人民法院依法予以支持。因抵押物灭失以及抵押物转让他人等原因不能办理抵押登记，债权人请求抵押人以抵押物的价值为限承担责任的，人民法院依法予以支持，但其范围不得超过抵押权有效设立时抵押人所应当承担的责任。"

② 《物权法》如此规定的立法理由是：如果抵押人将无须办理且未办理登记的抵押财产出租的，因承租人无法通过查询登记簿来知悉租赁财产上是否存在抵押权，故未登记的抵押权不能对抗租赁权。参见胡康生主编：《中华人民共和国物权法释义》，法律出版社 2007 年版，第 417 页。

不动产、特殊动产抵押的,抵押权自登记时设立;一般动产抵押的,抵押权虽自抵押合同生效时即设立,但未经登记的,不得对抗善意第三人。据此,在涉及抵押权与租赁权的设立顺序时,抵押权设立的时间点,应是指抵押登记的时间,而非抵押合同的成立时间。

（二）续押情形下抵押权设立时间的认定

执行实践中,在续押情形下,如何判断抵押权的设立时间,进而比较抵押权与租赁权设立的先后顺序,成为比较突出的一个问题。最常见的,就是在金融债权执行案件中,债权人与债务人在旧贷款尚未完全清偿的情况下,再次签订贷款合同,以新贷出的款项清偿旧贷款（简称"借新还旧"）,而抵押物为同一物（即续押）时,如何判断抵押权的设立时间呢?

举一实务调查中发现的简明案例言之:甲公司于2013年12月20日向某银行申请贷款7000万元,贷款期限为1年,甲公司以其名下的一栋大楼作为抵押,并于12月25日到房管部门办理了抵押登记。2014年2月,甲公司将该房产出租给乙公司,租期5年。2014年12月,甲公司与该银行再次签订7000万元的抵押借款合同,贷款用途为"借新还旧",双方于2014年12月20日对该房产重新办理了抵押登记。因甲公司逾期未还款,银行于2016年1月请求法院拍卖该房产以清偿贷款。在执行期间,乙公司提出执行异议,主张适用"买卖不破租赁"规则,保护自己的租赁权益。在这种涉及"借新还旧"的案件中,判断乙公司的租赁权是否先于抵押权设立从而适用"买卖不破租赁"规则,关键在于判断抵押权的设立时间。

1.司法认定

司法实践中,对于"借新还旧"情况下抵押权的设立时间,不同法院的看法并不一致。有的法院认为,新贷款与旧贷款之间具有牵连性,且抵押物相同,抵押时间也未中断,因而抵押权的效力应当连续计算。即是说,抵押权的设立时间为旧贷款抵押权设立之时。有的法院则认为,在"借新还旧"的情况下,旧贷款已经偿还,原借款合同履行完毕,相应地,旧贷款所附的抵押权也一并消灭,新贷款所附的抵押权,自重新登记时成立。

在中国农业银行北京西城支行（以下简称西城支行）与北京乐得百货有限公司（以下简称乐得公司）借款纠纷执行过程中,就涉案房屋承租人北京恒祥轩餐饮服务有限公司（以下简称恒祥轩公司）执行异议的处理,即体现了实务中对"借新还旧"情况下抵押权设立时间的不同认识。此案的基本案情如下:

2003 年 1 月 1 日,乐得公司作为出租方,将涉案房屋出租给恒祥轩公司,租期自 2003 年 1 月 1 日至 2022 年 12 月 30 日。涉案房屋于 2001 年 4 月 5 日抵押给西城支行,后西城支行与乐得公司多次签订借款合同以借新还旧,多次在涉案房产上注销抵押登记、办理抵押登记,每次抵押登记均是在注销前次抵押的当日进行,最后一次办理抵押登记的时间为 2003 年 7 月 23 日。执行过程中,对于恒祥轩公司的执行异议,北京市第一中级人民法院认为,涉案房产自 2001 年 4 月起"一直处于抵押状态",恒祥轩公司与乐得公司签订租赁合同的时间发生在抵押权设立之后,且乐得公司及恒祥轩公司均不能提交相关证据材料证明双方签订的租赁合同已经抵押权人西城支行同意,故裁定驳回了恒祥轩公司的异议。恒祥轩公司向北京市第一中级人民法院提起诉讼。北京市第一中级人民法院认为,西城支行因与乐得公司之间的借贷关系,自 2001 年 4 月开始在诉争房屋上设定抵押权至今,但是,西城支行的抵押经过多次的抵押登记与抵押注销登记,最后一次抵押登记日期为 2003 年 7 月 23 日,而这是西城支行目前享有并行使的抵押权,此前拥有的抵押权消灭。如此,北京市第一中级人民法院认定恒祥轩的租赁权(于 2003 年 1 月 1 日取得)先于西城支行的抵押权(于 2003 年 7 月 23 日取得)设立。西城支行不服一审判决,上诉至北京市高级人民法院,主张抵押一直延续,抵押权应受保护。北京市高级人民法院认为,西城支行与乐得公司多次签订借款合同,且均以涉案房产设定抵押,尽管每次抵押登记均是在注销前次抵押的当日进行,但从法律上看,均是针对新签借款合同的新设抵押,而非针对前次借款合同的续押,故西城支行主张的应受保护的抵押权设立时间为 2003 年 7 月 23 日,晚于恒祥轩公司与乐得公司签订租赁协议的 2003 年 1 月 1 日,维持了一审判决。[①]

2.评析与结论

以'借新还旧"情形为例来分析续押情形下抵押权设立的具体时间,首先需厘清"借新还旧"的性质。对"借新还旧"性质的不同认识,直接影响到对续押效力的认定。

关于"借新还旧"的性质,司法实践中曾有两种意见:一种意见认为,在"借新还旧"下,原有的债权债务关系依然存续,仅仅是延长了还款期限而已。在中国工商银行三门峡车站支行与三门峡天元铝业股份有限公司、

---

① 北京市高级人民法院:《正确区分租赁期间新设抵押与续押对承租权的影响》,http://www.bjcourt.gov.cn/article/newsDetail.htm?NId=25000068&channel=100015001,下载日期:2019 年 6 月 20 日。

三门峡天元铝业集团有限公司借款担保合同纠纷二审案中，最高人民法院即认为，"借新还旧系贷款到期不能按时收回，金融机构又向原贷款人发放贷款用于归还原贷款的行为。借新还旧与贷款人用自有资金归还贷款，从而消灭原债权债务的行为有着本质的区别。虽然新贷代替了旧贷，但贷款人与借款人之间的债权债务关系并未消除，客观上只是以新贷的形式延长了旧贷的还款期限，故借新还旧的贷款本质上是旧贷的一种特殊形式的展期"。[①] 另一种意见则认为，在"借新还旧"的情况下，原有的债权债务关系因新借款偿还而消灭，新借款产生新的债权债务关系。在青岛利群投资有限公司等申请执行监督案中，最高人民法院即认为，"贷新还旧是在旧贷款尚未清偿的情况下，借贷双方再次签订贷款合同，以新贷出的款项清偿旧的贷款。对这种安排下的法律后果，应当认为原贷款合同已经履行完毕"。换言之，旧的债权消灭，新的债权产生。[②]

如果认同第一种意见，在"借新还旧"情形下，因原有的债权债务关系不变，那么，在抵押物同一的情况下，自然易得出抵押权不变的结论。据此推论，在"借新还旧"情形下，抵押物首次登记的时间，即为抵押权设立的时间。如果该时间在租赁权设立之前，则承租人不得当然依"买卖不破租赁"对抗抵押权。

如果认同第二种意见，在"借新还旧"情形下，原有的债权债务关系已经消灭，作为原债权担保物权的抵押权，自然也随之消灭。据此推论，在"借新还旧"情形下，即使新债权在同一抵押物上重新设立抵押权，也不得对抗之前成立的租赁权。亦即，在"借新还旧"情形下，判断抵押物上抵押权设立的时间节点，应是新债权成立后重新办理抵押登记的时间。

上述对"借新还旧"性质的认识分歧，关键在于是将"借新还旧"视为债的履行期限变更还是视为债的更新。[③] 在民法上，债的履行期限变更与债的更新对担保人的担保责任影响甚大。对于债的履行期限变更，根据《民法典》第 695 条第 2 款、《最高人民法院关于适用〈中华人民共和国民法典〉有关担保制度的解释》第 20 条规定，履行期限变更的，担保人仍应

---

① 最高人民法院（2008）民二终字第 81 号民事判决书。
② 最高人民法院（2013）执监字第 67 号执行裁定书。
③ 所谓债的更新，依民法通说，是指因使成立新债务，而使旧债务消灭的契约。参见史尚宽:《债法总论》，中国政法大学出版社 2000 年版，第 822 页。

承担担保责任。① 对于债的更新，根据《民法典》第 393 条的规定，主债权消灭的，扫保物权也一并随之消灭。②

　　"借新还旧"作为金融领域贷款重组中的一种，属于各类金融机构处置问题贷款的常见手段之一。金融机构通过"借新还旧"的方式来处理问题贷款，其客观效果，是延长问题贷款的还款期限。从这一现实效果而言，"借新还旧"是一种变相的贷款展期。然而，在法律性质上，"借新还旧"与贷款展期具有质的区别。所谓贷款展期，是指贷款到期后，不能按期还款的借款人申请延长还款期限的一种风险管理方式。贷款展期属于债的履行期限的变更，在贷款展期情形下，贷款之债的同一性未发生变化，展期前后仍属同一债。而在"借新还旧"情形下，债权人与债务人在原贷款尚未清偿或者无法按时清偿时，债权人再次向债务人发放贷款，以供债务人归还部分或者全部原贷款，其本质，是新债形成与旧债消灭两项法律事实的结合，新贷款偿还旧贷款，旧的债权消灭，新的债权产生。可见，"借新还旧"属于债的更新，债的同一性发生变更。"借新还旧"的具体行为过程也可印证这一点：债权人与债务人之间存在两份借款协议，债务人与债权人签订前一份借款协议形成借贷法律关系，后又签订一份借款协议以"借新还旧"，形成新的借贷法律关系。前后两份借贷协议的当事人双方相同，后一借款协议与前一借款协议密切关联，后一份借款协议项下的款项，是用于偿还前一份借款协议下的贷款。在"借新还旧"之后，前一借款协议的本息全部结清，债务人只需按照后一份借款协议的内容偿还本息即可。

　　如此，在"借新还旧"情形下，因旧债权消灭，用于担保旧债权的抵押权一并消灭。即使抵押物上原有的抵押登记尚未涂销，新债权也不能据此就该抵押物享有抵押权。在原告兰州银行兴兰支行与被告兰州居正房地产有限公司等金融借款合同纠纷一审民事判决书中，甘肃省高级人民法院就明确指出："关于兰州银行兴兰支行能否就其与居正公司签订的抵押合同约定的抵押物优先受偿。经审查，兰州银行兴兰支行与居正公司

---

　　① 《民法典》第 695 条第 2 款："债权人和债务人变更主债权债务合同的履行期限，未经保证人书面同意的，保证期间不受影响。"《最高人民法院关于适用〈中华人民共和国民法典〉有关担保制度的解释》第 20 条："人民法院在审理第三人提供的物的担保纠纷案件时，可以适用民法典第六百九十五条第一款、第六百九十六条第一款、第六百九十七条第二款、第六百九十九条、第七百条、第七百零一条、第七百零二条等关于保证合同的规定。"
　　② 《担保法》第 52 条规定，"抵押权与其担保的债权同时存在，债权消灭的，抵押权也消灭"。《物权法》第 177 条也规定，"有下列情形之一的，担保物权消灭：（一）主债权消灭；（二）担保物权实现；（三）债权人放弃担保物权；（四）法律规定担保物权消灭的其他情形"。《民法典》第 393 条完全沿用了《物权法》第 177 条的规定。

在 2011 年 7 月 15 日签订借款合同及抵押合同并办理抵押登记,该份借款合同因 2014 年 9 月 16 日双方重新签订借款合同,用以偿还 2011 年 7 月 15 日借款合同所涉借款,至此,2011 年 7 月 15 日签订的借款合同已经履行完毕,主债权已因获得清偿而消灭,根据《中华人民共和国物权法》第一百七十七条第(一)项之规定:主债权消灭的,担保物权消灭,兰州银行兴兰支行不再就抵押物享有抵押权。2014 年 9 月 16 日,双方重新签订抵押合同,按照《中华人民共和国物权法》第一百八十七条之规定,抵押权自登记时设立。而双方签订抵押合同后,未办理抵押登记,因此抵押权未设立。兰州银行兴兰支行就抵押物优先受偿的诉讼请求不能成立,本院不予支持。"[1]

《最高人民法院关于适用〈中华人民共和国民法典〉有关担保制度的解释》第 16 条第 1 款规定,"主合同当事人协议以新贷偿还旧贷,债权人请求旧贷的担保人承担担保责任的,人民法院不予支持",由此可见,在"借新还旧"贷款中,债权人原则上不能依据旧贷中的担保法律关系要求担保人对新贷承担担保责任。

实践中,在"借新还旧"情形下,债权人与债务人大多约定新债权的抵押权设立于同一物之上,如此,表面上看,抵押具有连续性。但是,必须明确,新债权的抵押权实为一项新设立的抵押权。实际上,"借新还旧"抵押登记程序也可印证这一点。在办理抵押登记时,尽管抵押物是原来的物,也须先在登记部门办理抵押权注销登记,然后再重新办理抵押权设立登记。例如,在温州市凯朗眼镜有限公司、中信银行温州分行、温州市意凯迪光学有限公司案外人执行异议之诉二审民事判决书中,浙江省高级人民法院即明确表明了此态度。[2] 重新登记的时间节点,即为新借款抵押权的设立时间节点。简言之,在"借新还旧"的情况下,判断抵押权设立的时间节点,应当是新借款抵押登记之日。

以新借款抵押登记之日作为"借新还旧"下抵押权设立时间的见解,目前已成为司法实践中的主流观点。2019 年最高人民法院公布的《全国法院民商事审判工作会议纪要》也采纳了上述见解,其第 57 条规定:"贷款到期后,借款人与贷款人订立新的借款合同,将新贷用于归还旧贷,旧贷因清偿而消灭,为旧贷设立的担保物权也随之消灭。贷款人以旧贷上的担保物权尚未进行涂销登记为由,主张对新贷行使担保物权的,人民法院不予

---

① 甘肃省高级人民法院(2015)甘民二初字第 13 号民事判决书。
② 浙江省高级人民法院(2017)浙民终 706 号民事判决书。

支持,但当事人约定继续为新贷提供担保的除外。"此条文明确旧贷与新贷系不同的债权债务关系,旧贷消灭,为之担保的担保物权也随之消灭,除非当事人另有约定,旧贷上的担保物权并不当然延续至新贷。一般认为,该条文将"当事人约定继续为新贷提供担保"作为例外情形的主要理由,是还旧贷的款项来源仍为债权人而非借款人自身,新贷不会加重借款人的债务负担,旧贷项下的抵押登记未注销前仍具有"公示效力",不会损害其他第三方的权益。[①] 在借款人不同时存在其他债务的情况下,"当事人约定继续为新贷提供担保",此时抵押权确实不会加重借款人的债务负担,承认该未注销的抵押权延续,确实不存在损害第三方权益的问题。《最高人民法院关于适用〈中华人民共和国民法典〉有关担保制度的解释》吸收了《全国法院民商事审判工作会议纪要》第57条的内容,根据该解释第16条第2款,在"借新还旧"情形下,旧贷上物的担保尚未注销登记的,债权人不得主张对新贷行使该物的担保,除非当事人约定或者物上担保人同意继续为新贷提供担保。

不过,《全国法院民商事审判工作会议纪要》第57条并没有解决"借新还旧"下对第三人的影响问题,也没有回答在当事人约定以同一抵押物继续为新贷提供担保的情况下,该抵押权能否对抗新贷成立之前抵押物上设立的租赁权的问题。[②] 值得注意的是,《最高人民法院关于适用〈中华人民共和国民法典〉有关担保制度的解释》确立了"借新还旧"下新贷担保物权的优先顺位利益。该解释第16条第2款规定:"主合同当事人协议以新贷偿还旧贷,旧贷的物的担保人在登记尚未注销的情形下同意继续为新贷提供担保,在订立新的贷款合同前又以该担保财产为其他债权人设立担保物权,其他债权人主张其担保物权顺位优先于新贷债权人的,人民法院不予支持。"根据该条文,只要旧贷担保人同意继续为新贷提供担保,且物的

---

① 杨利:《借新还旧业务中的抵押担保问题——〈九民会议纪要〉第57条规定》,https://www.pkulaw.com/lawfirmarticles/1ea22b40a2c6e6e10fc50d000c5b7714bdfb.html,下载日期:2020年5月31日。

② 实践中,有的法院视此条文确立了抵押权不得对抗新贷成立之前抵押物上的租赁权的依据。例如,在中国民生银行黄骅支行、刘某借款合同纠纷执行审查类执行裁定书(河北省黄骅市人民法院〔2021〕冀0983执异37号执行裁定书)中,审理法院认为:"根据最高人民法院关于《全国法院民商事审判工作会议纪要》第57条:〔借新还旧的担保物权〕贷款到期后,借款人与贷款人订立新的借款合同,将新贷用于归还旧贷,旧贷因清偿而消灭,为旧贷设立的担保物权也随之消灭。贷款人以旧贷上的担保物权尚未进行涂销登记为由,主张对新贷行使担保物权的,人民法院不予支持,但当事人约定继续为新贷提供担保的除外。因此银行的抵押权在借新还旧时重新设立,新旧两次抵押权之间存在中断,所以案外人与被执行人之间签订的租赁协议早于银行与被执行人之间的第二次抵押担保。"

担保登记尚未注销，债权人的担保顺位即可维持。换言之，"新贷债权的顺位溯及旧贷上物的担保成立时"，[①] 债权人对于担保物的顺位不会因借新还旧而劣后或消灭。

关于新贷担保物权顺位优先的规则是否合理，不无疑问。根据债的更新原理，即使同一物在新贷中作为担保物，但是，因旧贷消灭，旧贷上的担保物权也随之消灭，新贷的债权人的担保顺位应当以新贷成立后新担保物权登记的时间为准，如果该物在新担保物权登记前存在（相对于贷款人而言）劣后顺位的债权人，则此类债权人的担保顺位应当予以提前。《最高人民法院关于适用〈中华人民共和国民法典〉有关担保制度的解释》之所以规定后成立的新贷债权在未重新办理抵押登记或者变更登记时即能优先于先成立且办理抵押登记的债权人，"司法解释的出发点是形式上的物权公示原则，即旧贷虽然消灭，但旧贷上的担保物权并没有涂销登记，所以，按照旧贷担保物权成立的时间来认定新贷担保物权的顺位，并不损害担保人的其他债权人的利益"。[②] 然而，这让人不免产生疑问：虽然不动产的担保物权于登记时成立，但是，担保物权的消灭，并不以登记注销为公示要件。《民法典》第 393 条明确规定，"主债权消灭"，担保物权消灭。据此，在"借新还旧"情形下，旧贷已经消灭，即使旧贷的担保物权尚未注销，该担保物权也应归于消灭。而按照《最高人民法院关于适用〈中华人民共和国民法典〉有关担保制度的解释》第 16 条规定，旧贷上尚未注销的担保物权效力不仅延伸到新贷，而且还具有优先于其他债权人的先于新贷成立的担保物权的顺位。这不仅违背了债的更新原理，也违背了担保物权的清偿顺序规则。[③]《最高人民法院关于适用〈中华人民共和国民法典〉有关担保制度的解释》第 16 条以旧贷上的担保物权尚未涂销登记产生形式上的物权公示效应为由，按旧贷担保物权成立的时间认定新贷担保物权的顺位，在法理上未免过于牵强。尤其是，对先于新贷担保物权成立的其他担保物权人而言，也存在不公平的问题。毕竟，新贷在同一抵押物上作抵押权变更登记，其登记注明的债务履行期限和担保期间也随之发生变更。其他担

---

① 高圣平、谢鸿飞、程啸：《最高人民法院民法典担保制度司法解释理解与适用》，中国法制出版社 2021 年版，第 140 页。

② 高圣平、谢鸿飞、程啸：《最高人民法院民法典担保制度司法解释理解与适用》，中国法制出版社 2021 年版，第 142 页。

③ 《民法典》第 414 条："同一财产向两个以上债权人抵押的，拍卖、变卖抵押财产所得的价款依照下列规定清偿：（一）抵押权已经登记的，按照登记的时间先后确定清偿顺序；（二）抵押权已经登记的先于未登记的受偿；（三）抵押权未登记的，按照债权比例清偿。其他可以登记的担保物权，清偿顺序参照适用前款规定。"

保物权人原来对旧贷上的担保物权登记享有的信赖利益则被迫丧失。在"借新还旧"情形下,宜慎重考虑对第三人权益的保护问题。

需要指出的是,《最高人民法院关于适用〈中华人民共和国民法典〉有关担保制度的解释》第16条在规范"借新还旧"时,仅是明确旧贷上尚未注销登记的担保物权的顺位优先于"为其他债权人设立的担保物权"。该规定是否适用于为承租人设立的租赁权,仍有疑问。虽然租赁权有物权化趋势,民法理论上大多认可参照担保物权规则处理租赁权相关问题,但租赁权毕竟不属于"担保物权"。

笔者认为,在"借新还旧"情形下,涉及抵押权与租赁权的冲突问题时,考虑到"借新还旧"系债的更新,为公平起见,还是宜以新贷抵押登记之日作为判断抵押权设立的时间,在此基础上,进而判断是否有"买卖不破租赁"规则的适用。

第三章　虚假租赁

在不动产执行实践中，被执行的不动产上负担有租约，实为常见。曾有执行人员直接告诉笔者，"80%～90% 至少 5 年租约。工作 5 年以来，没有见到过一个没有租约的（被执行房产）"。其中，不乏债务人与第三人虚构租约，滥用"买卖不破租赁"规则以逃避执行、妨碍执行的现象——虚假租赁。如何预防、发现和减少虚假租赁，成为强制执行工作中亟需解决的一大突出问题。

第一节　虚假租赁概述

一、虚假租赁的基本特征

在执行程序中，所谓虚假租赁，是指在强制执行过程中，债务人与第三人串通，故意签订以不动产为对象的虚假租赁合同（即假性租约），以规避强制执行。这样的所谓承租人，实为"非正常租赁者"。①

涉虚假租赁的案例各异，但总体而言，不难发现，虚假租赁存在以下基本特征：其一，假性租约均采取了书面形式，具备不动产长期租赁的形式要件。其二，假性租约签署的时间，早于不动产抵押登记或查封时间，形式上具备"买卖不破租赁"的适用条件。其三，假性租约约定的租赁期限很长，大多在 10 年以上，甚至长达 20 年。其四，假性租约大多写明多年租金已一次性付清或约定较低的租金。

早在最高人民法院于 2011 年公布的九起反规避执行典型案例中，就有一例关于不动产虚假租赁的案例——张曲与陈适、吴洋英民间借贷纠纷执行案。该案的基本案情是：法院判决陈适偿还张曲 188 万元及利息，吴洋英承担连带清偿责任。因陈适、吴洋英未履行债务，张曲遂向法院申请强制执行。执行法院决定强制拍卖吴洋英名下的涉案房屋。吴洋英向法院出示了一份其与弟弟签订的房屋租赁合同，合同约定：每月租金 950 元，租期 15 年，租金一次性支付。吴洋英声称，涉案房屋已在法院查封之前出

---

① ［日］斋藤隆、饭塚宏：《民事执行》，青林书院 2009 年版，第 173 页。

租给弟弟，并一次性收取了租金 17 万元，其弟弟在签订租赁合同之后又将该房屋转租给了第三人。后法院查明该租赁合同系假性租约。[①] 此案即具备虚假租赁的典型特征：吴洋英出示了与其弟弟签订的所谓的租赁合同；租赁合同显示签订时间在法院查封之前；租期长达 15 年；租金已一次性交付。

在执行过程中，债务人或所谓的承租人持这样类似的假性租约，主张"买卖不破租赁"，要求法院带租约处置不动产，试图实现妨碍执行、规避执行的目的。对于这样的案件，不动产应否带租约拍卖，成为执行法院需要解决的棘手问题：如果对其不加以甄别，一律带租约拍卖，往往导致法院无法对不动产进行拍卖处置，或者拍卖价款过低；如果仔细甄别，难度又很大，增添工作负担。

二、虚假租赁泛滥的法律后果

近年来，债务人以虚假租赁方式妨碍执行的现象不断涌现，有关的案例报道频见于报端、网络。大量泛滥的虚假租赁严重影响了法院强制执行工作的顺利开展，造成了极为恶劣的法律效果与社会效果。

其一，阻碍债权人实现权利。强制执行的首要目的，是通过国家公权力的介入，迅速地实现债权人的债权。假性租约的存在往往成为债务人谈判与对抗的筹码，使得债权人权利被进一步削减甚至无法实现。如表现为债权人被迫与债务人达成协议，或者减少债权数额获得部分清偿，或者延长债权期限换取远期履行。即使进入强制拍卖程序，因假性租约通常设立的租赁期限很长，租金较低，或声称已一次性付清租金，可能导致附着租赁权的标的物的拍卖价款过低，严重影响债权人实现债权，甚至致使标的物因无人问津而流拍，债权人的生效法律文书变成一纸空文，债权人的合法权益根本无法得到维护。

其二，妨碍买受人行使权利。对强制拍卖标的物的买受人而言，其竞买标的物的目的，在于取得对标的物的使用权、收益权。在假性租约未被剔除的情况下，基于"买卖不破租赁"规则的适用，即便买受人通过强制拍卖取得了标的物的所有权，也无法真正享有标的物的完整的所有权：买受人无法直接占有使用标的物，收益大打折扣，甚至较长一段时间内根本毫无收益。

---

① 张曲与陈适、吴洋英民间借贷纠纷执行案，http://www.court.gov.cn/spyw/zxgz/201108/t20110824_164832.htm，下载日期：2018 年 6 月 20 日。

其三，导致执行效率低下，危及司法公信力。执行程序奉行效率优先原则，执行机关应当迅速、及时、连续地采取执行措施，尽量缩短执行周期，确保执行实施的效率。[①]而执行程序中设立的假性租约，属于债务人恶意对抗强制执行的行为，意在排斥执行措施、拖延执行进程。如果对相关的租约不加以正确甄别、处理，往往会造成执行措施不得不中止或者实际终止，使执行程序效率低下且无法达到实现债权人合法权益的立法目的，进而导致法院依照法定程序所作出的司法裁判沦为一纸空文，司法的公信力大受影响。虚假租赁的大量泛滥，将使司法公信力持续减弱。

实践中，虚假租赁还可能会加剧债权人与债务人、所谓的承租人之间的冲突，甚至使当事人与执行法院之间产生冲突。部分债权人可能会采取一些不理智的行为来维权，债务人或所谓承租人可能抗拒执行，甚至采取暴力手段抗拒执行，影响社会稳定。

第二节　虚假租赁的实务应对

近年来，虚假租赁成为债务人规避执行的一种常见手段。针对执行程序中潜在的假性租约，实践中不同的主体采用了不同的应对与解决方法。

一、债权人或买受人的实务应对

（一）债权人的应对之法

从实践来看，对于可能存在的虚假租赁，申请执行的不同债权人可能采取多种应对方法。其中，最常用的方法有两种：

其一，与承租人达成协议，一次性付给承租人已经付给债务人的租金。例如，在笔者调查的一则实务案例中，债务人的部分厂房上设有银行抵押权，同时还有租赁权（租期为 20 年），债权人与承租人林某达成协议，向林某偿付租金，受让林某的租赁权，最终该厂房得以成功拍卖，债权人的债权得以部分清偿。

理论上，债权人向承租人支付的所谓租金，可以依不当得利向债务人进行追偿，但事实上，债务人往往无其他财产可供偿还，因而该损失常常由债权人自行负担，可谓债权人权益的事实减损。

---

① 谭秋桂：《民事执行立法：程序构建与规则设定》，《湖南社会科学》2003 年第 3 期，第 70 页。

其二，申请执行法院调查租约是否真实存在。例如，在前述最高人民法院于 2011 年公布的关于不动产虚假租赁的"张曲与陈适、吴洋英民间借贷纠纷执行案"中，债权人张曲就申请执行法院调查，称其曾亲眼看到吴洋英亲自向第三人收取租金，认为吴洋英出示的租赁合同系吴洋英姐弟串通伪造而成。执行人员向几个承租人调查了解情况，几个承租人证实，每月租金均由吴洋英收取，每月租金为 3000 元。在掌握这些证据后，执行人员约谈了吴洋英的弟弟。吴洋英弟弟承认系虚假租赁。[①]

不过，应当看到，随着法院执行案件量逐年攀升，法院执行工作压力大，法院对债务人财产状况的查询，大多通过信息化手段展开，以节省司法资源，提高执行效率。在这样的现实下，法院往往无暇行使调查权。如此，债权人申请法院行使调查权而查实虚假租赁的可能性大为降低。此外，还存在着法院因案件积压数量过多而选择性执行的隐忧。

（二）买受人的应对之法

就买受人而言，买受人为取得包含租约的不动产的占有，一般采取两种方法：

一是与承租人协商，付给承租人一笔金钱用以补偿其此前支付过的租金。例如，笔者在某基层法院调研中就了解到这样的一则案例：某食品有限公司于 2015 年 5 月通过司法拍卖竞买取得债务人公司土地及全部地上附着物。在交接过程中，案外人吴某声称，其于 2013 年 9 月向债务人承租厂房，双方签订有租赁协议，其占有使用债务人厂房具有法律及合同依据，拒绝搬离。经过法院协调，该食品有限公司与吴某达成协议，由食品公司补助吴某 10 万元，吴某搬离厂房。该食品有限公司支出的此笔款项，系除拍卖价款之外的额外支出，由该公司自行负担。

二是买受人另行起诉。这种途径通常耗时耗力甚巨，甚至很长时间无法解决。在买受人另行起诉的情况下，法院通常要求买受人证明租约的虚假性。由于能够证明租约真实与否的关键证据往往掌握在债务人及承租人手中，因而买受人成功证明债务人与承租人订立假性租约的可能性极小。

显然，无论是买受人补偿承租人租金，抑或另行诉讼，均不同程度地损害了买受人的利益。但是，如果买受人不采取这两种做法的话，那么不动

---

① 最高人民法院公布九起反规避执行典型案例，http://www.court.gov.cn/spyw/zxgz/201108/t20110824_164832.htm，下载日期：2018 年 6 月 20 日。

产拍卖本身对于买受人毫无意义。他既不能主张对不动产的占有，也不能主张收取租金。因为，租金往往已经一次性交付给债务人，承租人没有义务再对买受人支付租金。而债务人已经被拍卖不动产，通常也没有其他金钱财产可以偿还买受人。即使买受人可以主张收取租金，但一般情况下买受人并不期待获得租金。况且，假性租约的租金也大多远低于市场价，这样，即便买受人可以收取租金，其收益也极低。

除了上述方法之外，实践中，债权人或买受人还有一种非正式的做法，即雇佣所谓"讨债公司"对承租人进行骚扰，使其无法顺利居住或使用不动产，迫使其主动退出。但是，这种做法存在非法之嫌，故不在讨论之列。

无论是债权人抑或买受人与承租人达成租金补偿协议以解除租约，均属于当事人权利自治的范畴，也不会直接影响法院的执行工作，故法院不会干预。在买受人另行起诉的情况下，不仅会增加买受人的讼累，而且也不当增加了法院的办案压力。总而言之，这些做法不同程度地损害了债权人或买受人的利益，既变相增加其经济与时间负担，又延缓了执行进程，阻碍了债权实现，即使成功证明假性租约的存在，其成本与代价也十分高昂。

二、法院的实务应对

长期以来，面对被执行不动产上设置的长期租约，各地法院的应对方法不一，尚未形成统一的规范的处分模式。

（一）应对一：不予审查

部分法院认为，法院在执行程序中不宜也无法审查租约的真实性，当事人对租约的真实性产生的争议，当事人应当另行诉讼。其主要理由是，在执行程序中，法院的执行依据是已经发生法律效力的法律文书，而租约是否有效，并不属于执行依据所确定的法律关系范围，而是另一实体法律关系。未经实体审判程序，法院在执行程序中无权就租约涉及的法律关系的真假及效力作出相关认定。故租约是否真实有效，应当由当事人另行诉讼解决。[1] 例如，在刘某与吴某、王某、徐某、徐某某借贷纠纷执行一案中，针对案外人付某提出的在案涉房屋上设立了租赁期限长达18年的异议，审理法院就认为，虽然异议人在法院采取查封措施之前与吴某签订了房屋

---

① 联合课题组：《关于执行程序中长期租约问题的调研报告》，《东南司法评论（2016年卷）》，厦门大学出版社2016年版，第17页。

租赁合同,但该租赁合同并不影响执行法院对该不动产的处置,异议人请求行使租赁权,执行机构对该房屋租赁合同的效力不作实质性审查,各方当事人可通过其他途径进行救济。[①] 在龙四五酒业有限公司、河南省新世家置业有限公司、马某等借款纠纷执行一案中,审理法院也称,"形式上是在本院查封之前签订了租赁合同、支付了租金,但合同是否合法有效、租金证据的真实性需经民事诉讼予以确认,执行异议审查程序无权予以认定",并据此驳回了案外人的租赁权异议主张。[②]

持此种见解的法院通常实行"现状拍卖"模式,即不审查租约的真实性与合法性,对于案外人主张保护租赁权的,均按带租约现状委托评估及拍卖,统一详细披露案外人所主张的租赁情况,并声明未认定租约的真假与法律效力,所有的风险责任由买受人自行负担,由买受人自行解决拍卖标的上带租约的问题。

显然,这种按现状拍卖、风险由买受人自行负担的做法不利于不动产的顺利处置,可能使执行工作长期陷于僵局。即使进入强制拍卖程序,潜在的竞买人对这样的不动产往往也"敬而远之",致使不动产流拍;即便不动产得以成功拍卖,其成交价往往较低,严重损害了债权人的合法权益。在实务调研过程中,笔者就发现这样一则典型案例:用于抵押的厂房存在所谓的 20 年长期租赁,且已一次性支付 400 万元租金,法院没有认定租赁合同效力,该厂房经三次"按现状拍卖",均流拍,法院遂裁定以物抵债,但承租人拒绝搬迁,法院只好告知债权人自行解决搬迁问题。该案于 2014 年进入执行程序,因租约问题无法协商解决,债权人与承租人至 2018 年底仍处于"僵持状态"。

客观来看,在执行程序中,以长期的假性租约手段对抗不动产强制执行的现象,已经成为目前制约法院执行工作的一大难题。如前所述,假性租约的存在,已经严重阻碍债权人实现权利,妨碍买受人行使权利,导致执行效率低下,危及司法公信力。因此,行使强制执行权的人民法院,理应破除假性租约的阻碍,审查租约的真假,以促进执行程序的顺利进行。所谓"租赁合同不影响法院对不动产的处置"的理由,无法成立。最高人民法院于 2015 年施行的《最高人民法院关于人民法院办理执行异议和复议案件若干问题的规定》第 31 条中明确指出,"承租人请求在租赁期内阻止向受让人移交占有被执行的不动产,在人民法院查封之前已签订合法有效的书

---

① 江苏省玄武区人民法院(2014)玄执异字第 4 号执行裁定书。
② 郑州市中级人民法院(2017)豫 01 执异 345 号执行裁定书。

面租赁合同并占有使用该不动产的,人民法院应予支持。承租人与被执行人恶意串通,以明显不合理的低价承租被执行的不动产或者伪造交付租金证据的,对其提出的阻止移交占有的请求,人民法院不予支持"。① 由此可见,法院应当对不动产上设立的租赁合同的合法有效性进行审查,而不应推卸其审查责任。②

(二)应对二:简单认可长期租约有效

有的法院认为,执行程序中奉行形式审查原则,因此,对于案外人提出的不动产租赁合同,仅仅根据合同法上租赁合同的成立生效要件审查,据此简单地认定不动产上的长期租赁合同不违反法律规定,合法有效。例如,在中国农业银行绍兴越城支行与绍兴市老史食品有限公司金融借款合同纠纷执行案中,对于案外人王某提出的与被执行人绍兴市老史食品有限公司就案涉房产之间签订的租赁合同,审理法院就认为,"双方主体适格,权利义务明确,应认定合法有效",故认定王某基于该房屋租赁合同产生的权利应予保护。③

从形式上看,假性租约一般都符合租赁合同的成立生效要件。如果以租赁合同的成立生效要件为据,形式上简单认定长期租赁合同合法有效,不仅达不到排除假性租约、促进执行的审查目的,而且将在事实上造成广泛承认假性租约有效的不良后果,助长虚假租赁的现象。

(三)应对三:审查租约的真实性

更多的法院将不动产上租赁合同的真实性问题纳入执行审查的范围。但是,如何确认租约的真实性,仍是一大问题。

在少数案例中,法院通过司法鉴定的方式来查证租约的签订时间。例如,在申请执行人中国厦门国际经济技术合作公司与被执行人厦门某商贸有限公司、黄某委托合同纠纷案中,对于案外人谢某提交的为期10年的租赁合同,厦门市中级人民法院依法委托福建历思司法鉴定所对案外人谢某提供的租赁合同的签署时间进行司法鉴定。福建历思司法鉴定所于2015年10月出具《文书司法鉴定意见书》,确认"厦门某商贸有限公司与谢某于

---

① 最高人民法院于2020年修正该司法解释时,该条文得以完全保留。
② 实践中,大多数法院将租约纳入执行审查范围,并制定相应的审查规则,如上海市高级人民法院《关于在执行程序中审查和处理房屋租赁权有关问题的解答(试行)》、浙江省高级人民法院《关于执行非住宅房屋时案外人主张租赁权的若干问题解答》。关于租约应纳入执行审查范围的理论论证,将在后文"不动产上租赁负担处理的相关程序问题"这部分予以详述。
③ 绍兴市越城区人民法院(2014)绍越执异字第3号执行裁定书。

2011 年 4 月 25 日签订的《商场租赁合同》中，落款处的签名笔迹及其在 2011 年 4 月 25 日签署的《房屋交接确认书》，落款处的签名笔迹不符合其落款时间书写形成，符合文件倒签特征，二者与 2015 年 9 月 14 日签署的《授权委托书》中手写笔迹存在同期形成的可能"。厦门市中级人民法院据此认定该租赁合同为假性租约。[①] 又如，在案外人于某与鞠某等执行异议一案中，根据南京师范大学司法鉴定中心出具的鉴定意见书，审理法院认定租赁合同形成时间在法院查封之后，进而对该租赁合同的真实性不予认可。[②]

理论上，用以妨碍执行的假性租约往往是倒签的，故通过司法鉴定，鉴别出租约签订的真实时间，判别租约为倒签合同，不失为认定虚假租赁的一种办法。申请执行的债权人可以申请对租约的签订时间进行司法鉴定。但是，这也存在问题：如果租约倒签时间距离抵押登记时间较长，可能得以鉴定真伪（还可能会遇到收集鉴定样本的难题）；如果时间间隔不长的话，事实上是无法鉴定的。从实践来看，后一种情形最为常见。正如在申某、日照泰华矿业有限公司执行异议之诉中，审理法院就承认，案外人申某与宝硕公司之间签订的租赁合同，"签订时间早于一审法院查封时间，但仅从合同签订时间不足以判断双方租赁合同关系成立时间，而且目前没有鉴定合同签订时间的有效技术手段"。[③] 从笔者收集的涉及 10 年期以上租约的近千篇裁判文书来看，法院通过司法鉴定确定租约时间系倒签的案例，不足 10 例。由此可见，寄望通过司法鉴定来解决假性租约的倒签问题，其现实意义并不太大。

从司法实践来看，法院通常基于多方面因素的考量来审查长期租约的真实性。例如，租赁的标的物能否供实际居住使用。在施某、林某民间借贷纠纷执行案中，审理法院就把租赁标的物的状态作为一个重要的判断表征，"从租赁的标的物看，该房产从 2012 年开始租赁至今一直处于毛坯荒废状况，一直未居住使用等。房屋租赁是为了使用，而该房产从租赁至今一直处于荒废状态，显然不合常理"。[④]

---

① 此案例为 2015 年度福建法院十大典型案例之一，详见 http://www.qzcourt.gov.cn/news/xwfb/showinfo.aspx?id=344，下载日期：2018 年 5 月 18 日。

② 大庆市中级人民法院（2016）黑 06 执异 27 号执行裁定书。

③ 日照市中级人民法院（2017）鲁 11 民终 2036 号民事判决书。

④ 武夷山市人民法院（2018）闽 0782 执异 58 号执行裁定书。类似裁判文书：广州市中级人民法院（2019）粤 01 执复 492 号执行裁定书、南京市中级人民法院（2019）苏 01 民终 6526 号民事判决书等。

承租人有无实际需求也是一重要考量因素。在黄某与刘某执行异议之诉中，审理法院即从原告对案涉房产的需求角度展开分析，"原告虽在庭审中陈述自己承租涉案房地产是为了做生意，但根据吴某在公安机关的陈述，其是在 2012 年 6 月才开始和他人谈合作做阀门生意，故 2012 年 3 月 28 日原告没有租房需求"，进而最终认定相应的租赁合同并非真实。[1] 在浙江省浙商资产管理有限公司与遂昌雄泰木业有限公司、浙江遂昌泰和竹业有限公司等金融借款合同纠纷执行过程中，审理法院否定案外人与李某存在真实的房屋租赁关系的一个重要理由，也是案外人在同城另有住房，对租赁房屋没有居住需求。[2]

签订租赁合同的当事人双方是否存在特殊的利害关系。在浦城县农村信用合作联社管厝信用社、周某金融借款合同纠纷执行过程中，审理法院否定案外人许某的租赁权异议的重要理由之一，即许某系被执行人周某的岳母，作为租赁协议签约的主体双方，存在利害关系。[3]

又如，租金价格是否显著过低。在宋某、苏州市金阊区广银农村小额贷款有限公司与林某、陆某等申请承认与执行法院判决、仲裁裁决案件执行过程中，就租金标准而言，案涉房屋月租金的市场标准约在 6000 元至 7000 元左右，而租赁合同约定租金总额 50 万元，折算后月租金仅为 2083.33 元，审理法院据此认为，该租金明显低于市场标准，而宋某对此所作的解释不具有合理性，故不予采信。[4]

即使租赁价格较为合理，执行法院通常也不直接认定租约合法有效，而会进一步考虑是否实际支付租金、是否符合商业惯例等问题。以浙江海宁县一执行案为例：被执行人金某曾自己开厂，因经营失败欠下六七千万元的外债，厂房及市区的别墅等几处房产抵债后仍然债务累累。债权人之一黄某告诉承办法官，金某在海宁中国皮革城还有一间近 50 平方米的商铺。承办人员到该店面了解情况后发现，金某已将该门面租给了

---

① 衢州市衢江区人民法院（2015）衢执异重字第 1 号民事判决书。

② 丽水市中级人民法院（2015）浙丽执异字第 4 号执行裁定书。

③ 福建省浦城县人民法院（2018）闽 0722 执异 1 号执行裁定书。
有执行法官将当事人之间可能存在的利害关系作为假性租约的一个重要特征，并将实务中假性租约当事人之间可能存在的利害关系归纳为三种情形：（1）亲友关系，以人际关系为纽带订立假性租约；（2）与自己或亲友所控制的公司企业签订假性租约，变相实现利益输送；（3）债务人与普通债权人之间虚构租约，"以租抵债"，使抵押权人无法顺利实现优先受偿权。参见陈鸣：《"买卖不破租赁"的司法续造及其局限性——兼论〈民法典·合同编〉中租赁合同对抗力规则的重构》，《西部法学评论》2017 年第 1 期，第 20 页。

④ 苏州市中级人民法院（2016）苏 05 执复 17 号执行裁定书。

姚某,并签订了租金为 260 万元、租期为 20 年的租赁合同。姚某向法院提交了租赁合同以及 260 万元的收条,要求保护其 20 年的租赁权。由于皮革城的商铺属旺铺,每年租金经常浮动,一次出租 20 年不合常规,执行人员便大量走访、调查取证,最终金某承认并未收取 260 万元租金,金某与姚某双方私下还曾书面约定该收条为假收条,不发生效力,实际租赁期限仅为 1 年。[①]

再如,将抵押人的未出租承诺作为判断依据之一。在部分执行案例中,债务人(或抵押人)在办理抵押借款时签署了"未出租声明"或"未出租承诺书"等,审理法院认为这些"声明"或"承诺"证据与承租人的租赁权主张相互矛盾,进而将其作为长期租约真实性不足的依据之一。例如,在廖某与胜中广源有限公司案外人执行异议之诉中,审理法院即认为,虽然廖某提供的厂房租赁合同载明的签约时间早于抵押登记时间,但是,因租赁合同未办理相应的登记备案手续,是否倒签无法确认,且抵押人在办理厂房抵押登记时"确认抵押物未出租",故租赁关系是否早于抵押权设立无法确定。[②] 不过,也有法院对此持相反的见解,并不将债务人(或抵押人)"未出租声明"或"未出租承诺书"作为认定长期租约真实性不足的实质理由。例如,在重庆农村商业银行奉节支行与刘某、杨某等借款合同纠纷执行过程中,对于申请执行人提出的租赁合同系伪造的异议,审理法院认为,虽然被执行人邓某向申请执行人申请贷款时作出的未出租声明书的时间在房屋租赁时间之后,但不能以未出租声明书来否定租赁合同的真实性。[③] 有的法院进一步指出了不将债务人(或抵押人)"未出租声明"或"未出租承诺书"作为认定长期租约真实性不足实质理由的具体缘由。如在浙江省浙商资产管理有限公司与绍兴零距离纺织有限公司、浙江神话绣品有限公司申请执行人执行异议之诉中,审理法院就明确,"虽神话公司在向债权人提供涉案房产抵押时承诺该房产未出租,但神话公司系利害关系人,其单方承诺房产未出租明显对其存在诸多有利因素,债权人工商银行绍兴支行在设立抵押权时也未对涉案房产的使用情况进行尽职调查,故原告诉称被告零距离公司与神话公司之间不存在真实的房屋租赁关系与事实不

---

① 为规避执行签订 20 年虚假租赁合同,最终一个被司法拘留一个被罚款,http://www.cnjxol.com/politicslaw/content/2012-04/16/content_1982983.htm,下载日期:2018 年 3 月 30 日。

② 龙岩市中级人民法院(2019)闽 08 民初 95 号民事判决书。类似裁判文书:广东省高级人民法院(2019)粤执复 497 号执行裁定书、深圳市中级人民法院(2019)粤 03 执异 9 号执行裁定书、金华市婺城区人民法院(2018)浙 0702 民初 14429 号民事判决书等。

③ 重庆市奉节县人民法院(2019)渝 0236 执异 39 号执行裁定书。

符，本院不予采信"。① 在中国银行广州番禺支行、广州有龙汽车销售服务有限公司金融借款合同纠纷执行审查类执行裁定书中，审理法院指出，债务人对抵押债权人作出的未出租的单方承诺对承租人不能产生法律约束力，"虽然被执行人奥菲尔公司与申请执行人中国银行番禺支行于 2016 年 3 月 15 日订立《抵押财产未出租确认书》，确认案涉房屋没有以任何形式出租，……但该确认书并未告知第三方承租人谢锋，该确认书对承租人并无约束力"。②

对租赁标的物是否实际占有使用，是不少法院判断长期租约是否真实的一个重要参考因素。即使在《合同法》第 229 条未明确将承租人占有作为"买卖不破租赁"条件的法律背景下，不少法官依然认为占有乃是租赁权存在的应有之义，在具体的个案裁判中将占有租赁物作为认定长期租约是否真实的一个重要判断标准。尤其是随着《最高人民法院关于人民法院办理执行异议和复议案件若干问题的规定》施行后，因该规定第 31 条特别强调了承租人请求阻止移交占有不动产的，必须符合"占有使用"该不动产的条件，故 2015 年之后的法院裁判，基本上均适用了此标准。

有的法院还考虑租约是否登记备案、是否经过公证、是否缴纳税费等因素。如在闫某、李某金融借款合同纠纷执行案中，对于案外人主张的 20 年租金一次性付清的租赁合同，审理法院即认为，"所涉租赁合同未登记备案"，故对租赁关系的真实性存疑。③ 在中国华融资产管理股份有限公司浙江省分公司、老人头亚太控股有限公司金融借款合同纠纷执行案中，对于案外人提供的落款时间为 2012 年 6 月 14 日、租期 10 年的厂房租赁协议，审理法院认为，"因该协议未经登记备案，也未经公证，其真实性无法确认"。④ 在张某、吴某等申请执行人执行异议之诉中，审理法院否定长期租约的重要理由之一，即"从本案证据和事实表明，合同双方当事人均未办理登记备案手续或进行公证，也未因租赁缴纳税金"。⑤

此外，案外人提出执行异议的时间，也是部分案件中法院甄别虚假租赁的一个因素。在江苏银行连云港分行与钱某、马某等金融借款合同纠纷执行过程中，审理法院就特别强调，"该租赁合同是在本院执行程序进行到第二次司法拍卖后，在法院要求腾空房屋时才提出执行异议，更能够说明

① 绍兴市柯桥区人民法院（2019）浙 0603 民初 6786 号民事判决书。
② 广东省广州市中级人民法院（2021）粤 01 执异 90 号执行裁定书。
③ 东营经济技术开发区人民法院（2018）鲁 0591 执异 1 号执行裁定书。
④ 温州市鹿城区人民法院（2017）浙 0302 执异 679 号执行裁定书。
⑤ 杭州市西湖区人民法院（2012）杭西执异初字第 3 号民事判决书。

其虚假性"。[①]

　　总体来看，各地法院在审查判断长期租约的真实性时，其考虑的因素不尽相同。这里列举了部分涉长期租约审查的裁判文书，从这些裁判文书的理由中，即可见一斑（详见表3-2-1）。

表 3-2-1　部分法院对长期租约审查情况的案例

法院	裁判文书	案件特征	裁判理由	裁判结果
杭州市中级人民法院	（2013）浙杭执异终字第8号	租期20年；一次性支付租金	租赁双方约定租赁期限20年并一次性付款不符合一般性的生活常理；被执行人房屋尚未装修完毕即向案外人交付不合常理；收条收据和银行转账凭证无法证实租金性质。退言之，即使双方存在真实租赁关系，根据查明事实，案涉房屋查封时承租人并未居住使用，且租赁合同亦未向有关部门备案登记，租赁权不具有对抗性。	不支持案外人的租赁权主张
江苏省高级人民法院	（2014）苏执复字第0020号	租期20年	案外人未及时提交租赁合同；合同内容无任何手写字迹，无法鉴定合同形成时间；案涉房产在签订租赁合同时尚未竣工验收，未办理产权证书，不具备租赁基本条件；租金明显过低；案外人未进驻，未提供实际支付租金的证据。	不支持案外人的租赁权主张
北京市朝阳区人民法院	（2014）朝执异字第48号	租期20年；一次性支付租金	案外人虽提交租赁合同，但未依法备案登记，亦未提交相应的支付租金及实际居住的证据材料，无法证明其已实际履行合同并实际居住讼争不动产的事实。	不支持案外人的租赁权主张
浙江省诸暨县法院	（2014）绍诸执异字第9、10号	租期20年；租金一次性支付	案外人虽提交租赁合同，但没有依法办理租赁登记备案手续和履行相关纳税义务，又与被执行人贷款时的无租赁承诺相矛盾，且合同形式违背日常交易习惯，租金支付方式不符合正常财务制度。	不支持案外人的租赁权主张

[①]　连云港市海州区人民法院（2016）苏0706执异98号执行裁定书。

续表

法院	裁判文书	案件特征	裁判理由	裁判结果
福州市仓山区人民法院	（2015）仓执异字第22号	租期20年；一次性支付租金	租赁合同未记载签订时间，汇款凭证无法证明该款项指向租金，一次性支付20年租金与常理相违背，案外人未提交水、电费用票据或清单，案涉房产共有人未提及出租事实。	不支持案外人的租赁权主张
苏州市姑苏区人民法院	（2015）姑苏执异字第47号	租期20年；租金三个月内支付完毕	案外人提供了租赁合同、支付凭证、物业费发票，但被执行人签订租赁合同的目的是防止案涉房产移交占有，租金明显低于市场标准。	不支持案外人的租赁权主张
杭州市西湖区人民法院	（2015）杭西执异字第26号	租期15年；一次性现金支付租金	合同约定内容明显不符合因日常生活所需租赁房屋之常理，案外人未提供租金支付证据	不支持案外人的租赁权主张
成都市新都区人民法院	（2016）川0114执异15号	租期30年；一次性支付租金	一次性约定超过合同法规定的租期上限的较长租赁期限并一次性全额支付与房屋市场价值相近的大额租金本不符合一般交易习惯，案外人未进一步举证证明或作出合理说明。	不支持案外人的租赁权主张
禅城县人民法院	（2017）豫1625执异19号	租期20年，一次性支付租金	案外人虽然提供了租赁合同、租金收据，但与其签订租赁协议的出租人赵某没有出庭质证，无法确认其真实性。	不支持案外人的租赁权主张
宿迁市中级人民法院	（2019）苏13执复24号	租期15年；租金已支付	案外人提供了租赁合同、收据，但租金均以现金方式支付，明显不符商业习惯，且租金标准明显低于市场平均水平，约定的转租租金收取方式也有违常理。	不支持案外人的租赁权主张
深圳市南山区人民法院	（2019）粤0305执异370号	租期11年；租金一次性支付	租赁合同未办理备案手续，约定租金明显低于市场价格，据每月租金计算所得的租金总额与合同约定的总金额不符，一次性支付租金不符常理。	不支持案外人的租赁权主张
郑州市金水区人民法院	（2020）豫0105民初18160号	租期15年；以租抵债	案外人提供了租赁协议、物业证明和以租抵债协议，但未提供支付租金、水费、电费、物业费等相应费用的转款凭证及收据，未提供证据证明案涉房屋已交付。	不支持案外人的租赁权主张

基于多种因素产生怀疑，执行人员积极调查收集证据迫使债务人或承租人承认虚假租赁，或者根据不同的租约真实性审查标准，而后认定为存在或可能存在虚假租赁，是执行实践中大多数法院的常见做法。这套做法确实在一定程度上可应对假性租约，但却无端增加了债权人大量时间与精力的消耗，增加了执行法院的工作负担。并且，在债务人已经外逃等案件中，债权人或执行人员往往无从调查核实有关证据，法院大多不会仅凭怀疑便判定租约虚假。再者，当前法院的执行工作繁重，而被申请执行的不动产又多涉租约，要求法院对众多的可能存在假性租约的案件一一主动调查核实，也不现实。据笔者对多名执行法官的访谈，2015 年之前，在被疑存在假性租约的案件中，法院最终认定为假性租约的案件并不多。

最高人民法院于 2015 年施行了《关于人民法院办理执行异议和复议案件若干问题的规定》，根据其第 31 条规定，人民法院在对被执行的不动产上的租约进行审查时，似乎有了统一的租约审查的标准：一是正向标准，见于该条第 1 款，"承租人请求在租赁期内阻止向受让人移交占有被执行的不动产，在人民法院查封之前已签订合法有效的书面租赁合同并占有使用该不动产的，人民法院应予支持"。由此，正向标准即"查封之前 + 书面租赁合同 + 占有使用"。二是反向标准，见于该条第 2 款，"承租人与被执行人恶意串通，以明显不合理的低价承租被执行的不动产或者伪造交付租金证据的，对其提出的阻止移交占有的请求，人民法院不予支持"。可见，反向标准即"恶意串通 + 明显不合理低价或伪造交付租金证据"。然而，按照这些审查标准，如何判断是否"占有使用"、是否存在"明显不合理的低价"，如何确定是否有"恶意串通"等等，实践中仍有不少争议。

比如，如何认定承租人是否"占有使用"？在红阳建工集团有限公司与宿迁市希望房地产开发有限公司建设工程施工合同纠纷执行案中，审理法院认为，"占有应是对不动产直接的管理和支配，如在房屋符合法定交付条件后，办理房屋交接手续、拿到房屋钥匙等"。[①] 不少法官认同缴纳物业费、水电费系判断承租人是否占有使用的重要标准，但也有不同意见。例如，在招商银行东营分行、徐某金融借款合同纠纷执行案中，案外人毛某提供了书面租赁合同、烟草专卖零售许可证、水费收据、物业费收据等证据，但审理法院依然认为，"因本案中所涉租赁合同未经登记备案，对于是否存在合同倒签、不合理租约等问题因没有其他证据予以佐证所以存在疑问"。[②]

---

① 宿迁市中级人民法院（2018）苏 13 执异 22 号执行裁定书。
② 东营经济技术开发区人民法院（2017）鲁 0591 执异 35 号执行裁定书。

有的法官甚至在裁判中指出，"交纳物业费只是房屋所有权人或房屋使用者依据物业合同应履行的义务，该行为的发生并不能证明交纳人占有使用房屋"。[①] 有的法院将占有理解为直接占有，如在郑某与中国农业银行临海市支行案外人执行异议之诉中，二审法院明确主张，"在执行程序中，承租人若要主张不动产上的租赁关系对司法拍卖的买受人继续发生效力，不仅要证明租赁关系形成于抵押、查封之前，实际交付了租金，还应当举证证明自己基于租赁合同保持对不动产的直接占有"。[②] 但是，也有法院认为间接占有也是占有的一种表现形态，即使在转租情形下，也认可转租人基于对租赁物的间接占有仍可受"买卖不破租赁"规则的保护。例如，天津市中级人民法院在审理郭某与周某案外人执行异议之诉一案时，即认为，在周某将房屋转租的情形下，周某仍"实际控制"了诉争房屋，故认可周某对涉诉房屋享有承租权。[③]

又如，何谓"明显不合理的低价"？相关法院在认定是否存在"明显不合理的低价"情形时，往往引入了"市场价格"标准，将租约约定的租金与相应不动产的市场租赁价格相比较。例如，在陶某、广发银行苏州分行与苏州摩本通讯科技有限公司、苏州斯派尔电子有限公司等金融借款合同纠纷执行案中，经评估，案涉房产市场平均年租金为 360 万元，而租赁合同约定的年平均租金为 100 万元，故法院认定"该价格远远低于市场价格，此行为显属承租人与被执行人串通达成"。[④] 约定的租金价格是否"低于"市场价格，这可以通过不动产价格评估或者网络询价等方式确定"市场价格"后简单判定。但是，在确定约定的租金低于"市场价格"的情况下，又如何认定"低价"到"明显不合理"的程度呢？从实践来看，不动产租赁的合理价格，往往与相应的租期、支付方式等相联系，甚至与租约当事人双方之间的特殊利害关系相关联。对低于市场价格的租金是否"明显不合理"，各地法院似乎具有较大的自由裁量空间，这引起了被执行人与承租人的较大争议。

关于依据反向标准审查长期租约的案例，经过对笔者收集的 2015 年至 2020 年间的相关执行裁判文书的粗略统计，更是发现，法院据此标准直

[①] 合肥市中级人民法院（2017）皖 01 民终 2604 号民事判决书。

[②] 台州市中级人民法院（2017）浙 10 民终 823 号民事判决书。

[③] 天津市第二中级人民法院（2017）津 02 民终 3522 号民事判决书。类似裁判文书：苏州市吴江区人民法院（2018）苏 0509 执异 3 号执行裁定书、高安市人民法院（2017）赣 0983 执异 17 号执行裁定书、南京市中级人民法院（2016）苏 01 执复 112 号执行裁定书等。

[④] 苏州市中级人民法院（2016）苏 05 执异 8 号执行裁定书。

接明确地认定租约虚假的案例不足 25 件。大多数法院在否认持长期租约的案外人的租赁权保护主张时，往往谨慎地使用了类似"证据不足以证明租赁关系真实有效"的字眼。这客观上也反映了法院在适用该反向标准上的窘境。

或许，基于上述审查标准的不确定性，2015 年以来，不少法院在审查长期租约的真实性时，除了考虑《最高人民法院关于人民法院办理执行异议和复议案件若干问题的规定》第 31 条确定的标准，在实践中仍会额外附加考虑一些其他因素。例如，不少法院依然加入了"租金是否支付"的标准，将其作为承租人的租赁权得以排除法院强制执行的条件之一。在宿迁市明俊物业管理有限公司与江苏银行泗洪支行、江苏大山房地产开发有限公司案外人执行异议之诉中，一审法院就明确声称，"承租人的租赁权如果要排除法院的强制执行，应同时符合以下三个条件：1. 承租人在债权人设定抵押权之前已经与被执行人签订了合法有效的房屋租赁合同；2. 承租人已按约支付租金；3. 承租人在房屋抵押前已经占有使用租赁物"。[①] 一般而言，从租赁的目的来看，收取租金是出租人出租财产的主要目的，因此，承租人是否支付了租金，可以作为证明租赁合同是否真实履行的一项佐证。尤其是在所谓的租期很长，承租人声称以现金方式一次性支付，但无其他佐证的，明显不合常理，法院据此认定为虚假租赁，具有合理性。但是，正如合肥市中级人民法院在韩某与合肥国控建设融资担保有限公司执行异议之诉中所言，"……以韩某的租金未按期给付为由否定租赁合同的效力没有法律依据"。[②] 承租人未按约支付租金，并不必然意味着租约虚假。并且，租金是否支付与承租人是否占有使用租赁物，也不能直接等同。[③]

虚假租赁审查标准的不确定性，导致执行实践中的混乱。部分地方法院为此出台了相应的指导性文件，试图解决此问题。不过，从这些司法文件来看，各自认可的审查标准仍有所不同，客观反映了实务中应对假性租约的困难处境（详见表 3-2-2）。

---

① 宿迁市中级人民法院（2018）苏 13 民终 53 号民事裁定书。类似裁判文书：厦门市湖里区人民法院（2019）闽 0206 执异 167 号执行裁定书、江苏省丰县人民法院（2020）苏 0321 民初 5211 号民事判决书等。

② 合肥市中级人民法院（2017）皖 01 民终 2604 号民事判决书。

③ 例如，在杭州多信实业有限公司与王某民事执行一案中，虽然审理法院否定了案外人已付清全部租金的主张，但仍然认定租赁关系有效。详见绍兴市柯桥区人民法院（2019）浙 0603 执异 242 号执行裁定书。

表 3-2-2　部分地方法院关于租约真实性审查的相关意见

法院	文件名称	相关条款
江苏省高级人民法院	《执行异议及执行异议之诉案件审理指南（三）》（2019年）	一、案外人基于租赁权提出的执行异议及执行异议之诉案件的处理 3. 案外人以其在执行标的被设定抵押或被查封之前与被执行人订立租赁合同，且对执行标的实际占有使用为由，提出执行异议及执行异议之诉，具有下列情形之一的，应认定为虚假租赁：（1）承租人与被执行人恶意串通，将执行标的以明显不合理的低价出租的；（2）承租人或者被执行人伪造、变造租赁合同的；（3）承租人或者被执行人倒签租赁合同签署时间的；（4）承租人或被执行人伪造租金交付或收取证据的；（5）承租人与被执行人伪造其实际占有使用执行标的的证据的；（6）承租人系被执行人的近亲属或关联企业，该租赁关系与案件其他证据或事实相互矛盾的。 4. 承租人基于租赁期限为5年以上的长期租约，对执行标的提出执行异议或提起执行异议之诉的，应重点围绕以下几种情形对租赁合同的真实性予以审查：①租赁合同的订立时间；②租金约定是否明显低于所在区域同类房屋的租金水平；③租金支付是否违反常理；④是否办理房屋租赁登记备案手续；⑤是否存在名为租赁实为借贷情形；⑥租赁房屋是否实际转移占有使用；⑦是否存在其他违反商业习惯或商业常理的情形。 案涉不动产为被执行人或其他人占有使用，承租人仅以其已向房产管理部门办理登记备案，并将该不动产登记为新设公司营业地址为由主张租赁权的，应认定其未实际占有并使用该不动产。但同时具有下列情形的，应视为承租人实际占有并使用租赁物：①已经取得对租赁物的实际控制权；②已在租赁的土地或房屋内从事生产经营活动，包括已将租赁物用于生活、生产、经营或已进行装修等。
上海市高级人民法院	《关于在执行程序中审查和处理房屋租赁权有关问题的解答（试行）》（2015年）	5. 案外人主张对房屋享有租赁权的，应当向执行法院提供哪些证据？ 答：案外人应当向执行法院提供如下证据：（一）出租合同、转租合同等租赁合同。租赁期限为六个月以上的，应当提交书面的租赁合同。租赁合同办理过登记备案手续的，还应当提交相应的证明材料。（二）占有房屋的凭证。如出租人与承租人签订的租赁房屋交接书、承租人在出租房屋所在地物业办理的装修或者入住手续证明以及承租人依照租赁合同缴纳水费、电费、燃气费、通信费等公共事业用费等。（三）租金支付凭证。如承租人向出租人支付租金的转账证明、第三人代为承租人向出租人支付租金的证明以及出租人出具的收款证明等。

续表

法院	文件名称	相关条款
浙江省高级人民法院	《关于执行非住宅房屋时案外人主张租赁权的若干问题解答》（2014年）	二、执行机构审查租赁合同的真实性，如何把握标准？ 答：执行机构一般作形式审查，经审查发现当事人自认或者有其他明确的证据证明租赁合同为虚假，或者名为租赁实为借贷担保、房屋使用权抵债等关系的，对租赁合同的真实性不予认可。 租赁合同未生效或者已在另案中被撤销、确认无效的，对案外人的租赁权不予认可。 三、执行机构审查租赁合同是否签订于案涉房屋抵押、查封前，如何把握标准？ 答：如果在抵押、查封前，租赁合同的当事人已经根据《中华人民共和国城市房地产管理法》第五十四条、住房和城乡建设部制定的《商品房屋租赁管理办法》第十四条、第十九条的规定办理了租赁登记备案手续的，执行机构应当认定租赁合同签订于抵押、查封前。 经审查发现有下列情形之一的，一般也可认定租赁合同签订于抵押、查封前：1、租赁合同的当事人在抵押、查封前已就相应租赁关系提起诉讼或仲裁的；2、租赁合同的当事人在抵押、查封前已办理租赁合同公证的；3、有其他确切证据证明租赁合同签订于抵押、查封前的，如租赁合同当事人已在抵押、查封前缴纳相应租金税、在案涉房屋所在物业公司办理租赁登记、向抵押权人声明过租赁情况等。 四、执行机构审查案外人是否在抵押、查封前已经占有且至今占有案涉房屋，如何把握标准？ 答：有下列情形之一的，可以认定案外人在抵押、查封前已经占有且至今占有案涉房屋：1、案外人在抵押、查封前已经在且至今仍在案涉房屋内生产经营的；2、案外人在抵押、查封前已经领取以案涉房屋作为住所地的营业执照且至今未变更住所地的；3、案外人在抵押、查封前已经由其且至今仍由其支付案涉房屋水电、物业管理等费用的；4、案外人在抵押、查封前已经对案涉房屋根据租赁用途进行装修的；5、案外人提供其他确切证据证明其已在抵押、查封前直接占有案涉房屋的。

第三节　虚假租赁的法律规制

虚假租赁泛滥成为不动产强制执行过程中的一大瓶颈。如何对虚假租赁进行规制，有效遏制虚假租赁现象，是实务中亟待解决的问题。从虚假租赁的成因来看，导致虚假租赁泛滥的原因是多方面的：从当事人的微观角度而言，其诱因可能是债权人与债务人之间的对立情绪或者巨大的经济利益驱动。① 从深层次的社会宏观角度分析,其诱因可能是当前我国转型期下社会诚信意识不足、信用体系不完备、法治观念较为淡薄等。从法律的角度来分析,其诱因则既有实体法上的缺陷,又有程序法上的推动。这里着重从法律规制的角度来分析虚假租赁的应对之策,拟从实体法规制和程序法规制两个方面分别加以论述。

一、虚假租赁的实体法规制

(一)虚假租赁泛滥的实体法诱因

基于债权的相对性和物权的优先效力,罗马法本来采"买卖破除租赁"的规则。但是,近代各国民事立法为保护经济上处于劣势的不动产承租人及谋求社会安定,多倾向于采取较为保护承租人的措施,将原本债权性质的租赁权予以物权化,遂改采"买卖不破租赁"规则。我国《合同法》第229条规定,"租赁物在租赁期间发生所有权变动的,不影响租赁合同的效力"。此即"买卖不破租赁"。我国《物权法》第190条也贯彻了此规则,"订立抵押合同前抵押财产已出租的,原租赁关系不受该抵押权的影响"。《民法典》第405条、第725条也承继了该规则。该规则同样适用于执行程序之中,《最高人民法院关于人民法院民事执行中拍卖、变卖财产的规定》(2004年)第31条② 第2款即规定,"拍卖财产上原有的租赁权及其他用益物权,不因拍卖而消灭,……"③

"买卖不破租赁"规则的合理性毋庸置疑。不过,适用此规则的前提,是"租赁"的合法存在。如上一章所述,长期以来,根据我国合同法的相关

---

① 这里的利益,是指对债务人的利益。尽管在假性租约中,表面体现为承租人获得巨大利益,但因租约是虚假的,该利益实质上是附属于债务人的,并不存在债务人向所谓的承租人输送利益的问题,当然也就不存在承租人的利益问题。

② 该司法解释于2020年修正时,该条文序号被调整为第28条,条文内容不变。

③ 诚然,《物权法》和《最高人民法院关于人民法院民事执行中拍卖、变卖财产的规定》并没有贯彻绝对的"买卖不破租赁"规则,如《物权法》第190条同时规定,"抵押权设立后抵押财产出租的,该租赁关系不得对抗已登记的抵押权";《最高人民法院关于人民法院民事执行中拍卖、变卖财产的规定》(2004年)第31条第2款甚至明确规定在一定情形下法院可依法除去租赁权,"但该权利(指租赁权及其他用益物权)继续存在于拍卖财产上,对在先的担保物权或者其他优先受偿权的实现有影响的,人民法院应当依法将其除去后进行拍卖"。但是,应当注意,法院可视情形依法除去的租赁权,仅限于后于担保物权或其他优先受偿权设立的租赁权;对于先于担保物权或其他优先受偿权设立的租赁权,须遵循"买卖不破租赁"规则,法院不得强制除去。因后设立的租赁权不具有对抗在先的担保物权的效力,可依法除去,即使该租赁权是虚假的,也不会损害担保物权人的利益,故这里探讨的情形,限于租赁权设立在先、须适用"买卖不破租赁"规则的情形。

规定，租赁合同的成立一般只需具备三个要件：租赁当事人具有相应的民事行为能力；租赁当事人的意思表示真实；内容不违背法律和社会公共利益。虽然我国《城市房地产管理法》、住房和城乡建设部《商品房屋租赁管理办法》以及关于房屋租赁管理的地方性法规规定了城市房屋租赁登记备案制度，甚至公安部门也规定出租人出租房屋必须到公安部门进行房屋出租登记，但是，并未明确登记备案会产生何种法律效力。^① 少数地方性法规规章明确了房屋租赁登记备案的效力，如 1999 年《上海市房屋租赁条例》第 15 条规定"房屋租赁合同未经登记备案的，不得对抗第三人"，2004 年《天津市房屋租赁管理规定》第 13 条规定"未经登记备案的房屋租赁合同，不得对抗第三人"，但这些规定毕竟是地方性法规规章，仅在该地域范围内有效，且其位阶与效力均低于法律，因此可以得出结论：登记既非租赁合同成立要件也非对抗要件，只要符合租赁合同成立的三个要件，租赁权便合法存在，具有对抗第三人的效力，换言之，即可适用"买卖不破租赁"规则。^② 从这三要件来看，假性租约通常在形式上具备合同成立的三个要件，已经合法成立，具有绝对对抗第三人的效力。长期以来，我国《合同法》对租赁合同的对抗力缺乏任何公示要求，被执行不动产上的租赁权易于成立且在外观上难辨真伪，致使众多债务人利用法律的漏洞签订假性租约以规避执行。

鉴于《合同法》第 229 条所存在的这样"极大的道德风险"，^③《民法典》对此进行了修改，适当弱化了租赁权的绝对对抗效力，其于第 725 条规定"买卖不破租赁"规则时，强调承租人在按租赁合同"占有"期限内发生所有权变动的，方有"买卖不破租赁"规则的适用。据此，租赁权要获得对抗第三人的效力，适用"买卖不破租赁"，须具备"占有"这一公示性措施。然而，如前所述，从执行实践来看，事实上，在《民法典》施行之前，实践中早已经依据《最高人民法院关于人民法院办理执行异议和复议案件若干问题的规定》基本确立了租赁权以占有为公示表征的裁判规则，但仍然无法完全遏制虚假租赁现象。仅以占有作为限制租赁权对抗效力的公示措施，是

---

① 我国目前房屋租赁登记备案制度的目的，主要在于行政管理和治安管理的需要。关于该制度立法目的的论述，可参见李朝晖：《论房屋租赁合同登记备案制度的立法价值目标》，《广西社会科学》2008 年第 2 期，第 102～103 页。

② 有观点认为，可以将我国立法中对房屋租赁的登记备案要求理解为租赁合同产生对抗力的依据，租赁合同及其变更没有登记备案的，不能对抗第三人（参见戚兆岳：《不动产租赁法律制度研究》，法律出版社 2009 年版，第 199～200 页）。但显而易见，这种看法没有法律依据。

③ 石宏主编：《中华人民共和国民法典立法精解》，中国检察出版社 2020 年版，第 929 页。

否充足,也存疑问。

(二)租赁权公示措施的比较法考察

债务人设立假性租约规避执行,正是利用了"买卖不破租赁"规则。事实上,该规则也是现代各国及地区民法所秉承的法律规则。然而,它们却未带来如我国一样假性租约泛滥成灾的严重问题。虽然有的国家和地区曾经出现过此类问题,但后来都通过一定的方法得到了遏制。因此,从比较法的角度考察其他国家和地区的有关做法,可为规制我国虚假租赁行为提供解决方向上的参考。

总体而言,不难发现,在实体法上,其他国家及地区在将租赁权物权化的同时,"多同时搭配一定租赁权公示性之措施",[①]要求租赁权经一定公示后承租人始受保护,以限制租赁权对抗第三人效力的绝对扩张。只不过在采取何种公示措施的路径上,各国及地区有不同的选择。

1. 大陆法系租赁权公示措施

瑞士《债务法》规定,房屋租赁合同经登记后方具有对"后手之房屋所有人"主张租赁权的效力(第 260 条)。根据奥地利《民法典》,不动产租赁于登记后为物权(第 1095 条)。意大利《民法典》规定,未登记的不动产,自租赁时未经过 9 年的,不得对抗第三人(第 1599 条)。韩国《民法典》虽直接将租赁权规定为物权(韩国称为传贳权),但同时也规定,租赁权登记后,才可以对抗第三人(第 621 条)。在法国,依其《民法典》的规定,"如出租人出卖租赁物时,买受人不得辞退经公证作成或有确定期限的租赁契约的房屋或土地承租人……"(第 1743 条)。

在德国固有法上,租赁权被规定为物权,承租人被视为物权人。依普鲁士法,租赁因租赁物的交付,不动产租赁因登记而有对抗力,买卖不破租赁。[②]但是,两次世界大战后,德国承受了战争破坏,加上大量难民涌入,造成了住房供需上的严重失衡,为保护住房承租人,德国《民法典》对此作了改变,规定"出租的住房在交给承租人后,被出租人让与给第三人的,取得人代替出租人,加入在出租人的所有权存续期间基于使用租赁关系而发生的权利和义务"(第 566 条第 1 款)。该规则也适用于土地租赁关系和除住房以外的房屋使用租赁关系。可见,德国法上的"买卖不破租赁"须满足租赁物已经交付的要件,租赁权公示的方式为交付。为了强化租赁权

---

① 黄立主编:《民法债编各论》(上),中国政法大学出版社 2003 年版,第 304 页。
② 史尚宽:《债法各论》,中国政法大学出版社 2000 年版,第 144 页。

的对抗效力,最大限度地保护承租人,德国《民法典》规定了在特殊的例外情形下,租赁物纵使未经交付也具有对抗效力,即:在出租人对租赁物设定负担进而剥夺了承租人符合合同目的的使用情形下,即使租赁物未交付给承租人,如果租赁物的受让人承担了基于租赁关系的义务,租赁权也可产生对抗效力(第 567a 条)。

日本的租赁权对抗制度也像德国一样经历了租赁权从登记对抗到交付对抗的转变。1898 年日本《民法典》第 605 条规定:"不动产租赁经登记,得对抗以后之物权取得人。"但是,因登记需要出租人协力为之,承租人自身无法单独申请完成租赁登记以取得对抗效力,具备登记对抗要件的租赁权几乎不存在,随后几年间导致了"地震买卖"①的严重问题,造成承租人财产上的重大损失,社会经济发展也深受其害。因此,自日本《民法典》制定以来,许多立法都在对租赁权加强保护,使其接近地上权,而且也一直在谋求地上权本身的强化。②1909 年制定的《建筑物保护法》第 1 条便规定,以建筑物的所有为目的的地上权或土地承租权,地上权人或土地承租人在该土地上有已进行登记的建筑物时,地上权或土地的租赁权虽未进行登记,亦可以之对抗第三人。1921 年颁布《借地法》,进一步强化土地承租人的法律地位,将土地租赁权提升到与地上权同等的地位而以物权方法进行保护,并将地上权与土地租赁权合并统一为借地权。同年颁布的《借家法》规定,建筑物租赁虽未登记,但在建筑物交付后,对其后取得该建筑物的物权者,也发生效力。1938 年制定的《农地调整法》(后改称《农地法》)也规定,出租的农地,只要农地交付于承租人后,即具有对抗效力。第二次世界大战以后,因城市房屋短缺,日本又通过司法判例进一步强化了不动产租赁权的物权性。可见,日本《民法典》上关于不动产租赁登记对抗第三人的规定已被特别法和司法判例改变,租赁的不动产经交付后,就取得对抗第三人的效力,而无需登记。

我国台湾地区"民法"第 425 条原规定,"出租人于租赁物交付后,纵将其所有权让与第三人,其租赁契约,对于受让人,仍继续存在"。根据该规定,租赁契约的公示采用了与德国法、日本法相同的交付模式。然而,这

---

① 所谓"地震买卖",是指 1906—1908 年间,日本因日俄战争关系带动经济发展,地价高涨,土地买卖十分盛行。买受人依据未登记的租赁权不能对抗第三人的规定要求承租人拆屋还地,如此,承租人在承租土地上所建筑的房屋就如同被地震震垮一样,对买受人毫无对抗力。为了达到提高租金的目的,不少地主进行虚假买卖,改变土地所有人而逼承租人解除租赁合同,或要求承租人增加租金。

② [日]我妻荣:《日本物权法》,五南图书出版公司 1999 年版,第 314 页。

种公示模式对承租人"似乎有过度保护之情形，以致相当程度影响了交易安全，造成具有租赁关系之标的物在交易上之不确定性。……在实务上不肖之债务人乃利用此一规定，与第三人虚伪订定长期（例如二十年）或不定期之租赁契约（尤为不动产租赁契约），而产生无买主愿意投标之难以拍卖情形；或纵使有人买受，亦长期无法使用得标之不动产之妨碍强制执行的状况"。[①] 为解决此问题，台湾地区一方面通过"司法院"的实务解释增加"买卖不破租赁"的成立要件，要求承租人不得中止占有该租赁物；[②] 另一方面修订"民法"中的相关规定，于 2000 年将该条文修正为"出租人于租赁物交付后，承租人占有中，纵将其所有权让与第三人，其租赁契约，对于受让人仍继续存在。前项规定，于未经公证之不动产租赁契约，其期限逾五年或未定期限者，不适用之"。据此，对租赁进行区别对待，对于租期在五年以下的租赁，租赁权的公示方式是交付并占有；对于租期在五年以上的租赁合同，租赁权的公示方式则为公证。通过公证增强长期租赁关系的公示作用，大大减少了假性租约的生存空间。

2. 英美法系租赁权公示措施

在英美法上，同样奉行"买卖不破租赁"规则，其立法和判例均承认，不动产租赁权作为一种财产权（地产权），具有绝对的对世效力。但是，这并不意味着不动产租赁权的成立无需任何公示性措施。在英美法上，租赁关系既被视为一种合同，又被视为一种财产权让与，兼具合同与让与两个行为的特征。[③] 因此，一个有效的不动产租赁法律关系，必须同时具备两个基本要件：一是存在有效的不动产租赁合同，在出租人与承租人之间设立权利义务关系；二是承租人实际进占承租的不动产，通过占有的转移，承租人取得财产权。在进占不动产之前，承租人没有在不动产上取得任何权益，仅取得依租赁协议在未来某个时刻进占承租不动产的可能性，还不是一个真正意义上的承租人。[④] 承租人对不动产的绝对占有和排他性的控制，是英美法上不动产租赁关系成立的必备要素之一，而且是其中最最实

---

① 李忠雄：《论买卖不破租赁与逃避债务》，《律师通讯》1993 年第 163 期，第 69 页。

② 如根据客观事实，承租人已经于相当长之期间未占有租赁物者，承租人即可能构成中止占有，实际情形仍应视个别情形而定。但如承租人抛弃占有者，则属于中止占有。这种情形下，租约对买受人不具有对抗效力。

③ 高富平、吴一鸣：《英美不动产法：兼与大陆法比较》，清华大学出版社 2007 年版，第 306页。

④ 咸鸿昌：《论英国土地承租人权益的法律保护》，《南京大学法律评论》2011 年第 2 期，第349 页。

质的要素。① 可见，在英美法中，承租人排他性的绝对占有是不动产租赁权成立的前提条件。没有占有，不动产租赁权就不能成立，更谈不上对抗第三人的效力。

传统的英国普通法上没有登记体制，财产权的对抗力遵循着传统规则：普通法利益可以对抗一切人，而衡平法利益不得对抗善意购买人。1925 年起，英国开始财产法改革，逐步发展了产权登记制度，实行包括产权登记和负担登记的双轨制。② 产权登记成为产权移转以及对抗第三人的唯一凭证。负担登记的是未经产权登记的土地所承载的负担。在产权登记制度下，物上负担被区分为优先利益和次级利益。优先利益无须登记即可对抗买受人。次级利益只有经过负担登记才能对买受人产生约束力。买受人受到优先利益和"登记簿上"存在的一切项目的约束。③ 根据 1925 年英国《土地登记法》，21 年以上的普通法租赁地产权属于可登记的地产权类型之一；期限不超过 21 年的普通法租赁地产权属于优先利益，无需登记即可对抗第三人。根据 2002 年英国《土地登记法》，7 年以上的普通法租赁须进行产权强制登记，而 7 年以下（包括 7 年）的租赁地产权则属于优先利益。④ 可见，在英国，租期在 7 年以上的不动产法定租赁，需通过登记公示才可获得法律保护，而租期不超过 7 年的不动产法定租赁，则依据优先利益制度予以保护，无需登记即可对抗受让人。此外，英国还存在衡平法上的租赁地产权，其属于次级利益，未经登记不产生对抗第三人的效力。⑤

美国大部分地区采用地契登记制度。物上负担的公示由地契中的产权约据完成。产权约据源自卖方对产权状况的保证，这种保证在交易完结时会混入契据。登记具有对抗效力，但有很多利益无法登记，也可以对抗善意买受人。为此，美国财产法为登记系统配套了产权调查和产权保险等制度。⑥ 就租赁而言，因短期租赁在美国许多州无法登记，故美国对短期租赁和长期租赁区别对待：短期租赁无须登记即有对抗效力，长期租赁则

---

① ［英］劳森等：《财产法》，施天涛等译，中国大百科全书出版社 1998 年版，第 148 页。

② ［英］劳森等：《财产法》，施天涛等译，中国大百科全书出版社 1998 年版，第 212~213 页。

③ ［英］萨尔顿：《产权转让法》（第三版），法律出版社 2003 年影印版，第 40~41 页。

④ 刘艳：《英美不动产登记法律制度研究》，2014 年山东大学博士学位论文，第 75 页、第 92 页。

⑤ 高富平、吴一鸣：《英美不动产法：兼与大陆法比较》，清华大学出版社 2007 年版，第 322 页。

⑥ 张淞纶：《论物上负担制度——财产法的对抗力革命》，法律出版社 2012 年版，第 164~170 页。

必须登记才有对抗效力。[①]

概言之,在英美法上,不动产租赁权能否取得对抗第三人的效力,采用的是区别对待模式,部分情形要求租赁权须经登记才可对抗第三人,部分情形无须登记也有对抗效力。

(三)我国规制虚假租赁的实体法路径选择

"权利对于第三人之对抗效力与权利之公示作用应相伴而生,乃法律之基本原则。"[②] 如果权利的公示作用不足,必然引发交易的不安全及其他的社会成本。租赁权亦然,"在欠缺公示之情形,租赁关系不应对受让人继续存在,即无买卖不破租赁原则之适用"。[③] "不动产租赁公示制度与租赁权的对抗效力实乃一体两面的关系",立法赋予租赁权以对抗效力,必须"有最适宜于实践需求的权利表征"。[④] 如前所述,无论是大陆法系还是英美法系,有关国家和地区无不在赋予租赁权对抗效力的同时,附加特定的公示要件,或登记,或交付,或占有,或公证,以抑制"买卖不破租赁"规则的滥用,只不过因各自国情的不同而作出了不同选择。我国也应在实体法上对租赁权规定类似的公示措施,以达到规制虚假租赁的目的,已成为学界的共识。我国司法实践虽然已经逐步确立了占有为租赁权取得对抗效力的公示措施的规则,并得到《民法典》的确认,但是,从虚假租赁依然泛滥成灾的现实来看,以占有作为限制租赁权对抗效力的公示措施是否充足,依然值得探讨。理论上,我国有不少研究来论证租赁权应采取何种公示措施,所涉建议无外乎上述几种措施。我国究竟应采何种公示措施,仍有细致斟酌的必要。

1.关于交付或占有

通常认为,"买卖不破租赁"的重要目的在于通过保障承租人的占有来保证租赁稳定以及交易安全。"买卖不破租赁"的正当性建立在承租人的占有基础上。如果承租人并未实际占有或者使用,租赁作为债权便没有优先于包括抵押权、所有权在内的物权的合理性。交付或占有应为租赁权存在的应有之义,是"买卖不破租赁"的前提条件。有德国学者这样简明扼要地阐明交付和占有作为"买卖不破租赁"适用条件的重要意义:"事先交

---

① 刘艳:《英美不动产登记法律制度研究》,2014年山东大学博士学位论文,第102~103页。
② 黄立主编:《民法债编各论》(上),中国政法大学出版社2003年版,第307页。
③ 黄立主编:《民法债编各论》(上),中国政法大学出版社2003年版,第310页。
④ 高圣平:《不动产权利的登记能力——评〈不动产登记暂行条例(征求意见稿)〉第4条》,《政治与法律》2014年第12期,第17页。

付于承租人这一要件是要保护受让人：使用租赁合同是不能够从土地簿册上被认识到的；因此，受让人至少应当通过承租人的（有形）占有而受到警告。"① 我国有学者持同样见解，认为买卖不破租赁的要件之一应是，"出租人已经将租赁物交付给承租人且承租人必须持续占有租赁物"，② "目前实务中处理比类问题时，应……排除租赁物未交付及承租人未占有租赁物的情形"。③ 大陆法系的德国、日本及英美法系均以交付、占有为租赁权产生对抗效力的前提。

应当看到，德国和日本之所以将租赁权的对抗要件由登记改为交付，有其特定的社会背景。在德国，战后住房奇缺导致德国须强化承租人的地位，并且，德国不动产租赁制度较为完善，不动产所有权人很难通过虚构买卖合同等以提高租金，不动产买卖并不盛行，④ 故以交付为租赁权的对抗要件，侧重保护承租人的利益，并未带来虚假租赁的严重问题。在日本，因"地震买卖"等带来的严重问题，才促使日本改登记为交付作为租赁权的对抗要件。英美法系采纳占有要件，则是源于传统，因英美法受日耳曼法影响较大，往往以占有来表彰权利的享有。

我国《民法典》也将占有确立为租赁权产生对抗效力的前提要件。然而，该公示措施是否合理、充分，值得商榷。首先，我国房屋自有率较高，不存在"地震买卖"的情形，我国民众向来接受的是不动产以登记（非占有）表示权利状态的观念，故借鉴德、日、英、美这些国家做法而将交付或占有作为我国不动产租赁权对抗要件，并不具备当然的合理基础。其次，以交付或占有作为租赁权的对抗要件，其公示程度较低，须作进一步的查证，必然会带来实务操作上的难题。交付方式有简单交付、占有改定、指示交付和拟制交付之分，如何认定交付，存在进一步解释的问题。就占有而言，占有的标志是事实的对物支配。然而，事实支配存在多种表现形式，⑤ 何种情形下存在这样的事实的对物支配，也是一大难题。通常认为，这需要依据生活观念，结合一定的可认识的空间关系和时间关系来认定。并且，因相

---

① ［德］迪特尔·梅迪库斯：《德国债法分论》，杜景林、卢谌译，法律出版社2007年版，第191页。

② 张广兴：《债法》，社会科学文献出版社2009年版，第235页。

③ 张华：《我国租赁权对抗力制度的不足与完善》，《法学评论》2007年第2期，第48页。

④ 据统计，德国一半以上的人口是租房居住。德国住房自有率为43%，租赁住房率达到57%，特别是年轻人中77%都是"租房族"，是欧洲住房自有率最低的国家。参见李世宏：《德国房地产市场及房地产金融的特征分析》，《西南金融》2011年第5期，第42页。

⑤ ［意］鲁道夫·萨科、拉法埃莱·卡泰丽娜：《占有论》，贾婉婷译，中国政法大学出版社2014年版，第32～41页。

关的空间关系和时间关系在具体个案中可能有很大差异，对事实支配的认定只能就个案而定。[①] 况且，占有也分直接占有与间接占有、一次占有与持续占有等，是否所有的占有情形都符合租赁权公示所要求的占有要件，理论与实务分歧也很大。我国司法实践中不少法院也根据交付或占有标准来判断是否存在假性租约，事实已经证明操作难度确实太大。

将占有作为不动产权利的公示方法，存在明显缺陷，尤其在交易频繁的现代社会，仅仅占有不动产本身往往无法对外公示不动产权利。[②] 事实上，正是由于交付或占有的公示程度太低，日本和我国台湾地区也曾出现滥用租赁权而妨碍执行的现象。在日本，就曾遭遇因执行法律不周全而引发严重的"占有屋"问题。[③] 尤其是日本在泡沫经济破灭后，因不动产市场长期的不景气状态使得金融机构以及大型企业接连破产。于此情形，有效回收不良债权、健全财政便成为日本经济必须面对的最大难题。而正是问题亟待解决之时，有部分黑社会势力恶意利用担保法制度，"通过妨碍抵押权等担保权的实现谋取非法利益，使问题的解决雪上加霜；在另一方面，从权利人的角度看，抵押权等担保权的实现不仅所需时间过长，而且还要支付许多不正当的费用，因此不能迅速而有效地实现自己的权利"。[④] 因为实体法上的这种漏洞往往难以尽除且易引起恶意滥用，日本因此设置了包括防范假性租约在内的规避执行的一系列执行法律制度，包括现况调查制度、惩罚制度等。[⑤] 我国台湾地区也曾面临虚假租赁泛滥的难题，故在修正其"民法"第425条时，增加了"公证"的要求，以求其权利义务内容合法明确，防免诈害不动产受让人或拍定人的虚假租赁。[⑥] 我国民法学者在

---

① ［德］鲍尔、施蒂尔纳：《德国物权法》（上），张双根译，法律出版社2004年版，第113～114页；王泽鉴：《用益物权·占有》，中国政法大学出版社2001年版，第155页。

② 高圣平：《不动产权利的登记能力——评〈不动产登记暂行条例（征求意见稿）〉第4条》，《政治与法律》2014年第12期，第16页。

③ 所谓占有屋问题，源于日本《民事执行法》第55条"为变卖而实施的保全处分"。该条规定，实施保全处分的对象仅限于债务人而不包括第三人。许多被执行人为逃避强制执行前期的保全处分，纷纷通过签订租赁合同等方式让第三人对其将被执行的不动产进行占有，以对抗强制执行。随后，该制度更被组织性暴力集团所利用，成为一股严重妨害执行的反社会势力。基于该势力横行对执行程序的恶劣影响，日本最高裁判所于1999年与2005年分别作出新裁判，通过赋予法官对个案进行判断的方式来考察保全处分的适用对象。参见［日］上原敏夫等：《民事执行·保全法》，有斐阁2009年版，第119～120页。

④ 关于日本暴力团等黑社会组织如何利用民事法律漏洞不择手段获得暴利的论述，可参见渠涛编译：《最新日本民法》，法律出版社2006年版，第438～443页。

⑤ Kayo Nisbikawa, Problems of *Public Sale in Japan, Comparative Studies on Enforcement and Provisional Measures*, edited by Rolf Stürner and Masanori Kawano, Mohr Siebeck, 2012, pp.108～111.

⑥ 黄立主编：《民法债编各论》（上），中国政法大学出版社2003年版，第316页。

阐释《民法典》第 725 条"买卖不破租赁"规则新增的"承租人占有租赁物"要件时,也明确表示担忧:强调承租人占有同样面临"伪造"的道德风险,从长远来看,很可能还需要更经济的改革方案。[1]

2. 关于公证

理论上,公证作为明确的公示方法,具有充分的公示作用,如果规定公证为租赁权的对抗要件,势必可以有效防止假性租约,减少争议。法国和我国台湾地区就将公证作为部分不动产租赁的对抗要件。我国应否考虑将公证作为租赁权的公示措施呢?

应当看到,法国是世界上第一部公证法诞生的国家,也是成文法系国家中公证制度最为完善的国家,具有一系列比较完备的公证法律制度。据统计,不动产交易公证占据了法国公证义务的 50%。可见,法国将公证作为租赁权的对抗要件,乃传统使然,不足为奇。至于我国台湾地区,其要求期限逾五年或不定期租赁契约经公证方可对抗第三人,除了防止假性租约的目的外,尚有另一原因,即为民间公证人提供一项业务诱因,促进公证制度的发展。这个原因能否成为正当的立法理由,不无疑问。正如台湾地区学者批评所言,"在立法政策上,不应仅为配合公证制度之改革及防杜假租赁之存在,而大幅限缩了不动产租赁权物权化之范围"。[2] 况且,公证也不能完全解决租赁权公示不足的问题,[3] 无法完全杜绝虚假租赁。就我国而言,我国公证传统十分缺乏、公证制度尚不完善、公证费用较高,在这样的现实下,强制要求有关当事人将租赁合同提交公证方赋予对抗效力,显非合理。

3. 关于登记

有学者认为,法律在强调承租人权益保护的同时,不能片面牺牲交易安全、过度忽视对买受人的权利保护,故应以登记作为不动产租赁权的公示要件。[4] 甚至有学者建言,"在日益频繁的交易背景下,登记就成了最佳选择"。[5]

---

① 王轶、高圣平、石佳友、朱虎、熊丙万、王叶刚:《中国民法典释评:合同编·典型合同》(上卷),中国人民大学出版社 2020 年版,第 464～465 页。

② 温丰文:《民法第四二五条修正条文评析——论租赁权物权化之范围》,《东海大学法学研究》2003 年第 19 卷,第 208 页。

③ 苏永钦:《走入新世纪的私法自治》,中国政法大学出版社 2002 年版,第 341 页。

④ 季金华:《买卖不破租赁原则限制适用的条件分析》,《政法论丛》2016 年第 4 期,第 77 页。

⑤ 高圣平:《不动产权利的登记能力——评〈不动产登记暂行条例(征求意见稿)〉第 4 条》,《政治与法律》2014 年第 12 期,第 17 页。

我国宜设立不动产租赁登记对抗制度。理由如下：第一，登记的公示程度最高。登记公示对于租赁权的对抗效力有着不可代替的作用。在我国，登记的效力一定程度上甚至高于公证的效力。第二，符合物权公示方法。租赁权的物权化使租赁权可对抗租赁关系以外的第三人，而物权须公示才能产生公信力，故租赁权应予公示，否则，将不当增加第三人的交易风险和交易成本，甚至抑制交易。[①] 而不动产物权的公示方法，即为登记。第三，没有立法技术上的困扰。我国现行法律、行政法规、部门规章、地方性法规及规章已有关于不动产租赁登记备案的规定，在此基础上，将登记的效力上升为租赁权的对抗要件，不会造成立法上的难题。第四，符合我国传统。对不动产租赁予以登记，在我国素有传统，将登记作为不动产租赁权的对抗要件，"在我国具有法律心理基础，推行不致发生困难"。[②] 第五，操作性强，便于执行。对不动产进行强制执行，首先要确定的是现实中的不动产权利人，以此为出发点才能谈到强制执行的实施。以登记确定权利人，简便易行，有利于快速执行。反之，如果允许执行法院认定与登记簿的记载不一致的事实关系，不仅严重影响执行效率，而且"不能保证利益人之间的权利平衡"。[③] 不难预见，如果不动产租赁采取登记对抗制度，虚假租赁将无处藏身，从而从根源上防堵虚假租赁。

也许有人会提出疑问，谓日本《民法典》曾采登记制，但因登记须租约双方当事人共同完成，给当事人带来不便，导致"地震买卖"，最终日本放弃了登记制，德国也从登记制改为了交付制。如果我国改采登记制，是否是"逆潮流"呢？日本和德国放弃登记对抗主义的缘由，是登记需要出租人的配合，承租人通常没有获得出租人的登记同意，从而无法独立完成登记而使租赁权具备对抗力，并且，办理或者注销登记会产生麻烦和费用。[④] 采用登记对抗主义，大大削弱了租赁权的物权化效力，不利于承租人的权益保护，有学者进而认为，这实质是"买卖破除租赁"。[⑤]

如果我国也采登记制，是否可能会带来同样的问题呢？此种顾虑并无必要。首先，我国土地未实行私有制，住房供需没有严重失衡，不会出现类

---

① 瞿新辉：《租赁权公示是取得物权对抗效力的要件》，《法律适用》2007年第9期，第92页。

② 戚兆岳：《不动产租赁法律制度研究》，法律出版社2009年版，第168页。

③ ［日］几代通：《民法研究笔记》，第96页，转引自［日］铃木禄弥：《物权的变动与对抗》，渠涛译，社会科学文献出版社1999年版，第15～16页。

④ Häublein, in: *Münchener Kommentar*, 5. Aufl., 2008, § 566, Rn.2.

⑤ ［日］我妻荣：《债法各论》（中卷一），徐进、李又又译，中国法制出版社2008年版，第189页。

似"地震买卖"的问题。其次，尽管登记制须租约当事人双方协力完成，可能给有的当事人增加不便，但是，应当看到，对承租人而言，这种不便应当是其主张租赁权对抗效力所需的必要成本，[①] 对出租人而言，协作完成登记的义务完全可以作为租约内出租人的附随义务加以约定。最后，客观来看，登记制确实会限制"买卖不破租赁"规则的适用，但这是社会发展的变化使然。近代各国民法确立"买卖不破租赁"规则，在于保护经济上处于弱者地位的承租人，但时至今日，租赁权的目的多样化，不动产资源极为丰富，承租人未必是经济上的弱者，[②] 其对承租的不动产的依赖性大为降低，固守"买卖不破租赁"规则已无必要。通过登记制适当限制"买卖不破租赁"规则的运用，有利于增加交易安全，维护社会秩序的稳定。或许正是登记的公示程度最高，即便传统上奉行占有表示权利享有的英美法系国家，在特定情形下也要求不动产租赁权的登记对抗效力。所以，不能说采登记制就是"逆潮流"。我国如果改采登记制，是更符合我国具体国情的理性选择。

如前所述，是采用纯粹的彻底的登记对抗主义，还是对租赁权进行区分，采用附条件的登记对抗主义，域外法制存在差异。在我国目前已基本确立占有对抗主义的现实背景下，是否有必要改采彻底的登记对抗主义呢？有观点认为，宜将租赁区分为短期租赁和长期租赁，并配以不同的公示方式，短期租赁仍旧沿用占有对抗主义，长期租赁则附加适用登记对抗主义，这样，"在一定程度上可较为准确地遏制虚假租赁行为，也避免租赁对抗力规则的制度成本过高而沦为'买卖破除租赁'"。[③]

客观来看，采用彻底的登记对抗主义，确实会给当事人带来一些不便，会增加当事人的交易成本。在我国，以生活为目的的短期租赁数量繁多，变动极快，当事人双方大多没有申请登记的意愿，并且，我国目前的虚假租赁现象主要出现在所谓的长期租赁之中，以虚假的短期租赁作为妨碍执行的手段的情形较为少见。在此现实下，以租期长短为标准区分短期租赁与长期租赁，分别配置不同的公示方式，有其合理性。不过，如果采用这种区别对待模式，仍值得商榷：其一，据实务调查，债务人与案外人串通设立短期虚假租赁的情形，目前的执行实践中虽然较少，但并不等于没有，只不过

---

① 在我国，登记本身的成本并不高昂。当前多数租赁合同并不登记的主要原因，是当事人欲逃避税费，但这本身就是违法的，不应计入登记的成本之内。

② 苏永钦：《走入新世纪的私法自治》，中国政法大学出版社 2002 年版，第 338 页。

③ 陈鸣：《"买卖不破租赁"的司法续造及其局限性——兼论〈民法典·合同编〉中租赁合同对抗效力规则的重构》，《西部法学评论》2017 年第 1 期，第 27～28 页。

因短期的虚假租赁在规避执行的"效用"上远没有长期虚假租赁那么明显，债权人可能较为容忍罢了。毋庸置疑，短期虚假租赁依然会阻碍执行，损害债权人权利，影响执行效率。倘若我国对长期租赁采取登记对抗主义，对短期租赁采占有对抗主义，在未来，债务人与案外人是否会转而滥用短期租赁对抗执行，尚难定论。毕竟，在 20 世纪八九十年代，日本就出现了滥用短期租赁合同、利用占有房屋妨碍执行的大量事例。① 其二，从我国目前的现实情况来看，不动产短期租赁数量大，变动快，也从侧面表明我国的不动产资源丰富，短期承租人对不动产的依赖程度不高，这样，有无必要降低租赁权的公示程度，强化对短期承租人的租赁权保护，值得思考。其三，按区别租赁分采不同公示方式的观点，即使就短期租赁，依然强调占有对抗主义，如前所述，在执行中如何查证承租人是否占有租赁物，同样存在操作上的难题。基于此，从目前的执行现状出发，综合考虑债权人、买受人、承租人的利益，我国未来对租赁权采取彻底的登记对抗主义，或许是遏制虚假租赁的合理选择。

二、虚假租赁的程序法规制

如果实体法上实行租赁权登记对抗制度，因其足够的公示作用，可以在很大程度上减少假性租约，但并不能完全杜绝假性租约。在租赁权与抵押权等权利相冲突的场合，因这些权利均须登记方产生对抗效力，根据登记时间的先后，极易判断权利的优先性，虚假租赁的可能性极低。但是，在被执行不动产上未附着经登记的抵押权等权利的情况下（如债务人资不抵债，所有财产拟被强制执行），债务人在法院查封前抢先虚构租约并予以登记，不无可能。并且，登记也可能出现错误（甚至是虚假登记），仅凭登记确定占有的状态并非完全准确。正如日本学者所言，在不动产拍卖、变卖中，"正确地把握不动产的权利关系以及占有状态的现状极为必要，而这些现状的了解仅凭登记簿是完全不足的"。② 完全依赖实体法上的规制，尚不足以完全防范虚假租赁的出现。鉴于此，从程序法的角度分析虚假租赁泛滥的原因，并有针对性地构建、完善相应的执行机制，以发现和认定假性租约、制裁恶意的当事人，实有必要。这里拟结合实务，从虚假租赁的证明责任分配、执行中的防范措施及相应的惩戒机制展开分析。

---

① ［日］生熊长幸：《民事执行法·民事保全法》，成文堂 2006 年版，第 171～172 页。

② ［日］山木户克已：《民事执行·保全法讲义》，有斐阁 1999 年版，第 145 页。

（一）虚假租赁的证明责任分配

在执行实践中，不少执行法官认为，除非法律另有特殊规定，按法律要件分类说，证明责任分配实行"谁主张谁举证"的一般原则。执行程序中的虚假租赁是否存在，并非法律规定的特殊情形，故应适用"谁主张谁举证"的证明责任分配规则：既然申请执行的债权人主张租赁合同是虚假的，则应由申请执行的债权人就其主张承担证明责任。

在周某与东海县新通农村小额贷款有限公司、朱某等执行异议之诉中，法院即持此证明责任分配观点。此案中，案外人周某声称与朱某于案涉房屋抵押权设立之前签订了房屋租赁合同，租期10年，租金10万元，租金一次性付清，且对案涉房屋进行了装修。周某提交了租赁合同、转账凭证和装修合同等证据。新通公司否认周某与朱某之间存在真实合法的租赁关系，认为：周某虽然提供了7万元汇款凭证，未能证明此款就是周某给付，也未能证明给付的就是租金而非双方之间其他的纠纷，且没有约定的收条；另外3万元如何给付，周某也未提供证据证实。新通公司还提供照片，以证明案涉房屋仍由朱某自用；提供贷款调查报告，以证明案涉房屋在贷款时无相关租赁情况。审理过程中，一审法院、二审法院均认为，案外人周某与朱某签订了房屋租赁合同，新通公司虽认为周某与朱某之间不存在真实合法的租赁关系，但未能提供足够的证据证明该租赁合同不真实（虚假），故对该租赁合同的真实性予以确认。[①] 由此可见，在审理法院看来，案外人与被执行人之间租赁关系的真实性，应由否认租赁关系的债权人承担证明责任，提供证据证明其虚假性。

《最高人民法院关于人民法院办理执行异议和复议案件若干问题的规定》第31条第2款规定，"承租人与被执行人恶意串通，以明显不合理的低价承租被执行的不动产或者伪造交付租金证据的，对其提出的阻止移交占有的请求，人民法院不予支持"。仅从文义来理解，该条款似乎确立了虚假租赁的证明责任分配规则：由申请执行的债权人就承租人与被执行人之间"恶意串通"、租金属"明显不合理的低价"、"伪造交付租金证据"的事实承担证明责任。在李某与袁某申请执行人执行异议之诉中，原告李某诉称被告袁某与被执行人之间签订的租赁合同系事后恶意伪造的情形，审理法院就据此认为，原告李某应当对此承担证明责任，因李某未向法院提供

---

① 连云港市中级人民法院（2017）苏07民终77号民事判决书。

充分的证据予以证明，故原告应当对此承担不利后果。[①] 有的法院在明确承认申请执行的债权人就承租人与被执行人之间的租赁合同存在"合理怀疑"的情况下，仍进一步要求债权人就租约的虚假承担证明责任，更是反映了法官在虚假租赁证明责任分配上的这种倾向性。例如，在胡某、左某民间借贷纠纷执行过程中，针对申请执行人胡某的异议，审理法院明确表示，胡某提出的三点理由（房产抵押时没有出租记录、承租人左某某在相关两份租赁合同的签名笔迹不同、租赁长达 20 年与常理不符），均是对左某与左某某之间签订的租赁合同的真实性提出"合理的怀疑"，但是，并没有提供左某与左某某之间是恶意串通，以明显不合理的低价承租的证据。[②] 此外，有的法院严格遵循《最高人民法院关于适用〈中华人民共和国民事诉讼法〉的解释》第 109 条的规定，[③] 要求债权人"对于恶意串通的证明还须提交足以使本院能够排除合理怀疑的证据"，否则，"须承担举证不能的不利责任"。[④]

然而，债权人证明成功的概率太低。尽管债权人经常怀疑不动产上的租赁合同是债务人与第三人串通虚构的假性租约，但是，因相关的大部分证据完全处于债务人与第三人掌控之下，债权人往往难以收集充分的证据以资证明。尤其在债务人为逃债而故意"下落不明"的情况下，债权人的举证更是举步维艰。如此，在执行过程中，债务人或第三人只要向法院主张在被执行的不动产上存在租赁关系，并提供租赁合同等简单证据，而债权人一旦无法举出充分的证据证明租赁虚假，即便法官也怀疑租约的真实性，法官出于谨慎考虑，也更倾向于承认租赁合同的真实性。[⑤] 这种由债权人承担虚假租赁事实证明责任的裁判规则，致使债权人只能"哑巴吃黄

---

① 赤水市人民法院（2015）赤民初字第 1437 号民事判决书。类似裁判文书：佛山市南海区人民法院（2018）粤 0605 民初 172 号民事判决书；胶州市人民法院（2019）鲁 0281 执异 58 号执行裁定书等。

② 高安市人民法院（2017）赣 0983 执异 17 号执行裁定书。

③ 根据该条规定，当事人对"恶意串通事实的证明"，须达到"排除合理怀疑"的证明标准，法院才应当认定该事实的存在。

④ 成都市中级人民法院（2019）川 01 民终 19534 号民事判决书。

⑤ 从笔者寻访的近百位执行法官来看，这种倾向性非常明显。有的地方法院在相关指导意见中直接明确，在案外人执行之诉中，判断涉案合同是否存在"恶意串通"的情形时，要求法官审慎认定合同无效。如广东省高级人民法院《关于审查处理执行裁决类纠纷案件若干重点问题的解答》（2019 年）第 21 条规定："案外人异议之诉中，如何判断涉案合同是否存在'恶意串通'情形？意见：应至少审查：1. 案外人与被执行人之间是否存在关联关系；2. 双方是否以不合理低价转让执行标的物；3. 相对方是否实际支付了对价；4. 案外人是否明知被执行人负债情况。恶意串通的证明标准，需要达到排除合理怀疑、高于高度盖然性。应谨慎适用该条款认定合同无效。"

连"。从笔者收集的众多个案来看，由债权人成功举证证明虚假租赁的案例寥寥无几，也从侧面印证了这一点。

债权人承担了虚假租赁事实的证明责任，而又难以证明假性租约的存在，从而不得不承担举证不能的不利后果。这反过来放纵了债务人与第三人签订假性租约规避执行的不良行为。这也是虚假租赁泛滥的一个重要原因。合理分配此类案件的证明责任，不失为规制虚假租赁的一条途径。那么，究竟应当由谁来承担虚假租赁事实的证明责任呢？

从涉及假性租约案件的当事人来看，一方是主张虚假租赁事实的债权人，另一方是主张租赁权合法存在的所谓承租人。如前所述，由债权人来承担该待证事实的证明责任，放纵了虚假租赁行为的大量产生，显非合理。答案似乎很明显，应当由承租人承担该待证事实的证明责任。那么，进一步的问题便产生了：这样的答案是否有理论依据和法律依据？是否违背通常的证明责任分配规则？

将涉及假性租约的案件还原到执行程序之中，就能发现这些问题的答案。在执行程序中，涉及假性租约的案件通常表现为案外人（即所谓承租人）提出执行异议或者异议之诉，主张租赁权合法存在，以阻却强制执行，而申请执行的债权人则认为租赁关系是虚假的。对于案外人异议或异议之诉，因其属于执行程序中出现的有关实体权利争议，应当按照民事诉讼中的证明责任分配规则分配证明责任。① 《最高人民法院关于适用〈中华人民共和国民事诉讼法〉的解释》第 91 条明确了民事诉讼证明责任分配的一般原则："人民法院应当依照下列原则确定举证证明责任的承担，但法律另有规定的除外：（一）主张法律关系存在的当事人，应当对产生该法律关系的基本事实承担举证证明责任；（二）主张法律关系变更、消灭或者权利受到妨害的当事人，应当对该法律关系变更、消灭或者权利受到妨害的基本事实承担举证证明责任。"据此，对于涉及假性租约的案件，案外人提出了租赁关系合法有效的主张，应当对产生该租赁关系的基本事实承担证明责任，而债权人所谓的租赁虚假的主张，实质上是对案外人提出的租赁关系合法有效主张的否认，而非提出新的关于租赁关系变更、消灭或权利受到妨害的事实主张，因此，按照证明责任的一般分配规则，应当由案外人就其租赁权异议成立的基本事实承担证明责任。事实上，无论在德国还是在

---

① 尽管执行程序中的证明责任分配有其特殊性，民事诉讼中的一般证明责任分配规则不能完全移植到执行程序的各个环节之中，但是，在某些程序和环节上还是有其适用性，这已成共识。执行异议之诉本质上与一般的民事诉讼并无区别，应当按照一般规则分配证明责任。

日本，对于案外人异议之诉，均是按照证明责任分配的一般原则分配证明责任，由提出异议的案外人承担证明责任。

我国《民事诉讼法》原第 227 条[①]（现第 238 条）在规定案外人异议和异议之诉时，虽未直接明确案外人须承担相应的证明责任，但该条要求案外人对异议说明理由，"理由成立的，裁定中止对该标的的执行；理由不成立的，裁定驳回"。《最高人民法院关于适用〈中华人民共和国民事诉讼法〉的解释》第 309 条规定，"案外人或者申请执行人提起执行异议之诉的，案外人应当就其对执行标的享有足以排除强制执行的民事权益承担举证证明责任"。[②] 因此，在涉及假性租约的案件中，由主张租赁权的所谓承租人就租赁权合法存在的事实负证明责任，这不仅有理论依据和法律依据，而且正体现了证明责任分配的一般规则。实务中部分执行法官将虚假租赁事实的证明责任分配给债权人，是对证明责任分配一般规则的错误理解。债权人虽然"主张"了租赁虚假，但该主张实质上是"否认"承租人所主张的租赁权，并没有提出新的抗辩事实主张，故承租人才是租赁权的主张者，应就租赁权合法存在的事实负证明责任。

也许会有这样的质疑：在涉及假性租约的案件中，承租人提出了表面上完全合法有效的租赁合同，甚至债务人也明确承认，这充分表明其履行了举证的责任，难道还不够吗？这实质上涉及对本证与反证的认识问题。负有证明责任的一方当事人提出的用于证明待证事实的证据，被称为本证。不负有证明责任的一方当事人用以证明对方当事人主张的事实不存在的证据，被称为反证。本证与反证所需达到的证明标准是不同的。就本证而言，负担本证责任的当事人必须提出充分的证据，使法官形成内心确信，方可卸除败诉风险，换言之，必须达到证明标准（通常为高度盖然性）才能说服法官。就反证而言，负担反证责任的当事人所提出的证据即使未能达到法官确认其主张事实的程度，但只要能阻碍负担本证责任的当事人的证明，使之陷入真伪不明的证明责任的范围内，就能达到目的。[③] 换言之，负担反证责任的当事人一方提出的反证证明力只要足以模糊法官的心

① 2021 年《民事诉讼法》进行了第四次修订，该条文序号调整为第 234 条，2023 年《民事诉讼法》第五次修订后，该条文序号调整为第 238 条，条文内容不变，这里暂援用原条文序号。
② 该司法解释于 2022 年修正，修正前该条文序号为第 311 条，修正后该条文序号调整为第 309 条，条文内容不变。
③ ［日］兼子一、竹下守夫：《民事诉讼法》，白绿铉译，法律出版社 1995 年版，第 110 页。

证即可，无需一概苛求高度盖然性的证明标准。① 就涉及假性租约的案件而言，承租人应当就租赁权合法存在的事实负证明责任，其提出的租赁合同、债务人的承认等属于本证；而否认租赁权、主张虚假租赁的债权人提出的证据则属于反证。尽管承租人提供了本证，但只要债权人提出反证证明租约虚假的可能性，致使法官对租约的真实性无法确定（真伪不明），其反证证明力即已足够。此时，除非承租人进一步提出有关证据增强租约的真实性，达到高度盖然性的程度，否则，法官就应当判定承租人的主张不成立。② 前面述及的实务中法院在审查租约是否真实时的各种考量因素，如租赁标的物的实际状态、承租人有无实际需求、租约当事人之间有无特殊的利害关系、租金是否实际支付、租金价格是否明显过低、承租人是否实际占有使用租赁标的物、租约是否登记备案、案外人在异议审查过程中的表现等等，都可能作为法官在具体案件审理过程中形成相关心证的参考，不宜机械地将相关因素直接固化为认定租约是否真实的确定性标准。

（二）执行中对虚假租赁的程序防范

理论上，就虚假租赁的事前防范而言，可以从多方面着手：从实体法的角度来看，未来可以考虑建立租赁权登记对抗制度；从债权人的角度来看，可以在设立债权前对标的物的使用状况进行全面调查并采集相关证据，如银行在办理抵押贷款时对抵押物的使用状况展开调查、要求借款人签署借款对标的物上无租赁的承诺书等；在执行过程中，从法院的角度来看，可以通过对执行财产信息的调查，尽可能地发现虚假租赁，防止债务人利用虚假租赁对抗后续的执行行为。然而，从执行实务来看，我国现行执行财产信息获取机制不足，致使法院无法及时发现假性租约，造成有关财产难以被执行的困局，加重了执行难。

---

① 《最高人民法院关于适用〈中华人民共和国民事诉讼法〉的解释》（2022 年修正）第 108 条明确规定了本证与反证的不同证明标准："对负有举证证明责任的当事人提供的证据，人民法院经审查并结合相关事实，确信待证事实的存在具有高度可能性的，应当认定该事实存在。对一方当事人为反驳负有举证证明责任的当事人所主张事实而提供的证据，人民法院经审查并结合相关事实，认为待证事实真伪不明的，应当认定该事实不存在。法律对于待证事实所应达到的证明标准另有规定的，从其规定。"

② 个别裁判文书认为，对于承租人提交的证明租赁关系的有关证据的证明力的判断，应当达到"排除合理怀疑"的程度（如广东省深圳市福田区人民法院（2020）粤 0304 民初 8618 号民事判决书）。另外，个别裁判文书在明确应由承租人对租赁关系的真实性承担证明责任的基础上，却要求主张租赁关系虚假的债权人提供证据"足以推翻"承租人主张的租赁事实（如昆明市中级人民法院（2019）云 01 民终 4247 号民事判决书）。无论是要求承租人的证明达到"排除合理怀疑"的程度，还是要求债权人的证明"足以推翻"承租人主张的租赁事实，均是对相关证明标准的误解，与民事诉讼法有关证明标准的规定明显不符。

在执行过程中，包括执行财产信息在内的各种信息的获取是执行工作推进的前提。我国目前对执行财产相关信息的获取有三种途径——债权人提供线索、债务人报告以及法院调查。但是，该执行信息获取机制存在三大问题：一是债权人获取信息的途径有限。尽管早在 2011 年《最高人民法院关于依法制裁规避执行行为的若干意见》就规定"各地法院也可根据本地的实际情况，探索尝试以调查令、委托调查函等方式赋予代理律师法律规定范围内的财产调查权"（第 2 条），但事实上，相关调研表明，情况不容乐观。取得证据、获取信息对债权人来说仍然不易。二是债务人报告的针对性不强，其范围广而不精、粗而不细。当前司法解释并没有明确财产报告的范围，其暗含之意是要求报告所有的财产信息，但是债务人的财产情况复杂，要求全部告知实难为之。[①] 正如学者所指出的，"通常而言，被执行人大都不会心甘情愿地申报其财产情况。因此把希望寄托于仅凭一份报告财产令就可以完全而准确获知当事人所有的财产状况并不现实"。[②] 即便当事人全部告知其财产情况，依照目前的执行案件数量来看，执行法官也未必有能力全部进行审查核实。三是法院调查信息具有明显的被动性与消极性。当前，随着执行工作改革的推进，法院主要通过网络执行查控系统"线上"查询被执行人的财产，但由此获悉的财产信息仍然有限，甚至有的财产信息并不准确。除此之外，法院获知执行财产信息仍主要通过债权人提供的线索与债务人的报告，在上述信息获取途径有限且不通畅的情况下，其效果显而易见。尽管最高人民法院要求"加强人民法院依职权调查财产的力度"，"进一步拓宽财产调查渠道，简化财产调查手续，提高财产调查效率"，[③] 但是，由于执行案件数量庞大以及该规定不具有明确的可操作性与指引性，执行法官是否愿意且能够在"线下"积极地查明财产，仍是一大问题，这给债务人利用虚假租赁规避执行留下了不小的生存空间。目前，实务中只有少量的虚假租赁通过执行机构调查予以揭穿，在一定程度上也证明了这一点。

日本执行程序中的一项程序防范制度——不动产现况调查制度，可供我国借鉴。所谓不动产现况调查，是指执行裁判所命令执行官对不动产的形状（如土地或建筑物的现状、实测面积等）、占有关系等现况进行调查的

---

① 根据笔者在三个经济发展程度不同地区的调研，实践中被执行人 100% 告知自己所有财产的情形，根本不存在。

② 董少谋：《民事强制执行法论纲》，厦门大学出版社 2009 年版，第 159～160 页。

③ 《最高人民法院关于依法制裁规避执行行为的若干意见》第 3 条。

程序。① 依日本《民事执行法》第 57 条规定，执行决定开始以后，执行裁判所应命令执行官对不动产的形状、占有关系以及其他现状进行调查。实施现况调查时，执行官对不动产有强制进入权、强制开门权，可以对债务人或者占有人进行询问并要求其提交相应的文书。进行现况调查的执行官，应当制作现况调查报告书并提交给执行裁判所。现况调查报告书的记载事项中，有关占有者开始占有的时间，占有权源的有无及其内容的相关人的陈述或者相关文书尤为重要。现况调查报告书的副本应当置备于裁判所，并可供一般民众在网络上进行阅览。② 以上述信息为基础，执行官进行排除恶意占有等妨害执行的行为。在我国当事人获取执行信息途径不充分的情况下，通过设立现况调查制度，强化法院的调查职责，加强调查的针对性，并通过公示加强民众监督，将有力地防范和发现假性租约。

（三）虚假租赁的惩戒机制

加强执行惩戒机制，加大规避执行的违法成本，无疑对规制虚假租赁具有不可忽视的作用。从实务调查结果来看，在我国执行实践中，如果债务人与第三人签订的租赁合同被认定为假性租约的，执行标的物得以顺利处置，可以保护债权人的利益，但作为假性租约当事人的债务人和第三人往往未受到任何实质性处罚，这是虚假租赁屡禁不止的一个重要原因。

我国现行法律中没有对虚假租赁当事人进行惩戒的明确规定。对于以虚假租赁妨碍执行的行为，依据民事诉讼法的规定，构成妨害民事诉讼的行为，按照妨害民事诉讼的行为适用相应的强制措施予以惩戒。③ 从执行实务来看，对虚假租赁当事人适用的强制措施种类，除了训诫，就是拘留、罚款。调研结果表明，执行法院对虚假租赁的当事人往往进行训诫教育，甚少会对虚假租赁当事人妨害执行的行为同时处以罚款、拘留。即便对虚假租赁当事人处以罚款、拘留，其罚款数额通常仅有寥寥几千元、拘留不超过 15 日，处罚力度较轻。如此"无关痛痒"的几无违法成本的处罚，

---

① ［日］山木户克已:《民事执行·保全法讲义》，有斐阁 1999 年版，第 145 页。

② 日本《民事执行法》第 31 条第 3 项。

③ 相关法律依据见《民事诉讼法》第 116 条和最高人民法院《关于适用〈中华人民共和国民事诉讼法〉的解释》第 313 条第 2 款。《民事诉讼法》第 116 条规定："被执行人与他人恶意串通，通过诉讼、仲裁、调解等方式逃避履行法律文书确定的义务的，人民法院应当根据情节轻重予以罚款、拘留；构成犯罪的，依法追究刑事责任。"最高人民法院《关于适用〈中华人民共和国民事诉讼法〉的解释》第 313 条第 2 款规定："被执行人与案外人恶意串通，通过执行异议、执行异议之诉妨害执行的，人民法院应当依照民事诉讼法第一百一十六条规定处理。申请执行人因此受到损害的，可以提起诉讼要求被执行人、案外人赔偿。"

致使债务人与第三人甘冒被处罚的风险编造假性租约。这也是我国虚假租赁泛滥的又一助力。

2013 年 1 月 1 日起，《民事诉讼法》增大了罚款幅度，规定：对个人的罚款金额，为人民币 10 万元以下。对单位的罚款金额，为人民币 5 万元以上 100 万元以下。一些法院据此提高了对虚假租赁的当事人双方的罚款金额。但是，对于价值数百万甚至上千万、上亿的不动产处置金额而言，能否完全震慑潜在的假性租约当事人，仍存疑问。[①] 即便如此，从司法实践来看，执行法院适用强制措施处罚虚假租赁的当事人，大多也是适用拘留措施，极少适用罚款措施。

理论上，以虚假租赁妨碍执行，情节严重的，可能构成以下犯罪：其一，拒不执行判决、裁定罪。按《刑法》第 313 条规定，对法院的判决、裁定有能力执行而拒不执行，情节严重的，构成拒不执行判决、裁定罪。根据《最高人民法院关于审理拒不执行判决、裁定刑事案件适用法律若干问题的解释》，"具有拒绝报告或者虚假报告财产情况、违反人民法院限制高消费及有关消费令等拒不执行行为，经采取罚款或者拘留等强制措施后仍拒不执行的""与他人串通，通过虚假诉讼、虚假仲裁、虚假和解等方式妨害执行，致使判决、裁定无法执行的"等情形，应当认定为《刑法》第 313 条规定的"有能力执行而拒不执行，情节严重的"情形。据此，如果债务人在执行程序中虚假陈述、与第三人虚构租赁合同妨害执行，致使生效裁判无法执行，可能构成拒不执行判决、裁定罪。其二，虚假诉讼罪。按《刑法》第 307 条之一规定，以捏造的事实提起民事诉讼，妨害司法秩序或者严重侵害他人合法权益的，构成虚假诉讼罪。据此，如果债务人与案外人恶意串通，通过执行异议之诉主张虚假的租赁权，妨害司法秩序或者严重侵害

---

① 在调查过程中，笔者发现这样一个真实的案例，在认定被执行人某公司与案外人谢某倒签虚假租赁合同妨碍执行以后，因情节恶劣，法院决定处罚该公司的法定代表人黄某、案外人谢某各处罚款 5 万元，对该公司罚款 20 万元，而该被执行的涉案不动产价值近 6000 万元。

他人合法权益的,可构成虚假诉讼罪。[①] 倘若根据《刑法》的上述规定,依法追究虚假租赁当事人双方的刑事责任,必将有效震慑潜在的假性租约当事人。然而,从执行实务来看,对虚假租赁当事人追究刑事责任的案例虽然存在,但并不多见。

虚假租赁的违法成本低,惩戒机制不足,反向增强了当事人的侥幸心理,进一步放纵了虚假租赁的泛滥。要规制虚假租赁,强化对虚假租赁当事人的处罚力度,严厉制裁假性租约当事人,增强处罚的震慑力,是一合理选择。在我国,强化对虚假租赁当事人的处罚力度,就具体的处罚措施而言,不妨从以下几方面考虑:

第一,关于拘留。目前,我国的司法拘留时限最多只有 15 天。从比较法的角度观察,时限较短,处罚较轻。例如,在德国,债务人在指定期日不到场或无理由拒不履行财产报告义务的,可处以最多达 6 个月的拘留;在日本,根据日本《民事执行法》第 205 条,在现况调查中,当执行官要求作

---

① 按照全国人大常委会法制工作委员会和最高人民法院的权威性解释,虚假诉讼罪是结果犯,须具备妨害司法秩序或者严重侵犯他人合法权益的后果。但是,如何判断虚假诉讼是否产生了"妨害司法秩序或者严重侵犯他人合法权益"的后果,存在明显的认识分歧。在最高人民法院研究室、最高人民法院刑法修改工作小组办公室编著的《〈刑法修正案(九)〉条文及配套司法解释理解与适用》(人民法院出版社 2015 年版)一书中,最高人民法院认为,"妨害司法秩序"是指无端挑起诉讼,导致司法机关多次审理,或者调查取证,耗费了大量司法资源,甚至导致法院作出错误裁判;"严重侵害他人合法权益"是指造成对方当事人为应诉而花费巨额诉讼费、律师费、鉴定费等,或者对方当事人因错误判决而造成生产经营困难,甚至破产等。在雷建斌主编、全国人大常委会法制工作委员会刑法室编著的《〈中华人民共和国刑法修正案(九)〉释解与适用》(人民法院出版社 2015 年版)一书中,立法者则是如此阐释:"妨害司法秩序是指对国家司法机关进行审判活动、履行法定职责的正常秩序造成妨害,包括导致司法机关作出错误判决造成司法权威和司法公信力的损害,也包括提起虚假诉讼占用了司法资源,影响了司法机关的正常司法活动等。严重侵害他人合法权益,是指虚假诉讼活动给被害人的财产权等合法权益造成严重损害。如司法机关执行错误判决或者因行为人提起诉讼采取保全措施造成被害人财产的严重损失,被害人一定数额的合法债权得不到及时清偿等。从这一规定看,只要虚假诉讼行为妨害司法秩序或者严重侵害他人合法权益,就可以构成本条规定的犯罪,并不一定要求诉讼程序已经完结,司法机关已经实际完成了裁判文书制作、送达,裁判文书完全符合行为人的意愿等。"张明楷教授则认为,就司法秩序而言,虚假诉讼罪是行为犯,只要行为人以捏造的事实提起了民事诉讼,就同时造成了妨害司法秩序的结果,妨害司法秩序类型的虚假诉讼罪,以法院受理作为既遂标准;就侵害他人合法权益而言,虚假诉讼罪是结果犯,只有当虚假诉讼行为对他人的财产权益或者其他权益造成侵害并且是严重侵害时,才能认定为犯罪既遂(详见张明楷:《虚假诉讼罪的基本问题》,《法学》2017 年第 1 期)。根据 2018 年最高人民法院、最高人民检察院《关于办理虚假诉讼刑事案件适用法律若干问题的解释》,虚假诉讼是行为犯还是结果犯,则分情况区别对待。对于虚假租赁的当事人,何种情形下应当以虚假诉讼罪追究刑事责任,还值得进一步的深入探讨。从司法实践来看,在"虚假诉讼罪入刑"之前,个别法院对炮制虚假租赁规避执行的,以诈骗罪、伪造证据罪等追究极少数假性租约当事人的刑事责任;在"虚假诉讼罪入刑"之后,以虚假诉讼罪追究假性租约当事人刑事责任的案例,尚不多见。

出陈述时,如果无正当理由不到场陈述,或到场拒绝陈述、作虚伪陈述,或者未按要求提交文书的债务人或者不动产占有人可能被处以 6 个月以下的惩役。为了增强对虚假租赁当事人的惩戒力度,提高执行威慑力,我国不妨大幅度提高拘留时限,可参照德日规定最高时限为 6 个月。

第二,关于罚款。我国现行的罚款模式,都是"一刀切"的定额式罚款,导致违法成本相对较低,不足以遏制违法行为。考虑到被执行的不动产的巨大价值,宜考虑建立比例式处罚模式,即根据标的物价值的一定比例予以处罚。

第三,信用惩戒。社会征信系统的建立对规避执行者有显著的遏制作用。一旦确认存在假性租约,完全可以记入有关当事人的信用记录,使之对其产生后续的严重的不良影响,从而震慑其他潜在的虚假租赁者。就我国目前建立的失信被执行人信用惩戒制度而言,按《最高人民法院关于公布失信被执行人名单信息的若干规定》,被执行人存在"以虚假诉讼、虚假仲裁或者以隐匿、转移财产等方法规避执行的""违反财产报告制度的"等情形,未履行生效法律文书确定的义务的,法院应当将其纳入失信被执行人名单,依法对其进行信用惩戒。从该规定来看,尚未将虚假租赁的当事人明确列入失信被执行人信用惩戒的范围。根据该规定,虚假租赁中的当事人一方——被执行人可能被列入失信被执行人名单,但对于虚假租赁的另一方当事人——所谓承租人,尚无法依据该规定予以信用惩戒。况且,在我国社会信用体系尚不完善的现实下,目前的失信被执行人名单制度也存在惩戒力度有限等问题。未来,宜不断完善我国社会信用体系,将虚假租赁等妨害执行的行为一并纳入信用惩戒范围。

第四,依法追究虚假租赁当事人的刑事责任。如果虚假租赁行为构成犯罪的,对虚假租赁当事人依法追究其刑事责任,毫无疑问,其惩戒力度高,威慑力大。根据《刑法》的规定,虽然可对虚假租赁当事人依法追究拒不执行判决、裁定罪或者虚假诉讼罪,但是,实务中这样的案例仍不多见。究其原因,主客观因素均存在:有的法院观念上尚未意识到追究虚假租赁当事人刑事责任对防范虚假租赁泛滥的重要意义;有的法院"嫌麻烦",不愿意依法追究虚假租赁当事人的刑事责任;有的法院认为虚假租赁当事人的行为构成犯罪,但是公安机关、检察院并不赞同;有的法院以虚假租赁当事人涉嫌拒不执行判决、裁定罪或虚假诉讼罪将案件有关材料移送公安机关侦查,公安机关声称"忙不过来"而拒收;等等。具体什么情形下的虚假租赁行为应当依法追究刑事责任,应当认定为何种犯罪行为,理论上可能有进一步探讨的空间。但是，无论如何，从防范虚假租赁泛滥的角度来看，未来宜加大对虚假租赁当事人的制裁力度，构成犯罪的，严格依法追究其刑事责任。

权利并非绝对，权利的行使必然有所边界。为防范虚假租赁，剔除我国"买卖不破租赁"的绝对性，确立"买卖不破租赁"的相对性乃势所必然。同时，纯粹的实体制度的效用相对有限，规制虚假租赁还需程序制度的衔接，使实体制度不致流于形式。诚然，这里针对假性租约的判断和防范而展开实体与程序完善的建议，尽管也有所发散、拓展，但很多相关问题仍然无法解决。并且，完全杜绝假性租约是不可能的。因为制度的目的与制度应用者的目的永远无法完全等同，总是会有人汲汲营营于制度本身的缺陷于未预见之处加以运用。任何制度都并非完美，只是为了解决当下以及未来可预见的一段时间内的问题。上述法律方案至少可以遏制部分漏洞，进而对执行法律的完善有所帮助。这里些许努力的最终目标，或许正如英国执行体制改革的真正目标，在于建立一个能为每一个利益团体中的多数人接受的新执行体制。[1]

---

① Wendy Kennett, Key Principles for a New System of Enforcement in the Civil Courts: A Peep over the Garden Wall, *Civil Justice Quarterly*, Vol. 18, October, Sweet & Maxwell, 1999.

第四章　租赁权的除去

近现代民法中，为了强化对承租人的保护，租赁权被"物权化"，"买卖不破租赁"成为民商事交易中的一个重要规则。在不动产执行过程中，对于抵押物上的租赁负担，一般也贯彻此原则。[①] 不过，如果一律实行"买卖不破租赁"，对于先于租赁权设立的抵押权而言，可能并不公平，其担保的债权可能无法得到完全满足。故在近现代民法中，对于设立于抵押权之后的租赁权，并未完全贯彻"买卖不破租赁"规则。在我国，如何处理后于抵押权设立的租赁负担，不仅有关的法律法规之间存在冲突，司法实践操作不一，而且在为数不多的理论探讨中，也存在诸多分歧。这里即就后于抵押权设立的租赁负担的处理问题展开分析。

第一节　后于抵押权设立的租赁负担应否除去

一、司法认定

对于后于抵押权设立的不动产上的租赁负担，实务中不同法院的处理方式不一。从笔者收集的裁判文书来看，实务中对于后于抵押权设立的租赁负担的处理，大致可归纳为三种处理方式：

1. 不明确回应是否除去租赁负担

执行过程中，后于抵押权设立的承租人常以租赁权保护为由提起执行异议。对此，部分法院认为，承租人的执行异议"不能排除执行"，[②] 法院对抵押财产采取执行措施"不受标的物上租赁关系的影响"，[③] 以此为据不支持该执行异议。

理论上，抵押权作为一种担保物权，其所追求的是支配标的物的交换价值，而租赁权属于债权，其所追求的是支配标的物的使用价值，二者完全可以共同设立于同一标的物之上。标的物上设有抵押权的，抵押权人无需

[①] 此时也称为"抵押不破租赁"。这里仍沿用了"买卖不破租赁"的通常称谓。
[②] 如南京市鼓楼区人民法院（2018）苏 0106 执异 105 号执行裁定书。
[③] 如南宁市青秀区人民法院（2018）桂 0103 执异 172 号执行裁定书。

移转占有抵押物,抵押人可以出租抵押物给他人使用收益;标的物已被出租的,也不妨碍出租人将该标的物抵押给他人。无论租赁权设立于抵押权之前或者之后,均不能阻止抵押权人实现抵押权、处置抵押物并就所得价款优先受偿的权利。正如最高人民法院在苏某、中国农业银行酒泉分行金融借款合同纠纷案中明确所指,"虽然在抵押权人实现抵押权时,租赁在先的承租人可以'抵押不破租赁'对抗抵押权人或者标的物受让人,在租赁期限内继续承租标的物,但承租人不享有以在先租赁权阻却抵押权人以折价、拍卖或变卖等方式处置抵押物并就价款优先受偿的权利。无论租赁在先还是租赁在后,均不影响抵押权人请求人民法院对依法设立的抵押权进行确认"。[①] 在作为实现抵押权方式之一的强制执行程序中,无论租赁在先还是在后,也不得阻碍法院依法处置抵押物的执行行为,换言之,承租人不能依租赁权"排除"执行,当无疑问。不过,租赁权无论设立先后,虽不能阻碍抵押权人通过执行程序处置抵押物并就价款优先受偿的权利,但是,抵押物是带租约处置还是不带租约处置,显然会影响抵押物处置的实际效果,最终影响抵押权人的利益。因此,简单地以"不能排除执行"等类似理由驳回后于抵押权设立的承租人提起的执行异议,并未进一步明确回答此情形下抵押物上的租赁负担具体如何处理的问题。

2. 直接除去抵押物上的租赁负担

部分法院以后于抵押权设立的租赁关系不得对抗已登记的抵押权为由,认为租赁关系不能对抗强制执行,故不支持承租人保护租赁权的主张,除去抵押物上的租赁负担,按不带租约方式处置抵押物。例如,在中国信达资产管理股份有限公司辽宁省分公司、孙某借款合同纠纷执行一案中,审理法院在明确案外人对执行标的所享有的租赁权并不具有直接排除执行效力的基础上,进一步认定,案涉房屋出租给案外人之前已经设立抵押权,故"在执行过程中应将案涉房屋上的租赁权涤除后依法拍卖"。[②]

一些法院即使未明确使用"涤除"或"除去"这样的用语,但明确租赁合同对买受人没有法律约束力。例如,在广东生辉生物科技股份有限公司、广东普宁农村商业银行与广东涵尔生物科技有限公司、普宁市春旺贸易有限公司等金融借款合同纠纷执行过程中,对于后于抵押权设立的租赁权,审理法院就直接写明,抵押权实现后,租赁合同对受让人不具有约

---

① 最高人民法院(2019)最高法民终 1206 号民事判决书。
② 锦州市中级人民法院(2018)辽 07 执异 158 号执行裁定书。

束力。^①

除了设立在后的租赁权不得对抗在先的抵押权这一理由之外，有的法院在裁判文书中还进一步解释了直接除去后于抵押权设立的租赁权的另一个理由——尽快实现债权。例如，在常州东邦橡塑科技有限公司与瑞华国银投资管理有限公司、常州联发凯迪机械有限公司等债权转让合同纠纷执行过程中，审理法院在认定租赁权不得对抗已登记在先的抵押权的情况下，同时指出，"为尽快实现债权人即申请执行人的合法权益，避免因有租赁而导致不动产的贬值或流拍，本院依法除去案外人该租赁权并解除其占有，符合法律规定"。^②

3. 区分情况考虑是否除去抵押物上的租赁负担

部分法院认为，抵押在前，租赁在后，该租赁关系不具有对抗抵押权的效力，但是，应否除去抵押物上的租赁负担，应视该租赁负担是否会影响抵押权的实现而定。如果抵押物上的租赁负担会影响抵押权的实现，则应除去该租赁负担；如果抵押物上的租赁负担不会影响抵押权的实现，则租赁负担继续存在于抵押物之上，法院应带租约处置抵押物。例如，在罗某、中国信达资产管理股份有限公司深圳市分公司、深圳市大食堂饮食服务管理有限公司等其他案由执行案中，审理法院就明确指出，"在执行程序中，抵押权与租赁权的关系问题，应当结合权利设立的先后时间以及租赁权的存在是否影响抵押权实现等因素进行处理。如果抵押权设立在先而租赁权成立在后，且租赁权的继续存在将对抵押权人实现优先受偿权造成影响的，人民法院应当将租赁权除去后进行拍卖，即租赁权不能对抗在先设立的抵押权"。^③

抵押在前，租赁在后，法院是直接除去抵押物上的租赁负担，还是区分情况考虑，在判断租赁负担影响抵押权实现时才除去抵押物上的租赁负担，不同法院的处理方式之所以有如此差异，其直接原因，在于审理法院援引的据以作为裁判依据的法律规范不同。采用前一种处理方式的法院，通常援引的法律规范是《物权法》第 190 条、《最高人民法院关于适用〈中华人民共和国担保法〉若干问题的解释》第 66 条第 1 款以及《最高人民法院关于审理城镇房屋租赁合同纠纷案件具体应用法律若干问题的解释》（2009年）第 20 条的规定。《物权法》第 190 条规定："抵押权设立后抵押财产出

---

① 揭阳市中级人民法院（2018）粤 52 执异 9 号执行裁定书。
② 常州市新北区人民法院（2019）苏 0411 执异 27 号执行裁定书。
③ 深圳市中级人民法院（2018）粤 03 执复 324 号执行裁定书。

租的,该租赁关系不得对抗已登记的抵押权。"《最高人民法院关于适用〈中华人民共和国担保法〉若干问题的解释》第 66 条第 1 款规定:"抵押人将已抵押的财产出租的,抵押权实现后,租赁合同对受让人不具有约束力。"《最高人民法院关于审理城镇房屋租赁合同纠纷案件具体应用法律若干问题的解释》(2009 年)第 20 条规定:"租赁房屋在租赁期间发生所有权变动,承租人请求房屋受让人继续履行原租赁合同的,人民法院应予支持。但租赁房屋具有下列情形或者当事人另有约定的除外:(一)房屋在出租前已设立抵押权,因抵押权人实现抵押权发生所有权变动的;(二)房屋在出租前已被人民法院依法查封的。"根据这些规定,抵押在前,租赁在后,抵押权实现后,该租赁权一律被除去,租赁合同对受让人均不具有约束力。采用后一种处理方式的审理法院,则通常援引《最高人民法院关于人民法院民事执行中拍卖、变卖财产的规定》(2004 年)第 31 条第 2 款作为裁判依据。该条款规定:"拍卖财产上原有的租赁权及其他用益物权,不因拍卖而消灭,但该权利继续存在于拍卖财产上,对在先的担保物权或者其他优先受偿权的实现有影响的,人民法院应当依法将其除去后进行拍卖。"据此,后于抵押权设立的租赁权,并不被视为当然失去效力,而是视案件具体情况对待,只有在租赁权影响到抵押权的实现时,该租赁权方可被除去。①

另外,就后于抵押权设立的租赁负担如何处理的问题,部分法院出台了相应的规范性文件,作出了相应的指导性意见。从这些规范性文件来看,是否除去后于抵押权设立的抵押物上的租赁负担,大致也分为两种处

---

① 《物权法》第 190 条仅规定后于抵押权设立的租赁关系"不得对抗已登记的抵押权",并没有进一步明确"不得对抗"的具体含义。就法律规范的适用关系而言,有学者认为,《最高人民法院关于适用〈中华人民共和国担保法〉若干问题的解释》第 66 条第 1 款,《最高人民法院关于审理城镇房屋租赁合同纠纷案件具体应用法律若干问题的解释》第 20 条对城镇房屋这一类不动产上租赁与抵押关系的特殊规定,而《最高人民法院关于人民法院民事执行中拍卖、变卖财产的规定》(2004 年)第 31 条第 2 款是关于强制执行中拍卖财产上租赁负担处理的特殊规定,根据特别法优于一般法的法律适用规则,在执行程序中,对于抵押物上的租赁负担,应适用《最高人民法院关于人民法院民事执行中拍卖、变卖财产的规定》(2004 年)第 31 条第 2 款;在处理城镇房屋上的抵押权与租赁权的关系时,应适用《最高人民法院关于审理城镇房屋租赁合同纠纷案件具体应用法律若干问题的解释》第 20 条;除这两种情形之外,均应适用《最高人民法院关于适用〈中华人民共和国担保法〉若干问题的解释》第 66 条第 1 款(详见程啸:《论抵押财产出租时抵押权与租赁权的关系——对〈物权法〉第 190 条第 2 句的理解》,《法学家》2014 年第 2 期,第 50 页)。照此观点,在不动产执行程序中,涉及抵押物上的租赁负担处理时,仅应适用《最高人民法院关于人民法院民事执行中拍卖、变卖财产的规定》(2004 年)第 31 条第 2 款的规定。如此解释,似乎过于牵强,毕竟,即便在执行程序中,涉及实体问题的处理时,也应有民法相关规则的适用,应无疑问。实践中部分法院依然在执行过程中援引《最高人民法院关于适用〈中华人民共和国担保法〉若干问题的解释》第 66 条第 1 款或者《最高人民法院关于审理城镇房屋租赁合同纠纷案件具体应用法律若干问题的解释》第 20 条来作为执行裁决的依据,也印证了这一点。

理方式：一是直接除去抵押物上的租赁负担；二是视具体情况，在租赁权影响抵押权实现的情况下除去租赁权。（详见表 4-1-1）

表 4-1-1　部分地方法院关于后于抵押权设立的租赁负担处理的相关意见

法院	文件名称	相关条款	处理方式
浙江省高级人民法院	《关于执行非住宅房屋时案外人主张租赁权的若干问题解答》（2014 年）	六、人民法院执行已设定抵押的房屋时，在抵押权设立后承租房屋的案外人以被执行人出租房屋时未告知抵押情况等为由，主张实现抵押权不得影响其租赁权，如何处理？ 答：抵押登记具有公示公信效力。此外，房屋出租人负有向承租人告知房屋抵押情况的义务。基于此，《中华人民共和国物权法》第一百九十条明确规定：抵押权设立后抵押财产出租的，该租赁关系不得对抗已登记的抵押权。最高人民法院《关于适用〈中华人民共和国担保法〉若干问题的解释》第六十六条亦规定：抵押人将已抵押的财产出租的，抵押权实现后，租赁合同对受让人不具有约束力。故在题述情况下，人民法院应当按照最高人民法院《关于人民法院民事执行中拍卖、变卖财产的规定》第三十一条的规定，将案涉房屋上的租赁权涤除后再依法拍卖。	直接除去租赁权
江苏省高级人民法院	《关于执行不动产时承租人主张租赁权的若干问题解答》（2015 年）	二、承租人在申请执行人设立抵押权、法院查封之后占有使用该不动产的，执行法院如何处置？ 这种情形下，无论被执行人与承租人订立的租赁合同在申请执行人设立抵押权、法院查封之前或之后，只要承租人在申请执行人设立抵押权、法院查封之后占有使用该不动产的，法院根据申请执行人的申请或依职权裁定除去租赁关系后拍卖该不动产。	直接除去租赁权
江苏省无锡市中级人民法院	《关于执行不动产时涉租赁权处理的指导意见》（2017 年）	二、对租赁权的审查 （一）支持承租人主张，应带租拍卖的情形 承租人申报租赁权并请求带租拍卖的，在该不动产设立抵押权、法院查封之前已经签订合法有效的书面租赁合同、支付合理租金并实际占有使用该不动产，或虽在该不动产设立抵押权、法院查封之后才签订合法有效的书面租赁合同或实际占有使用该不动产，但申请执行人书面同意带租拍卖的，应裁定在租赁期内带租拍卖。…… （二）不支持承租人主张，应除去租赁拍卖的情形 1. 承租人在申请执行人设立抵押权、法院查封之后占有使用该不动产的，无论被执行人、承租人订立的租赁合同在申请执行人设立抵押权、法院查封之前或之后，法院都应根据申请执行人的申请或依职权裁定除去租赁关系后拍卖该不动产。	直接除去租赁权，但申请执行人书面同意带租拍卖的除外

续表

法院	文件名称	相关条款	处理方式
上海市高级人民法院	《关于在执行程序中审查和处理房屋租赁权有关问题的解读（试行）》（2015年）	13. 依据《拍卖规定》第三十一条第二款的规定对房屋予以变现的，执行法院应当如何处理？ 答：执行法院可以根据不同情形分别作出处理： （一）经委托评估认为，对在先的担保物权或者其他优先受偿权的实现没有影响的，应当在房屋负担租赁权的状态下对其予以变现，在变现的过程中发现对在先的担保物权或者其他优先受偿权的实现有影响的，执行法院应当依法裁定将租赁权除去后予以变现。依法裁定将租赁权除去后予以变现的，应当重新确定保留价并重新委托变现。 （二）经委托评估认为，对在先的担保物权或者其他优先受偿权的实现有影响的，执行法院应当直接依法裁定将租赁权除去后予以变现。	区分情况处理，租赁权对在先的抵押权有影响时才除去

二、理论分歧

抵押在前，租赁在后，执行过程中应否一律除去抵押物上的租赁负担？基于对《物权法》第 190 条的不同理解，学者间的观点有异。

部分学者认为，《物权法》第 190 条规定的所谓后于抵押权设立的"租赁关系不得对抗已登记的抵押权"，是指在抵押权实现时，抵押物上后于抵押权设立的租赁关系即应失去效力，否则就违反了物权的优先效力规则。换言之，在抵押之后设立的租赁权，在实现抵押权时，被"当然除去"，失去效力。持此观点者依据《物权法》第 190 条的立法理由来阐释这样理解的合理性：抵押财产出租的，承租人完全可以从不动产登记簿中查询到该财产上的抵押权等权利负担。承租人明知该财产上设有抵押权，还与出租人成立租赁关系的，这意味着其自愿承担因抵押权实现而带来的风险。此时如果仍适用"买卖不破租赁"规则，抵押权的效力将大打折扣，甚至失去设立抵押权的意义。[①] 这种观点采取了与《最高人民法院关于适用〈中华人民共和国担保法〉若干问题的解释》第 66 条第 1 款、《最高人民法院关于审理城镇房屋租赁合同纠纷案件具体应用法律若干问题的解释》（2009 年）第 20 条规定一致的见解。

部分学者则换了一个角度来理解《物权法》第 190 条所谓的后于抵押权设立的"租赁关系不得对抗已登记的抵押权"，认为，这是指抵押权实现时因租赁关系的存在致抵押财产无人应买，或者出价较低不足以清偿抵押

---

① 王利明：《物权法研究》（下卷），中国人民大学出版社 2013 年版，第 1242 页。

债权时，抵押权人有权要求抵押人与承租人解除租赁合同。[1] 他们认为，在租赁权对抵押权人并无损害时，如果将设立在后的租赁权一律除去，将直接牵涉抵押物上的用益关系，对抵押人、承租人以及买受人的利益造成不当影响。[2] 按此理解，后于抵押权设立的租赁权并不必然一律被除去，只要租赁权的存在不损及抵押权的实现，该租赁权则继续存在，由抵押物的买受人承受。可见，此种观点与《最高人民法院关于人民法院民事执行中拍卖、变卖财产的规定》（2004 年）第 31 条第 2 款的立场完全一致。

三、评析与结论

《最高人民法院关于适用〈中华人民共和国担保法〉若干问题的解释》第 66 条第 1 款、《最高人民法院关于审理城镇房屋租赁合同纠纷案件具体应用法律若干问题的解释》（2009 年）第 20 条与《最高人民法院关于人民法院民事执行中拍卖、变卖财产的规定》（2004 年）第 31 条第 2 款之间存在明显的法律规范冲突问题。虽然自 2021 年起《最高人民法院关于适用〈中华人民共和国担保法〉若干问题的解释》第 66 条第 1 款随着该司法解释的废止而失效，但是，《最高人民法院关于审理城镇房屋租赁合同纠纷案件具体应用法律若干问题的解释》（2009 年）第 20 条和《最高人民法院关于人民法院民事执行中拍卖、变卖财产的规定》（2004 年）第 31 条的内容却于 2020 年最高人民法院修订这些司法解释时基本得以保留，仍然有效。[3] 换言之，对于如何处理后于抵押权设立的租赁权的问题，2020 年最高人民法院修订后的《最高人民法院关于审理城镇房屋租赁合同纠纷案件具体应用法律若干问题的解释》和《最高人民法院关于人民法院民事执行中拍卖、变卖财产的规定》之间的规范冲突问题仍然存在。

撇开最高人民法院相关司法解释的冲突不论，从民法上的权利顺位法理、抵押权人、承租人、买受人、抵押人等相关主体的利益关系来考虑，抵押在先，租赁在后的，抵押物上的租赁权不宜当然被除去。

---

① 高圣平：《担保法论》，法律出版社 2009 年版，第 357 页；崔建远：《物权法》，中国人民大学出版社 2011 年版，第 458 页。

② 孙鹏、王勤劳、范雪飞：《担保物权法原理》，中国人民大学出版社 2009 年版，第 210 页。

③ 最高人民法院于 2020 年修改《最高人民法院关于审理城镇房屋租赁合同纠纷案件具体应用法律若干问题的解释》时，虽对第 20 条进行了修改，将该条文的"租赁期间"修改为"承租人按照租赁合同占有期限内"，并将该条文序号调整为第 14 条，但其他内容不变，对于后于抵押权设立的租赁权，依然坚持了原来的"一律除去"的态度。最高人民法院在修改《最高人民法院关于人民法院民事执行中拍卖、变卖财产的规定》时，对原第 31 条则予以完全保留，仅将其条文序号调整为第 28 条。

首先，根据现代民法上的权利顺位法理，处于先顺位的抵押权可以对抗后顺位的租赁权，而后顺位的租赁权不得有害于先顺位的抵押权。毫无疑问，《物权法》第190条规定的"抵押权设立后抵押财产出租的，该租赁关系不得对抗已登记的抵押权"，体现了此权利顺位规则。《民法典》第405条在规范抵押权与租赁权的关系时，仅明确了租赁在先、抵押在后时抵押不破租赁的规则，而删除了《物权法》第190条规定的"抵押权设立后抵押财产出租的，该租赁关系不得对抗已登记的抵押权"的内容。但是，这并不意味着《物权法》第190条确立的先顺位的抵押权可以对抗后顺位的租赁权的规则被废弃。这是因为，根据《民法典》的规定，不动产抵押权的设立，通过登记完成公示，产生对抗第三人的效力。这里的第三人，自然包括设立在后的租赁权人。因此，后于抵押权设立的租赁权，不可对抗在先的抵押权，无需赘言。《民法典》第405条删除《物权法》第190条关于先抵后租情形的规定，无非是更体现了法律条文的日益精炼化以及在立法逻辑上的治和。

肯定处于后顺位的租赁权不得对抗先顺位的抵押权的基础上，有必要进一步考虑"不得对抗"的真正内涵，分析"不得对抗"抵押权的租赁关系是否意味着不得存续的问题。从现代民法的权利顺位法理来看，强调处于先顺位的权利可以对抗后顺位的权利，当然蕴含了后顺位的权利不得有害于先顺位的权利的内涵。据此，对于后顺位的权利人而言，其不得实施有害于先顺位权利的行为，以最大限度地保护先顺位的权利；对于先顺位的权利人而言，其可以基于先顺位的权利的对抗性，在得以保全其权利的正当限度内对后顺位的权利进行干预或者排除。可见，先顺位的抵押权并不天然排斥后顺位的租赁权，法律允许抵押财产出租，即是明证。只有在后顺位的租赁权有害于先顺位的抵押权的情况下，为保全抵押权，抵押物上的租赁权才有必要予以除去。正如有民法学者所言，"顺位先后只表征了权利实现机会大小的概率，租赁不因其顺位在后就必然在抵押权实现时终止，还应进一步衡量它是否为抵押权实现的障碍"。[①]

持"后于抵押权设立的租赁权一律除去"见解的实质理由，是认为在实现抵押权时，如果带租处置抵押物，因有租赁而会导致抵押物的价值减损或者流拍，必然影响抵押权的实现。这种理由未免过于绝对化。因为，租赁权的存在不一定会影响抵押权的实现。诚然，如果对后于抵押权设立

---

① 常鹏翱:《先抵押后租赁的法律规制——以〈物权法〉第190条第2句为基点的分析》,《清华法学》2015年第2期,第52页。

的租赁权一律适用承受主义，租赁权的存在可能会增加抵押权实现的困难，如影响竞买人的竞买意愿或竞买应价，这对抵押权人不公平。但以承受租赁权为条件对抵押物进行拍卖，也存在拍卖价金足以满足抵押债权的可能。如果抵押物价值远远超出其所担保的债权，纵然竞买人因抵押物上租赁权的存在而以较低价格应价，该价格仍足以清偿抵押债权，甚至在租金较高而有利可图时，也许还会吸引更多的竞买人，反而能加速抵押权的实现。不除去设立在后的租赁权，未必一定会损害在先的抵押权人的优先受偿利益。[①] 现实生活中不乏抵押物带租拍卖并不影响抵押权实现的事例。

其次，从相关主体的利益关系来综合考虑，也没有一律除去抵押物上后于抵押权设立的租赁权的必要。抵押在先，租赁在后，处置抵押物以实现抵押权时，如何处理物上的租赁负担，牵涉抵押权人、抵押人、承租人以及买受人等四方主体的利益问题。很明显，抵押权人的利益最应得到优先保护。如果一律除去抵押物上的租赁负担，抵押权人的利益自然得到完全保护，自无疑问。不过，如前所述，不除去后于抵押权设立的租赁权，有时也不会损及抵押权人的利益。在租赁权不会影响抵押权人利益的场合，是否除去租赁权，有必要考虑抵押人、承租人以及买受人的利益保护问题。在这种场合下，对抵押人而言，不除去租赁权更符合其利益，因为，如果除去了租赁权，抵押人可能还需对承租人另行承担租赁合同无法继续履行的法律责任。同样，对承租人而言，不除去其对抵押物上设立的租赁权，现存的租赁关系得以维系，更有利于实现其租赁抵押物的初衷。如果除去了租赁权，承租人则需承受现存的租赁关系被消灭的不利后果。对于抵押物的买受人而言，抵押权实现时，是否除去抵押物上的租赁权，都不会对买受人的利益造成实质性的损害。这是因为，在执行过程中，法院在为实现抵押权而拍卖抵押物时，抵押物是带租约拍卖还是不带租约拍卖，法院均应在拍卖公告中予以明确说明。[②] 买受人基于自己的利益考虑，依据拍卖公告公开的信息决定参与竞买，取得标的物的所有权后，当然应受拍卖公告的约束。[③] 如此，对于抵押物上的租赁负担，无论是否除去，对买受人的利益都不存在值得特别保护的问题。综合权衡抵押权人、抵押人、承租人与买

---

① 孙鹏、王勤劳：《抵押权与租赁权的冲突与协调》，《法律适用》2009 年第 2 期，第 22 页。

② 实践中，部分法院在拍卖公告中仅明确"按现状拍卖"，未明确作为执行标的物的抵押物是否带租约拍卖，不利于拍卖程序的顺利进行，甚至损及抵押权人的债权实现，并非合理选择。

③ 实践中，有的买受人在取得法院带租约拍卖的财产后，又以后于抵押权设立的租赁权应予以除去为由主张不受租赁合同的约束，显不合理。这将在后文进一步阐述。

受人的利益关系，可见，如果后于抵押权设立的租赁权不会影响抵押权的实现、不损及抵押权人的利益，不除去抵押物上的租赁权，还可以兼顾抵押人、承租人的利益保护，更为可取。

事实上，域外法制也印证了此种灵活处理方式的合理性。例如，瑞士《民法典》第 812 条第 2 款规定："不动产担保设定后，未经担保权人同意而使土地承受地役权或土地负担时，担保权优先于后设立的负担；如担保权标的物变价而损害优先担保权人的利益时，得注销后设定的负担。"据此规定，租赁影响抵押物变价、损及在先的抵押权人的利益时，租赁负担才应被注销。我国台湾地区的规定更直接、明确，其"民法"第 866 条规定："不动产所有人设定抵押权后，于同一不动产上，得设定地上权或其他以使用收益为目的之物权，或成立租赁关系。但其抵押权不因此而受影响。前项情形，抵押权人实行抵押权受有影响者，法院得除去该权利或终止该租赁关系后拍卖之。"据此，后于抵押权设立的租赁权在抵押权实现时并不当然被除去，必须依该租赁权的存在对抵押权人实现抵押权有无影响而定。台湾地区"强制执行法"第 98 条也配合了此规定。[①] 即使是对于后于抵押权设立的租赁负担原则上采涂销主义的德国法、日本法，也未采取绝对除去租赁负担的处置方式，而是允许当事人（利害关系人）根据实际情况自主判断租赁负担对抵押权实现的影响，允许当事人（利害关系人）通过合意改变涂销规则。根据德国《强制拍卖与强制管理法》第 59 条的规定，即使不符合德国《民法典》"买卖不破租赁"规则适用法定条件而应予消灭的后于抵押权设立的租赁权，承租人作为拍卖程序的参与人，只要征得前顺位的参与人的同意，也可在拍卖当日应价前申请由买受人承受租赁负担。日本《民事执行法》也有类似规则，允许利害关系人通过合意改变此规则，即利害关系人对拍卖不动产上的负担如何处理达成一致意见并向执行法院申报的，拍卖后各种权利负担的存废即依利害关系人的合意进行处理。由此可见，域外立法经验表明，对于后于抵押权设立的租赁权，不宜采取绝对化的"一刀切"做法而一律予以除去。

从执行实践来看，大部分法院的做法是一律除去后于抵押权设立的租赁权，除了对法律规范的不同理解等原因之外，还有一个重要原因，在于

---

① 台湾地区"强制执行法"第 98 条："拍卖之不动产，买受人自领得执行法院所发给权利移转证书之日起，取得该不动产所有权，债权人承受债务人之不动产者亦同。前项不动产原有之地上权、永佃权、地役权、典权及租赁关系随同移转。但发生于设定抵押权之后，并对抵押权有影响，经执行法院除去后拍卖者，不在此限。……"

"确定租赁权对抵押权的实现是否有影响很难进行技术层面上的操作"，[1] 明显存在"认定难"。[2] 而"一刀切"除去租赁权的做法简单、明了，没有操作上的困难。如果仅仅基于实务操作上的便利，恐不能谓此类处理方式的正当性充足。从理论研究来看，对于后于抵押权设立的租赁权，越来越多的学者更倾向于采取灵活的处理方式，主张：租赁权是否除去，应当取决于租赁权是否会影响抵押权人的优先受偿利益，如果承租人的租赁权不影响抵押权，实现抵押权时即没有必要除去租赁权。[3]

第二节　除去租赁权的判断标准

在不动产执行过程中，何种情形下应当除去作为执行标的物的抵押物上的租赁权，必须有明确的判断标准。《最高人民法院关于人民法院民事执行中拍卖、变卖财产的规定》（2004 年）第 31 条（现第 28 条）虽然确立了强制拍卖中抵押物上租赁权的除去规则，但是，该规则仅笼统规定了原有的租赁权"继续存在于拍卖财产上，对在先的担保物权或者其他优先受偿权的实现有影响的，人民法院应当依法将其除去后进行拍卖"，关于除去租赁权的具体判断标准，尚无法从该规定中推出十分明确的答案。实践中，不同法院、不同执行法官对该规定常常出现不同的理解。理论上，学者们的见解也不尽一致。

一、除去租赁权的实质条件

在执行处置抵押物时，何种情形下法院应当除去抵押物上的租赁权，必须有明确的判断标准。然而，就具体的判断标准而言，理论界与实务界有不同的看法。

台湾地区学者吴光陆先生主张，法院除去租赁权，应当具备以下六个条件：一是租赁权在抵押权设定后成立；二是租赁权有效；三是租赁权影响抵押权；四是抵押权人申请；五是执行法院以执行处分除去；六是在拍

---

[1]　巩志俊：《司法拍卖击破租赁权对抗效力的路径——基于 C 市法院 235 件案件实证分析》，《人民司法·应用》2018 年第 25 期，第 54 页。

[2]　金殿军：《论案外人对执行标的物主张租赁权的诉讼程序》，《财经法学》2016 年第 4 期，第 85 页。

[3]　程啸：《论抵押财产出租时抵押权与租赁权的关系》，《法学家》2014 年第 2 期，第 52 页；常鹏翱：《先抵押后租赁的法律规制——以〈物权法〉第 190 条第 2 句为基点的分析》，《清华法学》2015 年第 2 期，第 51 页；范向阳：《不动产执行制度研究》，2007 年中国政法大学博士学位论文，第 69 页。

定前除去。[①]

执行实践中，有实务人士认为，除去抵押物上的租赁权，应当具备四个要件：一是前提要件，租赁权须有效；二是时间要件，租赁权须成立于抵押之后；三是实质要件，租赁关系须影响抵押权实现；四是启动要件，以抵押权人申请为原则，法院依职权启动为例外。[②]

理论上，租赁权有效成立，当然应属除去租赁权的前提条件。这是因为，如果租赁权本身不成立或者租赁关系无效，没有租赁权，自然就谈不上除去租赁权的问题。如果租赁权不成立或者无效，那么，所谓的"承租人"即为无权占有人，如果其实施了妨碍强制执行的行为，法院则可以采取措施直接予以强制执行。但是，从执行实务来看，强调租赁权有效成立为除去租赁权的前提要件，其现实意义并不明显。上述两种见解之所以均将租赁权有效成立作为除去租赁权的前提要件，主要在于应对执行实务中不断涌现的虚假租赁问题。然而，对虚假租赁稍加分析，不难发现，虚假租赁设立的租赁权的成立时间，通常都是在抵押权设立之前，抵押人与案外人签订假性租约的目的，是通过对设立于抵押权之前的租赁权适用"买卖不破租赁"规则，以达到阻碍执行的效果。如果假性租约设立的租赁权在抵押权之后，即便该租约被认定有效，因其完全可能被除去，难以阻却法院的强制执行，因此，在实践中，意图规避执行的当事人基本上不会采纳此种方式。而从除去租赁权的法律规范来看，只有后于抵押权设立的租赁权，才会被考虑应否除去的问题。从这一点来看，强调租赁权有效成立为除去租赁权的前提要件，便没有多大的现实意义。

至于上述两种见解中的"抵押权人申请"抑或"以抵押权人申请为原则，法院依职权启动为例外"的条件，针对的是如何启动除去租赁权的具体程序问题；所谓"执行法院以执行处分除去"的条件，考虑的是除去租赁权的具体方式问题；所谓"在拍定前除去"的条件，则涉及租赁权除去的具体时间要求。无论如何，这几个所谓条件实质上关涉的均是在认为符合租赁权除去条件的前提下如何除去租赁权的程序操作问题，并非认定何种情形应当除去租赁权的标准。

根据《最高人民法院关于人民法院民事执行中拍卖、变卖财产的规定》的规定，先于抵押权设立的租赁权，适用"买卖不破租赁"原则，不存在租

---

① 吴光陆：《强制执行法》，台湾三民书局 2012 年版，第 366～369 页。
② 刘建发：《论抵押房产强制拍卖"除去"租赁权的法律适用》，载贺荣主编：《公正司法与行政法实施问题研究》，人民法院出版社 2014 年版，第 898～901 页。

赁权被除去的可能；只有后于抵押权设立的租赁权的存续影响到在先的抵押权实现的情况下，该租赁权才应当被除去。据此，判断何种情形下应当除去抵押物上的租赁权，必须具备两大条件：其一，时间上，租赁权须后于抵押权设立；其二，实质上，租赁权的存续会影响抵押权的实现。

租赁权是否后于抵押权设立，需要判明租赁权的设立时间、抵押权的设立时间。关于租赁权设立时间、抵押权设立时间的确定，在前文第二章已经述及，这里不再赘述。下文仅就如何判断租赁权的存续会影响抵押权的实现展开分析。

二、如何判断租赁权的存续会影响抵押权的实现

如何判断租赁权的存续会影响抵押权的实现，无论是《物权法》《民法典》，还是最高人民法院的司法解释，均没有明确的规定。实践中，不同法院据以判断的具体标准不一。理论上，不同学者间也存在不同的见解。

（一）司法认定

在执行实践中，判断租赁权的存续对抵押权的实现是否有影响，是一个操作难题。从笔者收集的相关执行裁判文书来看，不同法院对此所采用的具体判断标准有异，总体而言，大致可以归纳为以下几种标准：

1.抽象判断标准

在部分法院看来，在抵押权实现时后于抵押权设立的租赁权虽然不当然消灭，但是，租赁权的存在必然会直接影响抵押物变现的价值，故应除去抵押物上的租赁负担。例如，在王某、招商银行南京支行与徐某、李某金融借款合同纠纷执行过程中，异议人王某主张，"异议人承租时并不知晓涉案房屋已被抵押之事实，承租时为善意，异议人在承租时并无阻碍抵押权实现之恶意，异议人基于善意在可能遭受损失的同时，也不应该承受为实现抵押权而去除租赁拍卖的后果。实现抵押权时并非当然地消灭租赁权，租赁关系消灭与否要取决于是否会影响抵押权人的优先受偿利益，若不影响，则抵押财产被拍卖、变卖或折价后，租赁关系仍然存在。本案并无证据证明涉案房屋上存在的租赁事实对抵押物的交换价值产生影响，且也无证据证明拍卖所得价款是否一定不能达到足以清偿抵押担保的债权"。对此，审理法院认为，"本案中，申请执行人对涉案房屋享有抵押权，且设立抵押权在异议人和被执行人签订的租赁合同之前，因此该租赁权不能对抗抵押权，且在实现抵押权对抵押物进行拍卖、变卖或者折价过程中，抵押物上附着其他用益物权必然对抵押物的价值产生影响，故申请执行人要求去除租赁拍卖，于法有据"。[1] 在中信银行温州分行与温州巨能锻造有限公司、浙江晨剑锻造有限公司等执行案中，审理法院也是作出了类似的笼统判定，"执行异议人享有的租赁权不得对抗申请执行人享有的抵押权；若不除去租赁权则直接影响涉案房产变现的价值，故应依法除去后进行拍卖，执行异议人应立即腾退涉案房产"。[2]

有的法院还进一步解释了租赁权的存在如何对抵押物的价值产生影响。如在浙江温州龙湾农村合作银行天河支行与温州百合进出口有限公司、温州永顺不锈钢有限公司等执行裁定书中，对于抵押权人申请除去抵押物上设定的租赁权的请求，审理法院就写道："本案中如不除去抵押物上设定的租赁权进行拍卖，则买受人竞得标的不能有效地对拍卖标的物进行经营管理，以实现其参加竞拍的目的，这可能导致没有人参与竞买，造成拍卖标的物流拍；若有人竞买成交，拍卖价款可能过低，上述情形均影响抵押权人实现其抵押债权。"[3]

2. 以评估价为判断标准

在不动产执行过程中，抵押物拍卖之前，一般践行价格评估机制，法院在评估价基础之上确定保留价。部分法院遂根据抵押物的评估价格来判断租赁是否会影响抵押权的实现，如果抵押物的评估价尚不足以清偿抵押债权，则认定租赁权妨害抵押权的实现。例如，在青岛兴菱物资回收有限公司与青岛星宇海悦服饰有限公司物权保护纠纷中，审理法院认为，涉案的抵押权大约 2000 万元，拍卖标的的评估价格大约 5000 万元，租赁权不除去不影响抵押权的实现。[4]

不过，在抵押物的评估价与抵押债权大体相当的情况下，部分法院也未简单地直接认定租赁权不影响抵押权的实现。例如，在中国信达资产管理股份有限公司广东省分公司与广州市纳盈商贸有限公司、李某等金融借款合同纠纷执行过程中，经法院委托评估，案涉两套房屋的市场价值分别为 20263375 元、14525400 元，而被执行人的欠款约 3500 万元，执行法院也除去了案涉房屋上的租赁负担。针对异议人的复议申请，审理法院这样认为，"鉴于目前的执行标的额与上述 601、605 房的市场价值相当，如该

---

[1] 南京市秦淮区人民法院（2017）苏 0104 执异 24 号执行裁定书。
[2] 温州市龙湾区人民法院（2016）浙 0303 执异 15 号执行裁定书。
[3] 温州市龙湾区人民法院（2013）温龙执异字第 2 号执行裁定书。
[4] 青岛市中级人民法院（2015）青民一终字第 2126 号民事判决书。

房屋继续存在租赁权,会降低房屋价值,将对抵押权人实现优先受偿权造成实质影响"。① 从执行实践来看,抵押物的保留价往往低于评估价或等于评估价,② 即使抵押物以评估价拍定,评估价与抵押债权金额大体相当,加上执行费用,此时拍卖的价金也不足以清偿抵押债权。在我国目前评估价过高,甚至可能偏离标的物正常市值的现实下,即使抵押物的评估价与抵押债权大体相当,法院也未简单认定租赁权不影响抵押权的实现,其合理性显然。

3. 以拍卖结果为判断标准

部分法院依据拍卖的结果来判断租赁权是否影响抵押权的实现。如果带租约拍卖的抵押物流拍的,法院据此认定租赁权的存在影响了抵押权的实现。例如,在孙某、中国建设银行高邮支行与居某、赵某保证合同纠纷执行过程中,审理法院就认为,"本案中,抵押房地产经过三次拍卖,均无人应拍,且三拍价已与第一顺位及第二顺位的抵押债权相当,再结合两位购买意向人愿意在除去租赁关系后购买抵押房地产的申请,可以认定孙某与居某间的租赁关系影响了在先抵押权的实现"。③

4. 以租期、租金支付情况为判断标准

在部分法院看来,抵押在先,租赁在后,租赁权的存在是否会影响抵押

---

① 广州市中级人民法院(2017)粤01执复192号执行裁定书。

② 《最高人民法院关于人民法院民事执行中拍卖、变卖财产的规定》(2004年)第8条曾规定,"人民法院确定的保留价,第一次拍卖时,不得低于评估价或市价的百分之八十"。从法院的拍卖实践看,这样的规定给法院工作人员留下很多的"操作空间",法院拍卖工作中滋生的腐败问题,很多都与保留价的制定有关,因此,《关于人民法院委托评估、拍卖和变卖工作的若干规定》(2009年)对保留价的确定规则进行了修改,其第13条规定,"评估价即为第一次拍卖的保留价",不动产的评估价承载了保留价的功能。实践表明,将评估价等同于保留价,带来了拍卖物的保留价过高,不利于拍卖财产变现的难题。并且,从理论上而言,评估价的功能与保留价的功能也存在明显差异。一般认为,评估价通常指专门机构或专业人员依据一定方法、程序、标准等,对拍卖标的的内在价值予以评定和估算所形成的价格,其功能是尽可能正确说明拍卖标的的内在价值。而保留价规则的法理在于利益制衡,在强制执行程序中,这种利益制衡表现为在追求债权人权利实现的同时,通过保留价规则避免利益向债权人的过分倾斜而损害债务人的合法权益,其功能是防止债务人的财产被不当贱卖。评估价与保留价并不能等同,保留价的最终确定不应受评估价格的约束。2016年发布的最高人民法院《关于人民法院网络司法拍卖若干问题的规定》第10条又改变了评估价即保留价的规则,"网络司法拍卖应当确定保留价,拍卖保留价即为起拍价。起拍价由人民法院参照评估价确定;未作评估的,参照市价确定,并征询当事人意见。起拍价不得低于评估价或者市价的百分之七十"。最高人民法院于2020年修订《关于人民法院民事执行中拍卖、变卖财产的规定》时,将原第8条规定的保留价确定规则修改为"拍卖财产经过评估的,评估价即为第一次拍卖的保留价;未作评估的,保留价由人民法院参照市价确定,并应当征询有关当事人的意见"(现第5条)。据此,又回到了"评估价即保留价"的规则。

③ 扬州市中级人民法院(2016)苏10执复42号执行裁定书。

权的实现,应当结合租赁合同的期限以及租金支付情况来判断,如果租赁合同的期限过长,租金已一次性支付或者租金过低的,应认定租赁权会影响抵押权的实现。例如,在原某、九江银行广州分行与周某、熊某等金融借款合同纠纷执行过程中,在认定该案的抵押权设立于异议人的租赁行为之前的基础上,审理法院认为,"鉴于异议人与被执行人签订的租赁合同时间长达 20 年,且租金已经一次性支付,如果不去除该租赁权,对申请执行人的抵押权实现有影响,故申请执行人要求去除异议人对涉案铺位的租赁权有理"。①

即便是在抵押物带租评估的价格明显高于抵押债权金额的情况下,有的法院在判断租赁权是否会影响抵押权的实现时,仍然考虑了租赁合同期限、租金支付等因素。例如,在江苏宝应农村商业银行与扬州明亿汽车服务有限公司、扬州明亿电气工程有限公司、明某借款合同纠纷执行一案中,申请执行人对案涉不动产的抵押权设立于案外人的租赁权之前,其债权为 750 万元及利息,执行法院委托房产评估机构对案涉不动产进行价格评估,该不动产带租价值为 1080.39 万元。对于执行法院带租拍卖的裁定,申请执行人提出异议,认为租赁合同的"剩余租赁期长达 14 年,受让人无租金收入(租金已支付),根本不可能拍卖成交,对申请人实现抵押权造成了严重阻碍,执行法院应当依法将租赁除去后进行拍卖",法院最终据此支持了申请执行人的异议请求,撤销了带租拍卖裁定。②

5. 抵押权人自主判断标准

部分法院认为,因在后的租赁权不得对抗在先的抵押权,故在后的租赁权是否会影响在先的抵押权,应由抵押权人来判断,只要抵押权人认为有影响的,则应除去在后的租赁权。例如,在武汉市中级人民法院审理的马某执行异议一案中,在判断在后的租赁权是否对在先的担保物权的实现有影响时,法院就认为,"本案中,对租赁权是否影响在先担保物权最有发言权的主体应为对案涉标的物享有担保物权的申请执行人。……申请执行人慧佳通公司对乘风公司将案涉房产出租给案外人的行为同意并知晓,且从未主张涤除租赁权,故本院带租拍卖行为于法有据"。③ 有的法院在

---

① 广州市天河区人民法院(2018)粤 0106 执异 769 号执行裁定书。类似裁判文书:福安市人民法院(2019)闽 0981 执异 5 号执行裁定书、深圳市中级人民法院(2018)粤 03 执复 295 号执行裁定书、深圳市中级人民法院(2019)粤 03 执复 330 号执行裁定书、广东省高级人民法院(2021)粤执复 100 号执行裁定书等。

② 江苏省高级人民法院(2019)苏执复 174 号执行裁定书。

③ 武汉市中级人民法院(2018)鄂 01 执异 1220 号执行裁定书。

作出相关裁定时，其措辞表述得更为直接，将是否除去后于抵押权设立的租赁权视为抵押权人的一项权利。例如，在海宁市吉联塑胶有限公司与杭州联合农村商业银行下沙支行执行其他一案中，承租人主张带租拍卖，认为"租赁权的存在有利于提高拍卖的成交几率和成交价格"，而审理法院认为，承租人的租赁关系发生在案涉房屋设定抵押权之后，不能对抗法院为实现抵押权而进行的处置行为，"是否选择带租拍卖属抵押权人的权利，带租拍卖是否能够提高拍卖的成交几率和成交价格应由抵押权人进行价值判断，现抵押权人要求涤除租赁权后拍卖，承租人不得对抗"。[①]

（二）理论分歧

在学理上，就如何判断租赁权的存续会影响抵押权的实现，也有不同的理解。

1. 评估价标准说

有观点主张，通过拍卖前不动产的评估程序进行概算来判断租赁权对抵押权实现的影响。[②] 有人甚至明确建议，可以参考不动产评估价的 1/2 是否足以清偿抵押债权来判断，如果不足以清偿，则可认定租赁权影响抵押权。[③] 其所谓的参考不动产评估价 1/2 的由来，是鉴于我国有关强制拍卖的司法解释规定，不动产经三次拍卖后的成交价不得低于评估价的 6.4 折，变卖价不得低于评估价的 1/2，是以最低的保留价来确定的。[④]

2. 拍卖结果标准说

一些学者主张根据拍卖结果来评判租赁权是否影响在先的抵押权的实现。有台湾地区学者即认为，所谓租赁权对抵押权的实现有影响，是指在抵押权人申请拍卖抵押物时，因抵押物上的租赁关系而致抵押物的价值减少，发生无人应买或者出价很低，以致不足以清偿抵押债权的情形。[⑤]

具体而言，就租赁权是否影响在先的抵押权的实现，是根据第一次拍

---

① 嘉兴市中级人民法院（2017）浙 04 执复 19 号执行裁定书。

② 范向阳：《不动产执行》，载最高人民法院执行局：《法院执行理论与实务讲座》，国家行政学院出版社 2010 年版，第 336～337 页；程啸：《论抵押财产出租时抵押权与租赁权的关系——对〈物权法〉第 190 条第 2 句的理解》，《法学家》2014 年第 2 期，第 55 页。

③ 刘建发：《论抵押房产强制拍卖"除去"租赁权的法律适用》，载贺荣主编：《公正司法与行政law实施问题研究》，人民法院出版社 2014 年版，第 900～901 页。

④ 根据最高人民法院《关于人民法院网络司法拍卖若干问题的规定》，不动产经两次拍卖后最终的拍卖成交价不得低于评估价的 56%。

⑤ 刘春堂：《判解民法物权》，台湾三民书局 2010 年版，第 458 页；谢在全：《民法物权论》（中），台湾新学林出版公司 2010 年版，第 393 页。

卖结果来判断还是第二次拍卖结果来判断,理论界也有不同见解。有的主张,所谓租赁权影响抵押权,是指因租赁权等权利的存在,致抵押物第一次拍卖时未拍定,即第一次拍卖须连同租赁权一并拍卖,如拍定即表示无影响,否则为有影响。[①] 有的则建议借鉴瑞士的双重报价法。根据瑞士法,在拍卖抵押物时,抵押权人有权请求法院进行两次拍卖。首次拍卖时,系负担租赁拍卖,如果拍卖价金(第一次报价)足以实现抵押权,则表明租赁不影响抵押权的实现,租赁负担继续存在。如果拍卖价金不足以实现抵押权,则不负担租赁进行第二次拍卖,此次拍卖价金(第二次报价)高于第一次报价的,则表明租赁对抵押权的实现确有影响,应除去租赁负担;如果此次拍卖价金不高于第一次报价,则表明租赁并未妨害抵押权的实现,租赁负担继续存在。

3. 评估价和拍卖结果结合标准说

有实务界人士采取了折中观点,主张根据评估价和拍卖结果来综合判断租赁权对抵押权的实现有无影响。具体而言,该观点认为,法院在委托评估机构对执行标的物进行价值评估时,可以要求评估机构分别在执行标的物负担租赁和不负担租赁两种情况下作出相应的评估报告,如果经评估认为负担租赁进行变价对在先的优先受偿权(包括抵押权)的实现有影响的,法院应当直接裁定除去租赁权后进行拍卖;如果经评估认为租赁权对在先的优先受偿权的实现没有影响,则应当带租拍卖标的物,但是,若发现无人应买或者拍卖保留价低于在先的优先受偿权和执行费用的,则应当认定租赁权对在先的优先受偿权的实现有影响,法院应当裁定除去租赁权后再行拍卖,此时的拍卖为全新的拍卖程序,需重新确定保留价并进行变价。[②]

(三)评析与结论

采用抽象判断标准,以租赁权的存在必然会直接影响抵押物变现的价值为由,直接认定租赁权必然会影响抵押权的实现,并据此主张应除去抵押物上的租赁权的实务观点,显然过于简单化、绝对化,与上文所述的绝对地直接除去租赁权的见解无异。如前所述,纵然租赁权的存在会直接影响抵押物变现的价值,而这种影响,既可能表现为减损抵押物变现的价值

---

① 吴光陆:《强制执行法》,台湾三民书局 2012 年版,第 368 页;常鹏翱:《先抵押后租赁的法律规制——以〈物权法〉第 190 条第 2 句为基点的分析》,《清华法学》2015 年第 2 期,第 53 页。
② 金殿军:《论案外人对执行标的物主张租赁权的诉讼程序》,《财经法学》2016 年第 4 期,第 89 页。

（如导致流拍或者拍定价金较低），又可能在租金较高而有利可图时提升抵押物变现的价值。并且，如果抵押物价值远远超出其所担保的抵押债权，即使抵押物因负担的租赁权而以较低价金成交，但该价金仍足以清偿抵押债权的，也不存在影响抵押权实现的问题。因此，采取抽象标准判断租赁权是否影响在先的抵押权的实现，显不合理。

从比较法的角度来考察，以评估价、拍卖结果、抵押权人为判断标准的立法例均存在。我国台湾地区《办理强制执行事件应行注意事项》即采用了评估价判断标准，其第 41 项（四）规定："债务人于不动产设定抵押权后就同一不动产上设定负担或予出租者，执行法院应命鉴定人就无负担或者未出租之价额与有负担或出租之价额，分别估定。"[①] 根据估价的结果，法院决定是否除去租赁负担。瑞士法则采用了双重报价制度，以两次拍卖结果为标准来认定租赁权是否影响在先的抵押权的实现。德国法、日本法允许当事人（利害关系人）自主判断租赁负担对抵押债权实现的影响，根据实际情况合意改变涂销规则。这里的"合意"，显然包含了抵押权人的意志。

在不动产执行过程中，我国究竟应采用何种标准来科学合理地判断租赁权是否会影响在先的抵押权的实现呢？如果依据评估价来判断租赁权是否影响抵押权的实现，在强制拍卖之前的评估阶段即先行作此判定，将有利于提高执行效率，节约执行成本，限制法院滥用自由裁量权进而损害当事人合法权益。[②] 但另一方面，应当看到，不动产的评估受制于多种主客观因素，不同评估机构对同一不动产的评估价常常出现差异，评估价未必能够反映出抵押物的真实价值。并且，评估价是评估机构对评估时点时不动产市场价值的评估结果，而评估与拍卖时点有间隔，在不动产价格易变的现实背景下，拍卖时点的不动产市场价值，可能已明显发生变化。因此，依据评估价来判断租赁权是否影响抵押权的实现，也有失客观。[③]

---

① 陈世荣：《强制执行法诠释》，台北国泰印书馆有限公司 1980 年版，第 303 页。

② 程啸：《论抵押财产出租时抵押权与租赁权的关系——对〈物权法〉第 190 条第 2 句的理解》，《法学家》2014 年第 2 期，第 55 页。

③ 实践中即有裁判文书明确反对依评估价判断是否除去租赁权负担的见解。在梁某与上海邹氏企业有限公司、上海显璨钢铁有限公司等其他执行裁定书中，审理法院即指出，"尽管一审法院认为案涉房屋负担租赁权的评估估价低于抵押权实现的价值，但是评估估价并非拍卖的成交价，在当事人未能达成合意的情况下，一审法院直接对案涉房屋采取不负担租赁权进行拍卖的决定违反了法律规定和生效法律文书，应予纠正"。详见上海市第二中级人民法院（2021）沪 02 执复 74 号执行裁定书。

如果摒弃从拍卖之前的评估阶段来判断租赁权是否会影响抵押权的实现，而改采拍卖结果判断标准，根据抵押物的实际拍卖价金来判断租赁权对抵押权的实现有无影响，与上述评估价标准相比，此标准似乎更为客观、确定。但是，依然存在这样的问题：先行拍卖程序繁杂，和执行经济、效率背道而驰。如果借鉴瑞士法上的双重报价制度，在第一次拍卖无法满足抵押权时，须经第二次拍卖才能确定租赁权是否影响抵押权的实现，这更会增加程序的繁杂程度，执行效率更低。尤为关键的是，在第二次拍卖时，买受人是否承受租赁权，须视拍卖价金而定，这会严重影响买受人地位的安定性。而保障买受人地位的安定，是强制拍卖制度设计必须考虑的一大目标，否则，必将危及强制拍卖的公信力，损害强制拍卖制度的实际效用。从买受人地位的安定性考虑，是否承受租赁负担，理应在拍卖程序之初于拍卖公告中告知买受人，而不是根据拍卖的最终结果来确定。

由抵押权人自主判断租赁权是否会影响抵押权实现的见解，符合最大限度保护在先的抵押权人的民法理念。毕竟，在民法上，就抵押权与租赁权的关系而言，抵押在先，租赁在后的，法律须最大限度地保护处于先顺位的抵押权人的权利，处于后顺位的承租人不得实施有害于在先的抵押权的行为。不过，这种见解恐怕会引起这样的质疑：将租赁权是否会影响抵押权实现的判断权完全交由债权人，难免过于主观化，绝大多数在后的租赁权可能都会被抵押权人主张除去，从而无法兼顾抵押人、承租人的合法权益。

实践中以租期、租金支付情况为判断标准确定租赁权是否会影响抵押权实现的做法，立足于个案，根据个案具体情况具体分析，具有一定合理性。但是，如果采用这样的判断标准，不免又存在法院自由裁量权过大甚至滥用裁量权的顾虑。

概观相关执行实践和理论纷争，如何判断租赁权是否对在先的抵押权的实现有影响，无非选择三种路径之一：第一种路径是在拍卖之前进行判断，以评估价为判断标准；第二种路径是通过拍卖结果（或者是首次拍卖结果，或者是两次拍卖结果）来验证租赁权是否影响抵押权的实现；第三种路径为折中说，先在拍卖前根据评估价判断，经评估认为租赁权不影响在先的优先受偿权的实现则带租拍卖，拍卖结果表明租赁权对在先的优先受偿权的实现确有影响的，则除去租赁权后再行拍卖。

执行程序的首要目的，是迅速、完全地实现债权。同时，考虑到强制拍卖行为的公信力和程序安定性要求，执行标的物是否带租拍卖，原则上宜在拍卖实施之前确定。这样，拍卖标的物上原有的租赁权是否影响在先的抵押权的实现，应当尽量在拍卖实施之前确定，于拍卖公告中明示是否带租拍卖。照此推理，依据评估价判断租赁权是否影响在先的抵押权的实现，将是较为合理的选择。

诚然，因不动产的评估受制于多种主客观因素，评估价未必能够反映出抵押物的真实价值。评估结果失实，客观上可能导致两种极端情形：一种情形是评估价过高，法院据此认定租赁权不影响抵押权的实现而带租拍卖，但抵押物最终无法拍定而影响抵押权的实现；另一种情形是评估价过低，法院据此认定租赁权对抵押权的实现有影响而除去租赁权进行拍卖，对承租人的权益保障不利。

就前一种情形而言，因带租拍卖的抵押物无法拍定的结果已经表明租赁关系的存在对在先的抵押权的实现确有影响，此时，宜根据拍卖结果除去抵押物上的租赁负担，重新再行拍卖。只要第一次拍卖没有流拍，就可以认定租赁权不会影响抵押权的实现。这样，根据第一次带租拍卖的结果来判断租赁权是否会影响抵押权的实现，其标准非常明确，可以弥补评估价标准所带来的标准不客观、不确定性的问题。并且，该标准限于第一次拍卖的结果，也不必担心执行程序的过于复杂化。

客观地讲，影响抵押物拍卖价金的因素很多，除租赁关系外，抵押物所在的地理位置、环境景观、市场走向、周边交易的活跃度等，均可能影响抵押物能否拍定的问题。从执行实务来看，第一次拍卖流拍的现象大量存在。有实务人士据此认为，以抵押物第一次拍卖的结果来判断租赁权是否影响抵押权的实现，未必科学。[1] 以影响拍卖结果的多因素为依据，否定以第一次无法拍定的拍卖结果为租赁权是否影响抵押权的判断标准，看似周延，实则无据。因为，正如持该见解者也无法忽略的客观事实是，租赁关系明显属于影响抵押物拍卖价金的重要因素，虽然不是唯一因素，但这也足以表明租赁关系可能会影响抵押权的实现。如前所述，在租赁权后于抵押权设立的情况下，立法须优先保护的，是抵押权人的利益，而非承租人的利益。因此，只要租赁关系"有可能"影响到抵押权的实现，为保护抵押权人利益考虑，即应认定后设立的租赁权影响抵押权的实现，从而依法除去租赁权。

值得一提的是，如前所述，有学者认为，租赁权对抵押权的实现有影

---

① 刘建发：《论抵押房产强制拍卖"除去"租赁权的法律适用》，载贺荣主编：《公正司法与行政法实施问题研究》，人民法院出版社 2014 年版，第 900 页。

响,是指在拍卖抵押物时,因抵押物上的租赁关系的影响,发生无人应买或者出价很低以致不足以清偿担保债权的情形。[①] 据此见解,如果带租拍卖的抵押物的拍卖价金不足以清偿担保债权(并非流拍),也应认定租赁权对抵押权的实现有影响。此种见解应否采纳并运用到执行实务中呢? 理论上,抵押权的实现,应当是抵押权的"充分"实现。如此,在抵押权带租拍卖时,如果无人应买(流拍),可以认定租赁权的存在对抵押权的实现有影响;如果拍卖价金不足以清偿担保债权时,意味着抵押权人的担保债权无法充分受偿,也应属于租赁权的存在对抵押权的实现有影响的情形。照此推理,如果带租拍卖的抵押物的拍卖价金不足以清偿担保债权的,也应除去抵押物上的租赁负担再行拍卖。倘若在判断租赁权是否会影响抵押权实现时未采纳评估价判断标准,此见解无疑具有合理性。但是,如前所述,这种纯粹的以拍卖结果为判断标准的见解,必然会导致程序繁杂,执行效率低下。并且,在以评估价为判断标准的前提下,再顾虑拍卖价金不足以清偿担保债权,实无必要。因为,根据强制拍卖规则,拍卖成交的价金不得低于保留价,否则无法拍定,所以,只要抵押物一经拍定,其拍卖价金即不存在不能清偿抵押债权、影响抵押权实现的问题。

就后一种情形而言,因评估价过低,使本来不影响抵押权实现的租赁权被不当除去,从而损害承租人的合法权益,这或许是难以避免的可能情形。但是,应当看到,如此处理,可充分保障抵押权人的合法权益,且对承租人权益的损害有限:其一,从权利的顺位来看,抵押在先,租赁在后,抵押权人的合法权益应当予以优先保障。大多数情况下,除去抵押物上的租赁负担,更有利于抵押物的价值变现。其二,就权利顺位在后的租赁权而言,根据权利顺位规则,其不可对抗顺位在先的抵押权,本身就处于可能被除去的事实状态。其三,在我国,不动产资源极为丰富,承租人未必是经济上的弱者,其对承租的不动产的依赖性大为降低,即便出现不动产价值被不当低估进而使租赁权被不当除去的情形,对承租人而言,通常难谓损失巨大。并且,如后文所述,租赁权被除去后,在立法上还宜设立相应的承租人权益保护机制,这也可大为降低承租人权益受损的程度。

由上可见,在判断后于抵押权设立的租赁权是否影响抵押权的实现时,宜采折中说,首先根据评估价进行判断,如果评估价对在先的抵押权的实现没有影响则带租拍卖,如果抵押物无法拍定,则除去租赁权后再行拍

---

① 刘春堂:《判解民法物权》,台湾三民书局 2010 年版,第 458 页;谢在全:《民法物权论》(中),台湾新学林出版公司 2010 年版,第 393 页。

卖，这应是一种更为合理的选择。如此，不仅充分保障抵押权人的合法权益，而且适当兼顾了承租人的合法权益；不仅满足执行程序的安定性需求，而且操作上十分便利，不会不当增加程序的繁杂程度，还有利于提高执行效率。

这里需补充说明的是，上述判断标准的适用存在例外情形，即：如果抵押人事先征得抵押权人同意而将抵押物出租的，依诚信原则，因抵押权人已可预期担保债权可能因租赁合同而受影响，则无论评估价是否足以清偿担保债权，抵押权人在拍卖时均不得申请除去租赁权，以保护善意的承租人不因信赖其同意而遭受不测的损害。

第三节　除去租赁权的法律效力

执行法院依法除去不动产上的租赁权，涉及抵押权人、抵押人、承租人和买受人四方主体的利益。对抵押权人和买受人而言，执行法院依法除去不动产上的租赁权，原有的租赁合同对抵押权人、买受人不具有约束力，法院应不带租约处置不动产，买受人取得无租赁负担的不动产所有权。对于原租赁关系的当事人双方——抵押人、承租人而言，除去租赁权会产生什么法律效力，现行立法、司法解释对此均未作出明确规定。这里尝试着围绕法院除去租赁权对租赁合同、承租人产生的影响展开探讨。

一、对租赁合同的影响

如果执行法院依法除去后于抵押权设立的租赁权，是否也意味着抵押人与承租人之间原有的租赁合同归于无效呢？对此，实务界和理论界有着不同的理解。

（一）司法认定

从笔者收集到的相关执行裁判文书来看，涉及租赁权除去的文书中通常写明"租赁权在抵押权设立之后成立，不得对抗抵押权的实现""异议人（承租人）的主张于法无据""除去租赁权"等类似内容，或者称"执行异议人所受损失，可向出租人主张，应另案处理"，极少明确指明租赁权除去后原有的租赁合同的效力如何。从这小部分明确指明原租赁合同效力的裁判文书来看，法院间对原有的租赁合同的效力的理解，存在明显差异。

有的法院认为，租赁合同没有法律效力。例如，在中国邮政储蓄银行湘西土家族苗族自治州分行诉湘西自治州壹佰商业有限责任公司等金融借款合同纠纷一案执行过程中，法院认为，因抵押在先，租赁在后，且异议人（承租人）与他人签订租赁案涉房屋的合同时，未告知并征得抵押权人的同意，故"该租赁合同自始未产生法律效力"。[①] 所谓租赁合同自始未产生法律效力，实质上是认为租赁合同无效。

有的法院在执行裁判文书中并未正面表态租赁合同的效力如何，只是谓租赁合同并不当然无效。例如，在卫某（申请执行人）与南京优德尔蓄电池有限公司申请承认与执行法院判决、仲裁裁决案件执行裁定书中，审理法院就指出，优德尔公司与蔡某之间的租赁合同"并不当然无效。本院无权在执行异议裁定中宣布该租赁合同无效或解除租赁合同"。[②]

有的法院认为，抵押在先，租赁在后，抵押物上的租赁关系因抵押权的实现而终止。例如，原告马某与被告梅某、梁某、中国民生银行南京分行案外人执行异议之诉中，因案涉房屋上的抵押权登记在先，法院即认为，"该租赁权因设立在先的抵押权的实现而应终止"。[③]

部分法院认为，既然在后的租赁权不得对抗在先的抵押权，抵押财产的买受人可以主张解除原租赁合同。例如，在云浮市云安区农村信用合作联社、郁南县锦新明建筑工程有限公司金融借款合同纠纷执行审查类执行裁定书中，审理法院就指出，根据现行法律和司法解释的规定，"在财产先抵押后租赁的情形下，如果将办理了抵押登记的财产出租，实现抵押权后，抵押财产的买受人可以解除原租赁合同，承租人不能要求继续承租抵押的财产"。[④] 如此理解，除去租赁权，似乎意味着原租赁合同解除。

有的法院持租赁合同继续有效的见解。例如，在湖北省资产管理有限公司、黄冈市新大地实业有限公司金融借款合同纠纷执行审查类执行裁定书中，审理法院在肯定程某的租赁权设立于新大地公司的抵押权之后、不能对抗在先登记的抵押权、不能排除法院对抵押物的执行的基础上，明确

---

① 吉首市人民法院（2017）湘 3101 执异 27 号执行裁定书。需补充说明的是，本案的异议人是转租下的次承租人，被执行人声称转租未得到其本人同意，法院认定租赁合同无效的另一个理由即擅自转租，但是，根据《最高人民法院关于审理城镇房屋租赁合同纠纷案件具体应用法律若干问题的解释》的规定，被执行人并未在 6 个月内提出异议，故法院不应以"承租人未经同意为由请求解除合同或者认定租赁合同无效"。

② 淮安市清浦区人民法院（2016）苏 0811 执异 4 号执行裁定书。

③ 南京市玄武区人民法院（2014）玄商初字第 1460 号民事判决书。类似裁判文书：汕头市龙湖区人民法院（2018）粤 0507 执异 20 号执行裁定书、浙江省临海市人民法院（2020）浙 1082 民初 7805 号民事判决书、江苏省无锡市中级人民法院（2021）苏 02 执复 68 号执行裁定书等。

④ 云浮市云安区人民法院（2019）粤 5303 执异 33 号执行裁定书。

指出,程某的"合同权利可依租赁关系向新大地公司主张"。^①此裁定书虽然没有明确指明程某与新大地公司之间的租赁合同有效,但实质上承认了这一点,否则,程某就不会继续享有租赁合同项下的"合同权利",也谈不上依据"租赁关系"向租赁合同的另一方当事人新大地公司主张合同权利的问题。

（二）理论分歧

理论上,法院除去租赁权会对租赁合同产生什么法律效力,认识上不尽一致,存在解除说、终止说、有效说等不同见解。

解除说者认为,法院除去租赁权,是指出租人与承租人解除租赁合同。法院除去租赁权是合同当事人不能预见、不能避免且不能克服的客观情况,根据《合同法》第94条关于"因不可抗力致使不能实现合同目的"的规定,当事人任何一方均可提出解除合同。^②还有观点更直接,认为抵押在先租赁在后的,租赁权因抵押权的实现而当然解除。^③

也有观点明确反对解除说,认为,法院除去租赁权不能等同于当事人解除租赁合同;法院除去租赁权的,应由法院书面告知承租人协助执行,否则,承租人应承担由此造成的损失。法院通过要求承租人协助执行的方式,达到除去租赁权对抵押权实现的影响的目的,并不是法院自行解除出租人与承租人之间的租赁合同。^④

有的主张终止说,认为,法院除去租赁权是指在强制拍卖抵押财产之前,法院以裁定方式向承租人作出终止租赁合同的意思表示,其实质同于抵押权人除去租赁合同,均为确认租赁合同无效,只不过是法院以裁定方式作出的一种强制执行措施,^⑤承租人因租赁权的除去而失去其租赁法律地位。^⑥

有效说者则认为,除去租赁权的裁定作为一种执行处分行为,其客观

---

① 黄冈市中级人民法院（2018）鄂11执异360号执行裁定书。

② 刘恒军:《是否应除去拍卖财产上原有的租赁权》,https://www.chinacourt.org/article/detail/2006/09/id/218748.shtml,下载日期: 2019年3月20日。

③ 詹勃长:《财产处置中抵押权与租赁权冲突及关系问题研究》,http://cqfy.chinacourt.gov.cn/article/detail/2018/06/id/3333023.shtml,下载日期: 2019年3月20日。

④ 胡恒波:《拍卖物上设有租赁权影响拍卖应如何去除》,http://www.chinacourt.org/article/detail/2007/04/id/245108,shtml,下载日期: 2019年3月20日。

⑤ 程啸:《论抵押财产出租时抵押权与租赁权的关系——对〈物权法〉第190条第2句的理解》,《法学家》2014年第2期,第57页。

⑥ 常鹏翱:《先抵押后租赁的法律规制——以〈物权法〉第190条第2句为基点的分析》,《清华法学》2015年第2期,第55页。

效力仅及于因租赁权而产生的占有,在承租人拒不点交拍卖的不动产时,由执行机关以强制力排除其占有而点交给买受人,至于承租人与抵押人之间设定的租赁契约,在法院裁定除去租赁权的情况下仍然有效,非经诉讼上的撤销权程序,执行中无权裁定废弃当事人之间的实体契约。[①]

(三)评析与结论

综观实务裁判与理论分歧,可以发现,就租赁权除去后租赁合同的效力问题,存在无效说、解除说、终止说与有效说之争。从合同的效力和除去租赁权的法理依据来看,法院除去租赁权,应当理解为仅除去租赁权的外部效力而已,租赁关系在租赁合同的当事人之间,依然有效。

首先,从合同的效力来看,法院除去租赁权,并不属于租赁合同无效、解除或终止的法定情形。具体而言:

第一,就合同的无效而言,所谓合同的无效,是指合同虽然形式上已经成立,但因其严重欠缺生效要件,而在法律上不按当事人之间的合意赋予其法律效力。无效合同自始不产生法律效力。《合同法》第52条规定的合同无效的情形,包括:一方以欺诈、胁迫的手段订立合同,损害国家利益;恶意串通,损害国家、集体或者第三人利益;以合法形式掩盖非法目的;损害社会公共利益;违反法律、行政法规的强制性规定。根据《民法典》,合同无效的情形包括:无民事行为能力人签订的合同;合同双方以虚假的意思签订的合同;违反法律、行政法规强制性规定的合同;违背公序良俗的合同;恶意串通,损害他人合法权益的合同。[②]一般情况下,承租人与抵押人就抵押物签订的租赁合同,基本上不属于上述合同无效的法定情形之一,因而通常是合法有效的合同。而法院在执行程序中除去租赁权,也不属于合同无效的法定情形,也谈不上因此而导致租赁合同无效,自始不产生法律效力的问题。

第二,就合同的解除而言,所谓合同的解除,是指在合同有效成立后,未履行或未完全履行之前,当事人双方协议解除合同或者单方行使解除权,致使合同关系终止的制度。合同的解除分为合意解除和法定解除。《合同法》第93条规定了合意解除的情形,第94条规定了法定解除的情形,包括:因不可抗力致使不能实现合同目的;在履行期限届满之前,当事人一方明确表示或者以自己的行为表明不履行主要债务;当事人一方迟延履

① 范向阳:《不动产执行制度研究》,2007年中国政法大学博士学位论文,第70页。
② 《民法典》第144条、第146条、第153条、第154条、第508条。

行主要债务,经催告后在合理期限内仍未履行;当事人一方迟延履行债务或者有其他违约行为致使不能实现合同目的;法律规定的其他情形。《民法典》第 562 条、第 563 条基本承继了《合同法》这两条规定的内容。就法院除去租赁权来看,并非租赁合同的当事人双方合意解除合同,也不属于法定解除的情形。并且,无论是合意解除,还是法定解除,均需当事人一方行使解除权,才能产生合同解除的法律效果。合同解除权的行使主体是合同的当事人,当事人以外的其他利害关系人并不享有合同解除权。现行法律也未例外规定法院可以作为合同解除的权利主体。因此,法院在执行程序中除去租赁权时,并不能据此简单得出法院依职权解除了承租人与抵押人之间的租赁合同。

第三,就合同的终止而言,合同终止是指因发生法律规定或者当事人约定的情况,合同当事人之间的权利义务关系消灭,合同的法律效力终止。根据《合同法》第 91 条,合同的权利义务因下列情形而终止:债务已经按照约定履行;合同解除;债务相互抵销;债务人依法将标的物提存;债权人免除债务;债权债务同归于一人;法律规定或者当事人约定终止的其他情形。《民法典》第 557 条沿用了该规定。执行程序中法院除去租赁权的情形,显然也难以囊括于合同的终止情形之中。

其次,法院除去租赁权,不宜将其简单地理解为除去租赁合同关系。法院除去租赁权,究竟是除去什么呢?是除去承租人的租赁权吗?这值得进一步思考。从除去租赁权的法律依据来看,抵押在先,租赁在后,租赁权的行使不得妨碍在先的抵押权的实现,按照《物权法》第 190 条的表述,即"该租赁关系不得对抗已登记的抵押权"。因在后的租赁权影响了在先的抵押权的实现,该租赁权在执行过程中才会被法院予以除去。从租赁权的效力来看,租赁权的效力可分为对租赁合同当事人双方的内部效力和对租赁合同当事人以外的外部效力。租赁合同依法成立生效的,租赁权的内部效力自然产生。而租赁权的外部效力,主要表现为承租人可用以对抗第三人的"买卖不破租赁"、优先购买权等权利。所谓"该租赁关系不得对抗已登记的抵押权",显然涉及的仅是租赁权的外部效力问题。对于承租人与抵押人之间的租赁内部关系,因不牵涉抵押权人的利益,非属抵押权实现所应考量的因素。法院在执行抵押物、实现抵押权的过程中,是否除去租赁权,考量的实质因素应当是租赁权是否会影响抵押权的实现,而不宜对租赁合同的内部关系作出判断与处理。简言之,在执行过程中,法院除去租赁权,除去的仅应是租赁权对抵押权人的不利影响而已。这正是"该租赁关系不得对抗已登记的抵押权"的真正内涵所在。正如有学者所言，所谓"租赁关系不得对抗已登记的抵押权"，实质是指租赁关系的"相对无效"[①]（相对于抵押权人而言无效），而非绝对无效。

对于除去租赁权的法律效力，无论是理解为租赁合同解除，还是租赁合同终止，其指向的最后"终点"，都是租赁关系的绝对终止。这样的理解，都是对后于抵押权设立的租赁权不得对抗在先的抵押权的误解。"承租人于抵押权设定后从抵押人之出租行为所取得之租赁权，虽因抵押权实行而遭执行法院予以除去，但该租赁契约于出租人与承租人间仍属有效，仅承租人不得以其租赁权对抗抵押权人而已。"[②] 如此，执行法院除去租赁权的裁定确定后，一方面，对抵押权人而言，存续在抵押物之上的租赁权消灭，法院在抵押物无租赁负担的状态下进行拍卖，买受人在拍卖成交后可以取得不带租赁负担的物的所有权；另一方面，对于抵押人和承租人而言，该租赁合同依然有效，因租赁权被除去而致租赁合同无法继续履行的，承租人可基于租赁合同的约定要求抵押人承担相应的违约责任。如果执行法院除去租赁权后强制拍卖程序因申请执行人撤回申请或债务人清偿而终结，此时，"除去租赁权的裁定就失效，租赁权除去的效果，即应自动回复"[③]。即使抵押权人嗣后重新申请拍卖抵押物，也是另一执行案件，执行法院如认为该租赁权负担对抵押权有影响而应除去，也应"另行作出除去裁定，不可迳以无租赁状态直接拍卖抵押物"[④]。

《最高人民法院关于人民法院民事执行中查封、扣押、冻结财产的规定》（2004年）第26条规定，"被执行人就已查封、扣押、冻结的财产所作的移转、设定权利负担或者其他有碍执行的行为，不得对抗申请执行人。第三人未经人民法院准许占有查封、扣押、冻结的财产或者实施其他有碍执行的行为的，人民法院可以依据申请执行人的申请或者依职权解除其占有或者排除其妨害"[⑤]。据此，查封后不动产出租的，法院仅可依申请或依职权解除承租人的占有或者排除其妨害行为。《最高人民法院关于人民法院能否在执行程序中以被执行人擅自出租查封房产为由认定该租赁合同无效或解除该租赁合同的答复》进一步明确，"根据最高人民法院《关于人

① 程啸：《论抵押财产出租时抵押权与租赁权的关系——对〈物权法〉第190条第2句的理解》，《法学家》2014年第2期，第56页。
② 许士宦：《执行力扩张与不动产执行》，台湾学林文化事业有限公司2003年版，第364页。
③ 吴光陆：《强制执行法》，台湾三民书局2012年版，第370页。
④ 许士宦：《执行力扩张与不动产执行》，台湾学林文化事业有限公司2003年版，第363页。
⑤ 该司法解释于2020年修改时，该条文序号调整为第24条，条文内容不变。

民法院执行中查封、扣押、冻结财产的规定》第 26 条，被执行人擅自处分查封物，与第三人签订的租赁合同，并不当然无效，只是不得对抗申请执行人。第三人依据租赁合同占有查封物的，人民法院可以解除其占有，但不应当在裁定中直接宣布租赁合同无效或解除租赁合同，而仅应指出租赁合同不能对抗申请执行人"。[①] 虽然该规定直接针对的是查封物出租的情形，并未明确是否适用于抵押物出租的情形，但是，在《关于抵押人未经抵押权人同意擅自出租抵押物，抵押权人能否通过诉讼程序请求解除租赁合同的答复》中，最高人民法院也作出了类似说明，第三人依据租赁合同占有标的物的，"人民法院可以在执行程序中解除其占有，但不应当在裁定中直接宣布租赁合同无效或解除租赁合同，而仅应当指出租赁合同不能对抗申请执行人"。[②] 由此可见，最高人民法院的态度十分明确，法院在执行程序中除去租赁权，仅限于"指出租赁合同不能对抗申请执行人"，并不涉及租赁合同在承租人与抵押人之间的内部效力问题。承租人与抵押人之间的租赁合同不符合民法上合同无效、解除、终止情形的，自然应在承租人与抵押人之间继续有效。因租赁权被除去而致租赁合同实际上无法继续履行的，承租人可基于租赁合同的约定要求抵押人承担相应的违约责任。

二、承租人的权益保护

在执行程序中，法院除去租赁权，虽不影响抵押人与承租人之间的租赁合同的有效性，但必然会影响抵押人与承租人之间的租赁关系的稳定性。在法院除去租赁权的情况下，抵押人与承租人之间的租赁合同事实上无法继续履行，承租人只能基于租赁合同的约定要求抵押人承担相应的违约责任，而不得不退出对租赁不动产的占有和使用。倘若要求承租人在除去租赁权后一律立即退出租赁不动产，可能会给承租人带来生活或经营上的不便，甚至可能会影响部分承租人的基本生活，这显然与现代民法租赁权物权化制度的价值取向相背离。因此，在除去租赁权、充分保护抵押权人合法权益的同时，讨论兼顾承租人权益保护的可能路径，有其现实必要性。

从目前的执行实务和理论研究来看，在法院除去租赁权的情况下，关于承租人权益保护的可能路径，主要涉及两个方面：一是是否承认承租人享有优先购买权，二是承租人何时腾退租赁物。

---

① 最高人民法院（2009）执他字第 7 号。
② 最高人民法院（2011）民二他字第 18 号。

（一）关于承租人的优先购买权

根据民法相关规定，出租人出卖租赁房屋的，应当在出卖之前的合理期限内通知承租人，承租人在同等条件下享有优先购买的权利。[①] 一般情况下，执行程序中带租拍卖的房屋承租人可以依法行使优先购买权。值得思考的问题是：法院除去租赁权后，承租人在执行程序中是否依然享有优先购买权？换言之，租赁权被除去后，承租人的优先购买权是否也被一并"除去"？

1. 司法认定

从笔者收集到的相关执行裁判文书来看，法院除去租赁权后，是否仍承认承租人享有优先购买权，存在截然不同的两种裁判观点。

部分法院明确否认承租人的优先购买权，依据是在后的租赁权不得对抗在先的抵押权。例如，在许某、平安银行佛山分行执行审查类执行裁定书中，审理法院认为，"在后的租赁权不得对抗在先的登记抵押权，承租人主张的'买卖不破租赁'规则以及承租人的优先购买权，依法均不得对抗抵押权"，故许某请求享有优先购买权的主张缺乏法律依据。[②]

与之相反，部分法院在除去租赁权后，仍然承认承租人享有优先购买权。例如，在浙江众立建设集团有限公司与浙江高立建筑安装工程有限公司等债权转让合同纠纷案件执行过程中，对于申请执行人众立建设公司请求除去租赁权的执行异议，审理法院审查后认为，案涉房屋抵押登记在前，租赁合同在后，案外人的租赁权不应妨碍申请执行人抵押权的实现，该执行异议理由成立，故裁定拍卖后案外人应自动腾退案涉房屋，但同时明确，案外人在法院拍卖时享有对其租赁范围内房屋行使优先购买权的权利。[③] 有的裁判文书还进一步阐释了赋予承租人优先购买权的具体理由。在周某与广东高要农村商业银行金利支行案外人执行异议之诉中，因抵押在先租赁在后，审理法院在驳回承租人周某带租拍卖的请求的同时，明确指出，"抵押权是一种担保物权，抵押权人申请法院强制执行其本质上要求的是

---

① 《合同法》第 230 条、《民法典》第 726 条。

② 广东省高级人民法院（2017）粤执复 131 号执行裁定书。类似裁判文书：成都市金牛区人民法院（2018）川 0106 执异 147 号执行裁定书、济宁市任城区人民法院（2019）鲁 0811 执异 1087 号执行裁定书、恩平市人民法院（2019）粤 0785 执异 8 号执行裁定书、广东省高级人民法院（2021）粤执复 22 号执行裁定书等。

③ 绍兴市越城区人民法院（2014）绍越执异字第 31 号执行裁定书。类似裁判文书：深圳市福田区人民法院（2018）粤 0304 执异 413 号执行裁定书、西宁市中级人民法院（2019）青 01 执异 145 号执行裁定书、铜陵市中级人民法院（2019）皖 07 执复 22 号执行裁定书、河南省高级人民法院（2021）豫执复 253 号执行裁定书等。

实现债权,其目的不是房产所有权,只要抵押权人从抵押物上获得相当的补偿即可,至于买受人是承租人还是其他第三人,对抵押权人来说并无区别,既然法律赋予了承租人优先购买权,不管租赁关系设立的先后,承租人均应享有以同等条件优先购买的权利",从而认定承租人周某对案涉房屋享有优先购买权。[①] 在韩某、江苏金恒泽欣环保材料有限公司执行监督案中,最高人民法院也肯定了承租人的优先购买权与抵押权的成立时间前后无关。在此案中,最高人民法院指出,"优先购买权是承租人基于合法有效的租赁关系而享有的同等条件下可优先购买租赁物的权利。对于承租人是否享有优先购买权应基于其是否享有合法的租赁权进行判断。此时,租赁物上抵押权的设立时间并非承租人优先购买权保护考虑的因素,因为不论抵押权是否设立于租赁合同成立前,承租人行使优先购买权均不会与抵押权人实现抵押权发生冲突,在抵押权实现时保护承租人的优先购买权,更符合《合同法》设立优先购买权的立法本意"。[②]

2.理论分歧

从目前的理论研究成果来看,就法院除去租赁权后承租人是否仍然享有优先购买权的问题,同司法实务一样,存在不同认识。

部分学者持否定观点,只不过各自据以论证的具体理由有一定差异。有的学者认为,抵押权属于物权,而承租人的优先购买权是性质上主要为债权的租赁权中衍生出来的一种权利,根据物权法的一般原则,抵押效力优先,故承租人不得行使优先购买权。[③] 有的学者则认为,法院除去租赁权后,租赁关系被终止、不再存续,承租人因此而失去了租赁法律地位,也不能行使优先购买权。[④]

部分学者肯定此种情形下承租人享有优先购买权。持此观点者认为,法院除去租赁权,抵押人与承租人之间的租赁关系仍然存续,只要存在租赁关系,承租人基于租赁关系就享有优先购买权。[⑤] 也有学者虽然不认可法院除去租赁权后租赁关系仍然存续的见解,但认为原承租人享有优先购买权,其依据有二:一是承认承租人的优先购买权,有助于稳定租赁物的

---

① 肇庆市高要区人民法院(2018)粤 1204 民初 2237 号民事判决书。

② 最高人民法院(2020)最高法执监 171 号执行裁定书。

③ [日]近江幸治:《担保物权法》,祝娅、王卫军、房兆融译,法律出版社 2000 年版,第 150~152 页。

④ 常鹏翱:《先抵押后租赁的法律规制—以〈物权法〉第 190 条第 2 句为基点的分析》,《清华法学》2015 年第 2 期,第 55 页。

⑤ 杨心忠编著:《最高人民法院民事裁判规则详解》,人民法院出版社 2015 年版,第 519 页。

使用关系,更好地发挥租赁物的效用;二是承认承租人的优先购买权,不会损害抵押权人的利益。[①]

3. 评析与结论

概观上述不同的裁判观点与理论争议,可以发现,否定承租人在法院除去租赁权后享有优先购买权的观点,其立论依据主要有二:一是认为法院除去租赁权后作为承租人优先购买权权源基础的法律关系——租赁关系不再存续;二是以后于抵押设立的租赁权不得对抗在先的抵押权为由,认为产生于租赁权的优先购买权也不得对抗在先的抵押权而应被一并除去。而肯定承租人优先购买权的观点,其立论依据则包括:其一,法院除去租赁权后,作为承租人优先购买权权源基础的租赁关系依然存续;其二,承租人的优先购买权不影响抵押权的实现;其三,承认承租人享有优先购买权,更符合优先购买权制度的立法目的。否定说的立论依据与肯定说的前两项立论依据针锋相对。

如前所述,法院除去租赁权后,一方面,租赁关系对抵押权人而言"相对无效",法院在无租赁负担的状态下拍卖抵押物,买受人在拍卖成交后取得不负拒租赁的物的所有权,另一方面,租赁关系在抵押人与承租人之间"依然有效"。抽象地以法院除去租赁权后租赁关系有效无效为由肯定或否定承租人优先购买权的理由,难谓充分。

法院除去租赁权后,应否承认承租人享有优先购买权,关键在于:如果承租人享有优先购买权,是否会影响在先的抵押权的实现? 毫无疑问,因在后的租赁权不得对抗在先的抵押权,故租赁权不得影响在先的抵押权的实现。如果租赁权的相关效力影响了在先的抵押权的实现,法院即应除去该效力。这正是法院除去租赁权的正当性所在。租赁权的效力是多方面的,其内部效力仅及于合同的当事人双方,不牵涉抵押权的实现,故法院除去租赁权时,并不除去该内部效力,租赁关系依然在合同当事人之间继续存在。作为租赁权外部效力具体表现之一的"买卖不破租赁",因可能影响到在先的抵押权实现,故在法院"除去"租赁权的效力范围之内。承租人的优先购买权虽也属租赁权外部效力的具体表现,但是否属于法院"除去"的租赁权的效力范围,值得思考。就法理而言,承租人的优先购买权与抵押权本身不存在冲突问题。这是因为,抵押权着眼于标的物的变价和

---

① 程啸:《论抵押财产出租时抵押权与租赁权的关系——〈物权法〉第 190 条第 2 句的理解》,《法学家》2014 年第 2 期,第 59 页。

抵押权人的优先受偿权,是一种价值权,而非支配权,即便是赋予承租人优先购买权,也不会影响抵押物拍卖价值的最大化,不会影响抵押权的实现。这样,承租人的优先购买权即不应纳入法院除去租赁权的效力范围。

进一步而言,承认法院除去租赁权后承租人依然享有优先购买权,对承租人而言,可以节约相关成本。如果承租人行使优先购买权,则承租人可以继续使用租赁物,其前期为使用租赁物所需而投入的诸如装修之类的经济成本、时间成本可免于浪费,也不必承担因生活或经营场所的搬迁而产生的直接成本、再次寻求新的租赁标的物及相应的必要投入成本。并且,承认承租人依然享有优先购买权,也有助于稳定租赁物的使用关系,更好地发挥租赁物的效用。

个别学者反对承租人享有优先购买权的部分理由是:如果承认承租人享有优先购买权,则需要法院额外通知承租人,徒增司法成本,并且,无论承租人是否享有优先购买权,都要进行无上限的竞价机制,承租人无法从根本上改变交易机制。[1] 这理由恐怕有些牵强。诚然,承认承租人享有优先购买权,为保障其优先购买权的行使,法院在拍卖前依法应当通知承租人,但是,法院通知的"司法成本"很难谓高昂,反而可以忽略不计。毕竟,即使不承认承租人享有优先购买权,法院也有需要通知承租人的其他事项(如及时申报权利、腾退租赁标的物);即便法院需要"额外"通知承租人行使优先购买权,这样的通知成本显然不高。承租人参与竞拍行使优先购买权,虽然不能改变拍卖无上限的竞价机制,但是享有"同等条件下"取得标的物的机会,这显然有利于承租人的利益保护。

综上可见,在法院除去租赁权后,承认承租人依然享有优先购买权,在无损抵押权人利益、未显著增加司法成本的前提下,却可兼顾承租人的利益保护,显然是一种理性的选择。事实上,已有地方法院在执行工作相关指导意见中明确承认承租人在法院除去租赁权后仍然享有优先购买权。例如,江苏省无锡市中级人民法院《关于执行不动产时涉租赁权处理的指导意见》就特别强调,"值得注意的是,在除去租赁拍卖但租赁合同合法有效的情况下,承租人的租赁权仅为不能对抗强制执行,执行法院仍需保护承租人在同等条件下的优先购买权"。

---

[1] 常鹏翱:《先抵押后租赁的法律规制——以〈物权法〉第 190 条第 2 句为基点的分析》,《清华法学》2015 年第 2 期,第 55 页。

（二）关于承租人腾退租赁物的时间

法院除去租赁权的，按照相关司法解释，法院可以在执行程序中解除承租人对租赁物的占有。不过，法院应当在何时解除承租人对租赁物的占有？是在拍卖之前，还是在拍卖成交之后解除占有？是立即解除承租人的占有，强制承租人立即腾退租赁物，抑或允许承租人缓期腾退租赁物？

我国现行关于不动产强制腾退的有关规定散见于《民事诉讼法》及有关司法解释之中，如：《民事诉讼法》原第 250 条（现第 261 条）[1] 规定了强制迁出房屋或者强制退出土地的程序流程；《最高人民法院关于人民法院民事执行中查封、扣押、冻结财产的规定》（2004 年）第 26 条（现第 24 条）规定了第三人未经法院准许占有查封、扣押、冻结的财产或者实施其他有碍执行的行为的，法院可以依据申请执行人的申请或者依职权解除其占有或者排除其妨害；《最高人民法院关于人民法院民事执行中拍卖、变卖财产的规定》（2004 年）第 30 条（现第 27 条）规定了拍卖成交或以物抵债后，被执行人或第三人应当移交而拒不移交财产的，法院应强制执行。这些规定均为不动产腾退的原则性规定，并未直接规范作为执行标的物的租赁物的强制腾退问题。《最高人民法院关于人民法院执行设定抵押的房屋的规定》规范了被抵押房屋的腾退问题，但仅涉及被执行人及其所扶养家属腾退的问题，并未就承租人腾退租赁物作出规定。

1. 司法认定

在执行实践中，法院去除租赁权后，就何时强制承租人腾退租赁物，大致有三种处理态度：

（1）在拍卖之前要求承租人立即腾退租赁物。在中信银行温州分行与温州巨能锻造有限公司、浙江晨剑锻造有限公司等执行裁定书中，审理法院就指出，执行异议人享有的租赁权应依法除去后进行拍卖，"执行异议人应立即腾退案涉房产"。[2]

（2）在租赁物拍卖成交之后，经买受人申请或依职权要求承租人腾退租赁物。例如，在沈某、绍兴中龙建设工程有限公司金融借款合同纠纷执行审查类执行裁定书中，审理法院明确，承租人等应在拍卖成交后自行腾退，逾期未腾退的，法院依法强制执行。[3]

---

① 2021 年《民事诉讼法》进行了第四次修订，该条文序号调整为第 257 条，2023 年《民事诉讼法》第五次修订后，该条文序号调整为第 261 条，条文内容不变。

② 温州市龙湾区人民法院（2016）浙 0303 执异 45 号执行裁定书。

③ 绍兴市越城区人民法院（2017）浙 0602 执异 119 号执行裁定书。

（3）在承租人申请缓期腾退租赁物时，法院视具体情况决定是否准许。例如，在申请执行人中国建设银行台州黄岩支行与被执行人台州飞龙集团有限公司等借款合同纠纷执行过程中，对于案涉房产抵押登记后设立的6家企业的租赁权，法院作出了除去租赁权的裁定，同时责令这6家企业限期腾房，这6家企业向法院申请暂缓腾退，承诺于拍卖成交后7日内自行搬迁，法院准许该申请，要求这6家企业签署了书面保证，并缴纳了保证金。[1]

2.评析与结论

在法院除去租赁权的情况下，相对于拍卖之前要求承租人腾退租赁物，在拍卖成交之后要求承租人腾退租赁物更为适宜。从执行实务来看，在拍卖之前即要求承租人腾退租赁物，可以有效减少竞买人的顾虑，提高其竞买意愿和竞买应价，充分发挥强制拍卖制度的实际效用，法院要求承租人腾退租赁物后拍卖的，其拍卖成交率较高。然而，从法理来分析，在拍卖之前即要求承租人腾退租赁物，既无必要又不合理。究其原因：其一，如前所述，法院在执行程序中除去租赁权，仅仅是排除租赁权对抵押权人产生效力，而非解除租赁合同，如果申请执行人撤回拍卖申请或者法院依法停止拍卖，则抵押人与承租人之间的租赁关系，恢复到原来的存在状态。[2] 从租赁关系可能恢复的角度考虑，在拍卖之前即要求承租人腾退租赁物，实无必要。其二，如前所述，在法院除去租赁权的情况下，依然应当承认承租人享有优先购买权。如果承租人在拍卖过程中行使优先购买权，依法取得租赁物的所有权，在拍卖之前即要求承租人腾退租赁物也无必要。在上述两种情形下，要求承租人在拍卖之前腾退租赁物，还会增加承租人相应的搬迁成本，徒增浪费。其三，即使租赁物由承租人以外的第三人拍定，承租人负担腾退租赁物的义务，但是，在拍卖之前即要求承租人腾退，那么，在腾退租赁物至租赁物最终拍定这一段时间里，也需要解决"谁来看管"以防标的物损毁风险的问题。综合考虑，法院除去租赁权的，也没必要在除去租赁权的同时即要求承租人腾退租赁物。

在租赁物拍定后，承租人有义务向买受人交付租赁物。《最高人民法

---

[1] 浙江省台州市黄岩区人民法院（2015）台黄执民字第2176号执行裁定书，关于本案的裁判说明，可参见柯澄川：《执行中对承租人暂缓腾退先行拍卖的适用》，《人民司法》2016年第32期，第101～104页。

[2] 许士宦：《执行力扩张与不动产执行》，台湾学林文化事业有限公司2003年版，第362～363页。

院关于人民法院民事执行中拍卖、变卖财产的规定》(2004年)第30条(现第27条)."人民法院裁定拍卖成交或者以流拍的财产抵债后,除有依法不能移交的情形外,应当于裁定送达后十五日内,将拍卖的财产移交买受人或者承受人。被执行人或者第三人占有拍卖财产应当移交而拒不移交的,强制执行"。据此条文,法院依职权移交拍卖标的物的时间,是拍卖成交裁定或以物抵债裁定送达后15日内。如果承租人占有租赁物,应当移交而拒不移交的,法院应当"强制执行"。这里的"强制执行",是立即执行,还是允许缓期执行,尚未明确。理论上,法院除去租赁权,在租赁物拍定后,承租人有义务腾退租赁物并将其交付于买受人。不过,考虑到承租人寻找适合的替代租赁物、腾退租赁物需耗费时日,一律要求承租人立即退出租赁物,可能会给承租人带来生活或经营的不便,有必要赋予承租人一定的缓期交付的期限利益。

从比较法的角度来看,赋予承租人缓期交付的期限利益,并非个例。日本于2003年修订其《民法典》时即规定了缓期交付制度,其第395条规定:"以不能对抗抵押权人的租赁关系对抵押不动产标的建筑物进行使用或收益的人,凡属下列情况的人(于下项称抵押建筑物使用人),在该建筑物拍卖中的买受人买受时起经过6个月为止,无需将其建筑物交付与买受人:一、从拍卖程序开始前使用收益者;二、根据强制管理或担保不动产收益执行的管理人在拍卖程序开始之后约定的租赁而进行使用收益者。前项规定,在买受人买受之后使用同项建筑物时的对价,于买受人对抵押建筑物使用人确定相当的期限,以一个月以上的期间作出支付催告,而在相当的期间内没有履行时,不予适用。"据此,后于抵押权设立的租赁权因不能对抗抵押权而在抵押权实现时被除去,但承租人享有自买受人购买抵押财产之日起6个月的缓期交付利益。这样,通过缓期交付,尽可能地降低了除去租赁权对承租人所造成的不利影响。美国法上也设立了类似的保护承租人的宽限期规则,即:在抵押房屋拍卖后,即便买受人有权要求承租人搬离租赁房屋,也应当提前一段时间(宽限期)通知承租人,在宽限期内,承租人有权继续居住房屋,买受人不得要求承租人立即搬离。[①]

从执行实务来看,部分法院在执行过程中给予承租人一定的缓期交付的宽限期,从几天至6个月不等。理论上,有学者建议借鉴日本《民法典》的缓期交付制度,赋予承租人6个月的缓期交付期限,"这样一来,承租人

---

① 美国各州规定的宽限期长短不一,2009年5月出台的美国联邦《抵押权实现过程中承租人保护法》规定了90天的宽限期。

既有充足时间去寻找合适的租赁物，又不会损害抵押物受让人的正当权益，可谓两全其美"。①

如果赋予承租人缓期交付的宽限期过短，将不足以保护承租人的利益；反之，宽限期过长，又会影响执行效率，不当影响买受人的正当权益。从笔者的实务调查来看，不少执行法官认为，综合考虑我国目前的不动产租赁市场、执行效率等因素，赋予承租人3个月的缓期交付期限，是平衡承租人、买受人利益的较为合理的期限。

需补充说明的是，如果立法赋予承租人缓期交付的宽限期，在宽限期内，承租人并未取得无偿占有使用租赁物的权利，买受人因拍定而取得租赁物所有权，故承租人仍需向买受人支付与租金相当的费用，以补偿买受人。

---

① 常鹏翱：《先抵押后租赁的法律规制——以〈物权法〉第190条第2句为基点的分析》,《清华法学》2015年第2期，第57页。

第五章 不动产上租赁负担处理的相关程序问题

不动产上的租赁负担是成立于抵押权之前还是抵押权之后？是否适用"买卖不破租赁"规则？租赁负担应否被除去？买受人如何向占有不动产的承租人主张权利？诸如此类的问题，常常引发抵押权人与承租人之间、买受人与承租人之间的争执。如果发生这样的争执，承租人、抵押权人、买受人等相关权利主体应当通过什么样的法律途径主张相应的权利救济？执行法院又应当如何解决呢？这涉及不动产上租赁负担处理的相关程序问题。对此，我国现行法律均无明确的直接规定，实务中操作不一，故有详细研讨的必要。根据主张权利的主体不同，下文分别探讨相应的程序问题。

第一节 承租人主张租赁权保护的路径

不动产执行实践中，承租人就不动产主张租赁权益保护的情形比比皆是，或者要求法院排除对租赁物的执行，或者要求法院在拍卖不动产时负担租赁权，或者请求确认租赁合同有效、继续履行合同，或者请求停止拍卖或交付，等等。其具体表现为承租人提出众多的执行异议。对于承租人的这些执行异议，不同法院的处理方式存在差异。

一、能否在执行程序中审查承租人的异议

（一）审抑或不审

不动产执行实践中，执行法院大多在执行程序中直接审查承租人的异议是否成立的问题。不过，也有部分法院对此持否定态度。

持否定态度的法院认为，承租人与被执行人（出租人）之间的租赁合同是否真实、有效，"系对当事人之间实体法律关系的审查范畴，人民法院在执行程序中无权进行审查认定"；[1]"应属于审判程序处理的范畴，而不属于执行异议程序的处理范围，案外人（承租人）可通过审判监督程序或

---

[1] 山东省高级人民法院（2014）鲁执复议字第107号执行裁定书。

提起诉讼的途径主张救济"。[①]

概言之，在持否定态度的法院看来，对于承租人主张租赁权保护的异议，之所以不宜在执行程序中审查认定，乃是基于审执分离的原理，认为承租人的异议涉及实体审查问题，故主张承租人应当另行诉讼。[②]

民事审判程序是确认民事权利的程序，民事执行程序是运用国家强制力实现民事权利的程序，二者存在质的差异性。[③] 正是基于审判与执行的差异性，党的十八届四中全会通过的《中共中央关于全面推进依法治国若干重大问题的决定》提出了审执分离体制改革的命题。长期以来，相关理论研究主要围绕审执如何分离而展开。根据审执分离理念，"实体权利义务的争议必须通过诉的方式加以解决……无论是在执行中，还是执行外"，[④] 这成为主流观点。照此推论，在执行程序中，承租人提起的保护租赁权的异议，属于当事人之间实体权利义务争议的范畴，构成独立的诉，不应在执行程序中审查认定，而须另寻诉讼途径予以解决。

主张将执行程序中产生的实体争议从执行程序中剥离出去而划归民事审判权范畴的见解，除了贯彻审执分离理念之外，还有一个重要理由，即：如果在执行程序中处理实体争议，对案外人而言，存在程序保障不足的问题。通过民事诉讼程序判断当事人之间的实体权利义务关系，可以为案外人提供充分的程序保障。

从不动产执行实践来看，据调查，作为执行标的物的不动产上，80%以上负有租赁负担。若照此推理，只要承租人在执行程序中主张租赁权保护，因绝大多数不动产的处置涉及租赁权的实体判断问题，执行法院应一律直接驳回承租人异议，告知承租人另行诉讼。繁琐漫长的诉讼流程，必然导致法院不动产执行工作的严重迟滞。而作为实现民事权利的强制执

---

① 海淀区人民法院（2015）海执异字第140号执行裁定书。类似裁判文书：四川省自贡市中级人民法院（2018）川03执复41号执行裁定书、郑州市金水区人民法院（2018）豫0105执异609号执行裁定书、福安市人民法院（2018）闽0981执异71号执行裁定书、吉林市中级人民法院（2019）吉02执异159号执行裁定书、新余市中级人民法院（2019）赣05执异28号执行裁定书、江油市人民法院（2019）川0781执异66号执行裁定书、重庆市第四中级人民法院（2020）渝04执复4号执行裁定书等。

② 在承租人单独提起租赁合同效力确认之诉的情况下，因承租人与出租人（被执行人）之间对租赁合同效力往往没有争执，对此，个别法院认为，此时不具有诉的利益而主张驳回承租人的起诉，认为承租人应通过执行异议程序保障其权利。详见四川省成都市中级人民法院（2021）川01民终7807号民事裁定书。

③ 关于民事审判与民事执行差异性原理的经典论述，可参见肖建国：《审执程序的基本原理研究》，《现代法学》2004年第5期。

④ 张卫平：《执行救济制度的体系化》，《中外法学》2019年第4期，第899页。

行程序,应当以效率为第一价值追求。这不得不促使我们进一步思考:基于审执分离原理和程序保障要求,将实体争议的处理一律排除在执行程序之外的主张,是否为必然的选择?

在回答这个问题之前,应当全面审慎地考虑债权人权益保护、案外人权益保护、执行效率与审执分离原理等多方面的价值衡量问题。(1)从债权人权益保护的角度而言,执行程序的最主要目标,是快速、全面地实现其债权,允许执行机构在执行程序中及时处理相关的实体争议,从而快速推进执行程序,更有利于债权人的权益保护。(2)从案外人权益保护的角度而言,将实体争议的处理排除在执行程序之外,要求案外人另行诉讼,案外人可以获得充分的程序保障。但是,正如有学者所言,要求案外人一律通过民事诉讼程序主张权益,因诉讼审理程序过于漫长且不具有中止强制执行程序的固有效力,并不能"向案外人及时提供有效救济",如果从充分保障案外人权益考虑,也应当授权案外人在争讼审查与非讼审查之间进行选择。[1] 换言之,案外人也存在在执行程序中寻求及时救济的需求。(3)就执行效率而言,执行效率是执行程序最基本的也是最高的价值追求,"在执行程序中,即便是执行异议、异议之诉等法定的执行救济程序,也不能因为权利存在疑问而改变执行程序应秉承的效率价值,仍应当尽可能迅速满足经由生效法律文书确定的执行债权人的权益,因而原则上也不能妨碍、阻止执行程序的继续进行"。[2]与诉讼程序相比,执行程序中直接处理相关的实体争议,显然有利于提高执行效率。(4)从审执分离原理来考虑,当事人之间的实体权利义务争议,原则上应当通过诉的方式予以解决,当事人有权就实体权利义务争议提起诉讼,这是当事人的一项基本权利,是诉权保障的基本要求。然而,审执分离并非绝对。"强制执行权并非单纯地实现权利,强制执行程序也并非完全排除法官的权利判断,民事执行与民事审判的差异性也没有割断执行程序中的权利判断。"[3]大陆法系国家的相关立法也证明了这一点。主张案外人应就实体争议直接起诉的观点,大多以

---

① 黄忠顺:《案外人排除强制执行请求的司法审查模式选择》,《法学》2010年第10期,第114～118页。

② 宋春龙:《审执分离原理及其展开——以肖建国教授关于审执分离的论述为中心》,《民事程序法研究》第16辑,第39～40页。

③ 宋春龙:《审执分离原理及其展开——以肖建国教授关于审执分离的论述为中心》,《民事程序法研究》第16辑,第40页。

德国《民事诉讼法》第 771 条[①] 和日本《强制执行法》第 38 条[②] 规定的第三人异议之诉为借鉴蓝本。但是,仔细考察德国、日本的强制执行立法,不难发现,德日立法并未绝对禁止案外人利用执行异议等更为快捷的方式请求排除强制执行,甚至有些立法明确授权执行机关对案外人排除强制执行的请求进行实质审查。[③] 例如,德国通说虽然认为,对于第三人以实体瑕疵为由提出的异议,执行法院原则上应当通过第三人异议之诉予以救济,但是,第三人异议之诉与执行异议并不必然互相排斥,[④] 立法也允许第三人根据德国《民事诉讼法》第 766 条的规定提出执行异议,执行法院可以从土地登记簿明显知晓第三人对执行标的享有足以对抗强制拍卖或者执行程序进行的权利,或者基于其他原因明显知晓执行程序存在明显瑕疵的,应当立即终止或者暂时中止拍卖程序。[⑤] 日本立法也明确第三人可以就部分实体瑕疵提出执行异议或执行抗告。[⑥](5)此外,法律制度的设置必须立足于我国的社会现实。"回顾我国执行制度的发展历程,可以发现执行难始终是执行中必须首先面对的问题。"[⑦] 执行制度的完善,包括有关程序设计,应当主要着眼于提高执行的有效性,助力解决执行难。从当前的执行实践来看,案外人滥用执行异议,拖延执行程序,成为执行法官和债权人广泛诟病之处。据调查,案外人异议请求得到法院支持的比例较低,至少60%~80% 的案外人异议请求被法院驳回。如果要求案外人直接通过诉讼程序主张实体权益,也存在滥诉的可能,若此,因诉讼程序比执行异议审查程序更为漫长,将进一步影响执行的有效性。[⑧]

---

① 德国《民事诉讼法》第 771 条规定:"(1)第三人主张在强制执行的标的物上有阻止让与的权利时,可以向实施强制执行的地区的法院提起异议之诉。(2)异议之诉对债权人和债务人提起时,应以该双方为共同被告。……"

② 日本《强制执行法》第 38 条规定:"(一)对强制执行标的物享有所有权或其他妨碍标的物让与或交付的权利的第三人,对债权人可提起旨在阻止强制执行的第三人异议之诉。(二)前项规定的第三人可在提起异议之诉的同时,对债务人合并提起关于强制执行标的物的诉讼。……"

③ 黄忠顺:《案外人排除强制执行请求的司法审查模式选择》,《法学》2010 年第 10 期,第109 页。

④ [德]弗里茨·鲍尔、霍尔夫·施蒂尔纳、亚历山大·布伦斯:《德国强制执行法》(下册),王洪亮、郝丽燕、李云琦译,法律出版社 2020 年版,第 262 页。

⑤ 德国《强制拍卖与强制执行法》第 28 条。

⑥ 日本《强制执行法》第 55 条、第 83 条、第 77 条、第 127 条、第 182 条。

⑦ 张卫平:《执行救济制度的体系化》,《中外法学》2019 年第 4 期,第 895 页。

⑧ 有学者认为,从执行实践来看,案外人异议案件的审查周期较长(据调查平均约 70 天),远远超出了立法者预设的 15 天(毋爱斌:《审执分离视角下案外人异议制度的变革》,《法学》2017 年第 2 期,第 45 页)。但毫无疑问,若适用诉讼程序,审查周期明显更长。并且,实践中法院对案外人异议的审查明显"超期",也存在合法性的质疑。

综上考虑，对案外人提出的实体权益主张，不宜简单地否认在执行程序中予以审查认定的必要，也不宜完全剥夺案外人寻求诉讼救济的机会。我国《民事诉讼法》对案外人实体性争议规定了"异议前置、异议之诉后置"的双阶结构，也是对此价值衡量的结果。正如立法者所言，"考虑到审判程序比较复杂，如果对所有的案外人提出的异议不经审查便直接进入审判程序，不仅影响执行效率，还可能给一部分债务人拖延履行留下空间，不利于债权的及时实现。实际上，一部分案外人异议仅通过执行机构的初步审查即可得到解决"。[①] 如此，既有利于及时保护债权人权益，提高执行效率，又保障了案外人及时获得救济，保障了案外人通过诉讼获得充分救济的机会。并且，也不违背审执分离的基本原理。因为，执行机构在执行程序中审查案外人异议，其裁定并不具有终局性，对裁定结果不服的，当事人仍有权提起民事诉讼，经过充分的程序保障，由审判法官作出最终的审理性裁决。近年来案外人异议制度的实效性也印证了这一法律设置的合理性。据调查，执行实践中，经过异议前置程序审查后，提起异议之诉的案件比例，仅占 10% 左右，异议前置程序客观上起到了诉前截流、促成执行和解、防止恶意转移财产、保护债权人权利和保障执行工作顺利推进的积极作用。[②]

（二）形式审查抑或实质审查

在执行程序中，执行法院对案外人提出的实体异议进行审查，是限于形式审查，还是进行实质审查？

部分法院认为，执行法院对案外人实体异议的审查，仅限于形式审查。例如，对于案外人主张租赁权并请求排除执行的异议请求，一些审理法院就在相关裁判文书中明确指出，"判断案外人是否对涉案房产享有承租权，应当首先对该两份租赁合同的效力进行认定，但执行异议审查无法承担实质审查的任务"；[③] "根据民事诉讼法学理论，对执行异议的审查，执行程序中只能形式审查，不能以执行异议审查的职能代替诉讼中审判职能作出实体处理"；[④] "基于执行程序的特点，本院对案外人、申请执行人等所述的事实及提出的证据仅进行形式审查"。[⑤]

① 全国人大常委会工委民法室：《〈中华人民共和国民事诉讼法〉条文说明、立法理由及相关规定》，北京大学出版社 2007 年版，第 407～408 页。
② 毋爱斌：《审执分离视角下案外人异议制度的变革》，《法学》2017 年第 2 期，第 44～45 页。
③ 郑州市中级人民法院（2017）豫 01 执异 352 号执行裁定书。
④ 平邑县人民法院（2014）平执异字第 9 号执行裁定书。
⑤ 珠海市中级人民法院（2019）粤 04 执异 111 号执行裁定书。

有的法院则认为，执行法院可以对案外人提出的实体异议作实质审查。例如，在江苏银行连云港分行与钱某、马某等金融借款合同纠纷执行裁定书中，审理法院旗帜鲜明地表态，"在人民法院执行处分被执行人的不动产财产程序中，有权对不动产物权上设定的租赁合同进行审查，包括合同的合法有效、租赁物的占有、合同的履行等方面作出实体审查。本次执行异议程序中，案外人设备安装公司虽然未提出阻止移交执行标的物的请求，但其主张对被执行房屋实行带租拍卖，并要求实现优先购买权，而本院的执行措施是腾空房屋即不带租拍卖，这两种处理方式对江苏银行作为抵押权人的利益有较大影响，故对案外人提供的租赁合同的效力必须作出实质性判断"。[①]

理论上，有观点主张，强制执行奉行形式化原则，案外人主张的实体权利是否存在，执行机构仅作形式审查，其作出的关于案外人权利存否的判断，性质上仅针对执行标的物的形式物权而非实质物权，此即强制执行法上财产权属判断的"形式主义"或"外观调查原则"。据此见解，如果执行法官像审判法官那样对执行标的的权属作实质审查，将导致执行程序与审判程序的混同，侵蚀执行的效率价值，背离审执分离的基本宗旨。[②]

从我国执行实践来看，如果仅允许执行机构对案外人提出的实体权利主张作纯粹的形式审查，那么，案外人异议审查程序恐怕难以起到"截流"作用，大量的执行异议之诉案件将涌现出来。这不仅不利于执行效率的提高和债权的实现，而且对案外人而言，恐也存在救济不及时的问题。

执行机构对案外人实体权益主张的审查，宜践行初步的实质审查标准。这是我国面临执行难的应然选择。对案外人实体异议进行初步的实质审查，更利于提高执行效率、快速实现债权、减少执行成本，对于善意的案外人而言，也能及时获取权益救济。并且，这也不违背审执分离的基本原理。毕竟，即便执行法官对案外人异议作出了初步的实质审查，但其审查结论中的判断并不具有既判力，当事人对审查结果不服的，依然可以提起执行异议之诉。事实上，即便是贯彻审执分离、形式化原则的德国、日本

---

① 连云港市海州区人民法院（2016）苏 0706 执异 98 号执行裁定书。附带一提的是，个别法院没有论及对承租人提起的租赁权保护异议的审查标准是形式审查还是实质审查，而是用了"严格审查"的术语。例如，在申请执行人冯辉洋与被执行人冯进强、张世娟民间借贷纠纷一案执行过程中，审理法院就认为，"在办理执行异议案件中，为防止被执行人与异议人恶意串通，伪造租赁合同，阻却执行，应严格审查租赁合同的真实、合法性"（新兴县人民法院（2019）粤 5321 执异 1 号执行裁定书）。究其本意，所谓"严格审查"，即为"实质审查"。

② 肖建国:《执行标的实体权属的判断标准——以案外人异议的审查为中心的研究》,《政法论坛》2010 年第 3 期，第 99 页。

等大陆法系国家，也是直接或者间接地允许执行机构根据初步的实质审查结论对执行程序作出不同处理，并不完全受形式化原则的严格约束。[①] 我国《民事诉讼法》虽然没有明确执行机构对案外人实体异议的审查系形式审查还是实质审查，但是，从《最高人民法院关于人民法院办理执行异议和复议案件若干问题的规定》等司法解释来看，法院对案外人执行异议的审查，应采纳初步的实质性标准。[②] 执行实践中，绝大多数执行法官也奉行此标准来审查案外人异议案件。

二、承租人执行异议的审查依据

根据我国《民事诉讼法》的规定，如果承租人在执行程序中欲主张租赁权保护，有两种可能的路径予以选择：一种路径是，根据《民事诉讼法》原第 225 条（现第 236 条）的规定，承租人作为"利害关系人"，向执行法院提出异议，法院裁定后，对裁定结果不服的，可以自裁定送达之日起 10 日内向上一级法院申请复议。另一种路径是，根据《民事诉讼法》原第 227 条（现第 238 条）的规定，承租人作为"案外人"，对执行标的提出异议，法院裁定后，对裁定结果不服的，如果认为原判决、裁定错误的，依照审判监督程序申请再审；如果与原判决、裁定无关的，可以自裁定送达之日起 15 日内向法院提起执行异议之诉。[③] 执行实践中，对于承租人提出的执行异议，法院是应当适用《民事诉讼法》第 225 条的规定还是应当适用《民事诉讼法》第 227 条的规定进行审查，存在不少争议。

---

① ［德］弗里茨·鲍尔、霍尔夫·施蒂尔纳、亚历山大·布伦斯：《德国强制执行法》（上册），王洪亮、郝丽燕、李云琦译，法律出版社 2019 年版，第 120 页；黄忠顺：《案外人排除强制执行请求的司法审查模式选择》，《法学》2010 年第 10 期，第 116 页。

② 有地方法院在执行相关指导意见中明确，执行部门应对执行异议进行"适度实体审查"，如河南省高级人民法院《关于公正高效审理执行异议之诉案件助推"基本解决执行难"工作的通知》（豫高沄〔2018〕306 号文）第 4 条明确，"案件审判部门应加强与执行部门的联系沟通，案件审理中要全面了解案件的执行情况。对于执行裁决机构在执行异议审查阶段，依照《最高人民法院关于人民法院办理执行异议和复议案件若干问题的规定》第二十六条至第三十一条、《最高人民法院关于民事执行中变更、追加当事人若干问题的规定》第十四条第二款、第十七条至第二十一条规定，进行适度实体审查，案件进入审判程序后，审判部门否定执行异议审查结论依据不足的，要依法支持执行裁决机构的意见"。

③ 2021 年《民事诉讼法》进行了第四次修订，《民事诉讼法》原第 225 条的序号调整为第 232 条，原第 227 条的序号调整为第 234 条，2023 年《民事诉讼法》第五次修订后，这两个条文序号又分别调整为第 236 条、第 238 条，条文内容不变。并且，因本书据以研究的实证案例大多为 2022 年 1 月 1 日之前的案例，故这里均援用原条文序号，下文不再对此作特别说明。

（一）司法认定

不动产执行实践中，对于承租人提出的执行异议，执行法院分别依据《民事诉讼法》第 225 条、第 227 条之规定予以处理的情形均大量存在。从笔者收集到的涉及承租人提出执行异议的案例来看，据粗略统计，法院依据《民事诉讼法》第 225 条处理的有 383 件，依据《民事诉讼法》第 227 条处理的有 1053 件。

部分地方法院在其出台的执行工作指导性文件中，指出了对承租人执行异议的审查依据。多数法院主张按《民事诉讼法》第 227 条审查承租人执行异议，也有部分法院持不同意见（详见表 5-1-1）。

表 5-1-1　部分地方法院关于承租人执行异议审查依据的相关意见

法院	文件名称	相关条款
浙江省高级人民法院	《关于执行非住宅房屋时案外人主张租赁权的若干问题解答》（2014 年）	五、对问题一所述情况，程序上应如何处理？当事人和案外人如何救济？……根据本解答第十条的规定发布拍卖预告后，有其他案外人主张租赁权的，执行实施人员应向其告知虚构租赁关系对抗执行的法律后果。如案外人坚持其主张的，告知其提交异议书和相应证据材料，并移交执行审查机构依照《中华人民共和国民事诉讼法》第二百二十七条的规定进行审查处理。
江苏省无锡市中级人民法院	《关于执行不动产时涉租赁权处理的指导意见》（2017 年）	三、救济途径……（二）承租人异议承租人提出应当带租拍卖，对除去租赁拍卖裁定提出异议的，应由执行裁决法官依据民事诉讼法第 227 条处理。
上海市高级人民法院	《关于在执行程序中审查和处理房屋租赁权有关问题的解答(试行)》（2015 年）	2、案外人向执行法院提出书面异议主张对房屋享有租赁权的，执行法院应当如何处理？答：案外人提出书面异议主张对房屋享有租赁权的，执行法院应当依据《最高人民法院关于执行案件立案、结案若干问题的意见》第九条第（二）项和《民事诉讼法》第二百二十七条的规定进行立案和审查，经查认为案外人所主张的租赁权依法成立且能够对抗申请执行人的，裁定案外人异议成立，中止对房屋不负担租赁权予以变现；经查认为案外人所主张的租赁权依法不能成立或者不能够对抗申请执行人的，裁定驳回案外人异议。
江苏省高级人民法院	《执行异议及执行异议之诉案件审理指南（三）》（2019 年）	一、案外人基于租赁权提出的执行异议及执行异议之诉案件的处理1. 承租人基于不动产或动产被抵押或查封之后与被执行人订立的租赁合同提出执行异议的，适用《民事诉讼法》第二百二十五条规定进行审查。……2. 承租人基于不动产或动产被抵押、质押或查封之前与被执行人订立的租赁合同提出执行异议，请求在租赁期内阻止向受让人移交占有被执行的不动产或动产的，适用《民事诉讼法》第二百二十七条规定进行审查，并就是否停止执行作出裁定。

续表

法院	文件名称	相关条款
江西省高级人民法院	《关于执行异议之诉案件的审理指南》（2021年）	32、金钱债权执行中，承租人作为案外人提起执行异议之诉的，应当区分情形分别处理： （1）如果法院在执行过程中并不否定承租人享有的租赁权，承租人只是对执行法院要求其腾退房屋的执行行为有异议的，属于对执行行为的异议，应当通过执行复议程序或执行监督程序解决，承租人提起执行异议之诉的，不予受理；已经受理的，裁定驳回起诉； （2）如果执行法院否定承租人租赁权的成立或存续的，因涉及实体权利的争议，承租人主张其享有足以排除执行的占有、使用和收益权的，在执行异议被驳回后，可以提起执行异议之诉。

是适用《民事诉讼法》第225条还是适用第227条来审查承租人提出的执行异议，最高人民法院的态度在不同的个案中并不完全一致：

（1）在"最高人民法院执行局关于云南齐宝酒店申请复议案的复函"中，最高人民法院认为，承租人对执行标的物主张享有租赁权而提起的异议，性质上为实体异议，承租人对该异议裁定不服的，应当提起执行异议之诉而不能提起复议。[①] 据此复函，承租人基于租赁权提出的异议在性质上属实体异议，故法院应适用《民事诉讼法》第227条之规定来审查承租人的异议。

（2）在"鄂州良龙商贸公司与中国农业发展银行鄂州市分行执行裁定书"中，最高人民法院认为，申诉人与债务人之间的租赁关系后于抵押权设立，依法不能产生阻却执行法院对涉案资产拍卖行为的效力，申诉人基于对涉案资产的所谓租赁权对拍卖行为提出的异议，属于利害关系人异议，应当适用《民事诉讼法》第225条的规定进行审查。[②] 据此裁定书，在最高人民法院看来，承租人以租赁权为由排除不动产执行的，如果法院查明抵押在先而租赁在后的，因租赁权不能产生阻却法院拍卖行为的效力，故承租人提出的异议属于利害关系人异议，法院应当按照《民事诉讼法》第225条进行审查。

（3）在"李建俊、赵文萍借款合同纠纷执行审查类执行裁定书"中，最高人民法院认为，"案外人于案件执行过程中对涉案房产主张租赁权，本质是阻却房产的交付，属案外人针对执行标的提出的异议，执行法院应对此进行立案审查，并作出裁定；当事人如对审查结果不服可提起案外人异议

---

① 最高人民法院（2008）执复字第2号。
② 最高人民法院（2016）最高法执监429号执行裁定书。

之诉,通过异议之诉程序解决涉案房产租赁权相关争议"。① 这份裁定书从承租人提起异议的目的出发,以承租人异议的目的系阻却不动产执行为由,认为承租人主张租赁权的相关争议均属于案外人异议,执行法院应当按照《民事诉讼法》第 227 条进行审查。

在"何健执行裁定书"中,最高人民法院也表达了同样的见解。此案中,最高人民法院认为,"依据相关法律规定,案外人对执行标的主张所有权或者有其他足以阻止执行标的的转让、交付的实体权利的,可以向执行法院提出案外人异议。在本案执行过程中,重庆一中院在涉案房屋张贴公告,限期要求房屋使用人向该院书面申报房屋租赁或其他使用情况,逾期未申报的,该院将在公开拍卖后予以强制交付。三名案外人在期限内向法院提交租赁协议,实质上是主张以租赁关系排除人民法院在租赁期内对涉案房屋的强制交付。鉴于本案申请执行人和三名案外人就是否存在租赁关系存在重大争议,执行法院宜将三名案外人的主张纳入案外人异议程序立案审查,并作出裁定,相关当事人如对裁定不服的,应通过执行异议之诉解决"。②

(4)在"合肥共前贸易有限公司、中国信达资产管理股份有限公司安徽省分公司再审民事裁定书"中,最高人民法院则认为,强制执行并不必然导致承租人租赁权的消灭。"如果人民法院在强制执行过程中未否定承租人享有租赁权,承租人只是对人民法院要求其腾退房屋的执行行为有异议,属于《中华人民共和国民事诉讼法》第二百二十五条规定的执行行为异议,应当通过执行复议程序解决。但如果人民法院否定承租人租赁权的成立或存续的,系涉及实体权利的争议,承租人主张其享有足以排除强制执行的租赁权的,在其执行异议被驳回后,可以提起执行异议之诉。"③ 从该裁定书来看,最高人民法院以法院是否否定租赁权成立或存续为标准,把承租人的异议分为两类区别对待:未否定承租人租赁权的,承租人的异议为利害关系人异议,法院应适用《民事诉讼法》第 225 条进行审查;否定承租人租赁权的,承租人的异议为案外人异议,法院应适用《民事诉讼法》第 227 条进行审查。不过,值得注意的是,按此裁定书表述,承租人对"法院要求其腾退房屋的执行行为"有异议的,属于利害关系人异议,这与"李建俊、赵文萍借款合同纠纷执行审查类执行裁定书"中声称的承租人"阻

---

① 最高人民法院(2017)最高法执监 335 号执行裁定书。
② 最高人民法院(2018)最高法执监 434 号执行裁定书。
③ 最高人民法院(2018)最高法民再 352 号民事裁定书。

却房产的交付"均属案外人异议的观点有所不同。

（二）理论分歧

有观点认为，承租人对于执行法院不负担租赁权拍卖抵押物的，可以依据《民事诉讼法》第 225 条向执行法院提出异议，对执行法院的异议裁定不服的，可以向上一级法院申请复议，而非提起诉讼。[①] 换言之，该观点赞成承租人以"利害关系人"身份在执行程序中主张自己的租赁权。

从《民事诉讼法》第 225 条来看，其规定的当事人、利害关系人提出的执行异议，针对的是法院的执行方法、执行措施、具体执行程序等违反法律规定侵害其程序上利益的情形，属于"程序异议"，换言之，当事人、利害关系人之间并不存在实体权利义务上的争议，而是因执行程序上的瑕疵侵害了其程序利益，故提出的异议。[②] 对于此类异议裁定，当事人、利害关系人不服的，可以申请上一级法院复议。而租赁权系承租人对租赁标的物占有、使用、收益的权利，本质上属于实体权益，承租人主张自己的租赁权保护而提出的执行异议，明显不属于"程序异议"的范畴。因此，有相反的观点认为，如果承租人在执行程序中主张租赁权，就不能依《民事诉讼法》第 225 条的规定以"利害关系人"的身份提出执行异议，因为租赁权属于实体权益，承租人基于租赁权提出的异议，属于实体异议，应当适用《民事诉讼法》第 227 条的规定进行审查，承租人对异议裁定不服的，可以提起执行异议之诉。[③]

（三）评析与结论

对于承租人基于租赁权保护而提出的执行异议，执行法院是适用《民事诉讼法》第 225 条审查，还是适用《民事诉讼法》第 227 条审查，可以从相关法律规范的含义以及承租人执行异议的实践来展开分析。

从《民事诉讼法》第 225 条和第 227 条这两个法律条文来看，第 225 规定的当事人、利害关系人执行行为异议属于"程序异议"，而第 227 条规定的案外人异议属于"实体异议"，已成共识。仅从这一点来看，承租人在执行程序中欲主张自己的租赁权益，似乎只能作为"案外人"，依照《民事

---

① 穆啸:《论抵押财产出租时抵押权与租赁权的关系——对〈物权法〉第 190 条第 2 句的理解》,《法学家》2014 年第 2 期, 第 57 页。

② 最高人民法院民事诉讼法修改研究小组:《〈中华人民共和国民事诉讼法〉修改的理解与适用》, 人民法院出版社 2007 年版, 第 127 页。

③ 金殿军:《执行程序中案外人主张租赁权的路径选择》,《执行工作指导》2016 年第 1 辑, 第 65 页。

诉讼法》第 227 条的规定提出案外人异议，对异议裁定结果不服的，可以提起执行异议之诉。

在我国，案外人异议与案外人执行异议之诉是一脉相承的，只不过案外人异议为案外人执行异议之诉的前置程序。执行实务中，不少法院就承租人提出案外人异议的权利有所质疑，主要依据是《最高人民法院关于适用〈中华人民共和国民事诉讼法〉的解释》第 303 条关于案外人提起执行异议之诉的条件、第 309 条关于执行异议之诉的证明责任分配以及第 310 条关于案外人异议之诉裁判结果的规定。① 因为，这些规定在强调案外人可提起执行异议之诉的条件时，要求案外人必须就执行标的物享有足以"排除强制执行"的民事权益。案外人提起执行异议之诉的根本目的在于阻止执行，其基本功能在于解决异议标的能否执行的问题。② 从承租人提起执行异议的目的来看，承租人的主要目的并不是要"彻底排除"对租赁物的强制执行，而是要求执行法院负担租赁权进行变价以保护其租赁权，因此，适用案外人异议制度对承租人进行救济，似有不当。③ 正如在"孙旭亚与平安银行深圳分行执行复议案"中审理法院明确所指：法院决定拍卖被执行人房产并发出搬迁公告，承租人以对该房产享有租赁权为由提出阻止移交房产的异议请求，即使承租人对该房产享有真实、合法、有效的租赁权，也不得基于该权利对抗法院对该房产的强制处置，因此，承租人提出的异议，应当按照《民事诉讼法》第 225 条的规定来审查。④

争议的焦点，在于如何理解何谓"排除强制执行"的民事权益。

我国案外人执行异议之诉所借鉴的制度蓝本是大陆法系的第三人异议之诉。大陆法系强制执行法理论通说认为，第三人对执行债权人提起异议之诉，必须对执行标的物享有足以排除强制执行的权利。但是，关于什

---

① 该司法解释于 2022 年修正，其第 303、309、310 条分别对应修正前的第 305、311、312 条，条文内容不变。

② 刘贵祥：《案外人异议之诉的功能定位与裁判范围》，《人民法院报》2014 年 6 月 4 日，第 8 版。

③ 金殿军：《论案外人对执行标的物主张租赁权的诉讼程序》，《财经法学》2016 年第 4 期，第 86 页。

④ 欧宏伟：《租赁权不得对抗法院对执行财产的强制处置》，《人民司法·案例》2016 年第 2 期，第 102 页。类似裁判文书：襄阳高新技术产业开发区人民法院（2018）鄂 0691 执异 32 号执行裁定书、桂林市兴安县人民法院（2018）桂 0325 执异 10 号执行裁定书、漯河市中级人民法院（2018）豫 11 执复 72 号执行裁定书、莆田市涵江区人民法院（2017）闽 0303 执异 11 号执行裁定书、珠海市香洲区人民法院（2019）粤 0402 执异 106 号执行裁定书、云南省高级人民法院（2019）云民终 119 号民事判决书、洛阳市老城区人民法院（2020）豫 0302 执异 3 号执行裁定书、湖南省岳阳市中级人民法院（2021）湘 06 民终 1153 号民事裁定书等。

么权利系足以排除强制执行的权利,各自的立法表述和理论认识存在差异。根据德国《民事诉讼法》第 771 条第 1 款的规定,第三人主张对执行标的物存在"阻止让与"[①] 的权利时,即可提起执行异议之诉。但是,"阻止让与"这一表述被德国学者认为很不恰当,因为该表述不能准确、充分地表达立法者的立法意图(例如,效力最强的所有权也不能真正阻止让与)。德国法理论通常认为,"阻止让与的权利"应从否定的方面来界定,应当理解为"执行标的不属于或不完全属于债务人的责任财产"。据此理解,租赁可能构成第三人异议权的基础。[②] 日本《强制执行法》第 38 条第 1 款规定,"对强制执行标的物享有所有权或其他妨碍标的物让与或交付的权利的第三人,对债权人可提起旨在阻止强制执行的第三人异议之诉。"根据日本强制执行法理论与实践,有对抗力的租赁权人可以提起第三人异议之诉。[③]韩国《民事执行法》第 48 条第 1 款规定,"第三人对于强制执行的标的物主张所有权或者主张具有阻止标的物让渡或引渡的权利时,可将债权人作为对象,提出强制执行异议之诉。"按韩国强制执行法理论,所谓足以阻止标的物让渡或引渡的权利,应当具备三个要件,一是执行开始时权利就属于第三人,二是存在被执行侵害可能性的权利,三是足以对抗债权人的权利。根据这些要件,在执行债务人将自己所有的执行标的物租赁给他人的情况下,因为承租人不能以其所持有的租赁权对抗债权人,所以承租人不属于第三人异议之诉中的"第三人"。[④] 从这些典型的大陆法系国家强制执行立法、理论与实践之中,不难看出,在理解何谓排除强制执行的权利时,除了德国法理论上倾向于从否定的方面来界定排除强制执行的权利从而使此类权利的范围较为灵活宽泛之外,日本法和韩国法均将排除强制执行的权利界定为"阻止让与或交付"的权利。虽然日本法和韩国法明确将第三人可据此提起异议之诉的权利分为所有权和其他足以阻止让与或交付的权利两大类型,但是,实质上,所有权也是阻止让与的权利之一,二者并没有质的区别。无论是德国还是日本,均将租赁权作为第三人可提起执行异议之诉的一种权利类型。而韩国则将不能对抗债权人的租赁权排除在阻止让与或交付的权利之外。究其原因,或许是因韩国民法典直接将租赁权规定为物权(韩国称为传贳权),并规定,租赁权经登记后方可对抗第三

---

① 有的译作将其译为"阻却让与"。
② 江必新主编:《比较强制执行法》,中国法制出版社 2014 年版,第 183~186 页。
③ 江必新主编:《比较强制执行法》,中国法制出版社 2014 年版,第 258 页。
④ [韩]姜大成:《韩国民事执行法》,朴宗根译,法律出版社 2010 年版,第 193~194 页。

人。① 如此，承租人能否对抗债权人，从权利外观上就极容易判断，经登记的租赁权，自然可对抗债权人，当事人之间也难起争执，而未经登记的租赁权，因不能对抗债权人，故不能阻止执行标的物的让与或交付，承租人也没有通过提起执行异议之诉主张权益保护的必要。

我国《民事诉讼法》就案外人异议作出规定时，仅笼统地称"案外人对执行标的提出书面异议"，并没有明确规定案外人据以提起异议的具体权利的范围。《最高人民法院关于适用〈中华人民共和国民事诉讼法〉执行程序若干问题的解释》第 14 条规定："案外人对执行标的主张所有权或者有其他足以阻止执行标的的转让、交付的实体权利的，可以依照民事诉讼法第二百二十七条的规定，向执行法院提出异议。"② 可见，此表述类似于日本法和韩国法的规定，将案外人异议及随后的异议之诉的权利事由归纳为"阻止让与或交付"的权利。

在执行实践中，部分法院将"排除强制执行"狭义仅理解为阻止标的物的让与。例如，在"青岛德诺佳工贸有限公司、李大家装饰装修合同纠纷执行审查类执行裁定书"中，审理法院就认为，"虽然异议人提交了其在查封前与被执行人周轶签订的房屋租赁合同，但其仅能依照合同约定，主张对该房屋的占有、使用的权利，无权阻止该房屋在租赁期内发生的所有权变动，因此异议人基于租赁权提出的异议无法产生阻却对租赁房屋强制执行的效力，其异议请求不予支持"。③ 承租人的租赁权，无论能否对抗债权，确实都无法阻止标的物的"让与"。然而，承租人提起的案外人异议、异议之诉虽然不能"阻止"对租赁物的让与，但从执行实践来看，大多数情况下，承租人主张租赁权的目的，是要求法院负担租赁权转让标的物以维护其租赁权益，承租人提出的案外人异议、异议之诉具有阻止法院不负担租赁权转让标的物的效力。换言之，承租人的租赁权虽然不能阻止执行标的物的"让与"，但是却可以阻止标的物的"交付"：如果法院负担租赁权转让标的物，承租人则没有交付标的物的义务。由此来看，租赁权应当属于能够排除强制执行的实体权利。④ 最高人民法院在"李建俊、赵文萍借款合同纠

① 韩国《民法典》第 621 条。
② 该司法解释于 2008 年通过，2020 年修正，原条文序号为第 15 条，现修正为第 14 条，条文内容无实质变化。
③ 青岛市李沧区人民法院（2018）鲁 0213 执异 17 号执行裁定书。
④ 实践中，有的执行裁定书明确将此作为裁判理由。例如，在"成都农村商业银行金花支行、胡某执行审查类执行裁定书"中，审理法院明确指明，"承租人虽不能排除标的物的转让，却可以阻止交付占有"，故租赁权应当属于能够排除执行的实体权利。详见成都市中级人民法院（2018）川 01 执复 43 号执行裁定书。

纷执行审查类执行裁定书"中即认可了这一点：基于"阻却交付"的目的，承租人可以案外人身份提起案外人异议。[1]

从实体法论，原则上，具有对抗效力的租赁权，方可阻止标的物的交付，这是否意味着，承租人只有在其租赁权可对抗执行债权时，才可依据《民事诉讼法》第 227 条的规定提起案外人异议、异议之诉呢？如前所述，在"鄂州艮龙商贸公司与中国农业发展银行鄂州市分行执行裁定书"中，最高人民法院似乎考虑了实体法上租赁权的对抗效力问题，认为抵押在先而租赁在后的，因租赁权不能对抗抵押权，故否认承租人提起案外人异议的合法性。江苏省高级人民法院在其《执行异议及执行异议之诉案件审理指南（三）》（2019 年）中，按抵押、查封与租赁的先后，将承租人基于租赁权提出的执行异议分为利害关系人执行异议和案外人异议，分别适用《民事诉讼法》第 225 条、第 227 条之规定进行处理，实质上也体现了实体法上的这种理念。执行实践中，不少法院在认定"先抵后租"的基础上，即适用了《民事诉讼法》第 225 条来处理承租人的异议。[2] 理论上，也有类似见解，认为承租人可提起第三人异议之诉的情形应限于"第三人对执行标的物享有租赁权，执行债权人对执行标的物享有抵押权，且抵押权设定于租赁权之后，在租赁合同未到期时，执行债权人申请的强制执行行为有可能妨害到第三人对租赁物的占有使用收益的"情形。[3]

从我国现行立法来看，租赁在先抵押在后，有"买卖不破租赁"规则的适用，但该规则的适用也并非绝对，当事人另有约定的，并不发生"买卖不

---

① 值得一提的是，有学者将案外人据以阻止执行的实体权利划分为两种：一是永久性阻止执行的实体权利，即案外人主张的实体权利具有彻底排除执行标的物转让的效力，此类权利一经审查成立，执行法院即必须放弃对标的物的执行；二是暂时性阻止执行的实体权利，即案外人所主张的实体权利不具有永久性地排除执行的效力，但案外人可据此类权利要求执行法院暂时停止强制执行并纠正错误，如果法院纠正了错误，执行可继续进行下去。在此分类基础上，该学者将承租人提出案外人异议和异议之诉的情形归入后一种暂时性阻止执行的情形（详见百晓锋：《论案外人异议之诉的程序构造》，《清华法学》2010 年第 3 期，第 144 页）。该观点考虑到对承租人的权益救济，将承租人划入可提起案外人异议、异议之诉的主体范围，毫无疑问值得赞许，但是，承租人要求负担租赁权处置执行标的物，显然是为了阻止标的物的"交付"，而非要求法院暂时停止强制执行并纠正错误的问题。从字面意义来理解，把承租人归入"阻止交付"的权利范畴，比划入"阻止执行"的权利范畴，更为合理。

② 相关裁判文书：深圳市中级人民法院（2018）粤 03 执复 324 号执行裁定书、深圳市福田区人民法院（2018）粤 0304 执异 533 号执行裁定书、湘乡市人民法院（2019）湘 0381 执异 35 号执行裁定书、济宁市任城区人民法院（2019）鲁 0811 执异 1087 号执行裁定书、安徽省高级人民法院（2019）皖执复 142 号、福建省高级人民法院（2019）闽执复 66 号执行裁定书、福州市中级人民法院（2021）闽 01 民终 99 号民事裁定书等。

③ 曹春梅：《第三人异议之诉研究》，2015 年西南政法大学博士学位论文，第 126 页。

破租赁"的效果；抵押在先租赁在后的，虽然租赁权不具有对抗抵押权的效力，但在执行程序中并不必然被除去，同样产生与"买卖不破租赁"规则适用相同的法律效果。如此，纯粹以租赁与抵押或查封的先后为标准，区分承租人的租赁权是否产生对抗效力，并以此为据，将承租人以租赁权保护为由提起的异议区分为利害关系人异议和案外人异议，其划分标准过于简单粗糙，也不能解决现实问题。

以租赁与抵押或查封的先后为标准，最终界定承租人的异议为利害关系人异议还是案外人异议，在程序上也存在逻辑混乱的问题。因为，按照此类见解，确定承租人异议为利害关系人异议还是案外人异议的前提，必须是租赁与抵押或查封的先后顺序非常"确定"。而从执行实践来看，不动产上的租赁关系是否存在、租赁是否先于抵押或查封而成立，往往是当事人之间争执的焦点。在法院查明这些焦点问题之前，按此类见解，尚无法确定承租人提起的执行异议是利害关系人异议还是案外人异议。而对承租人而言，在提起执行异议之初即须明确自己的身份系利害关系人还是案外人。

在"合肥共前贸易有限公司、中国信达资产管理股份有限公司安徽省分公司再审民事裁定书"中，最高人民法院以执行法院是否否定承租人的租赁权为标准区分承租人的异议为利害关系人异议还是案外人异议，似乎具有合理性：法院没有否定承租人的租赁权的，承租人似无必要提起案外人异议或异议之诉。然而，这依然存在同样的问题：即便法院认可租赁权成立，租赁与抵押或查封的设立先后等实体问题，也常常成为当事人之间争执的实体焦点。在这些情况下，显然应当承认承租人提起案外人异议、异议之诉的权利。

承租人基于租赁权提出的异议，是属于利害关系人异议还是属于案外人异议，是适用《民事诉讼法》第225条还是适用《民事诉讼法》第227条，仍然须根据案外人异议、异议之诉提起的法定条件来确定。案外人异议、异议之诉提起的条件之一，即案外人须享有足以排除强制执行的权利。如前所述，所谓排除强制执行的权利，应当理解为"阻止让与或交付"的权利。租赁权属于可以"阻止交付"的权利。但是，这并不意味着，只要是承租人以保护租赁权为由提出的异议，均属于案外人异议，从而适用《民事诉讼法》第227条的规定处理。

从执行实践来看，承租人提出的保护租赁权的具体请求，除请求明显不能成立的（见表5-1-2）以外，概而言之，大致可以归纳为两大类：一是主张负担租赁权处置执行标的物，即请求法院在处置执行标的物时对物上的租赁关系予以公开披露，租赁合同继续履行；二是请求法院保障承租人在处置租赁物过程中的优先购买权。

表 5-1-2　承租人的请求明显不合理而被驳回的部分典型案例

法院	裁判文书	承租人的具体请求
黑龙江省牡丹江市中级人民法院	（2021）黑 10 民终 306 号民事判决书	停止执行
大连市中级人民法院	（2018）辽 02 执异 768 号执行裁定书	排除执行停止拍卖
青岛市中级人民法院	（2018）鲁 02 执异 473 号执行裁定书	中止执行
北京市海淀区人民法院	（2019）京 0108 执异 58 号执行裁定书	解除查封
河北省高级人民法院	（2019）冀执复 609 号执行裁定书	停止拍卖
十堰市中级人民法院	（2019）鄂 03 执异 140、142、144 号执行裁定书	解除执行措施

说明：因租赁权不能产生停止执行的效力，故无论承租人的租赁权是否成立，承租人提出的"停止执行'"中止执行""停止拍卖""解除查封"等诸如此类的请求均无法得到法院的支持

先从承租人的第二类请求来看。承租人的第二类请求是基于租赁权而主张优先购买权保护，其意旨在请求法院保障在租赁物处置过程中的知情权、参与竞价权，并不以"阻止交付"为目的，因而不宜适用《民事诉讼法》第 227 条的规定。[①]《最高人民法院关于人民法院办理执行异议和复议案件若干问题的规定》第 5 条明确指明，当事人以外的自然人、法人和非法人组织认为法院的拍卖、变卖或者以物抵债措施违法，侵害其对执行标的的优先购买权的，可以作为"利害关系人"提出执行行为异议，而不是作为"案外人"提出执行异议。

就承租人的第一类请求而言，承租人的请求目的，旨在租赁期届满前阻止租赁物的交付，请求法院在租赁期届满前排除强制交付的行为，因此，原则上属于案外人异议，宜适用《民事诉讼法》第 227 条的规定审查处理。不过，对于承租人基于租赁权提出的此类异议，如果均适用《民事诉讼法》第 227 条规定的案外人异议审查程序进行处理，或许会出现过度保护承租

①　有学者将优先购买权列入"足以阻止执行标的转让、交付的实体权利"范围，允许承租人依据《民事诉讼法》第 227 条寻求法律救济（参见百晓锋：《论案外人异议之诉的程序构造》，《清华法学》2010 年第 3 期，第 143 页）。这值得商榷。因为，优先购买权人既不能阻止标的物的转让，又不能阻止标的物的交付。

人的倾向，并且，因案外人异议审查程序可能会衍生出案外人执行异议之诉，还可能会影响执行效率。此外，就实体法而言，承租人的租赁权确实存在对执行债权有无对抗力之分，不宜"一视同仁"，这在执行程序中也应当有所体现。

执行实践中，就承租人提出的负担租赁权处置的请求，承租人与债权人之间争执的实体事由，大致包括以下几种：（1）租赁权是否真实成立有效；（2）租赁权是否成立于抵押或查封之前；（3）抵押物出租是否事先取得了抵押权人的同意；（4）后于抵押权设立的租赁权是否会影响在先的抵押权的实现而应予除去。就前三种事由来看，当事人之间对此往往争议较大，执行机构在执行程序中不易判断。考虑到审执分离原理及程序保障原理，宜将承租人的这些异议按案外人异议处理，赋予承租人寻求进一步诉讼救济的机会。就第四种事由来看，虽然该事由也属实体事由，但是，因当事人之间对租赁权的真实有效、成立时间已无争执（若有争执，分别归入第一种或第二种事由），承租人的租赁权成立于抵押权之后，此时的租赁权不具有对抗抵押权的效力，仅仅是立法通过综合权衡兼顾承租人利益保护，而允许租赁在不影响抵押权实现的情况下继续存续。并且，如前文所述，判断后于抵押权设立的租赁权是否会影响在先的抵押权实现的标准，通常是评估价及拍卖结果，这对于执行机构而言，较为容易，没有必要赋予承租人寻求诉讼程序予以进一步救济的机会。承租人基于此类事由提起的异议，宜归入利害关系人异议的范畴，适用《民事诉讼法》第225条的规定处理。

或许有人会质疑，执行救济制度实行二元制，程序异议适用程序救济，实体异议适用实体救济，我国《民事诉讼法》第225条、第227条分别规定了作为程序救济的执行行为异议审查程序和作为实体救济的案外人异议审查程序，承租人如果提出的是上述第四种事由，这属于实体异议，适用《民事诉讼法》第225条关于程序救济的规则处理，似不合理。这涉及对执行救济二元制的理解和认识问题。换言之，涉及程序救济制度是否绝对不能用于处理实体事项的问题。

从我国现行立法来看，执行程序救济制度与执行实体救济制度并非截然对立。《民事诉讼法》第225条规定了执行程序救济制度，为"执行异议＋执行复议"，第227条规定了执行实体救济制度，为"执行异议＋执行异议之诉"，可见，即便是实体异议，现行法也首先通过"执行异议"程序来处理，其具体的审查程序，与作为程序异议救济方式的执行异议处理程序一样,均属非讼程序,二者并无质的区别。如果说《民事诉讼法》第 227 条的规定仅表明执行实体救济制度包含了部分程序救济方式,那么,《最高人民法院关于人民法院办理执行异议和复议案件若干问题的规定》则是突破了执行救济二元制,明确对部分实体争议适用执行程序救济制度,其第 7 条第 2 款规定,"被执行人以债权消灭、丧失强制执行效力等执行依据生效之后的实体事由提出排除执行异议的,人民法院应当参照民事诉讼法第二百二十五条规定进行审查"。域外立法也表明,执行救济制度的二元化并不绝对。例如,德国的执行救济区分程序性救济与实体性救济,按德国执行理论通说,对于债务人或第三人就执行程序瑕疵提出的异议,法院根据德国《民事诉讼法》第 766 条规定的执行异议程序进行审查,对于债务人或第三人就实体瑕疵提出的异议,法院则通过诉讼程序予以救济。[①] 但是,在德国,二元救济的区分并没有得到彻底地贯彻,如执行法院对第三人占有的物实施扣押的,第三人可以选择依德国《民事诉讼法》第 766 条的规定提出执行异议,或者依第 771 条的规定,以对该物享有足以阻止转让的权利为由,提起第三人异议之诉。日本同样原则上实行执行救济二元制,执行程序性救济方式为执行异议和执行抗告,而执行实体性救济方式则是请求异议之诉及第三人异议之诉;但是,根据日本法,在部分情形下,第三人可以实体瑕疵为由提出执行异议或执行抗告。[②] 可见,我国法院依据《民事诉讼法》第 225 条关于执行程序救济的规则审查部分实体事项,无论是立法、理论还是实践,均有其正当性。

三、承租人提起案外人异议的期限

在不动产执行过程中,承租人在何时有权利提出案外人异议呢?我国现行立法没有明确承租人以案外人身份提起异议的期限,而仅有关于案外人异议期限的规定。实践中不乏法院以承租人异议的时间不合理为由驳回承租人异议的案例,但其判断标准并不唯一。

(一)关于案外人异议期限的相关规定

根据我国《民事诉讼法》第 227 条,案外人异议的提出时间,限定为"执行过程中"。但是,何谓"执行过程中",《民事诉讼法》并没有进一步明确,最高人民法院在相关司法解释中对此有相应的阐释。

---

① 因权利主体不同,具体的诉讼有异,如德国《民事诉讼法》第 767 条规定了债务人异议之诉、第 771 条规定了第三人异议之诉、第 805 条规定了优先受偿之诉。

② 参见日本《强制执行法》第 127 条、第 182 条等相关规定。

《最高人民法院关于适用〈中华人民共和国民事诉讼法〉的解释》第462 条规定，"根据民事诉讼法第二百三十四条规定，案外人对执行标的提出异议的，应当在该执行标的的执行程序终结前提出"。[①] 根据该解释，案外人提出异议的时间，限于"执行标的的执行程序终结前"。

不过，在随后施行的《最高人民法院关于人民法院办理执行异议和复议案件若干问题的规定》中，最高人民法院调整了案外人异议的期限。该规定第 6 条第 2 款规定，"案外人依照民事诉讼法第二百二十七条规定提出异议的，应当在异议指向的执行标的的执行终结之前提出；执行标的由当事人受让的，应当在执行程序终结之前提出"。根据该条款，案外人提出异议的期限，分为两种情形：第一种情形，是执行标的的物的受让人系当事人（申请执行人或被执行人）以外的第三人的情形。此种情形下，案外人异议的提出时间应是"执行标的的执行终结之前"。该规定之所以将案外人提出异议的时间限定在执行标的的执行终结之前，主要的考量因素是，受让人已经取得拍卖物的所有权，为维护司法拍卖的公信力，故不允许案外人再提出异议。所谓"执行标的的执行终结之前"，按最高人民法院的权威解释，是指法院"处分执行标的所需履行法定手续全部完成之前"，具体而言，执行标的为不动产、登记的动产或者其他财产权的，是指"协助办理过户登记的通知书送达之前"；执行标的为动产或者银行存款类财产的，是指"交付或者拨付申请执行人之前"。第二种情形，是执行标的的受让人系当事人的情形。此种情形下，案外人提出异议的时间，限于"执行程序终结之前"，即生效法律文书确定的债权实现后执行程序完全终结。对此规定，最高人民法院解释道，对执行债权人和债务人而言，不存在信赖利益保护问题，因错误执行案外人财产而获得的利益理应返还，所以，只要执行程序尚未完全结束，案外人就有权提出异议。[②]

案外人提出异议的目的是排除法院对执行标的的强制执行，因此，毫无疑问，案外人应当在执行程序开始之后、执行程序终结之前的期间内提出异议。执行程序已经终结的，案外人自然不能提出执行异议，而仅能另寻诉讼程序予以救济。照此推论，在我国现行立法没有就承租人以案外人身份提起异议的期限作出特殊规定的情况下，承租人以案外人身份提出的

---

① 该司法解释于 2022 年修正，修正前该条文序号为第 464 条，修正后调整为第 462 号，条文内容无实质变化。

② 江必新、刘贵祥主编：《最高人民法院关于人民法院办理执行异议和复议案件若干问题规定理解与适用》，人民法院出版社 2015 年版，第 88 页。

- 224 -

执行异议,似乎意味着即适用上述关于案外人异议提出期限的规定。

（二）司法认定

执行实践中,对承租人以案外人身份提出异议的期限,是否应与上述案外人异议的提出时间完全一致,不同法院在认识上存在差异。从表5-1-3列举的部分执行法院以承租人提出异议的时间不合理而驳回异议的部分案例中,就可以得出这样的结论。

表 5-1-3　以异议时间不合理为由驳回承租人异议的部分案例

法院	裁判文书	承租人异议时间	驳回异议的理由
无锡市梁溪区人民法院	（2018）苏0213执异31号执行裁定书	房产过户交付后	案外人异议应当在执行终结前提出,本案对涉案房产的执行已经终结。
农安县人民法院	（2018）吉0122执异47号执行裁定书	查封后尚未处置	法院的查封措施不会产生移交租赁物的现实风险,案外人不能阻止法院的查封措施。
青岛市中级人民法院	（2018）鲁02执异90号执行裁定书	查封后尚未处置	本案在执行实施过程中,法院目前尚未对租赁房屋作出实质性的执行行为和处理决定。
宜昌市中级人民法院	（2019）鄂05执异101号执行裁定书	拍卖成交裁定生效后	法院已作出成交确认裁定并送达买受人,对涉案房屋的执行程序已经终结,案外人提出的执行异议超过了异议申请期限。
唐山市中级人民法院	（2019）冀02执异345号执行裁定书	拍卖公告尚未作出	法院拍卖公告尚未作出,不得提出异议。
阜阳市颍东区人民法院	（2018）皖1203执异3号执行裁定书	房产已被裁定抵付给申请执行人	当事人、利害关系人提出异议的期限应该是在执行过程中,即执行程序开始之后、执行程序终结之前,本案已执行终结。
沈阳市中级人民法院	（2018）辽01执异1833号执行裁定书	查封后尚未处置	案外人若以承租权为由对执行标的主张实体权利而提出的异议,应当针对执行法院已经作出的强制交付行为。法院的查封行为不影响异议人依据租赁协议对租赁物的占有使用。
青岛市中级人民法院	（2020）鲁02民终3213号民事裁定书	在拍卖过程中,尚未要求移交占有	只有执行法院在执行过程中向承租人发出腾迁通知,否定承租人的租赁权,承租人以其对被执行房屋享有实体租赁权利,请求阻止此移交占有的,才能构成执行异议之诉。涉案房屋仍在拍卖过程中,受让人并未确定,尚未要求承租人移交占有案涉房屋。
惠州市惠城区人民法院	（2018）粤1302执异209号执行裁定书	拍卖成交后未交付	承租权如何确定又涉及司法实体判断问题,案外人李某应通过执行异议之诉予以确定。

续表

法院	裁判文书	承租人异议时间	驳回异议的理由
德化县人民法院	（2020）闽 0526 执异 1 号执行裁定书	拍卖成交后	法院拍卖成交后对原有租赁合同的效力提出异议不属于执行异议的受理范围。
石狮市人民法院	（2018）闽 0581 执异 89 号执行裁定书	裁定成交后办理过户登记期间	案外人提出的异议已超过异议期限。
武汉市中级人民法院	（2017）鄂 01 执异 549 号执行裁定书	拍卖公告发出后	法院在对涉案不动产采取评估、拍卖的执行措施之前，已在上述不动产所在地两次张贴了《公告》，告知相关权利人可对执行标的主张权利，而异议人并未在规定的期限内提出权利主张。
绍兴市越城区人民法院	（2017）浙 0602 执异 119 号执行裁定书	拍卖成交裁定生效后	案外人提出异议时其异议指向的执行标的已执行终结。并且，法院在执行过程中已通过张贴申报权利公告、留置送达传票、制作询问笔录等形式充分保障了案外人对执行标的提出异议的权利，但案外人怠于行使权利，迟至拍卖裁定生效后才提出书面异议，应自行承担由此产生之不利法律后果。
苏州市吴江区人民法院	（2017）苏 0509 民初 5937 号民事判决书	拍卖成交裁定生效后	原告主张其对涉案房屋的租赁权产生于设定抵押权之前，房屋所有权的变动不影响原租赁合同的效力，但在执行异议期间，法院张贴的拍卖公告已明确告知优先权主体申报权利，原告对此应当知晓或者视为知晓，但其并未在规定期限内对执行标的提出书面异议、申报权利，由此产生的不利后果应由其自行承担。

（三）评析与结论

毫无疑问，承租人以案外人身份提起的执行异议，首先必须遵守案外人提出异议的时间，即必然限定在"执行过程中"，否则，根本就无法成立执行异议。[①] 不过，所谓的"执行过程中"，是否意味着从执行程序自启动之后直至执行程序终结之前，值得思考。

[①] 诚然，即便是不在执行过程中，因法院错误执行而致案外人权益受到损害的，案外人也可另寻救济，但是，其不得依据《民事诉讼法》第 227 条所规定的异议程序进行救济。例如，案外人财产被错误执行的，案外人可以另行对申请执行人或者被执行人提起不当得利返还之诉，请求返还执行标的变价款等。

首先,关于承租人对执行标的提出异议的时间"起点"的界定。

就允许承租人提出案外人异议的时间"起点"而言,从上述实务案例不难看出,法院通常认为,财产查封阶段是不应支持承租人的异议请求的。其裁判理由的合理性显然:承租人的租赁权是否足以排除强制执行,应当视租赁权"是否因强制执行而丧失或受侵害而定"。[①] 只有在租赁权可能因强制执行而丧失或受侵害(影响对租赁物的占有使用)的情况下,承租人才有权提起案外人异议。而法院的强制执行行为大致可分为两大类:一是控制性执行行为,如查封、扣押、冻结等;另一类是处分性执行行为,如拍卖、变卖、以物抵债等。通常情况下,法院对租赁物的控制性执行行为并不影响承租人对作为执行标的的租赁物的占有使用,尚未涉及未来租赁物的让与或交付问题,所以对于租赁物的控制性执行行为,原则上不应允许承租人提起案外人异议。正如上述案例中法院的相关裁判理由所述,"法院的查封措施不会产生移交租赁物的现实风险""法院的查封行为不影响异议人依据租赁协议对租赁物的占有使用",故承租人此时提出租赁权保护的请求,因无法律利益保护必要而无法得到法院支持。[②] 不过,也存在例外情形。所谓控制性执行行为不影响对租赁物的占有使用,通常指向的是对租赁物采取"活查封"[③] 的情形,在"死查封"[④] 的情况下,查封行为必然会影响承租人对租赁物的占有使用,故此时也有必要赋予承租人对执行标的提出异议的权利。法院对租赁物的处分性执行行为,因牵涉租赁物是否带租处置进而最终影响租赁物是否须交付的问题,故在涉及财产处分阶段,应当允许承租人提出案外人异议。值得注意的是,有的法院正如(2020)鲁 02 民终 3213 号民事裁定书所言,要求承租人在执行法院发出交付通知时才可提起执行异议,不考虑租赁物是否带租处置的问题,显然"过

---

① 肖建国:《中国民事强制执行法专题研究》,中国法制出版社 2020 年版,第 194 页。

② 在有的地方法院的执行指导性文件中,明确规定不妨碍承租人占有使用执行标的的,承租人不得提出案外人异议。例如,北京市高级人民法院《关于审理执行异议之诉案件适用法律若干问题的指导意见(试行)》(2011 年)第 6 条规定:"案外人……须主张其对执行标的物享有足以阻止其转让、交付的实体权利,具体包括:……(3)租赁权,但执行不妨害案外人占有使用的除外……"广东省高级人民法院《关于审查处理执行裁决纠纷案件若干重点问题的解答》(2019 年)中也有类似规定:"26. 金钱债权执行中,案外人以其对执行标的的享有租赁权为由,请求排除执行,如何处理? 意见:案外人为承租人的,其排除执行的权利仅指排除移交占有的权利。1. 承租人以其对执行标的的享有租赁权为由,请求排除执行的,不予受理;已经受理的,裁定驳回起诉。……"

③ 所谓"活查封",是指法院查封财产时,仅要求不得对被查封财产实施转让等处分行为,但允许对被查封财产继续占有使用。

④ 所谓"死查封",是指在财产上贴上封条或直接扣押,使其不得被使用、转移。

晚",不利于维护司法拍卖的公信力与安定性。

其次,关于承租人对执行标的提出异议的时间"终点"的界定。

根据最高人民法院的司法解释,案外人就执行标的提出异议的时间"终点",通常为执行标的的执行程序终结之时,如果执行标的的受让人是当事人的,则为执行程序终结之时。这里暂且不论根据受让人不同对案外人异议时间的终点进行区分的合理性问题,即便据此将承租人就执行标的提出异议的时间终点仅限定为执行标的的执行程序终结之时,其合理性也不无值得质疑之处。就不动产执行而言,根据现行立法,执行标的的拍卖成交后,法院原则上负有将拍卖的财产予以交付的义务,如此,完成交付才能谓执行标的的执行终结。[①] 因此,严格意义上的执行标的的执行程序终结,时间上应止于不动产过户交付完成。最高人民法院的权威解释将不动产的执行终结之前,理解为"协助办理过户登记的通知书送达之前",而非"过户交付完成",或许是囿于不少法院明确不愿负责交付的现实。

即便如此,只要在法院"协助办理过户登记的通知书送达之前",承租人就有权对执行标的提出执行异议吗?上述案例表明,不同法院的看法显然有异:有的法院认为拍卖成交裁定作出后承租人即不得提出执行异议,如(2019)鄂05执异101号执行裁定书;有的法院认为未交付之前承租人即可提起执行异议之诉,如(2018)粤1302执异209号执行裁定书;有的法院则将承租人对执行标的提出异议的时间,限定为法院公告明确的权利申报期间,如(2017)鄂01执异549号执行裁定书、(2017)浙0602执异119号执行裁定书、(2017)苏0509民初5937号民事判决书。

从不动产执行的程序流程来看,通常情况下,作为不动产变价程序的强制拍卖程序,可以分为财产查封、财产现况调查、资产评估、裁定拍卖、拍卖公告、裁定成交、过户交付等环节。毋庸赘言,强制拍卖应当具有公信力,承租人对执行标的提出的异议,涉及执行标的的是否带租拍卖的问题,应当在拍卖公告中予以明确,否则,均会影响强制拍卖的公信力问题。基于维护强制拍卖的公信力起见,承租人对执行标的提出异议的期限,最迟应当限定在拍卖公告发布之前。

根据上述承租人有权对执行标的提出异议的时间"起点"与"终点"的论断,结合我国通常的不动产执行流程,大致可以将承租人提出异议的期间限定为法院对财产的现况调查之后至拍卖公告发布之前。此期间也正

---

① 卢正敏:《强制拍卖疑难问题研究》,厦门大学出版社2018年版,第172页。

是法院确定拍卖条件的期间。而执行标的是否负担租赁权进行拍卖,属于其中一大拍卖条件。

诚然,上述就承租人提出执行标的的异议时间"起点""终点"的论断,属于理论上的推演。应当考虑的现实是:在我国,因法院对不动产大多采取"软查封",[①] 法院对执行标的的现况调查结果并不公开,这样,至拍卖公告发布之前,或许有的承租人对执行标的的正进入处置阶段并不知情。如果禁止承租人在拍卖公告发布之后对执行标的的提出异议,对承租人而言,显失公平。为公平起见,执行实践中有两种做法:其一,允许承租人在法院裁定成交过户之前提出异议,异议成立的,法院撤销拍卖后重新进行拍卖程序。其二,在现况调查之后至拍卖公告发布之前的期间内,法院发布一则申报权利公告,指定权利申报期间,要求包括承租人在内的相关主体在此期间内申报权利、提出异议,超过此期限,承租人则不得在以后的执行过程中对执行标的的提出异议。第一种做法虽有效保障了承租人的异议权利,但必致程序反复浪费,降低执行效率,甚至有损强制拍卖的公信力。第二种做法更为合理:首先,将承租人异议的时间"终点"限制在拍卖公告发布之前的"权利申报期间",不影响强制拍卖的公信力问题;其次,要求承租人在权利申报期间内申报权利,逾期则不得再行主张,可避免拍卖程序的重复浪费,维护执行程序的安定性;最后,通过公告方式保障承租人的知情权,督促承租人及时主张权利、行使异议权,承租人怠于行使权利的则自行承担由此产生的不利法律后果,也符合民法上的意思自治原理——自主参与、自主选择、自担责任。事实上,强制拍卖公告发布之前要求相关主体在一定期限为申报权利,并非我国地方法院的首创。德国《强制拍卖与强制管理法》上即有所谓权利申报催告制度,法院在拍卖之前应当公告催告有足以阻止拍卖进行的权利人申报其权利,对第三人所申报的权利,法院审查核实的,可以撤销或者暂时停止执行程序,以免损害第三人利益。即便标的物上可能存在权利负担,但在公示催告期间没有人申报的,法院可以作出除权判决,标的物上的权利瑕疵亦可因此而得以消除。目前,我国强制执行立法中尚无有关权利催告制度的规定,地方法院要求相关权利主体及时申报权利的实践面临于法无据的困境,这有待通过未来的立法完善予以解决。

---

① 所谓"软查封",是指法院通过网络方式,在房地产登记管理部门直接办理产权查封手续,并未在被查封的不动产处张贴查封公告。

第二节　抵押权人除去租赁权的程序

根据现行法律及相关司法解释的规定,后于抵押权设立的租赁权,其继续存在会影响到在先设立的抵押权实现的,该租赁权应当被除去。如果要除去抵押物上的租赁权,应当践行什么样的程序呢? 理论与实务仍存不少争议。

一、除去租赁权的程序选择

（一）两种路径争议

在执行程序中,如果抵押权人主张除去租赁权,执行法院能否直接处理,曾经存在两种可选路径的争议:

一是诉讼路径说。主张诉讼路径者认为,基于审执分离的原理,执行法院对涉及实体事项的问题只能作形式审查,抵押权人主张除去租赁权的,涉及租赁权应否被除去等实体问题,执行法院无权作实质上审理,因而须抵押权人、承租人另行诉讼解决。如此,应当由抵押权人以出租人及承租人为共同被告,向民事庭提起解除租赁合同之诉。这样,除去租赁权的判决即有既判力,可以保障买受人和承租人的合法权益,并且,还可以避免执行法院与民事庭见解分歧造成的问题。[①] 日本即有相应的由抵押权人以出租人(抵押人)及承租人为共同被告,向民事庭提起除去租赁之诉的实例。[②] 我国台湾地区也曾存在类似的抵押权人以诉讼方式主张除去租赁权的情形:抵押权人或者依据台湾地区"民法"上关于债权人行使撤销权的规定诉请撤销抵押人与承租人之间的租赁合同,或者诉请确认抵押人与承租人之间的租赁合同对抵押权人不存在。[③]

二是执行路径说。主张此种路径者认为,是否除去租赁权,宜在执行程序中由执行法院直接审查并处理,不要求抵押权人事先以诉讼方式予以解决。这样,既可以"简化除去租赁权之程序,减轻抵押权人之负担,又便利抵押物拍卖而提高其价金,有助于抵押权人权利之迅速、经济实现"。[④]

---

① 吴光陆:《强制执行法学说与判解研究》,台湾 1995 年自版,第 181 页。
② 张龙文:《论抵押权与租赁之关系》,《法学丛刊》第 57 期,第 92 页。
③ 许士宦:《执行力扩张与不动产执行》,台湾学林文化事业有限公司 2003 年版,第 358～359 页。
④ 许士宦:《执行力扩张与不动产执行》,台湾学林文化事业有限公司 2003 年版,第 361 页。

（二）评析与结论

要求抵押权人通过诉讼方式除去抵押物上的租赁权，既无必要，又无实益。三张诉讼路径者据以论证的三个论据，分别是审执分离原理、既判力和程序保障以及相关的实证，但这三个论据的说服力是否充足，有待商榷。

首先，从审执分离的原理来看，民事执行程序与民事审判程序的差异性决定了审执分离的正当性，但是，执行程序并不能完全排除法官的权利判断，只不过采用的判断程序和判断标准有别于审判程序。[①] 简单地从审执分离的原理出发来否定抵押权人在执行程序中申请除去租赁权，进而论证诉讼路径的合理性，存在以偏概全的逻辑问题。

其次，就既判力及程序保障而言，在主张诉讼路径者看来，如果不通过诉讼程序而在执行程序中直接除去租赁权，执行法院除去租赁权的行为即为一种执行处分行为，法院作出的除去租赁权的裁定就没有既判力。因除去租赁权而受影响的承租人如果对此发生争执，如主张抵押权人事先同意抵押物出租而不应除去租赁权等，将有权另行提起诉讼。这样，将面临多一次诉讼程序的问题。并且，在执行程序中除去租赁权，也存在对承租人权益的程序保障不足的问题。与其如此，不如由抵押权人直接以诉讼方式除去租赁权，赋予承租人充分的抗辩机会，更符合程序效率，促进执行程序的顺利进行。不妨假设一下，由法院在执行程序中直接处理租赁权除去争议，相关裁定没有既判力，事后赋予承租人诉讼救济的机会，虽然确有可能面临多一次诉讼程序的问题，但是，应当看到，执行程序中除去租赁权的裁定程序必然起到过滤作用，不是所有的被裁定除去租赁权的承租人均会提起诉讼。可见，与直接要求抵押权人提起诉讼方能除去租赁权的路径相比，在执行法院裁定除去租赁权后允许承租人通过诉讼救济，更能促进执行效率，更利于抵押权人的债权实现。[②]

再者，就诉讼路径主张者列举的两种具体诉讼方式而言，第一种诉讼方式是抵押权人根据民法上债权人行使撤销权的规定，诉请撤销抵押人与承租人之间的租赁合同。抵押权人虽为债权人，但是，根据民法的相关规定，债权人行使撤销权，必须符合相应的要件，尤其在抵押人并非债务人的

---

① 宋春龙:《审执分离原理及其展开——以肖建国教授关于审执分离的论述为中心》,《民事程序法研究》第 16 辑,第 40 页。

② 关于执行法院裁定除去租赁权后,应当赋予承租人何种权利救济途径,将在后文展开分析。

情况下,抵押权人能否行使撤销权,显然存在疑问。① 并且,债权人行使撤销权的效力除及于债权人之外,也及于债务人、受益人,债务人的行为一经被撤销,自始没有法律效力。而抵押权人申请除去租赁权的目的,仅仅是使该租赁关系对于抵押权人不发生效力,并不影响抵押人与承租人之间租赁关系的有效性。对于抵押权人而言,诉请撤销抵押人与承租人之间的租赁合同,也没有必要。第二种诉讼方式即抵押权人诉请确认抵押人与承租人之间的租赁合同对其不生效力。表面观之,抵押权人采取如此诉讼方式,符合法律除去租赁权制度的本意,即除去租赁关系对抵押权人的不利影响。但是,对于抵押在先租赁在后的情形,民法已经明确在后的租赁权不得对抗在先抵押权。抵押权人提起确认之诉的基础,无非也是主张抵押在先租赁在后的事实,因抵押权以登记作为对抗租赁权的依据,登记的公示效力充足,承租人大多也不否认租赁在后的事实,如此,抵押权人提起这样的诉讼,除了浪费人力、物力,浪费司法资源,并无实质意义。况且,如前所述,仅是抵押在先租赁在后,并不必然导致除去租赁权的法律后果,而是应在执行程序中判断租赁关系的存续是否会影响抵押权的实现。在进入实现抵押权的执行程序、未对此影响与否作出判断之前,抵押权人能否仅以抵押在先为由提起确认租赁关系不对其生效的诉讼,也存在疑问。

此外,正如诉讼路径主张者所承认,要求抵押权人通过诉讼方式除去租赁权,执行程序必遭延滞,② 不仅不能促进执行程序的快速进行,而且,对抵押权人而言,无端增加讼累,也不公平。

抵押权人主张除去租赁权的,宜在执行程序中由执行法院判断及处理。这是因为:

其一,从利益权衡的角度来看,抵押在先,租赁在后,法律明确优先保护抵押权人的权益,在后的租赁权不得对抗在先的抵押权的实现。可以说,对承租人而言,其租赁抵押物确实处于不安定状态。但是,因不动产抵押权的设立,必经登记方可产生对抗效力,故承租人租赁抵押物时,知道或

① 《民法典》第538条、第539条规定了债权人可行使撤销权的两种情形,一是无偿处分时的债权人撤销权(第538条:"债务人以放弃其债权、放弃债权担保、无偿转让财产等方式无偿处分财产权益,或者恶意延长其到期债权的履行期限,影响债权人的债权实现的,债权人可以请求人民法院撤销债务人的行为"),二是不合理价格交易时的债权人撤销权(第539条:"债务人以明显不合理的低价转让财产、以明显不合理的高价受让他人财产或者为他人的债务提供担保,影响债权人的债权实现,债务人的相对人知道或者应当知道该情形的,债权人可以请求人民法院撤销债务人的行为")。按照这些规定,抵押权人作为债权人,并不能据此诉请撤销抵押人与承租人之间的租赁合同。

② 吴光陆:《强制执行法》,台湾三民书局2012年版,第371页。

者应当知道抵押权的存在，因而理应承担由此可能遭受的损害。并且，法律之所以未规定直接除去在后的租赁权，而是要求在租赁权影响抵押权的实现时才能除去租赁权，也系兼顾承租人的利益。从这一点来看，在先的抵押权并无诉请撤销在后的租赁权的必要。要求抵押权人以诉讼方式申请除去租赁权，将不当增加抵押权人的讼累，而允许抵押权人在执行程序中直接申请除去租赁权，虽存在对承租人程序保障可能不足的顾虑，但两相权衡，显然不宜加重抵押权人的负担。

其二，如前所述，虽然执行程序中应当坚持审执分离原理，但审执分离并非绝对，执行法院就有关当事人之间的实体争议享有一定的审查权，乃是我国执行立法的一大特色。因不动产登记制度的存在，权利设定的先后顺序相对清晰，将应否除去租赁权的问题交由执行法院作程序判断，并无问题。

其三，如前所述，应否除去租赁权的判断标准，在于判断抵押权设立之后成立的租赁权是否影响抵押权的实现，需在以实现抵押权为目的的执行程序中结合案件具体情况予以认定。

其四，由执行法院在执行程序中判断及处理租赁权除去问题，不仅有利于减轻在先的抵押权人的负担，而且有利于促进执行效率。

其五，退一步而言，诉讼路径主张者所顾虑的执行程序中除去租赁权可能导致承租人程序保障不足的问题，也可以通过完善相应的程序予以缓解：在法院除去租赁权的程序中，赋予承租人相应的充分陈述意见的机会，法院在作出相应裁定时应充分斟酌承租人提供的材料与意见；对于法院除去租赁权的裁定，赋予承租人相应的权利救济途径。

事实上，被诉讼路径主张者作为例证的我国台湾地区的执行实践，已摒弃了要求抵押权人诉请除去租赁权的做法，改由执行法院在执行程序中予以判断。在台湾地区，自"司法院"大法官会议作出第 119 号解释之后，台湾地区"最高法院"即认为："抵押人于抵押权设定后，与第三人订立租约，致影响抵押权者，对于抵押权人不生效力。执行法院得依申请或依职权除去该影响抵押权之租赁关系。"[①] 在大陆的司法实践中，不少法院的常见做法，即是允许抵押权人在执行程序中申请除去抵押物上的租赁权，法

---

① 台湾地区"最高法院"1968 年台抗字第 397 号裁定、1971 年台上字第 13 号判决。

院对此直接审查处理，而无需抵押权人另行提起诉讼。[①]

二、除去租赁权程序的启动主体

在确定应在执行程序中除去租赁权的前提下，需要思考的一个问题是：除去租赁权的程序，可以由何种主体启动？我国《民事诉讼法》和最高人民法院的司法解释没有明确规定执行中除去租赁权程序的启动主体。

执行法院除去租赁权，是因为租赁权影响了在先的抵押权的实现。所以，对租赁物享有抵押权的抵押权人是启动除去租赁权程序的当然主体。执行实践中，由申请执行的抵押权人向执行法院申请除去租赁权，最为常见。

问题在于：除去租赁权程序的启动主体，是否仅限于抵押权人？执行法院是否可以依职权除去租赁权？其他利害关系人如普通债权人、买受人能否申请除去租赁权？

（一）法院能否依职权除去租赁权

理论上，就执行法院能否依职权除去租赁权，存在不同意见。有学者认为，当租赁权等权利影响到抵押权的实现时，除了抵押权人可以申请法院除去租赁权等权利，法院也可以依职权除去。[②]也有学者持反对意见，认为除去租赁权系因影响抵押权之故，基于当事人进行主义及私法自治原则，应当限于受影响的抵押权人申请，执行法院才可除去，其他人不可申请，执行法院也不可越俎代庖依职权除去。[③]

有实务人士主张赋予执行法院依职权除去租赁权的权力。其主要理由有二：其一，在同时存在抵押权人和普通债权人的情况下，拍卖物处置的价格不仅影响到抵押权人的利益，而且影响到普通债权人的利益；其二，实践中虚假租约频现，基于虚假租约之上的租赁权本身就违法，法院应可依职权除去租赁权。[④]

执行实践中，除去租赁权通常基于抵押权人的申请，但也有不少法院

---

① 实务中，有抵押权人起诉至法院，请求承租人排除对其实现抵押权的妨害，法院以抵押权人已向法院申请强制执行、应由执行法院依法除去后设立的租赁权为由，驳回了抵押权人的起诉。参见杭州市中级人民法院（2014）浙杭民终字第 2916 号民事裁定书。

② 杨与龄：《强制执行法论》，中国政法大学出版社 2002 年版，第 438 页。

③ 吴光陆：《强制执行法》，台湾三民书局 2012 年版，第 368 页。

④ 刘建发：《论抵押房产强制拍卖"除去"租赁权的法律适用》，载贺荣主编：《公正司法与行政法实施问题研究》，人民法院出版社 2014 年版，第 901 页。实务中，在抵押权人愿意负担租赁权拍卖抵押物的情况下，有的法院依然以负担租赁权拍卖可能造成其他债权人利益受损为由，依职权除去租赁权。参见广东省高级人民法院（2013）粤高法民二终字第 61 号民事判决书。

依职权为之的情形。部分地方法院在其制定的相关执行工作指导性文件中,大多明确肯定法院可依职权除去租赁权(详见表 5-2-1)。

表 5-2-1 部分地方法院关于法院除去租赁权的相关意见

法院	文件名称	相关条款
江苏省高级人民法院	《关于执行不动产时承租人主张租赁权的若干问题解答》(2015年)	二、承租人在申请执行人设立抵押权、法院查封之后占有使用该不动产的,执行法院如何处置? 这种情形下,无论被执行人与承租人订立的租赁合同在申请执行人设立抵押权、法院查封之前或之后,只要承租人在申请执行人设立抵押权、法院查封之后占有使用该不动产的,法院根据申请执行人的申请或依职权裁定除去租赁关系后拍卖该不动产。
浙江省高级人民法院	《关于执行非住宅房屋时案外人主张租赁权的若干问题解答》(2014年)	六、人民法院执行已设定抵押的房屋时,在抵押权设立后承租房屋的案外人以被执行人出租房屋时未告知抵押情况等为由,主张实现抵押权不得影响其租赁权,如何处理? 答:抵押登记具有公示公信效力。此外,房屋出租人负有向承租人告知房屋抵押情况的义务。基于此,《中华人民共和国物权法》第一百九十条明确规定:抵押权设立后抵押财产出租的,该租赁关系不得对抗已登记的抵押权。最高人民法院《关于适用〈中华人民共和国担保法〉若干问题的解释》第六十六条亦规定:抵押人将已抵押的财产出租的,抵押权实现后,租赁合同对受让人不具有约束力。故在题述情况下,人民法院应当按照最高人民法院《关于人民法院民事执行中拍卖、变卖财产的规定》第三十一条的规定,将案涉房屋上的租赁权涤除后再依法拍卖。
上海市高级人民法院	《关于在执行程序中审查和处理房屋租赁权有关问题的解答(试行)》(2015年)	13、依据《拍卖规定》第三十一条第二款的规定对房屋予以变现的,执行法院应当如何处理? 答:……(二)经委托评估认为,对在先的担保物权或者其他优先受偿权的实现有影响的,执行法院应当直接依法裁定将租赁权除去后予以变现。

执行实践中,执行法院通常依职权除去租赁权,除了持肯定观点者述及的理由之外,还有一个主要原因,是与裁判时适用的法律法规有关。根据《物权法》第190条、《最高人民法院关于适用〈中华人民共和国担保法〉若干问题的解释》第66条第1款以及《最高人民法院关于审理城镇房屋租赁合同纠纷案件具体应用法律若干问题的解释》(2009年)第20条的规定,法院大多认为,在抵押权实现后,后于抵押权设立的租赁权应当一律被除去,租赁合同对受让人不具有约束力。这样,即使抵押权人未申请除去租赁权,执行法院也应当依职权除去。

执行法院不宜依职权启动除去租赁权的程序。这是因为,除去租赁权的法理基础,源于后设立的租赁权不得对抗在先的抵押权,且租赁权的存续影响了抵押权的实现。影响抵押权实现的租赁权，仅对抵押权人不生效力，如果抵押权人不主动申请除去，基于私权自治的原理，执行法院不宜主动介入或干涉。况且，如果抵押权人未申请除去租赁权，该事项并不牵涉公益，执行法院似也没有依职权考虑除去的必要。[①]

至于实务中用以论证法院依职权启动除去租赁权程序的依据，也是站不住脚的。首先，从当时的法律法规来看，是否除去后于抵押权设立的租赁权，存在法律适用上的冲突问题。但如前所述，对于后于抵押权设立的租赁权，更宜采取灵活的处理方式，实现抵押权时没有必要一律除去租赁权。从现行法律法规来看，《民法典》第 405 条在规定抵押权与租赁权的关系时，仅明确租赁在先抵押在后的原租赁关系不受该抵押权的影响，取消了《物权法》第 190 条关于在后的租赁关系不得对抗已登记的抵押权的规定。但是，根据《民法典》关于不动产抵押权设立登记即产生对抗第三人效力的规定，后于抵押权设立的租赁权，不可对抗在先的抵押权，虽然《民法典》第 405 条摒弃《物权法》第 190 条关于先抵押后租赁情形的规定，但并不影响该规则内容的成立。《最高人民法院关于适用〈中华人民共和国担保法〉若干问题的解释》被废止之后，该解释第 66 条关于先抵押后租赁的租赁合同对受让人不具有约束力的规则并没有被《最高人民法院关于适用〈中华人民共和国民法典〉有关担保制度的解释》所吸收。不过，《最高人民法院关于审理城镇房屋租赁合同纠纷案件具体应用法律若干问题的解释》于 2020 年修正后，其第 20 条修正为第 14 条，除了强调租赁权的占有公示要件之外，其他内容并未作出实质改变。《最高人民法院关于人民法院民事执行中拍卖、变卖财产的规定》经 2020 年修正后，原第 31 条序号调整为第 28 条，其内容并未改变。根据现行《民法典》和最新的司法解释，也无法得出实现抵押权时即应一律除去后于抵押权设立的租赁权的结论。其次，除去租赁权的规则立足于保护抵押权人的权利，而非普通债权人的权利，法院能否以保护普通债权人的名义依职权除去租赁权，不无疑问（下文将对此予以分析）。最后，即使在存在虚假租约的情况下，因租赁权本身不存在，故没有"除去"的必要。如果虚假租约下所谓的"承租人"占有抵押物而于拍定后拒绝交付的，执行法院可以直接采取措施予以强制执行。

---

① 许士宦：《执行力扩张与不动产执行》，台湾学林文化事业有限公司 2003 年版，第 366～367 页。

（二）利害关系人能否申请除去租赁权

执行实践中，除了常见的申请执行的抵押权人申请除去租赁权或者法院依职权除去租赁权的情形之外，还存在利害关系人申请除去租赁权的情形：

1. 普通债权人申请除去租赁权。例如，在黄某与李某、叶某某、黄某某民间借贷纠纷执行过程中，案外人叶某以被执行人李某、叶某某已将该土地及厂房出租给其经营为由，申请法院保护其租赁权。据查，某银行在涉案土地及厂房上已设立了抵押权，租赁在后，且抵押权人出具了《同意租赁抵押土地的函》，同意将涉案土地出租给叶某使用。法院在拍卖中设定了按现状带租拍卖的条件。申请执行的普通债权人黄某遂向法院提出执行异议，请求除去租赁权。[①]

2. 连带责任人申请除去租赁权。例如，在中国工商银行上海市杨浦支行与上海协通置业发展有限公司、邹某等金融借款合同纠纷执行过程中，承租人飞马公司提出执行异议，主张对涉案房产带租拍卖，申请执行人工行杨浦支行与被执行人协通公司、邹某、王某、钟某、李某均同意飞马公司的意见，认可带租约拍卖涉案房产。而作为连带责任人的张某、林某则认为，飞马公司的租约建立在工行杨浦支行对涉案房产设定抵押权之后，在工行杨浦支行行使抵押权时，飞马公司的租约依法对买受人没有约束力；飞马公司租约的存在必然降低抵押物的价值，妨碍工行杨浦支行实现抵押权；现工行杨浦支行和协通公司、邹某、王某、钟某、李某同意带租约拍卖的行为损害张某和林某的合法权益，故申请驳回飞马公司的异议请求。[②]

3. 买受人申请除去租赁权。例如，在中国工商银行上海市黄浦支行与郑某金融借款合同纠纷执行过程中，法院裁定对涉案房屋负担租赁权予以变现，拍卖公司的《竞买协议》上明确，"5 号标的（即涉案房屋）租赁期限为 10 年，自 2013 年 4 月 1 日至 2023 年 3 月 31 日止，租赁合同附后，没有租金收益"。2015 年 12 月 24 日，东方国拍公司出具《特别风险提示》，明确涉案房屋的租赁合同第 2 条内容为"如期限届满甲方还未归还完毕借款本息，则乙方有权继续顺延租期"，该条款存在不确定因素，特别提示竞买人注意相关风险，谨慎竞拍。异议人陈某在该《特别风险提示》上签字。经拍卖，陈某取得涉案房屋所有权。后陈某即要求执行法院对其买受的涉

① 广东省云浮市中级人民法院执行裁定书（2015）云中法执复字第 36 号执行裁定书。
② 上海市第二中级人民法院（2017）沪 02 执异 77 号执行裁定书。

案房屋去除租赁并向其移交。[①]

4. 其他利害关系人申请除去租赁权。例如，在法院执行武汉慧佳通企业管理咨询有限公司与武汉乘风塑胶有限公司、武汉翔龙建筑幕墙工程集团有限公司金融不良债权追偿纠纷一案中，作为被执行人乘风公司股东的马某就法院带租拍卖涉案不动产的行为提出异议。[②]

上述案例中，普通债权人、连带责任人、买受人或其他利害关系人申请除去租赁权的理由，除了租赁权设立于抵押权之后这一理由之外，还有一个实质理由，即认为：虽然抵押权人没有申请除去租赁权，但是，法院带租拍卖最终可能会影响其合法权益。个别法院也认可这样的权益应当受到保护，在上述中国工商银行上海市杨浦支行与上海协通置业发展有限公司、邹某等金融借款合同纠纷中，审理法院就认为，工行杨浦支行虽然同意带租约拍卖，但却表示在拍卖所得款项不足以清偿抵押债权时，仍不放弃向连带责任人追索剩余债权，因此，工行杨浦支行同意带租约拍卖的意见可能侵害连带责任人的合法权益，并据此驳回了承租人的异议主张。

从法理言之，除去抵押物上租赁权的法理基础，源于后设立的租赁权不得对抗在先的抵押权，而是否除去租赁权的标准，系后设立的租赁权是否影响在先的抵押权的实现。就租赁权是否影响在先的抵押权的实现的问题，最有发言权的主体理所当然是对涉案标的物享有抵押权的优先债权人。相关主体，如普通债权人、被执行人的连带责任人、股东等其他利害关系人，虽然会因是否带租拍卖而最终影响到自身的权利实现或者义务承担，但是，这些主体享有的合法权益，并不具有对抗租赁权的法律效力。因此，在抵押权人未申请除去后设立的租赁权的情况下，这些权利主体无权申请除去抵押物上的租赁权。正如在上述黄某与李某、叶某某、黄某某民间借贷纠纷执行一案中审理法院所指出的，"因该拍卖财产的抵押权人同意被执行人李某、叶某某出租该抵押财产"，"拍卖财产上的租赁关系因与抵押权之间的对抗而消灭，在本案中，拍卖财产的抵押权不属于异议人享有，其无权以此为由主张租赁关系与抵押权存在对抗或者对实现存在影响"。

就买受人而言，如果法院系带租拍卖，买受人更非申请除去租赁权的

① 上海市第二中级人民法院（2017）沪 02 执复 106 号执行裁定书。此外，在法院带租拍卖的情况下，有的买受人虽未在执行程序中提出除去租赁权的异议，但却另行起诉，诉请解除原租赁关系（参见上海市金山区人民法院（2019）沪 0116 民初 10722 号民事判决书）。

② 武汉市中级人民法院（2018）鄂 01 执异 1220 号执行裁定书。

- 238 -

适格主体。法院的司法拍卖作为强制执行措施之一,属于公法行为,必须具有公信力。法院的拍卖公告确定了拍卖条件,竞买人以及最终的买受人必须接受拍卖条件的约束。在法院并未除去租赁权而带租拍卖的情况下,即便租赁权成立于抵押权之后,但因拍卖公告已注明标的物带租拍卖,买受人作为经拍卖取得标的物的所有权人,须承受标的物上负有租赁关系的法律后果,而不得另行主张除去租赁权。并且,这也不存在损害买受人合法权益的问题。正如在周某与胡某、李某排除妨害纠纷诉讼民事判决书中审理法院所明确,"法院的拍卖公告明显记载拍品有租赁情况……拍卖前法院并未对租赁权予以涤除,原告作为拍卖取得涉案房屋的所有权人,拍卖前对拍品的现状是清楚的,其并非拍品的抵押权人,故无权在取得涉案房屋后以此为由,诉请法院解除两被告间签订的租赁合同"。[①]进一步而言,在法院带租拍卖的情况下,标的物的拍卖价格必然会受到影响,通常明显低于不带租拍卖时的价格,这样,若允许买受人在以较低价格获得标的物的情况下,还可以请求除去租赁权,"买受人则因此而额外获益",[②]显然也是不合理的。

可见,除去租赁权制度保护的是在先的抵押权人的权益,只有在先的抵押权人有权要求除去租赁权。正如台湾地区学者所言,"除在租赁权成立前之抵押权人可申请外,在后之抵押权人、其他债权人、拍定人、抵押人皆不可申请"。[③]

三、除去租赁权的时间

在执行程序中,针对抵押在先租赁在后的情形,法院如果认为应当除去在后的租赁权,那么,除去租赁权的具体时间应在何时呢?最高人民法院审理的一则执行异议之诉再审案例引发了对此问题的思考。此案例即厦门市忆辉贸易有限公司案外人执行异议之诉申请再审案。该案的基本案情如下:

涉案房产上的两项抵押权早于租赁权设立。执行过程中,一审法院于公示的拍卖信息中如实披露了涉案房产上存在的租赁关系。涉案房产的评估价为 13318.99 万元,最终以 8524.15 万元成交,由金达昌公司买受。

---

① 上海市金山区人民法院(2019)沪 0116 民初 10722 号民事判决书。
② 程啸:《论抵押财产出租时抵押权与租赁权的关系——对〈物权法〉第 190 条第 2 句的理解》,《法学家》2014 年第 2 期,第 53 页。
③ 吴光陆:《强制执行法学说与判解研究》,台湾 1995 年自版,第 174 页。

一审法院在拍卖程序结束后，作出清场公告，要求承租人信德佳公司腾退涉案房屋。信德佳公司提出执行异议，被法院驳回之后，又提起执行异议之诉、上诉，均被法院驳回。信德佳公司向最高人民法院申请再审，认为：在涉案房产的抵押权人实现抵押权时，一审法院并未解除该租赁关系，且涉案房产的租赁情况在拍卖时已被完整披露。信德佳公司没有阻碍涉案房产抵押权的实现，涉案房产的抵押权人兴业银行厦门分行顺利实现了抵押权。金达昌公司买受的是包括涉案房产在内的房产物业，而非受让抵押权，故金达昌公司不享有抵押权人对承租人的抗辩权利。并且，根据《最高人民法院关于人民法院民事执行中拍卖、变卖财产的规定》第31条第2款，除去租赁权仅存在于法院的拍卖程序之中，拍卖程序结束后，法院无权解除租赁关系，故一审法院在拍卖程序结束后作出清场公告没有法律依据，受让人金达昌公司应当承受该租赁关系。

最高人民法院认为，根据《物权法》第190条、《最高人民法院关于审理城镇房屋租赁合同纠纷案件具体应用法律若干问题的解释》第20条、《最高人民法院关于适用〈中华人民共和国担保法〉若干问题的解释》第66条的规定，抵押财产出租的，该租赁关系不得对抗已登记的抵押权，抵押权实现后，租赁合同对受让人不具有约束力。本案中，租赁关系成立于抵押权之后，故根据上述规定，该租赁关系对买受人不具有约束力。执行过程中，涉案房产的评估价为13318.99万元，第一顺序抵押权人的债权额为12063.87万元，第二顺序抵押权人的债权额为4500万元，执行标的价值不足以清偿抵押权，租赁权的存在影响抵押权实现，执行标的最终以8524.15万元成交的结果也印证了这一事实。因此，涉案房产的租赁关系对抵押权实现存有影响，抵押权实现时，该租赁关系对买受人金达昌公司不具有约束力。最高人民法院最终裁定驳回了信德佳公司的再审申请。[①]

本案中，针对涉案房产拍卖程序结束后法院的清场公告，承租人提起了执行异议、执行异议之诉以及申请再审。承租人提出异议的实质理由有二：其一，执行法院在拍卖公告中如实披露了涉案房产上的租赁关系，并未除去租赁权；其二，抵押权人已顺利实现抵押权，承租人的租赁权未对抵押权的实现产生不利影响。对于承租人的上述理由，最高人民法院认为：其一，涉案房产上的租赁权后于抵押权设立，租赁关系不得对抗已登记的抵押权，抵押权实现后租赁合同对受让人不应具有约束力；其二，涉

---

① 最高人民法院（2016）最高法民申3536号民事裁定书。

案房产的拍卖成交价远远低于评估价,不足以清偿抵押债权,这印证了租赁关系对抵押权的实现确有影响,故也应除去租赁权。

诚然,在后的租赁关系不得对抗已登记在先的抵押权,但是,"不得对抗"并不意味着"一律除去"租赁权。最高人民法院引用了《物权法》第190条、《关于审理城镇房屋租赁合同纠纷案件具体应用法律若干问题的解释》(2009年)第20条、《关于适用〈中华人民共和国担保法〉若干问题的解释》第66条的规定,将其作为"一律除去"在后的租赁权的法律依据。在当时法律规范存在冲突的现实下,尚不能谓法院据此裁判存在法律适用错误。

但是,法院在拍卖程序结束后以拍卖成交价为标准,以成交价不足以清偿抵押债权为由,而认定租赁关系对抵押权的实现有影响进而除去租赁权,显然存在因果倒置的逻辑错误,有违除去租赁权规则的立法初衷。设置除去租赁权规则的立法目的,是因为在后的租赁权会影响在先的抵押权的实现,如可能导致无人竞拍或者拍卖价金极低而无法完全清偿抵押债权,因而须除去此不良影响,以保障在先的抵押权得以顺利实现。简言之,除去租赁权是为了保障抵押物可以较高价格成交从而使抵押债权得到清偿。因此,法院除去租赁权,必须在拍定之前除去。正如有学者所言,"租赁权会妨碍抵押权者,唯在实行抵押权之拍卖程序中,故执行法院之除去,至迟应在拍定前,一经拍定,拍卖程序已终结,即无影响可言,自不得再除去"。[①] 即使是主张以拍卖结果为判断租赁权是否影响抵押权实现的学说观点,也承认在除去租赁权后还需重新再行拍卖程序。换言之,法院除去租赁权的,应当是"先除去后拍定"。拍卖程序已经终结的,不宜再考虑租赁权对在先的抵押权实现的影响问题。

此外,从司法拍卖的性质和效力来看,司法拍卖作为一种强制执行措施,属于公法行为,应有公信力。拍卖公示信息确定了拍卖条件,这是竞买人决定参与竞买的主要依据之一,拍卖物一经拍定,买受人应受拍卖公示信息确定的拍卖条件的约束。如果法院在拍卖公示信息中披露了执行标的物上的租赁关系,构成带租拍卖,拍定后,买受人取得负担租赁关系的标的物所有权。如果拍卖公示信息表明了带租拍卖,而在拍定后又裁定清场,仅就法院的此两项执行行为而言,也存在自相矛盾的问题。况且,这还涉及不当处置租赁物,损害债务人、承租人合法权益的问题。

---

① 吴光陆:《强制执行法学说与判解研究》,台湾1995年自版,第174页。

其实，关于法院应当在何时除去租赁权，《最高人民法院关于人民法院民事执行中拍卖、变卖财产的规定》第28条（原第31条）第2款已明确："拍卖财产上原有的租赁权……对在先的担保物权或者其他优先受偿权的实现有影响的，人民法院应当依法将其除去后进行拍卖。"据此，租赁权对在先的担保物权等的实现有影响的，法院应当依法"除去后进行拍卖"，亦即，除去租赁权在先，拍卖在后，而非先拍卖后除去租赁权。

四、承租人或抵押权人的权利救济

在执行程序中，如果执行法院依抵押权人申请作出了除去抵押物上租赁权的裁定，[①] 而承租人对此争执的，承租人有无权利救济途径？如果执行法院认定租赁权设立在先，或者认为后设立的租赁权对抵押权的实现没有影响，或者认为抵押物的出租事先取得了抵押权人的同意，并据此裁定驳回抵押权人除去租赁权的申请，抵押权人是否享有相应的权利救济机会？

（一）理论分歧

有学者认为，除去租赁权属于执行方法，为公法上的强制处分，实务上以裁定方式为之，该裁定没有既判力及溯及效力，但是，为了避免影响拍卖的安定，当事人也不得另行提起诉讼，请求确认其权利仍属存在，以阻止执行。[②] 台湾地区"最高法院"也持相同见解，认为对于是否除去租赁权的裁定，"抵押权人或承租人如有不服，应向执行法院提出异议，不得迳行对其提起抗告"。[③]

值得注意的是，有台湾地区学者持同样的否定当事人另行起诉的观点，只不过其理由有所不同。该学者认为，在债权人（抵押权人）请求拍卖债务人（抵押人）的不动产以供清偿债务，承租人虽对该不动产享有租赁权，但租赁权本身并没有排除强制执行的效力，执行法院仍可拍卖抵押物，故承租人不得提起异议之诉。[④] 并且，既然是经执行处分除去租赁权，就只能循执行程序救济，不得再为实体诉讼，以保障拍定人权益及维护司法公信力。[⑤]

---

① 实践中，有的执行法院采用"通知"的形式除去租赁权，恐有所不妥。

② 杨与龄编著：《强制执行法论》，中国政法大学出版社2002年版，第438页；常鹏翱：《先抵押后租赁的法律规制——以〈物权法〉第190条第2句为基点的分析》，《清华法学》2015年第2期，第55页。

③ 台湾"最高法院"1985年台抗字第227号判例、1985年抗上字第273号裁定。

④ 吴光陆：《强制执行法学说与判解研究》，台湾1995年自版，第168～169页。

⑤ 吴光陆：《强制执行法》，台湾三民书局2012年版，第370～371页。

与之相反，有的学者从执行法院除去租赁权裁定的性质和效力出发，认为，"强制执行程序本身所涉及之实体上事项，如为遂行该程序所必要，执行法院固必须作相当之审查认定，惟无论如何，执行程序对于当事人之程序保障，与民事诉讼程序对于当事人之程序保障，究不可同日而语，关于私权之最后确定，自仍须经民事诉讼程序，亦即执行法院所审认之实体上事项，仅在未另有民事诉讼确定判决以前，于强制执行程序本身有其效力，尚难遽予承认其有既判力"。[①] 执行法院作出关于是否除去租赁权的裁定，属于执行法院的执行处分行为，没有既判力，这样，抵押权人或承租人对法院是否除去租赁权的裁定不服的，自然不影响当事人通过另行诉讼进行救济的权利。[②]

（二）司法认定

从我国《民事诉讼法》的法律条文来分析，就执行法院作出的关于是否除去租赁权的裁定，抵押权人或者承租人不服的，仅可能依据《民事诉讼法》第 225 条或第 227 条的规定提出执行异议，对执行异议的裁定不服的，分别赋予相应的申请执行复议或提起执行异议之诉的权利。是适用《民事诉讼法》第 225 条的规定，还是适用《民事诉讼法》第 227 条的规定，司法实践中有不同的做法。从下列地方法院执行工作指导性文件中的相关处理意见中，即可见一斑（见表 5-2-2）。

表 5-2-2 部分地方法院关于承租人或抵押权人就租赁权除去裁定的权利救济的相关意见

法院	文件名称	相关条款
江苏省高级人民法院	《关于执行不动产时承租人主张租赁权的若干问题解答》（2015 年）	四、在法院带租、除去租赁关系拍卖两种情形下，申请执行人、承租人如何救济？ 带租拍卖时，申请执行人提出应当除去租赁关系，对带租拍卖提出异议，法院依据民事诉讼法第 225 条规定处理。 除去租赁关系拍卖时，承租人提出应当带租拍卖，对除去租赁关系拍卖提出异议，法院依据民事诉讼法第 227 条规定处理。
江苏省高级人民法院	《执行异议及执行异议之诉案件审理指南（三）》（2019 年）	一、案外人基于租赁权提出的执行异议及执行异议之诉案件的处理 1. 承租人基于不动产或动产被抵押或查封之后与被执行人订立的租赁合同提出执行异议的，适用《民事诉讼法》第二百二十五条规定进行审查。 2. 承租人基于不动产或动产被抵押、质押或查封之前与被执行人订立的租赁合同提出执行异议，请求在租期期内阻止向受让人移交占有被执行的不动产或动产的，适用《民事诉讼法》第二百二十七条规定进行审查，并就是否停止执行作出裁定。

---

① 杨建华：《问题研析民事诉讼法（三）》，台湾三民书局 1998 年版，第 18 页。
② 许二宜：《执行力扩张与不动产执行》，台湾学林文化事业有限公司 2003 年版，第 367 页。

续表

法院	文件名称	相关条款
江苏省无锡市中级人民法院	《关于执行不动产时涉租赁权处理的指导意见》（2017年）	三、救济途径 执行实施法官对承租人主张的租赁权进行审查判断后作出的书面裁定，应送达承租人及执行案件当事人。裁定书中应告知异议权利、异议期限。如相关当事人在法定期限内提出异议，执行法院应当通过执行异议程序进行审查。 （一）申请执行人异议 申请执行人提出应当除去租赁拍卖，对带租拍卖裁定提出异议的，应由执行裁决法官依据民事诉讼法第225条处理。 （二）承租人异议 承租人提出应当带租拍卖，对除去租赁拍卖裁定提出异议的，应由执行裁决法官依据民事诉讼法第227条处理。
上海市高级人民法院	《关于在执行程序中审查和处理房屋租赁权有关问题的解答（试行）》（2015年）	2、案外人向执行法院提出书面异议主张对房屋享有租赁权的，执行法院应当如何处理？ 答：案外人提出书面异议主张对房屋享有租赁权的，执行法院应当依据《最高人民法院关于执行案件立案、结案若干问题的意见》第九条第（二）项和《民事诉讼法》第二百二十七条的规定进行立案和审查，经审查认为案外人所主张的租赁权依法成立且能够对抗申请执行人的，裁定案外人异议成立，中止对房屋不负担租赁权予以变现；经审查认为案外人所主张的租赁权依法不能成立或者不能够对抗申请执行人的，裁定驳回案外人异议。 3、申请执行人或者案外人对执行法院所作出的前条裁定不服的，应当如何进行救济？ 答：申请执行人对执行法院所作出的案外人异议成立，中止对房屋不负担租赁权予以变现的裁定表示不服的，可以自收到裁定之日起十五日内向执行法院提起执行异议之诉，请求对房屋不负担租赁权予以变现。 案外人对执行法院所作出的驳回其异议的裁定表示不服的，可以自收到裁定之日起十五日内向执行法院提起执行异议之诉，请求对房屋负担租赁权予以变现。
吉林省高级人民法院	《关于审理执行异议之诉案件若干疑难问题的解答》（2017年）	问题二十六：承租人提起执行异议之诉请求排除执行的，人民法院该如何处理？ 金钱债权执行中，承租人认为其对作为执行标的物的不动产享有租赁权的，应当在拍卖程序中主张优先购买或依照《最高人民法院关于人民法院办理执行异议和复议案件若干问题的规定》第三十一条规定向执行法院主张权利，其提起执行异议之诉请求排除执行的，人民法院应当不予受理；已经受理的，裁定驳回起诉。 如果执行法院作出的异议裁定否定承租人租赁权的成立或存续的，承租人应当另行提起诉讼确认其租赁权的成立或存续。

从上述地方法院的这些指导意见可以看出，对于执行法院是否除去租赁权的裁定，抵押权人或者承租人的权利救济途径可能存在很大差异：

（1）对抵押权人（申请执行人）而言，如果执行法院驳回了抵押权人除去租赁权的申请而裁定带租拍卖，法院通常允许抵押权人提出执行异议，按《民事诉讼法》第225条规定进行审查，对裁定结果不服的，抵押权人可向上一级法院申请复议，不能向法院提起诉讼。这符合《民事诉讼法》的规定。因为，根据《民事诉讼法》规定，申请执行人虽可提起执行异议之诉，但应具备"依案外人执行异议申请，人民法院裁定中止执行"等条件，[①] 对于法院驳回抵押权人除去租赁权申请的情形，显然不具备这些条件，因而抵押权人不能据此提起执行异议之诉。上海市高级人民法院在《关于在执行程序中审查和处理房屋租赁权有关问题的解答（试行）》第3条规定的申请执行人可提起执行异议之诉的情形，也明确限于案外人先提出执行异议且法院认为异议成立的情形，并不能适用于这里所讨论的抵押权人除去租赁权的申请被驳回的情形。

（2）对于承租人而言，如果对执行法院除去租赁权的裁定不服的，不同法院的处理意见可能大相径庭：有的允许承租人按《民事诉讼法》第225条的规定提出执行异议，对执行异议的裁定不服的，可向上一级法院申请复议；有的允许承租人按《民事诉讼法》第227条的规定提出执行异议，对执行异议的裁定不服的，允许承租人提起执行异议之诉；有的则完全否定在执行程序中救济承租人之可能，仅允许承租人另行提起民事诉讼。最高人民法院审理的一则案例似乎表明了其对第一种处理意见的赞同态度。在"鄂州良龙商贸公司与中国农业发展银行鄂州市分行执行裁定书"中，最高人民法院认为，因抵押在先，租赁在后，承租人基于对涉案资产的所谓租赁权对拍卖行为提出的异议，属于利害关系人异议，执行法院应当按照《民事诉讼法》第225条的规定进行审查。[②]

（三）评析与结论

综合上述理论分歧与裁判见解，对于法院是否除去租赁权的裁定，应当赋予承租人或抵押权人什么样的权利救济，实质上可以归结为两个问题：其一，对于承租人、抵押权人而言，是否须遵循不同的救济途径？其二，对于承租人、抵押权人而言，是只能赋予执行程序救济，还是允许提起实体诉讼？

就第一个问题而言，如前所述，法院大多认为，对于承租人、抵押权人的权利救济而言，应当采用二元制的处理方式：严格根据我国《民事诉讼

---

① 《最高人民法院关于适用〈中华人民共和国民事诉讼法〉的解释》（2022年修正）第304条。
② 最高人民法院（2016）最高法执监429号执行裁定书。

法》,在抵押权人除去租赁权的申请被驳回的情况下,抵押权人仅可依据《民事诉讼法》第 225 条寻求执行程序救济,不存在提起实体诉讼的可能;[①]而对于法院除去租赁权的裁定,承租人则可能有不同的救济途径。这种二元制的处理模式显然值得商榷。因为,无论是承租人对除去租赁权的裁定不服的,还是抵押权人对法院驳回租赁权除去申请的裁定不服的,实质上涉及的是同一实体争议,对同一实体争议,对承租人、抵押权人区别对待,分别赋予承租人、抵押权人不同的权利救济途径,显非合理。

在肯定对承租人、抵押权人应采用统一权利救济途径的前提下,再考虑第二个问题。如前所述,是赋予承租人、抵押权人执行程序救济还是赋予实体诉讼救济,理论争议较大。不过,法院作出的是否除去租赁权的裁定,作为执行法院的执行处分,不具有既判力,显是共识。在法理上,按此推论,无论是除去租赁权的裁定,还是驳回除去申请的裁定,应当允许承租人或者抵押权人再提起实体诉讼,在后续的民事审判程序中争执租赁权的效力问题。对于承租人、抵押权人而言,允许再提起实体诉讼,方可谓程序保障充分的救济途径。

否定承租人、抵押权人实体诉讼救济途径的主要理由有二:一是租赁权本身不具有"排除"强制执行的效力,法院仍可拍卖抵押物;二是影响拍卖程序的安定和司法公信力。就第一个理由而言,应当承认,租赁权本身确不具有"排除"强制执行的效力,租赁权无论存在与否,都不能排除强制拍卖的继续进行,不会导致强制拍卖程序的终止,但是,租赁权是否存在,必然会影响到强制拍卖的实际效果,如拍卖最终能否成交、拍卖成交价格是高是低,拍定后承租人是否需将标的物移转占有给买受人等等。仅仅关

---

① 实践中,少数法院对抵押权人依据《民事诉讼法》第 225 条提起的执行异议采否定态度。例如,在上海市宝山区人民法院(2021)沪 0113 执异 77 号执行裁定书中,审理法院指出,"法院对系争房屋采取负担租赁权拍卖措施符合有关法律规定。异议人(申请执行人)以案外人与被执行人虚构租赁情况为由,要求适用《最高人民法院关于人民法院办理执行异议和复议案件若干问题的规定》第五条规定,裁定对系争房屋不负担租赁权拍卖,不符合适用该条款的规定情形。异议人的异议请求难以支持。"在重庆市北碚区人民法院(2021)渝 0109 执异 124 号执行裁定书中,审理法院也明确,"本案因申请执行人与案外人(承租人)就是否存在租赁关系存在重大争议,执行法院宜将案外人(承租人)的主张纳入案外人异议程序立案审查,并作出裁定,相关当事人如对该裁定不服的,应通过执行异议之诉解决。执行法院未对案外人所提异议进行立案审查,而直接作出带租拍卖裁定,申请执行人民生银行重庆分行就带租拍卖裁定不服,但不能通过执行行为异议、复议程序解决租赁关系能否排除执行问题"。(2021)沪 0113 执异 77 号执行裁定书以申请执行人要求不负担租赁拍卖的异议请求不符合《最高人民法院关于人民法院办理执行异议和复议案件若干问题的规定》第 5 条规定的利害关系人可提起执行行为异议的具体情形为由驳回了债权人异议,而(2021)渝 0109 执异 124 号执行裁定书则明确了债权人请求不带租拍卖的异议属于实体争议而不宜适用执行行为异议程序予以处理。

注租赁权不能排除强制拍卖程序的继续，而忽视租赁权在客观上对强制拍卖效果的重要影响，并据此否定相关当事人就是否除去租赁权的裁定提起诉讼的权利，其论据显不充分。

以避免影响拍卖安定、司法公信力为由，否定抵押权人或者承租人就有关租赁权除去与否的裁定提起诉讼的权利，其依据也难谓充足。具体而言，如果认为当事人提起实体诉讼会影响拍卖的安定，那么，允许当事人向执行法院提出异议，就不会影响拍卖的安定吗？无论是允许当事人提起实体诉讼，还是允许当事人提出异议，都是对当事人的救济方式，都会影响拍卖的进程，只不过前者对执行效率的影响更大而已。正如主张当事人仅可提出执行异议的学者所言，为了维护承租人的权益，如果承租人声明异议，执行法院应停止拍卖，待异议确定后再进行拍卖，以避免影响拍卖程序的安定和司法公信力。[①] 可见，即使仅允许当事人提出执行异议，本身也不能保障拍卖的安定和司法公信力问题，而是需要暂停拍卖程序予以保障。如果允许当事人提起诉讼，同时暂停拍卖程序，也同样不会影响拍卖的安定与司法公信力问题。

其实，就执行法院租赁权除去与否的裁定，是仅允许承租人、抵押权人提起执行异议，还是赋予承租人、抵押权人提起诉讼的权利，实质上关涉相关程序保障与执行效率两个价值目标的权衡问题。如果仅允许承租人、抵押权人提起执行异议，对执行效率的影响较小，执行效率较高，但对承租人、抵押权人的程序保障存在不足。如果允许承租人、抵押权人提起诉讼，则为承租人、抵押权人提供了充分的程序保障，但对执行效率的影响较大，执行程序必遭延滞。

从执行实践来看，就执行法院是否除去租赁权的裁定，承租人、抵押权人提出的权利救济理由，大致可归纳为两大类：第一类是租赁权是否成立于抵押权之前或者抵押物出租是否事先取得了抵押权人的同意，应否适用"买卖不破租赁"规则；第二类是在后的租赁权是否会影响在先的抵押权的实现而应予除去。第一类情形涉及的当事人之间的实体争议较大，执行机构在执行程序中不易判断，考虑到程序保障及审执分离的基本原理，宜赋予承租人、抵押权人寻求实体诉讼救济的机会。在第二类情形下，虽然也属实体争议范围，但是，如前所述，通常是依据评估价及拍卖结果来判断后于抵押权设立的租赁权是否影响抵押权的实现，这对于执行机构而言，

---

① 吴光陆：《强制执行法》，台湾三民书局 2012 年版，第 371 页。

相对较为容易,实无必要另起诉讼程序予以裁决。况且,从除去租赁权规则的设立初衷来看,在当事人就租赁权后于抵押权设立的事实无争执的情况下,立法仍根据租赁权是否影响抵押权的实现来考虑是否除去租赁权,该规则是在无损抵押权人利益的情况下兼顾承租人利益保护的立法选择。如此,在第二类情形下,如果再赋予当事人另行提起实体诉讼的权利,显著增加执行成本,既不合理,又无必要。因此,不妨考虑,对于第一类情形,赋予承租人、抵押权人相应的诉讼救济权利,对于第二类情形,则仅允许承租人、抵押权人在执行程序中寻求救济。

还有一个问题值得思考:在承认赋予承租人、抵押权人以诉讼救济的前提下,是允许承租人、抵押权人提起执行异议之诉呢?还是要求承租人、抵押权人另行提起诉讼呢?从上述部分地方法院的处理意见可以看出,不同法院有不同看法。

执行异议之诉与另行起诉虽均属实体诉讼的范畴,但二者之间存在明显差异,如:另行起诉只要符合《民事诉讼法》原第 119 条①(现第 122 条)规定的起诉条件即可立案,而提起执行异议之诉,除了须符合《民事诉讼法》第 119 条规定的起诉条件之外,还应当具备其他条件,如异议申请被法院驳回、自异议裁定送达之日起 15 日内提起,案外人提起执行异议之诉还须具有明确的排除执行的诉讼请求等。最高人民法院法官就《最高人民法院关于适用〈中华人民共和国民事诉讼法〉的解释》第 305 条(2022 年修正后第 303 条)进行阐释时,特别强调要注意正确处理执行异议之诉与另行起诉的关系,明确"当事人在另行起诉和执行异议之诉中有选择权","即使在执行程序中,案外人也有权不提起执行异议之诉,而对执行标的确权另行起诉","这是案外人的权利"。但是,应当注意的是,执行异议之诉与另行起诉相比,具有暂时阻却执行的法律效果,执行异议之诉审理期间内,法院原则上不得处分执行标的,②这更有利于维护拍卖的安定与司法公信力,更有利于案外人权益保护。因此,最高人民法院法官特别指出,另行起诉"这种方法不利于案外人权益保护,人民法院在审查案外人另行提起的新诉时应予适当释明"。对于法院是否除去租赁权的裁定,如果当事人未选择执行异议之诉而另行起诉,执行标的物已经拍定的,当事人也不得

---

① 2021 年《民事诉讼法》进行了第四次修订,该条文序号调整为第 122 条,条文内容不变,这里暂援用原条文序号。

② 《最高人民法院关于适用〈中华人民共和国民事诉讼法〉的解释》(2022 年修正)第 313 条第 1 款规定:"案外人执行异议之诉审理期间,人民法院不得对执行标的进行处分。申请执行人请求人民法院继续执行并提供相应担保的,人民法院可以准许。"

依据新诉裁判对拍定人主张租赁权是否存在的抗辩,以保障拍卖程序的安定与司法公信力。

第三节 买受人对承租人主张权利的途径

在执行程序中,无论作为拍卖标的物的抵押物上的租赁权是否由买受人承受,买受人取得拍卖物所有权以后,均面临着如何向承租人行使所有权的问题。依据法律规定,买受人如何向承租人主张权利,将因买受人是否承受租赁负担而有明显的区别。

一、买受人承受租赁负担的情形

根据现行法律的规定,如果租赁在先抵押在后,或者虽抵押在先租赁在后但法院并未除去租赁权的,抵押物经法院拍卖给买受人后,买受人须承受该租赁关系。也就是说,买受人必须继受出租人的地位,行使或者负担租赁合同项下的权利或者义务,而无须另行订立新的租赁合同。[①] 司法实践中,在买受人承受租赁负担的情况下,争执较多的,主要是租金问题。租金是出租人享有的对承租人的主要权利,买受人取得拍卖物所有权以后,可以向承租人请求支付租赁合同约定的租金。实务中常见的问题是:在承租人主张租赁合同约定的租金已经一次性付清给原出租人(抵押人),或者以租抵债情形下,买受人的租金收益权如何保护?

(一)租金已一次性付清情形下买受人的租金收取

依据民法,就租金的支付,出租人与承租人可以约定分期支付,也可以约定提前一次性全部支付。如果承租人按租赁合同约定向原出租人一次性全部支付了租金,则买受人不可再向承租人请求支付租金。正如台湾地区学者所言,"租金之清偿期原则上属于当事人可以协议的事项,所以如有租金先缴的约定,其先缴之结果自然使与之对应之租金请求权消灭,租赁物之受让人自不得对于承租人重复请求"。[②] 此时,买受人只能以不当得利为由,向原出租人请求返还应由自己收取的部分租金。

对买受人而言,可能存在这样的不利,即:原出租人作为债务人,本身因无资力清偿债务而致其财产被强制拍卖,买受人请求原出租人返还已收

---

① 实践中,执行法院通常会协助买受人办理不动产过户,同时明确告知买受人:因承租人的租赁权尚在保护期内,在租赁期限内,其对不动产不享有占有权利,过户完毕即视为交付完毕。

② 黄茂荣:《债法各论》(第一册),中国政法大学出版社 2004 年版,第 57 页。

取的租金,该请求并无实益。这样,买受人一方面必须承受拍卖物上的租赁负担,一方面又无从取得租金,这对买受人而言似不公平。并且,这也会影响法院拍卖的公信力,影响强制拍卖的实际效果。因此,有学者建议,由承租人二次支付租金,至于多付给原出租人的部分,承租人可自行向原出租人追偿,以保护买受人的权益。[①]

主张由承租人二次支付租金的观点,对承租人极为不公,值得商榷。首先,从承租人的角度来看,承租人依照租赁合同的约定一次性支付租金,完全履行了租赁合同项下的义务,没有任何违约行为可言。如果为了保护买受人的权益,要求承租人二次支付租金,这是对承租人课加了租赁合同约定以外的义务。虽然理论上承租人在二次支付租金后可以向原出租人追偿,但是,这同样存在原出租人无资力偿还的问题,这对承租人而言当然也不公平。其次,从买受人的角度来看,在参与竞买之前,买受人知道或者应当知道拍卖物上存在租赁负担的具体事实(法院拍卖公告上往往直接载明"带租拍卖"),其自愿参与竞买,就意味着其自愿接受和承担拍卖物上的租赁负担,因此,买受人取得拍卖物所有权之后,就应完全承受拍卖物上的租赁负担,遵守租赁合同的约定。即使按租赁合同约定租金已经一次性支付给原出租人,这在客观上对买受人不利,但是,这也是买受人自己应当承担的法律后果。买受人只能向原出租人请求不当得利返还,而不得要求承租人二次支付租金。

诚然,如主张由承租人二次支付租金的学者所言,作此建议的一个重要原因,是拍卖实务中租金一次性付清的情形多属虚假租赁,是债务人为阻扰执行而设置的法律障碍,由承租人二次支付租金,可有效避免虚假租赁。[②] 对此,笔者认为,如果实务中认定虚假租赁存在,那么,买受人就无须承受租赁负担,所谓的虚假租赁合同对其不发生法律效力,也就谈不上租金的收取问题。在没有认定虚假租赁存在的情况下,仅仅因为怀疑可能存在虚假租赁,就对承租人课加二次支付租金的义务,其论据难谓充分。

(二)以租抵债情形下买受人的租金收取

司法实践中,在买受人承受租赁负担的情况下,还有一类争执较多的案件需要探讨,即:承租人与原出租人之间存在债权债务关系,承租人与

---

① 吴光陆:《强制执行法学说与判解研究》,台湾1995年自版,第184~185页。
② 吴光陆:《强制执行法学说与判解研究》,台湾1995年自版,第184页。

原出租人约定"以租抵债",此时,买受人如何行使租金请求权?

笔者在实务调研中就发现这样一个案例:执行法院应甲公司(系抵押债权人)的请求,依法查封了债务人乙公司名下的房产。法院带租拍卖,丙公司取得该房产的所有权。丙公司请求承租人按期支付租金,但承租人拒绝支付,辩称:承租人与乙公司在签订租赁合同时,约定将未来10年的租金用以支付乙公司对其拖欠的货款。

对于此类案件,笔者认为,买受人自取得拍卖物所有权之日起,即取得拍卖物上的租金收益权,故仍可向承租人请求支付租金。因为,从原出租人与承租人之间的法律关系来看,二者之间存在两种法律关系,一是租赁关系,二是其他债权债务关系。依据法律规定,所谓买受人承受的租赁负担,仅指买受人承受原出租人与承租人之间的租赁关系,并不包括原出租人与承租人之间的其他债权债务关系。如果承租人因支付租金给买受人而致其对原出租人的债权得不到清偿,只能另寻诉讼等其他途径予以解决。

二、买受人不承受租赁负担的情形

如果抵押物上的租赁权被法院依法除去,买受人不承受抵押物上的租赁负担,取得不动产的完全所有权,包括对不动产的实际占有权。但是,如果承租人在缓期交付的宽限期之后仍占有拍卖物而拒绝交付,买受人的权利应当如何保障呢?这涉及拍卖成交后不动产的交付问题。

从我国执行实践来看,不动产强制拍卖成交后的"交付难"是一老大难问题。在不少案件中,买受人在支付不动产拍卖价金并取得不动产所有权后,因交付问题,不仅长时间无法占有使用不动产,而且遭受进一步的经济损失。为了取得拍定的不动产,买受人不得已奔走于法院、被执行人、承租人等之间,反复交涉,引起新的诉讼、信访或者上访。"交付难"产生了广泛而深远的负面效应:不仅损害买受人利益、影响司法公信与权威,而且还潜在地影响了强制拍卖制度的实际效用。因为,强制拍卖成交后不动产的"交付难"问题会动摇竞买者的竞买意愿。正如台湾地区学者许士宦教授所言,在强制拍卖程序中,"拍定后是否点交"是"最使应买人犹疑不前者"的关键问题之一。①

---

① 许士宦:《执行力扩张与不动产执行》,台湾学林文化事业有限公司2003年版,第357页。

（一）不动产交付的实务运作

执行实践中，对于不动产拍卖成交后承租人拒绝交付的情形，不同法院的做法不尽一致。概而言之，主要有以下几种运作方式：

（1）协调。在不动产拍卖成交后，当承租人占有不动产拒绝交付时，法院通过多方或者多次协调，最终解决交付问题。在法院看来，在处理此类案件时，尽量避免使用强制手段，可以减少办案风险，防止矛盾激化而衍生出信访、闹访等影响社会和谐问题的事件。笔者在实务调查中就发现了不少这样的案例。例如，在一执行案中，某食品公司通过司法拍卖竞买取得被执行人公司土地及全部地上附着物，但在交接过程中，吴某声称与被执行人公司承租厂房，双方签订后租赁协议，且被执行人尚欠其借款未还，其占有使用被执行人公司具有法律及合同依据，故拒绝搬离。经过法院多次协调，该食品公司与吴某达成协议，该食品公司补助吴某10万元，吴某才搬离厂房。

（2）拍卖公告中明确注明法院不负责交付，不动产涉及的使用和租赁关系由竞买人依法自行处理和承担。例如，在招商银行南京分行与江苏双欣环保材料有限公司、付宝林等金融借款合同纠纷执行过程中，法院的拍卖公告中就注明"××自行处理附着在拍品上的租赁关系，法院不负责交付"。[①]

（3）先清场后拍卖。在部分法院看来，如果法院不在拍卖前清场，会对不动产拍卖产生极为不利的影响，如拍卖时有关人员查看拍卖标的物困难，从而造成竞买人减少、动摇竞买人竞买意愿或者降低其竞买应价，买受人难于及时取得不动产而可能成诉、成访，因此，法院应当树立清场意识，除一些比较典型的不可以清场的情况或者拍卖后清场有其他保障等例外情况外，必须适时清场，尽可能为拍卖创造条件。[②]一些地方法院在其制定的执行工作指导性文件中，明确将先清场后拍卖作为执行工作的一项基本要求，如安徽省高级人民法院执行局《关于强制执行中房屋腾退若干问题的指导意见》（皖高法〔2018〕23号）第3条第1款就明确要求："执行法院拍卖房屋时，原则上应当先清空后拍卖；确有特殊情况未能清空的，可先行拍卖，但应当在拍卖公告中说明未予清空的原因，且必须在交付前予以清空。"福建省高级人民法院执行局《关于执行工作中相关问题的解答

---

① 江苏省高级人民法院（2017）苏执复96号执行裁定书。

② 章见良、黄永进：《房地产拍卖中清场问题的影响与对策》，http://www.jsfy.gov.cn/llyj/xslw/2014/05/30152516655.html，下载日期：2018年10月18日。

（二）》（2018年）第7条也指出："承租人或其他实际占有人拒绝交付标的物并提出执行异议的，执行法院……认为其没有合法占有依据的应将其强制清退后拍卖。确有特殊情况无法在拍卖前强制清退的，可在公示中确定强制清退的时间，一般不超过3个月。"

（4）强制交付。部分法院认为，为了消除竞买人的顾虑，最大限度地实现执行不动产的价值，拍卖成交后，法院应当负责交付。例如，上海市高级人民法院于2017年发布的《上海法院网络司法拍卖实施细则（试行）》（沪高法〔2017〕49号）第9条就法院网拍办负责的网络司法拍卖具体事务中，就包括了"拍卖财产交付"。江苏省高级人民法院《关于进一步提高网络司法拍卖规范化水平的指导意见》（苏高法〔2019〕27号）第8条更直接明确："除保留租赁关系拍卖或有其他法定事由外，执行法院应当将拍卖的不动产腾空后交付买受人，严禁在拍卖公告中表述'法院不负责腾空'。"

（二）评析与结论

毫无疑问，第一种方式若得以成功运用，确实可减少办案风险，防止矛盾激化，可有效解决交付问题。然而，客观现实表明，这更多的是一种理想状态。承租人为了自己的利益，大多拒不交付，法院为了协调解决交付问题，往往须反复做劝导工作，费时费力，甚至很长时间无法解决而使执行陷入僵局。这不仅影响买受人的权益，而且影响法院的权威。即使在法院的协调下，承租人最终同意搬离拍卖的不动产，但通常是买受人妥协让步的结果：或者是买受人给予承租人一定的补偿，或者是买受人适当延长承租人的占有使用期限。前述某食品公司作为买受人的执行案例，就是买受人补助了承租人吴某10万元之后，才取得了对不动产的占有。无论采取何种妥协方式，其客观后果，均是买受人合法权益的实际减损。

采纳第二种方式，法院可以从"交付难"的泥潭中脱身出来。买受人为了取得拍定的不动产，只能依靠自己的能力。实践中，买受人为取得拍定的不动产，只好与承租人协商，作出一定的让步，给予承租人一定的补偿，或者无奈延长承租人对不动产的占有使用期限；协商不成时，将被迫向法院提起诉讼，寻求诉讼途径解决。买受人如果与承租人协商让步，客观上是其合法权利的实际减损。就诉讼途径而言，从法律上言之，买受人已经取得拍卖物的所有权，且承租人与出租人之间的租赁关系并不由买受人承受，因此，对买受人而言，其与承租人之间并不存在租赁关系，承租人对拍卖物的占有，即构成无权占有，买受人可以基于所有权而请求无权占有人（承租人）返还拍卖物。① 但是，在承租人不主动交付拍卖不动产的情况下，如果要求买受人必须再以诉讼的方式才能取得不动产的占有，一方面，许多有意参与竞买的人将可能因有这种后顾之忧而放弃竞买，影响拍卖成交率，或者影响拍卖价格，进而影响债权人债权的有效实现；另一方面，要求买受人为取得占有而另行提起诉讼，徒增买受人的讼累，也浪费诉讼资源。并且，法院不负责交付的这种"懒汉式"执行行为，反过来会助长妨碍执行的嚣张气焰，加剧"交付难"。②

先清场后拍卖的方式可以有效减少竞买人的顾虑，提高其竞买意愿和竞买应价，充分发挥强制拍卖制度的实际效用。执行实务表明，法院先清场后拍卖的不动产，其拍卖成交率确实较高。但是，从立法层面来看，正如此方式的支持者所承认的，不是所有的拍卖案件中均适宜清场，如存在"买卖不破租赁"原则适用的情形，即不能清场。此外，即使是支持者认为可以清场的情形，应否清场，也不无疑问。首先，先清场后拍卖可能造成执行力量的巨大浪费。比如，可能出现以下几种浪费执行力量的情形：一是强制先清场后，拍卖并未成交，无需交付；二是强制清场后，承租人重新占有拍卖标的物，即便拍卖成交，事实上需要法院重新清场交付；三是申请执行人撤回拍卖申请，或者法院依其他法定事由停止拍卖，拍卖前的强制清场也无必要。其次，影响拍卖标的物的安全问题。如果在强制清场后再进行拍卖，在清场至拍卖成交后交付这一时间段里，拍卖标的物存在损毁的风险。为了预防其风险，需要解决"谁来看管"的问题，同时，看管费用可能也是一个新问题。③

就第四种方式而言，通过法院行使国家强制力来保障拍卖成交后不动产的交付，既可使买受人的合法权益得到充分保护，不致发生第一种方式和第二种方式所带来的买受人权益实际减损的客观后果，又可与第三种方式一样，有效提高强制拍卖制度的效用，维护司法的公信与权威。同时，还可避免出现第三种方式中先强制清场所产生的不良后果，实为最理想的解决拍卖不动产后交付难问题的方式。

事实上，我国立法选择了第四种方式。《最高人民法院关于人民法院

---

① 《物权法》第 34 条规定："无权占有不动产或者动产的，权利人可以请求返还原物。"《民法典》第 235 条作出了同样的规定。

② 赵玉东：《不动产司法拍卖交付难之破解》，《人民司法·应用》2020 年第 19 期，第 100 页。

③ 谢东玥：《厂房类司法拍卖成交与交付的顺序》，《江苏经济报》2015 年 12 月 9 日，第 B3 版。

民事执行中拍卖、变卖财产的规定》第 27 条[①] 即规定:"人民法院裁定拍卖成交或者以流拍的财产抵债后,除有依法不能移交的情形外,应当于裁定送达后十五日内,将拍卖的财产移交买受人或者承受人。被执行人或者第三人占有拍卖财产应当移交而拒不移交的,强制执行。"《最高人民法院关于人民法院网络司法拍卖若干问题的规定》第 6 条规定实施网络司法拍卖时人民法院应当履行的职责,也包括"(七)办理财产交付和出具财产权证照转移协助执行通知书"。据此,拍卖成交后,法院原则上负有将拍卖的财产予以交付的义务,在被执行人或者第三人拒绝交付时,该条款已经明确赋予法院强制执行的职责,仅在"依法不能移交的情形"下,法院才能免除该义务。尽管这些规定比较原则,就何种情形属于"应当移交"、何种情形属于"依法不能移交"等问题均未进一步明确,但是,在法院除去抵押物上的租赁权、买受人不承担租赁负担的情形下,承租人占有拍卖物的,显然属于应当移交的情形。承租人拒不移交的,法院应当强制交付。

---

① 该司法解释原第 30 条,2020 年该司法解释修正时,该条文序号调整为第 27 条,条文内容不变。

结语 规范化建议

从我国不动产执行实践来看，不动产上租赁负担的处理存在诸多不足：现行立法过于宏观、部分法规相互冲突、新问题缺乏规范、实务工作者认识分歧显著等等。这里根据前述研究，就强制执行中不动产上租赁负担的处理，冒昧提出相应的条文化的部分规范建议，以期为执行实务中不动产上租赁负担的处理确立统一的规则和方法，并为相关立法的完善提供参考。

一、关于《民法典》相关条文的修改建议

1.《民法典》第 405 条修改为：

抵押权设立前，抵押财产已经出租并登记的，原租赁关系不受该抵押权的影响。

2.《民法典》第 725 条修改为：

租赁物在租赁期间发生所有权变动的，不影响租赁合同的效力。但租赁权未经登记的，不得对抗第三人。

〔说明〕这是确立租赁权登记对抗主义的修改建议。《民法典》第 405 条、第 725 条确立的租赁占有对抗主义具有自身的局限性，尤其在遏制虚假租赁上效用有限。从执行现状出发，综合考虑债权人、买受人、承租人的利益，建议我国未来对租赁权采取彻底的登记对抗主义。

二、关于不动产执行中租赁负担处理的若干规范化建议

1. 执行法院应当在处置不动产之前发布公告，催告对不动产享有权利的第三人在指定期限内向执行法院申报权利。承租人应当在此期限内申报权利。

承租人逾期未申报的，执行法院应当不负担租赁权处置不动产。

承租人在指定期限内申报权利的，执行法院经审查，裁定是否负担租赁权处置不动产。

〔说明〕这是关于执行程序中不动产处置前的权利催告规则。执行法院在处置不动产之前应当发布公告，催告有足以阻止执行程序进行的权利

人（包括承租人）申报其权利，对第三人所申报的权利，法院审查核实的，可以撤销或者暂时停止执行程序，以免损害第三人利益。即便不动产上可能存在权利负担，但在催告期间无人申报的，不动产上的权利瑕疵亦可因此而得以消除。

2. 不动产转租的，承租人依据《民法典》第 405 条或第 725 条之规定请求执行法院负担租赁权处置不动产，法院应当支持。

不动产转租的，次承租人依据《民法典》第 405 条或第 725 条之规定请求执行法院负担租赁权处置不动产，法院应当支持，但擅自转租的情形除外。

〔说明〕这是关于转租情形下承租人或次承租人能否主张"买卖不破租赁"的认定规则。在转租情形下，承租人和次承租人均可主张"买卖不破租赁"规则的适用。但是，在未经出租人同意擅自转租的情形下，因转租合同仅在承租人与次承租人之间有效，并不能产生对抗出租人的效力，故此情形下的次承租人不得主张"买卖不破租赁"。

3. 被执行人以不动产使用权抵偿其所欠承租人债务，承租人依据《民法典》第 405 条或第 725 条之规定请求执行法院负担租赁权处置不动产的，法院应当支持。

〔说明〕这是关于以租抵债协议效力的认定规则。以租抵债协议是合法有效的租赁合同，同时符合"买卖不破租赁"规则的适用条件的，应有"买卖不破租赁"规则的适用。

4. 租赁物抵押后，租赁合同的当事人协议延长租赁期限的，该租赁关系不得对抗抵押权人，但抵押权人同意的除外。

〔说明〕这是关于续租下抵押权与租赁权关系的处理规则。即使是仅延展租赁期限的续租，对抵押权人而言，也属新的租赁关系，故应当认定承租人的租赁权后于抵押权设立，从而不得对抗抵押权。如果抵押权设立后抵押权人同意续租的，从尊重私权自治的角度考虑，此时应当认可承租人租赁权的对抗效力。

5. 当事人协议以新贷偿还旧贷，并以旧贷的抵押物继续为新贷提供担保的，新贷抵押权设立前成立的租赁关系不受该抵押权的影响。

〔说明〕这是关于"借新还旧"下抵押权与租赁权关系的处理规则。在"借新还旧"的情况下，因旧债权消灭，用于担保旧债权的抵押权一并消灭。即使抵押物上原有的抵押登记尚未涂销，新债权也不能据此就该抵押物享有抵押权。新债权抵押权设立的时间，应当为新债权抵押登记之日。故新债权抵押权设立前成立的租赁关系不受该抵押权的影响。

6. 执行法院处置不动产,不动产上原有的租赁权不因强制执行而消灭。不动产上的租赁权继续存在对在先的抵押权的实现有影响的,抵押权人可以申请执行法院除去该租赁权后进行拍卖,但抵押权人同意出租的除外。

对于抵押权人的申请,执行法院根据下列不同情形分别作出处理:

(1)经评估,不动产负担租赁权变价会影响在先的抵押权实现的,执行法院应当裁定除去租赁权后进行拍卖。

(2)经评估,不动产负担租赁权变价不会影响在先的抵押权实现的,执行法院应当裁定负担租赁权处置不动产。但是,不动产无法拍定的,执行法院应当裁定除去租赁权后重新确定保留价并再行拍卖。

〔说明〕这是关于除去租赁权的判断标准与程序规定。不动产上后于抵押权设立的租赁权是否因执行而消灭,应取决于租赁权是否会影响抵押权人的优先受偿利益,当承租人的租赁权不影响抵押权的实现时,没有必要除去租赁权。关于后于抵押权设立的租赁权是否影响抵押权的实现,首先根据评估价进行判断,如果评估价对在先的抵押权的实现没有影响则带租拍卖,如果无法拍定,则应除去租赁权后再行拍卖。但是,如果抵押人事先征得抵押权人同意而将抵押物出租的,依诚信原则,无论评估价是否足以清偿抵押担保债权,抵押权人在拍卖时均不得申请除去租赁权,以保护善意的承租人不因信赖其同意而遭受不测的损害。除去租赁权的程序,应由抵押权人申请启动。

7. 执行法院裁定除去不动产上的租赁权的,不影响原租赁合同在承租人与出租人之间的法律效力。

执行法院裁定除去不动产上的租赁权后进行变价的,不影响承租人在同等条件下的优先购买权。

〔说明〕这是关于除去租赁权裁定的法律效力的规则。法院在执行程序中除去租赁权,仅限于"指出租赁合同不能对抗申请执行人",并不涉及租赁合同在承租人与出租人之间的内部效力问题。承租人与出租人之间的租赁合同不符合民法上合同无效、解除、终止情形的,应在承租人与出租人之间继续有效。因租赁权被除去而致租赁合同实际上无法继续履行的,承租人可基于租赁合同的约定要求出租人承担相应的违约责任。在除去租赁拍卖但租赁合同合法有效的情况下,承租人的租赁权仅为不能对抗强制执行,执行法院仍需保护承租人在同等条件下的优先购买权。

8. 承租人对执行法院不负担租赁权处置不动产的裁定不服的，可以依据《民事诉讼法》第 238 条之规定提出执行异议，但符合本条第 2 款规定情形的除外。

承租人仅以租赁权不会影响在先的抵押权的实现为由不服执行法院不负担租赁权处置不动产的裁定的，可以依据《民事诉讼法》第 236 条之规定提出执行异议。

〔说明〕这是关于承租人提起执行异议的程序适用的规则。承租人提出负担租赁权处置请求所依据的实体争执事由，主要包括：（1）租赁权是否真实成立有效；（2）租赁权是否成立于抵押或查封之前；（3）抵押物出租是否事先取得了抵押权人的同意；（4）后于抵押权设立的租赁权是否会影响在先的抵押权的实现而应予除去。就前三种事由来看，当事人之间对此往往争议较大，执行机构在执行程序中不易判断。考虑到审执分离原理及程序保障原理，宜将承租人的这些异议按《民事诉讼法》第 238 条规定的案外人异议处理，赋予承租人寻求进一步实体诉讼救济的机会。就第四种事由来看，虽然该事由也属实体事由，但是，因当事人之间对租赁权的真实有效、成立时间已无争执（若有争执，分别归入第一种或第二种事由），承租人的租赁权成立于抵押权之后，此时的租赁权不具有对抗抵押权的效力，且判断后于抵押权设立的租赁权是否会影响在先的抵押权的实现，其标准通常是评估价及拍卖结果，这对于执行机构而言，较为容易，没有必要赋予承租人寻求诉讼程序予以进一步救济的机会。故承租人基于此类事由提起的异议，宜归入《民事诉讼法》第 236 条规定的利害关系人异议的范畴。

9. 申请执行人对执行法院负担租赁权处置不动产的裁定或驳回除去租赁权申请的裁定不服的，可以依据《民事诉讼法》第 238 条之规定提出执行异议，但符合本条第 2 款规定情形的除外。

申请执行人仅以租赁权会影响在先的抵押权的实现为由不服执行法院驳回除去租赁权申请的裁定的，可以依据《民事诉讼法》第 236 条之规定提出执行异议。

〔说明〕这是关于申请执行人对法院负担租赁权处置不动产提起执行异议的程序适用的规则。对于法院负担租赁权处置不动产的裁定或驳回除去租赁权申请的裁定，申请执行人不服的争执事由，主要有两类：第一类是租赁权是否成立于抵押权之前或者抵押物出租是否事先取得了抵押权人的同意，应否适用"买卖不破租赁"规则；第二类是在后的租赁权是否会影响在先的抵押权的实现而应予除去。第一类情形涉及的当事人之间的实体争议较大，执行机构在执行程序中不易判断，考虑到程序保障及审执分离的基本原理，宜赋予申请执行人寻求实体诉讼救济的机会，即应允许申请执行人依据《民事诉讼法》第238条的规定提出执行异议。在第二类情形下，虽然也属实体争议范围，但通常是依据评估价及拍卖结果来判断后于抵押权设立的租赁权是否影响抵押权的实现，这对于执行机构而言，相对较为容易，实无必要另起诉讼程序予以裁决，故仅允许申请执行人在执行程序中寻求救济，依据《民事诉讼法》第236条提出执行异议。

10. 在执行异议、执行异议之诉审理过程中，承租人应当就负担租赁权处置不动产所依据的事实承担证明责任。被执行人对承租人的权利主张表示承认的，不能免除承租人的证明责任。

〔说明〕这是关于承租人证明责任的规则。承租人与申请执行人就法院应否负担租赁权处置不动产发生争执的，就负担租赁权处置不动产所依据的事实，如租赁真实有效、租赁设立于抵押或查封之前、抵押权人事先同意出租等，应由承租人承担证明责任。被执行人对承租人的权利主张表示承认的，不能免除承租人的证明责任，以遏制虚假租赁乱象。

11. 经执行审查、执行异议之诉等确认被执行人与案外人通过虚构租赁关系对抗执行的，执行法院应当依据《民事诉讼法》第116条之规定对相关责任人处以按执行标的物价值酌定一定比例的罚款或者6个月以下的拘留。构成拒不执行判决裁定罪、虚假诉讼罪等犯罪行为的，依法移送追究刑事责任。

〔说明〕这是关于虚假租赁的制裁规则。为了增强对虚假租赁当事人的惩戒力度，提高执行威慑力，建议建立比例式处罚模式，即根据标的物价值的一定比例予以处罚，并大幅度提高拘留时限。此外，宜加大对虚假租赁当事人的制裁力度，构成犯罪的，严格依法追究其刑事责任。

12. 执行法院未负担租赁权处置不动产，不动产的买受人自买受之日起3个月内，请求承租人交付不动产的，法院不予支持。但买受人请求承租人支付在此期间的与租金相当的费用的，法院应当支持。

〔说明〕这是关于承租人缓期交付的宽限期规则。执行法院未负担租赁权处置不动产的，买受人无需承受不动产上的租赁负担，承租人有交付不动产的义务。为了平衡承租人与买受人之间的利益保护，结合考虑我国目前的不动产租赁市场、执行效率等因素，建议赋予承租人3个月的缓期交付期限。在宽限期内，承租人并未取得无偿占有使用不动产的权利，买受人因拍定而取得完整的不动产所有权,故承租人仍需向买受人支付与租金相当的费用,以补偿买受人。

13. 法院负担租赁权处置不动产,承租人以按照租赁合同约定已向被执行人支付租金为由拒绝向买受人支付相应租金的,法院应当支持。

法院负担租赁权处置不动产,承租人以其与被执行人协议以不动产使用权抵偿债务为由拒绝向买受人支付相应租金的,法院不予支持。

〔说明〕这是关于法院负担租赁权处置不动产后租金支付的处理规则。法院负担租赁权处置不动产的,买受人取得拍卖物所有权之后,应完全承受拍卖物上的租赁负担,遵守租赁合同的约定。承租人已经按照租赁合同的约定向原出租人支付全部或部分租金的,买受人不得请求承租人二次支付租金,而只能向原出租人请求不当得利返还。对于以不动产使用权抵偿债务(以租抵债)的情形,虽然承租人与原出租人之间的以租抵债协议合法有效,但自法院查封不动产之日起,该协议于承租人与原出租人之间不应再产生"抵债"的法律效力,买受人自取得拍卖物所有权之日起,即取得拍卖物上的租金收益权,故仍可向承租人请求支付租金。

参考文献

一、著作

1. 王利明:《物权法研究》(下卷),中国人民大学出版社 2013 年版。

2. 王利明:《合同法新问题研究》,中国社会科学出版社 2003 年版。

3. 王利明:《合同法分则研究》(下卷),中国人民大学出版社 2013 年版。

4. 邓基联主编:《房屋租赁合同纠纷》,法律出版社 2010 年版。

5. 高圣平:《担保法论》,法律出版社 2009 年版。

6. 高圣平、谢鸿飞、程啸:《最高人民法院民法典担保制度司法解释理解与适用》,中国法制出版社 2021 年版。

7. 崔建远:《物权法》,中国人民大学出版社 2011 年版。

8. 崔建远:《合同法总论》,中国人民大学出版社 2011 年版。

9. 崔建远:《中国民法典释评·物权编》(下卷),中国人民大学出版社 2020 年版。

10. 高富平、吴一鸣:《英美不动产法:兼与大陆法比较》,清华大学出版社 2007 年版。

11. 孟勤国:《物权二元结构论——中国物权制度的理论重构》,人民法院出版社 2004 年版。

12. 孙鹏、王勤劳、范雪飞:《担保物权法原理》,中国人民大学出版社 2009 年版。

13. 彭万林:《民法学》,中国政法大学出版社 1994 年版。

14. 李国光等:《最高人民法院〈关于适用中华人民共和国担保法若干问题的解释〉理解与适用》,吉林人民出版社 2000 年版。

15. 李国光主编:《合同法释解与适用》,新华出版社 1999 年版。

16. 全国人大常委会法工委编、胡康生主编:《中华人民共和国合同法释义》,法律出版社 2013 年版。

17. 孔祥俊:《担保法及其司法解释的理解与适用》,法律出版社 2001 年版。

18. 石宏主编:《中华人民共和国民法典立法精解》(上),中国检察出版社 2020 年版。

19. 黄薇主编:《中华人民共和国民法典合同编解读》(下册),中国法制出版社 2020 年版。

20. 茆荣华主编:《〈民法典〉适用与司法实务》,法律出版社 2020 年版。

21. 胡康生主编:《中华人民共和国物权法释义》,法律出版社 2007 年版。

22. 易军、宁红丽:《合同法分则制度研究》,人民法院出版社 2003 年版。

23. 王轶、高圣平、石佳友、朱虎、熊丙万、王叶刚:《中国民法典释评——合同编·典型合同》(上卷),中国人民大学出版社 2020 年版。

24. 韩世远:《合同法学》,高等教育出版社 2010 年版。

25. 张广兴:《债法》,社会科学文献出版社 2009 年版。

26. 戚兆岳:《不动产租赁法律制度研究》,法律出版社 2009 年版。

27. 张泓纶:《论物上负担制度——财产法的对抗力革命》,法律出版社 2012 年版。

28. 周珺:《住房租赁法的立法宗旨与制度建构》,中国政法大学出版社 2013 年版。

29. 周珺:《美国住房租赁法的转型:从出租人优位到承租人优位》,中国法制出版社 2011 年版。

30. 杨立新主编:《最高人民法院审理城镇房屋租赁合同纠纷案件司法解释理解与运用》,中国法制出版社 2009 年版。

31. 最高人民法院民事审判第一庭编著:《最高人民法院关于审理城镇房屋租赁合同纠纷案件司法解释的理解与适用》,人民法院出版社 2016 年版。

32. 全国人大常委会法制工作委员会民法室:《〈中华人民共和国物权法〉条文说明、立法理由及相关规定》,北京大学出版社 2017 年版。

33. 王泽鉴:《用益物权·占有》,中国政法大学出版社 2001 年版。

34. 王泽鉴:《民法学说与判例研究》(第六册),北京大学出版社 2009 年版。

35. 黄立主编:《民法债编各论》(上),中国政法大学出版社 2003 年版。

36. 史尚宽:《债法各论》,中国政法大学出版社 2000 年版。

37. 吴启宾:《租赁法论》,五南图书出版公司 1998 年版。

38. 刘春堂:《判解民法物权》,台湾三民书局 2010 年版。

39. 谢在全:《民法物权论》(中),台湾新学林出版公司 2010 年版。

40. 苏永钦:《走入新世纪的私法自治》,中国政法大学出版社 2002 年版。

41. 渠涛编译:《最新日本民法》,法律出版社 2006 年版。

42. 最高人民法院研究室、最高人民法院刑法修改工作小组办公室编著:《〈刑法修正案(九)条文及配套司法解释理解与适用〉》,人民法院出版社 2015 年版。

43. 雷建斌主编、全国人大常委会法制工作委员会刑法室编著:《〈中华人民共和国刑法修正案(九)〉释解与适用》,人民法院出版社 2015 年版。

44. 全国人大常委会工委民法室:《〈中华人民共和国民事诉讼法〉条文说明、立法理由及相关规定》,北京大学出版社 2007 年版。

45. 最高人民法院民事诉讼法修改研究小组:《〈中华人民共和国民事诉讼法〉修改的理解与适用》,人民法院出版社 2007 年版。

46. 黄金龙:《〈关于人民法院执行工作若干问题的规定(试行)〉实用解析》,中国法制出版社 2000 年版。

47. 江必新、刘贵祥主编:《最高人民法院关于人民法院办理执行异议和复议案件若干问题规定理解与适用》,人民法院出版社 2015 年版。

48. 江必新、贺荣主编:《最高人民法院执行案例精选》,中国法制出版社 2014 年版。

49. 江必新主编:《民事执行新制度理解与适用》,人民法院出版社 2010 年版。

50. 江必新主编:《比较强制执行法》,中国法制出版社 2014 年版。

51. 江必新主编:《强制执行法理论与实务》,中国法制出版社 2014 年版。

52. 杨心忠编著:《最高人民法院民事裁判规则详解》,人民法院出版社 2015 年版。

53. 陈世荣:《强制执行法诠释》,台北国泰印书馆有限公司 1980 年版。

54. 杨与龄编著:《强制执行法论》,中国政法大学出版社 2002 年版。

55. 陈荣宗:《强制执行法》,台湾三民书局 1999 年版。

56. 张登科:《强制执行法》,台湾三民书局 2012 年版。

57. 许士宦:《执行力扩张与不动产执行》,台湾学林文化事业有限公司 2003 年版。

58. 杨建华:《问题研析民事诉讼法(三)》,台湾三民书局 1998 年版。

59. 赖来焜:《强制执行法各论》,元照出版公司 2008 年版。

60. 吴光陆:《强制执行法学说与判解研究》,台湾 1995 年自版。

61. 吴光陆:《强制执行法》,台湾三民书局 2012 年版。

62. 肖建国:《中国民事强制执行法专题研究》,中国法制出版社 2020 年版。

63. 董少谋:《民事强制执行法论纲》,厦门大学出版社 2009 年版。

64. 卢正敏:《强制拍卖疑难问题研究》,厦门大学出版社 2018 年版。

65. [德]鲍尔、施蒂尔纳:《德国物权法》(上),张双根译,法律出版社 2004 年版。

66. [德]迪特尔·梅迪库斯:《德国债法分论》,杜景林、卢谌译,法律出版社 2007 年版。

67. [德]卡尔·拉伦茨:《德国民法通论》(上册),王晓晔等译,法律出版社 2003 年版。

68. [德]海因·克茨:《欧洲合同法》(上卷),周忠海等译,法律出版社 2001 年版。

69. [德]奥拉夫·穆托斯特:《德国强制执行法》(第二版),马强伟译,中国法制出版社 2019 年版。

70. [德]弗里茨·鲍尔、霍尔夫·施蒂尔纳、亚历山大·布伦斯:《德国强制执行法》(上册),王洪亮、郝丽燕、李云琦译,法律出版社 2019 年版。

71. [德]弗里茨·鲍尔、霍尔夫·施蒂尔纳、亚历山大·布伦斯:《德国强制执行法》(下册),王洪亮、郝丽燕、李云琦译,法律出版社 2020 年版。

72. [日]我妻荣:《新订担保物权法》,申政武、封涛、郑芙蓉译,中国法制出版社 2008 年版。

73. [日]我妻荣:《日本物权法》,五南图书出版公司 1999 年版。

74.［日］我妻荣：《债权各论》（中卷一），徐进、李又又译，中国法制出版社 2008 年版。

75.［日］近江幸治：《担保物权法》，祝娅、王卫军、房兆融译，法律出版社 2000 年版。

76.［日］上原敏夫等：《民事执行·保全法》，有斐阁 2009 年版。

77.［日］斋藤隆、饭塚宏：《民事执行》，青林书院 2009 年版。

78.［日］铃木禄弥：《物权的变动与对抗》，渠涛译，社会科学文献出版社 1999 年版。

79.［日］生熊长幸：《民事執行法·民事保全法》，成文堂 2006 年版。

80.［日］山木户克巳：《民事执行·保全法讲义》，有斐阁 1999 年版。

81.［日］兼子一、竹下守夫：《民事诉讼法》，白绿铉译，法律出版社 1995 年版。

82.［韩］姜大成：《韩国民事执行法》，朴宗根译，法律出版社 2010 年版。

83.［英］萨尔顿：《产权转让法》（第三版），法律出版社 2003 年影印版。

84.［英］劳森等：《财产法》，施天涛等译，中国大百科全书出版社 1998 年版。

85.［意］鲁道夫·萨科、拉法埃莱·卡泰丽娜：《占有论》，贾婉婷译，中国政法大学出版社 2014 年版。

86.［意］彼德罗·彭梵得：《罗马法教科书》，黄风译，中国政法大学出版社 2005 年版。

87.Christian Von Bar and Eric Clive, *Principles, Definitions and Model Rules of European Private Law*, Volume III, European Law Publishers, 2009.

88.Rolf Stürner and Masanori Kawano, *Comparative Studies on Enforcement and Provisional Measures*, Mohr Siebeck, 2011.

89.Wendy Kennett, Key Principles for a New System of Enforcement in the Civil Courts: A Peep over the Garden Wall, *Civil Justice Quarterly*, Vol. 18, October, Sweet & Maxwell, 1999.

90.Wendy Kennett, The Enforcement of Judgments in Europe, 2000.

91.Konstantinos D. Kerameus, Enforcement Proceedings, 2002.

92.James J. Brown, Judgment Enforcement, 2009.

93.Wilhelm, Sacherecht, Aufl.2,2002.

94.Prütting/Stickelbrock, Zwangsvollstreckungsrecht, 2011.

95.Josef Dörndorfer, Zwangsvollstreckung effizient, 2009.

96.Gerhards / Keller, Die Zwangsversteigerung: Immobilien in der Zwangsversteigerung, 2009.

97.Kurt Stöber, Zwangsversteigerungsgesetz, 2012.

98.Klaus Bartels, Dogmatik und Effizienz im Recht der Zwangsversteigerung, 2010.

二、论文

1. 高圣平：《不动产权利的登记能力——评〈不动产登记暂行条例（征求意见稿）〉第 4 条》，《政治与法律》2014 年第 12 期。

2. 高圣平：《未登记不动产抵押权的法律后果——基于裁判分歧的展开与分析》，《政法论坛》2019 年第 6 期。

3. 王利明：《论"买卖不破租赁"》，《中州学刊》2013 年第 9 期。

4. 王利明：《也谈审执分离》，《中国司法》2017 年第 9 期。

5. 张明楷：《虚假诉讼罪的基本问题》，《法学》2017 年第 1 期。

6. 房绍坤、纪力玮：《论以租抵债》，《山东警察学院学报》2018 年第 1 期。

7. 房绍坤、纪力玮：《论抵押权与租赁权冲突之解决——兼评"民法典物权编（草案）"第 196 条》，《山东社会科学》2020 年第 2 期。

8. 房绍坤：《民法典物权编用益物权的立法建议》，《清华法学》2018 年第 2 期。

9. 程啸：《论抵押财产出租时抵押权与租赁权的关系——对〈物权法〉第 190 条第 2 句的理解》，《法学家》2014 年第 2 期。

10. 张卫平：《执行救济制度的体系化》，《中外法学》2019 年第 4 期。

11. 肖建国：《审执程序的基本原理研究》，《现代法学》2004 年第 5 期。

12. 肖建国：《执行标的实体权属的判断标准——以案外人异议的审查为中心的研究》，《政法论坛》2010 年第 3 期。

13. 肖建国：《论案外人异议之诉中足以排除强制执行的民事权益——以虚假登记财产的执行为中心》，《法律适用》2018 年第 15 期。

14. 肖建国：《民事审判权与执行权的分离研究》，《法制与社会发展》2016 年第 2 期。

15. 肖建国、黄忠顺：《论司法职权配置中的分离与协作原则——以审判权和执行权相分离为中心》，《吉林大学社会科学学报》2015 年第 6 期。

16. 谭秋桂：《民事执行立法：程序构建与规则设定》，《湖南社会科学》2003 年第 3 期。

17. 黄忠顺：《案外人排除强制执行请求的司法审查模式选择》，《法学》2010 年第 10 期。

18. 宋春龙：《审执分离原理及其展开——以肖建国教授关于审执分离的论述为中心》，载中国民事诉讼法学研究会编：《民事程序法研究第 16 辑》，厦门大学出版社 2016 年版。

19. 百晓锋：《论案外人异议之诉的程序构造》，《清华法学》2010 年第 3 期。

20. 毋爱斌：《审执分离视角下案外人异议制度的变革》，《法学》2017 年第 2 期。

21. 马登科：《审执分离运行机制论》，《现代法学》2019 年第 4 期。

22. 常鹏翱：《先抵押后租赁的法律规制——以〈物权法〉第 190 条第 2 句为基点的分析》，《清华法学》2015 年第 2 期。

23. 周江洪：《买卖不破租赁规则的法律效果——以契约地位承受模式为前提》，《法学研究》2014 年第 5 期。

24. 朴顺善：《试论司法权控制下的审执分离模式选择》，《中国政法大学学报》2019 年第 3 期。

25. 柯思萌：《抵押权与租赁权之冲突解决——以〈民法典〉第 405 条为背景》，《哈尔滨学院学报》2021 年第 3 期。

26. 金殿军：《执行程序中案外人主张租赁权的路径选择》，《执行工作指导》2016 年第 1 辑。

27. 金殿军：《论案外人对执行标的物主张租赁权的诉讼程序》，《财经法学》2016 年第 4 期。

28. 赵晋山：《强制执行程序中的拍卖问题研究》，载《强制执行法起草与论证》，中国法制出版社 2002 年版。

29. 赵晋山：《论查封、扣押的效力——以动产、不动产的查封、扣押为中心》，《执行工作指导》2004 年第 1 辑。

30. 赵晋山：《〈关于人民法院民事执行中拍卖、变卖财产的规定〉的理解与适用》，《人民司法》2005 年第 2 期。

31. 赵晋山、王赫：《"排除执行"之不动产权益——物权变动到债权竞合》，《法律适用》2017 年第 21 期。

32. 欧宏伟：《租赁权不得对抗法院对执行财产的强制处置》，《人民司法·案例》2016 年第 2 期。

33. 刘贵祥：《案外人异议之诉的功能定位与裁判范围》，《人民法院报》2014 年 6 月 4 日，第 8 版。

34. 刘贵祥：《执行程序中租赁权的认定与处理》，《人民法院报》2014 年 5 月 28 日，第 8 版。

35. 胡文涛：《日本民事执行制度考察——以担保不动产顺利拍卖为中心》，《上海政法学院学报（法治论丛）》2012 年第 1 期。

36. 吴才毓：《"买卖不破租赁"中的权利建构——基于〈合同法〉第 229 条的重新解释》，《云南大学学报法学版》2014 年第 3 期。

37. 柯澄川：《执行中对承租人暂缓腾退先行拍卖的适用》，《人民司法》2016 年第 32 期。

38. 温丰文：《民法第四二五条修正条文评析——论租赁权物权化之范围》，《东海大学法学研究》2003 年第 19 卷。

39. 朱志峰：《"买卖不破租赁"原则释疑》，《河南社会科学》2013年第6期。

40. 田玉玺、刘文涛：《不动产查封公示问题研究》，《政法论坛》2001年第1期。

41. 温世扬、武亦文：《论租赁权的非物权化进路》，《当代法学》2010年第3期。

42. 季金华：《买卖不破租赁原则限制适用的条件分析》，《政法论丛》2016年第4期。

43. 黄文煌：《论租赁权的对抗效力——兼论〈合同法〉第229条的缺陷与修改》，《清华法学》2010年第2期。

44. 张华：《我国租赁权对抗力制度的不足与完善》，《法学评论》2007年第2期。

45. 睢晓鹏：《买卖不破租赁规则中租赁关系的司法判定》，《人民司法·案例》2013年第22期。

46. 张双根：《谈"买卖不破租赁"规则的客体适用范围问题》，载王洪亮等主编：《中德私法研究2006年第1卷》，北京大学出版社2006年版。

47. 金可可：《基于债务关系之支配权》，《法学研究》2009年第2期。

48. 陈鸣：《"买卖不破租赁"的司法续造及其局限性——兼论〈民法典·合同编〉中租赁合同对抗力规则的重构》，《西部法学评论》2017年第1期。

49. 陈玉婷：《租赁权对抗制度应以租赁登记为必要》，《法制博览（中国刊）》2013年第7期中旬刊。

50. 刘智、宋庆海：《房屋租赁合同登记与"买卖不破租赁"原则》，《法制与社会》2008年第12期。

51. 刘京勇、邓辉：《论不动产租赁权登记制度的构造》，《中国不动产法研究》2018年第1辑。

52. 杨立：《对确认房屋租赁合同效力的思考》，《中国房地产》2001年第7期。

53. 欧莉：《民事强制执行中"买卖不破租赁"若干问题的研究》，《太原城市职业技术学院学报》2018年第11期。

54. 李朝辉：《论房屋租赁合同登记备案制度的立法价值目标》，《广西社会科学》2008年第2期。

55. 江汝南、徐步明：《论登记备案制度对房屋租赁合同效力的影响》，《安徽纺织职业技术学院学报》2003年第1期。

56. 杨宏云、孙春雷：《我国房屋租赁登记制度探析》，《苏州大学学报（哲学社会科学版）》2010年第1期。

57. 瞿新辉：《租赁权公示是取得物权对抗效力的要件》，《法律适用》2007年第9期。

58. 邹永明：《名为房屋租赁实为房屋买卖的效力认定》，《人民法院报》2015年7月2日，第7版。

59. 关丽：《投资建设他人划拨土地上立项的房屋并承租建成后房屋的合同性质

和效力——解放军某部队与张某房屋租赁合同纠纷上诉案》,《民事审判指导与参考》第 37 辑。

60. 朱巍:《论房屋转租——以〈关于审理城镇房屋租赁合同纠纷案件具体应用法律若干问题的解释〉为视角》,《河北法学》2010 年第 5 期。

61. 张焱:《住房租赁合同纠纷的法律适用》,《人民司法·应用》2018 第 25 期。

62. 苏号朋:《转租的法律结构分析——兼评〈合同法〉第 224 条之不足》,《浙江社会科学》2007 年第 2 期。

63. 王秋良、蔡东辉:《合法转租之次承租人利益保护的若干问题》,《政治与法律》2003 年第 6 期。

64. 宁桂君:《论不动产转租制度的完善——以修正的"租赁权物权说"为视角》,《研究生法学》2011 年第 2 期。

65. 冯兴俊:《我国租约转让与租赁物转租制度的完善》,《法学评论》2015 年第 5 期。

66. 侯蓓:《未经房屋出租人同意的转租合同效力探讨》,《法制与经济》2019 年第 2 期。

67. 刁其怀、肖仕卫:《论转租中对第三人的保护》,《房地产法律》2013 年第 18 期。

68. 陈传法:《论转租——以次承租人租赁权的物权化为中心》,《中国社会科学院研究生院学报》2017 年第 3 期。

69. 巩志俊:《司法拍卖击破租赁权对抗效力的路径——基于 C 市法院 235 件案件实证分析》,《人民司法·应用》2018 年第 25 期。

70. 雷彤《司法拍卖不动产的交付问题研究》,《人民司法·应用》2019 年第 13 期。

71. 昂宇:《租赁权对抗效力的适用》,《法制博览(中国刊)》2016 年 8 月。

72. 包振宇:《日本住宅租赁特别立法研究——以承租人权利保障为中心》,《日本研究》2010 年第 3 期。

73. 肖志祥:《租赁合同纠纷案件的审判调研》,《中国政法大学学报》2012 年第 1 期。

74. 王鑫、蒋鸿:《执行中对案外人租赁权的处理》,《人民司法·案例》2015 年第 10 期。

75. 孙鹏、王勤劳:《抵押权与租赁权的冲突与协调》,《法律适用》2009 年第 2 期。

76. 刘高:《论物权法第一百九十条中"抵押财产出租"的准据时点——兼论"买卖不破租赁"的理解与适用》,《民事审判指导与参考·物权专题》2014 年第 1 辑。

77. 徐蓓:《不动产抵押未经登记之"无效"转换的适用探析》,《河北法学》2018 年第 5 期。

78. 联合果题组:《关于执行程序中长期租约问题的调研报告》,《东南司法评论》2016 年卷。

79. 李忠雄：《论买卖不破租赁与逃避债务》，《律师通讯》1993 年第 163 期。

80. 周珺：《我国住房租赁立法宗旨的选择——美、德两国立法例的启示》，《江西社会科学》2013 年第 4 期。

81. 周珺：《抵押权实现过程中承租人的保护——美国法的新近发展及其借鉴意义》，《甘肃社会科学》2013 年第 3 期。

82. 张静：《不动产占有公示效力否定论——"连成贤诉臧树林"案的批判性分析》，《苏州大学学报（法学版）》2017 年第 3 期。

83. 张绍忠：《21 世纪初日本民事执行制度改革述评——2003—2004 年的法律修订为中心》，《日本学刊》2011 年第 3 期。

84. 咸鸿昌：《论英国土地承租人权益的法律保护》，《南京大学法律评论》2011 年第 2 期。

85. 李世宏：《德国房地产市场及房地产金融的特征分析》，《西南金融》2011 年第 5 期。

86. 赵玉东：《不动产司法拍卖交付难之破解》，《人民司法·应用》2020 年第 19 期。

87. 黄凤龙：《"买卖不破租赁"与承租人保护——以对〈合同法〉第 229 条的理解为中心》，《中外法学》2013 年第 3 期。

88. 郭翔峰：《民事执行程序中买卖不破租赁规则的适用》，《人民司法·应用》2016 年第 13 期。

89. 夏传胜：《执行异议之诉中对租赁权主张的审查》，《人民司法·案例》2018 年第 20 期。

90. 谢东玥：《厂房类司法拍卖成交与交付的顺序》，《江苏经济报》2015 年 12 月 9 日，B3 版。

91. 刘建发：《论抵押房产强制拍卖"除去"租赁权的法律适用》，载贺荣主编：《公正司法与行政法实施问题研究》，人民法院出版社 2014 年版。

92. 车辉：《借新还旧的担保责任研究》，《新疆社会科学》2005 年第 3 期。

93. 马万飞、纪敏：《银行贷款"借新还旧"的法律研究》，《广西金融研究》2006 年第 3 期。

94. 张龙文：《论抵押权与租赁之关系》，《法学丛刊》2012 年第 57 期。

95. 范向阳：《不动产执行制度研究》，2007 年中国政法大学博士学位论文。

96. 范向阳：《不动产执行》，载最高人民法院执行局：《法院执行理论与实务讲座》，国家行政学院出版社 2010 年版。

97. 陈衍桥：《民事执行救济制度体系化研究》，2019 年吉林大学博士学位论文。

98. 曹春梅：《第三人异议之诉研究》，2015 年西南政法大学博士学位论文。

99. 刘伟：《强制拍卖问题研究》，2015 年武汉大学博士学位论文。

100. 刘艳：《英美不动产登记法律制度研究》，2014 年山东大学博士学位论文。

101. 崔忘伟:《论不动产上权利冲突及其司法处理——以司法实践中典型不动产上权利冲突类型为视角》,2012年吉林大学博士学位论文。

102. 任承檩:《典型不动产的执行程序中负担租赁权问题的处理》,2017年华东政法大学硕士学位论文。

103. 邹洁:《房屋转租中次承租人权益保护研究》,2014年西南政法大学硕士学位论文。

104. 孙博亚:《租赁合同纠纷司法裁判规则整理与理论深思》,2016年吉林大学硕士学位论文。

105. 侯蓓:《房屋转租合同三方权益保护问题研究》,2019年广西大学硕士学位论文。

106. 汪兴平:《买卖不破租赁再解读——以租抵债仍应适用买卖不破租赁》,微信号"民事法律参考"2017-07-07.

107. 赖坐平:《虚假租约审查标准之三:"以租抵债"的效力认定》,微信号"法律天使"2016-01-07.

108. 蒋莉:《执行程序中租赁权认定相关问题》,http://www.cqlsw.net/lite/word/2019061132518.html,下载日期:2019年10月18日。

109. 北京市高级人民法院:《正确区分租赁期间新设抵押与续押对承租权的影响》,http://www.bjcourt.gov.cn/article/newsDetail.htm?NId=25000068&channel=100015001,下载日期:2019年6月20日。

110. 杨利:《借新还旧业务中的抵押担保问题——〈九民会议纪要〉第57条规定》,https://www.pkulaw.com/lawfirmarticles/1ea22b40a2c6e6e10fc50d000c5b7714bdfb.html,下载日期:2020年5月31日。

111. 刘恒军:《是否应除去拍卖财产上原有的租赁权》,http://www.chinacourt org/article/detail/2006/09/id/218748.shtml,下载日期:2019年3月20日。

112. 胡亘波:《拍卖物上设有租赁权影响拍卖应如何去除》,http://www.chinacourtorg/article/detail/2007/04/id/245108.shtml,下载日期:2019年3月20日。

113. 詹勃长:《财产处置中抵押权与租赁权冲突及关系问题研究》,http://cqfy.chinacourt.gov.cn/article/detail/2018/06/id/3333023.shtml,下载日期:2019年3月20日。

114. 章见良、黄永进:《房地产拍卖中清场问题的影响与对策》,http://www.jsfy.gov.cn/llyj/xslw/2014/05/30152516655.html,下载日期:2018年10月18日。

115. Ryan K. Lighty, Landlord Mortgage Defaults and Statutory Tenant Protections in U.S. Foreclosure and U.K. Repossession Actions: A Comparative Analysis, 21 *Ind. Int'l & Comp. L. Rev.* 291 (2011).

116. Dania L. Sancho, Unfair Foreclosure Process: Protecting the Tenants that Pay Your Mortgage, 28 *St. Thomas L. Rev.* 121 (2015).